biblioteca rao

David Gibbins

AURUL CRUCIAȚILOR

Traducere din limba engleză
MĂDĂLINA ANDREI

rao international publishing company

Descrierea CIP a Bibliotecii Naţionale a României
GIBBINS, DAVID
Aurul cruciaţilor / David Gibbins; trad.: Mădălina
Andrei; consultant de specialitate: Dan Munteanu.-
Bucureşti: RAO International Publishing Company, 2008

ISBN 978-973-103-771-4
I. Andrei, Mădălina (trad.)
II. Munteanu, Dan

821.111-31=135.1

RAO International Publishing Company
Grupul Editorial RAO
Str. Turda, nr. 117-119, Bucureşti, ROMÂNIA
www.raobooks.com
www.rao.ro

DAVID GIBBINS
Crusader Gold

Consultant de specialitate pentru prezenta versiune
DAN MUNTEANU

2008

ISBN 978-973-103-771-4

Mulţumiri

Le mulţumesc din suflet agentului meu, Luigi Bonomi de la LBA, editorului meu Harriet Evans şi întregii echipe de la Headline. Mulţumiri, de asemenea, pentru Tessa Balshaw-Jones, Gaia Banks, Jenny Bateman, Alison Bonomi, Sam Edenborough, Mary Esdaile, Nicki Kennedz, Rebecca McEwan, Tony McGrath, Amanda Preston, Rebecca Purtell, John Rush, Poppy Shirlaw şi Ann Verrinder Gibbins. Cadrul romanului meu anterior, *Atlantida*, precum şi al acestui roman au la bază experienţe reale, şi le mulţumesc celor care au făcut posibil acest lucru. Mulţumesc, de asemenea, părinţilor mei pentru numeroasele excursii făcute la Catedrala Hereford pe când eram copil şi pentru că m-au însoţit peste ani într-un minunat tur al Romei. Mulţumiri Institutului Britanic de Arheologie din Ankara pentru acordarea unei burse de călătorie ce mi-a oferit posibilitatea să studiez Cornul de Aur din Istanbul, mulţumiri preşedintelui Comitetului NATO pentru ştiinţele Naturii şi Tehnologie pentru invitaţia la Kiev. Celor din echipa RV Akademik Ioffe pentru că m-au însoţit la fiordul Ilulissat din Groenlanda, o experienţă cu adevărat memorabilă, precum şi celor de la Parks Canada pentru deschiderea sitului L'Anse aux Meadows. Pentru Steve Aitken şi Tom D'Entremont pentru primele mele scufundări sub gheaţă chiar la începutul carierei mele de scafandru, pentru fratele meu Alan, expert în scufundări, care m-a însoţit în Yucatán. Pentru Angie şi Molly cu dragoste, pentru călătoriile noastre la Stamford Bridge şi în insula sfântă Iona şi pentru LNG pentru faptul ca a fost şi el acolo.

Aceasta este o operă de ficţiune. Numele, personajele, instituţiile, locurile şi întâmplările sunt rodul imaginaţiei autorului sau sunt folosite ca imaginare şi nu vor fi interpretate drept reale. Orice asemănare cu evenimente reale sau cu altele imaginare, locuri, organizaţii sau persoane, în viaţă sau decedate, este complet întâmplătoare. Despre cadrul real se vorbeşte în notele autorului, la sfârşitul acestei cărţi.

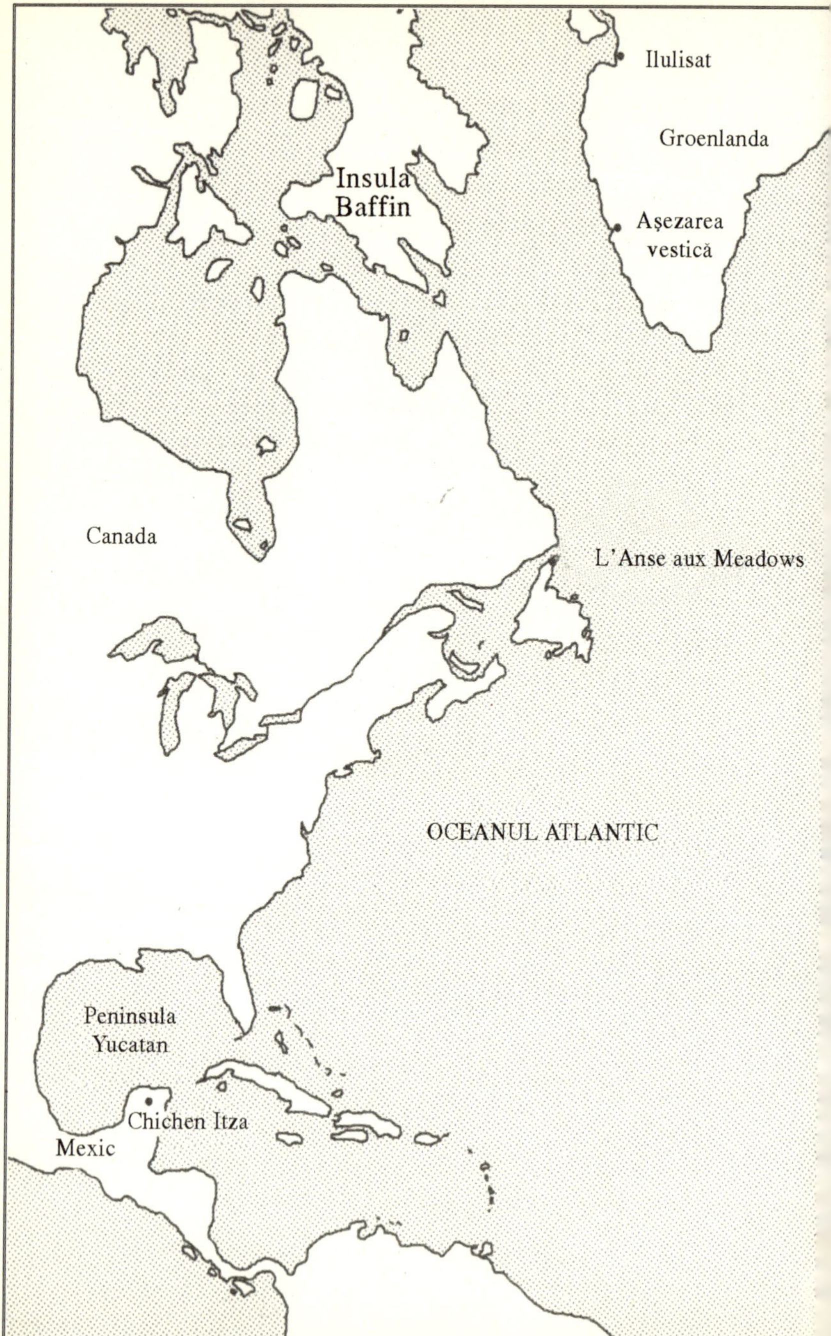
Ilulisat
Groenlanda
Insula Baffin
Așezarea vestică
Canada
L'Anse aux Meadows
OCEANUL ATLANTIC
Peninsula Yucatan
Chichen Itza
Mexic

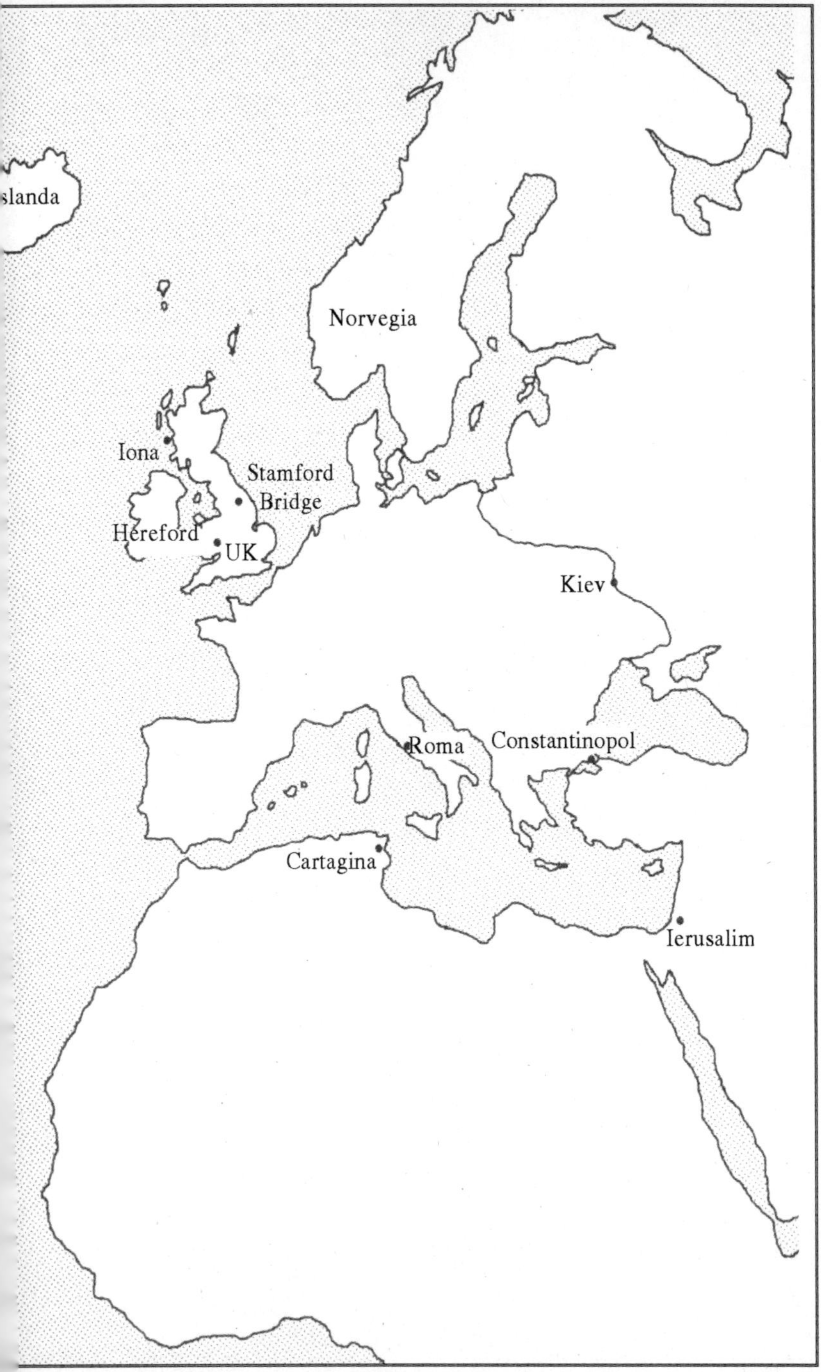
slanda
Norvegia
Iona
Stamford Bridge
Hereford
UK
Kiev
Roma
Constantinopol
Cartagina
Ierusalim

Prăzile de război erau purtate în triumf una după alta în număr foarte mare; dar deasupra tuturor erau cele luate din Templul de la Ierusalim. Acestea constau într-o masă de aur, care cântărea foarte mulți talanți, și un candelabru, făcut de asemenea din aur, dar construit după alt model față de cele folosite de noi în viața obișnuită. Pe un piedestal era o tulpină centrală din care se extindeau brațe suple, aranjate în formă de trident, o lampă împodobită fiind atașată de fiecare extremitate a brațelor; acestea erau șapte, desemnând respectul pe care evreii îl au pentru acest număr... Ceremoniile triumfale odată încheiate și Imperiul Romanilor având o fundație solidă și stabilă, Vespasian se hotărî să ridice un Templu al Păcii... în acel altar unde erau strânse și depozitate toate obiectele pentru care oamenii călătoriseră în lung și în lat, dornici să le vadă pe fiecare separat. Aici, de asemenea, el a etalat vasele de aur din Templul Evreilor...

Josephus Flavius, *Războaiele iudaice* VII, 148–162

Prolog

Cei doi vulturi de aur pluteau deasupra orașului venind dinspre vest, îndreptându-se neabătut înspre podium, cu bătăi de aripi încete și profunde. În lumina pastelată a zorilor umbrele lor păreau a se ondula, căpătând proporții gigantice de-a lungul templului și al monumentelor din For, ca doi locuitori ai tărâmului lui Hades care vin să își reclame locul de drept la masa victoriei. În ultima clipă, vulturii își schimbară direcția către nord, zburând în lung de Via Sacra[1]. Bărbatul cu coroană de lauri care stătea singur pe podium simți atingerea aripilor și văzu flamurile purpurii din ghearele lor și lumina reflectată acolo unde penajul lor fusese stropit cu aur. Ei erau perechea lui victorioasă, descendenți ai vajnicilor vulturi pe care îi adusese la Roma pentru a sărbători alt triumf, cu aproape jumătate de secol în urmă, și care fuseseră smulși din cuiburile lor izolate undeva în vârful munților situați la marginea de nord a imperiului. Îi privea acum înălțându-se maiestuos deasupra centrului orașului, cu aripile întinse de parcă ar fi plutit pe un

[1] Strada principală din Roma Antică; începea din vârful Dealului Capitoliului, trecea prin câteva dintre cele mai importante locuri religioase din For, până la Colosseum. Fiind una dintre cele mai largi străzi, era folosită pentru diferite festivaluri religioase sau marșuri triumfale. (n.tr.)

curent de aer ascensional format de respirația oamenilor adunați de-o parte și de alta pe Via Sacra. Ajunși în cel mai înalt punct, rămaseră aparent nemișcați, ca și cum Jupiter însuși îi prinsese în îmbrățișarea sa. Apoi, cu un țipăt răgușit, se înălțară și plonjară cu aripile strânse, năpustindu-se peste Templul Capitolin și ieșind din raza privirii, înapoi spre legiunile comasate pe Câmpul lui Marte.

În tăcerea tremurătoare care urmă, toți ochii se ațintiră asupra podiumului. Bărbatul își dădu mantia la o parte conform obiceiului și își ridică brațul drept cu palma în exterior, astfel încât să fie văzut de toți. Semnul fusese unul bun. Cel mai grandios marș triumfal al tuturor timpurilor putea începe.

În timp ce zgomotul înăbușit al tobelor de la procesiune începu să se audă de la Câmpul lui Marte, un sclav urcă pe podium și întinse mâna.

– Proaspăt ieșită de la monetărie, împărate.

Bărbatul luă moneda și se întoarse rapid înapoi, ca să nu piardă nimic din spectacol. Ridică moneda în sus astfel încât să fie încadrată de arcul de triumf aflat la început de Via Sacra, locul de unde procesiunea avea să apară. Observă că moneda era un denar[1] bătut din prăzile de război aduse de pe mare în portul Ostia, cu o zi înainte. Aruncă o privire și citi inscripția de pe marginea monedei: *„IMP. CAESAR VESPASIANUS AUG“*. Imperator Caesar Vespasianus Augustus, deținătorul puterii tribuniciene, consul pentru a treia oară și Pontifex Maximus. Era împărat de mai puțin de un an, și cuvintele acestea încă îi mai înfiorau inima. Văzu imaginea din centru și murmură ceva. Reprezenta un bărbat îndesat, cu chelie, la o vârstă înaintată, cu o bărbie proeminentă și cu nas acvilin, cu riduri adânci în jurul ochilor și al gurii și cu cute pe frunte. Nu era o priveliște prea plăcută, dar murmurul său era unul de satisfacție. Ordonase ca acest portret să fie făcut intenționat după vechea modă din

[1] Monedă de argint, bătută în primele secole ale Imperiului Roman (n.tr.)

Republica Romană, cu detalii reale, chiar dacă neplăcute, în opoziție cu blamatul său predecesor, Nero, ale cărui statui efeminate în stil grecesc erau acum doborâte și distruse de-a lungul și de-a latul imperiului. Vespasian era dur, neînfricat, onorabil, un om cu picioarele pe pământ. Un roman al timpurilor bune de odinioară.

Întoarse moneda pe partea cealaltă și o ridică, astfel încât argintul să scânteieze în primele raze ale soarelui din spatele său. În centru, era o femeie care stătea aplecată și plângea, cu părul prins după moda estică. Lângă ea era un steag roman identic cu cele aliniate pe Via Sacra azi. Dedesubtul femeii era acel cuvânt care Vespasian ordonase sa fie pus pe toate monedele lui, cuvântul care făcea din ziua asta triumful său suprem.

IVDAEA.

„Iudeea capturată."

În acel moment, mulțimea amuțită de zborul vulturilor erupse într-un zgomot progresiv. Bătăile persistente de tobe, care veneau din Circus Maximus, se transformară deodată într-un bubuit surd. Pe sub arc apăru un elefant african enorm, cu trompa balansându-se în stânga și în dreapta, aproape de mâinile spectatorilor care se întindeau să o atingă. Călare pe elefant, stăteau doi sclavi nubieni imenși, ale căror brațe musculoase băteau la unison în tobele aruncate de o parte și de alta. Imediat în spatele lor, veneau șase vestale virgine cu părul împletit în cosițe și cu rochii albe sclipitoare, părând niște mesageri ai cerului. Apoi venea o cohortă din garda sa pretoriană, strălucitoare, cu platoșe negre și coifuri decorate, giganți printre oameni, recrutați din cei mai de seamă războinici din Imperiul Roman. Urmă apoi o lungă procesiune de bărbați și băieți, senatori, călăreți și membri ai familiei lui Vespasian, toți îmbrăcați în togi purpurii țesute cu aur. Între ei, la intervale scurte, veneau care pline de bogății fabuloase, unele așezate pe piedestaluri, altele ridicate în aer de sclavi din toate colțurile imperiului.

Vespasian privea carele trecând încet, fiecare nouă minune aducând câte o exclamație de uimire dinspre mulțime. Erau statui magnifice de zei din bronz aurit, comori regale somptuoase din regatele din est, sclavi sălbatici care purtau la gât coliere răsucite din aur masiv aduse din Galia și din Germania, munți de smaralde și diamante de dincolo de Indus, tapiserii sclipitoare de mătase din tărâmul îndepărtat numit Thina. Toate minunile pentru care oamenii călătoriseră de-a lungul pământului erau astăzi adunate aici într-un singur loc, în cetatea eternă.

Vespasian era singurul care știa că nimeni n-avea să mai vadă aceste comori vreodată. Lângă el, pe podium, era o placă de marmură construită de arhitecții lui, pe suprafața căreia era gravat un plan al orașului, foarte complicat, dominat de o structură eliptică imensă. În timp ce ultimul car trecea pe lângă el, Vespasian privi dincolo de procesiune spre Domus Aurea[1] și văzu monstruosul cap încoronat cu lauri al Colosului lui Nero, vizibil deasupra templelor. Pe acel loc, Vespasian avea să construiască un mare amfiteatru, cel mai mare pe care îl văzuse vreodată orașul, primul dintre multele proiecte prin care plănuise să ofere prăzile de război populației Romei.

Următorul grup din alai era o procesiune de pitici și de sluți, adunați de prin tot imperiul, ciudați pe care zeii îi creaseră pentru propriul amuzament. Unii erau purtați pe sus, pe niște platouri de argint, precum porcii la un festin; erau și copii cu capete bulbucate, alții cu membre deformate și cu excrescențe de elefant. Era chiar și un monstru care urla și care avea un singur ochi în frunte ca un ciclop. În urma lor venea un pitic nebun care sporovăia în carul lui de luptă, o cvadrigă imperială, trasă însă de capre. Piticul era îmbrăcat ca un zeu grec, cu o perucă de aur absurd de mare pentru el, și purta o placardă cu

[1] După marele incendiu al Romei, din anul 64, Nero a cumpărat vaste domenii în centrul cetății, unde a ridicat Domus Aurea, pe care l-a înconjurat cu un lac artificial și o statuie uriașă de bronz. (n.tr.)

cuvintele *damnatio memoriae*[1] – condamnare la uitare. Era o parodie grotescă a detestatului Nero. Vespasian îşi plesni coapsele şi hohoti împreună cu mulţimea pentru că el era un om al poporului. Acesta nu era un simplu triumf, ci era un spectacol grandios. Şi încă nu se ajunsese la partea cea mai interesantă.

La un moment dat procesiunea se opri, şi apoi se auzi o explozie de trompete. Pe sub arc, apărură doi călăreţi umăr la umăr, ambii îmbrăcaţi în purpură şi purtând diademe cu lauri la fel ca împăratul. Mulţimea erupse în aplauze furtunoase, iar Vespasian simţi un fior de nostalgie în timp ce îi privea pe cei doi fii ai săi, Domiţian şi Titus. Următoarea apariţie reduse la tăcere spectatorii, iar Vespasian însuşi amuţi. În urma călăreţilor venea o succesiune de scene mari, mobile, fiecare trasă de tauri împodobiţi cu ghirlande albe şi care duceau un decor scenic imens, care ajungea până la înălţimea arcului. Fiecare în parte era un tablou viu al scenelor de război, cu prizonieri şi legionari jucându-şi rolul. Unul dintre tablouri înfăţişa o ţară pustiită şi pe locuitorii acesteia trecuţi prin sabie. Altul zugrăvea un berbec care lovea un zid imens, ocupanţii oraşului apărându-se vitejeşte de sus. Altele prezentau scene de distrugere completă. Soldaţi duşmani anihilaţi pe câmpul de luptă. Familii întregi care mai degrabă îşi luau viaţa decât să se predea. Un templu măreţ jefuit şi distrus într-un mare incendiu, cu preoţii blocaţi înăuntru. O legiune învingătoare mărşăluind printr-un oraş în ruine, prizonieri înlănţuiţi şi care triumfale pline cu prăzi de război. Scene de o asemenea dezolare, încât până şi mulţimea de romani însetaţi de sânge fu redusă la tăcere, manifestându-şi aprobarea abia după ce ultimul tablou trecu.

Procesiunea se îndrepta implacabil spre punctul culminant. Veniră apoi prizonierii, bărbaţi, femei şi copii, sute dintre ei

[1] O formă de dezonoare şi de pedeapsă dată de Senatul Roman unor politicieni sau conducători, care însemna ştergerea numelui acestora de pe toate inscripţiile publice şi demolarea statuilor care îi reprezentau. (n.tr.)

înlănțuiți laolaltă și strânși între rândurile de legionari cu sulițe. Conform tradiției, toți erau îmbrăcați în robe purpurii, un mod de a le ascunde rănile și de a-i face să pară niște adversari formidabili. Vespasian se aplecă înainte și-i privi pătrunzător. Aceștia erau o specie diferită față de barbarii cu ochi sălbatici pe care îi adusese din Britania cu 35 de ani în urmă. Iscoada lui, evreul Josephus, îi spusese că poporul său credea că Dumnezeul lor venise împreună cu romanii pentru a distruge templul și orașul, ca să pedepsească astfel corupția. Totuși, aceștia păreau oameni mândri, care mergeau cu capul sus, nu prizonieri care se căiesc. În mijlocul lor era liderul rebel Simon, înlănțuit între doi legionari, un bărbat frumos, cu barbă, luptându-se să meargă drept și în mod evident plin de dispreț față de situația în care se afla. Când ajunse în dreptul podiumului, îl fulgeră cu ochii săi negri pe împărat, și timp de o secundă Vespasian își simți sufletul străpuns, o clipă trecătoare de neliniște pe care încercă să o dea repede uitării.

Altă explozie de trompete semnală punctul culminant al procesiunii. Vespasian își întoarse privirea de la prizonieri și se uită înspre arc. Josephus îi spusese despre trofeele din templu, și era nerăbdător să le vadă. Iată-le acum venind, dar nu erau strânse laolaltă și expuse în mod extravagant pe care triumfale ca toate celelalte bogății, ci erau așezate separat, astfel încât să poată fi văzute în toată splendoarea lor. Prima era draperia sacră, cea care proteja sanctuarul de restul templului, apoi veșmintele înalților preoți, veșminte vopsite în purpură imperială și împodobite cu bijuterii strălucitoare. Urmară apoi manuscrisele din vechiul lor testament, legile sacre pe care Josephus le numea Pentateuhul. În urma acestora venea o lungă procesiune de obiecte de cult din sanctuar, cupe, platouri, vase de abluțiune, toate din aur masiv, urmate de o masă de aur, grea, purtată de patru legionari, învăluită în fumul provenit de la vasele pline cu tămâie aflate în fiecare colț. Pe măsură ce aroma amețitoare de scorțișoară și casia plutea pe deasupra podiumului, Vespasian se simți transportat înapoi în timp, la început pe când era soldat în Est. Dar, când deschise ochii, imaginea pe care o văzu îl lăsă fără cuvinte.

Din fumul învăluitor care persista în fața arcului apăru o comoară cum nu îi mai fusese dat Romei să vadă vreodată. Josephus o descrisese destul de bine, dar Vespasian nu se așteptase la o asemenea greutate în aur – era atât de grea, încât era nevoie de doisprezece legionari s-o ridice pe umeri. Pe măsură ce înaintau, Vespasian începea să vadă din ce în ce mai clar un obiect strălucitor de înălțimea unui om sau chiar mai mare. O coloană conică, bogat ornamentată, se ridica pe o bază octogonală formată din două straturi, iar pe ambele părți se înălțau simetric, la același nivel, niște brațe. Părea tridentul de aur masiv al lui Neptun, zeul mărilor și al oceanelor, doar că aici vârfurile brațelor erau lucrate în forma unor lămpi frumos împodobite, șapte la număr. După ce legionarii trecură de arc, un sclav apăru cu o torță aprinsă pe care o folosi pentru a aprinde tămâie în fiecare dintre cele șapte lămpi; un fum alb și gros se rostogoli peste mulțimea adunată pe Via Sacra, învăluind-o asemenea ceții din zorii zilei.

Vespasian știa că asta era o menoră[1], cel mai sacru simbol din Templul Evreiesc. Josephus îi spusese că numărul șapte avea o semnificație deosebită pentru poporul său, având legătură cu primele zile ale celor dintâi profeți. Mai spunea că jefuirea Templului și furtul menorei ar fi ca și cum un dușman ar fura statuia lupoaicei din Capitoliu, o profanare inimaginabilă care ar smulge inima Romei înseși. Un freamăt brusc în partea dreaptă împinse mulțimea mai departe de menoră. Își potoliseră setea de bogății, și acum strigau după sânge. Vespasian știa ce avea să urmeze, un act transformat în ritual chiar de pe vremea lui Romulus și Remus. Departe, sub Dealul Capitoliului, putea vedea cum oamenii se împărțiseră, astfel încât să formeze un

[1] Sfeșnicul cu șapte brațe evreiesc, simbol sacru în religia iudaică (n.tr.)

cerc larg în jurul unei gropi urâte și adânci în pământ, gloata agitată fiind păzită de un detașament al Gărzii Pretoriene, cu săbiile scoase din teacă. Aici pierise Jugurtha, dușman al Republicii Romane, Vercingetorix Galul, căpitani britanici pe care însuși Vespasian îi adusese în acel loc. Putea vedea cum prizonierii evrei erau încercuiți și cum rămăseseră nemișcați și tăcuți chiar dacă le fuseseră scoase lanțurile. În centru, bărbatul cu barbă era întărâtat ca un câine, încolțit și împuns de gărzile care-l înconjurau precum o fiara într-o arenă. Făcea tot ce-i stătea în putință pentru a rămâne demn în picioare, dar nu putea opune nici o rezistență, având tunica ruptă și un laț prins cu cruzime în jurul gâtului. Mulțimea îl batjocorea de fiecare dată când era împuns de lance prin găurile tunicii. Dintr-odată dispăru din raza privirii, iar în acel moment scena fu luminată de o rază strălucitoare, soarele ridicându-se în spatele lui Vespasian, deasupra Templului lui Marte, zeul războiului, și reflectându-se orbitor în menoră și în celelalte bogății de aur, adunate în forum.

Mulțimea erupse. Era un alt semn bun.

Vespasian își aminti acei ochi întunecați și se întoarse impasibil spre vest.

„Acesta va fi sfârșitul."

Pentru câteva clipe, o liniște deplină, ca aceea când cei doi vulturi zburaseră pe deasupra amfiteatrului, se așternu peste toți, apoi un bărbat cu glugă ieși din groapă ținând ceva în mână. Mulțimea jubila. Acum era rândul celorlalți prizonieri. Vespasian privea imperturbabil cum copiii erau separați de părinți și împinși înainte. O femeie leșină, dar imediat fu trasă de păr și decapitată pe loc. Un bărbat se eliberă și, împleticindu-se, încercă să ajungă la copilul său, dar fu ucis de către unul dintre nubieni. Copiii fură împinși spre marginea gropii, în grupuri de câte trei sau patru, și apoi înjunghiați, iar plăpândele lor trupuri fură aruncate în groapă. Veni rândul femeilor, apoi al bărbaților. Gladiatori mascați cu coifuri decapitau bărbații coborându-și săbiile curbate în același timp – fiecare lovitură de oțel fiind acompaniată de un singur sunet de tobe –, de parcă erau niște vâslași într-o galeră. Trupurile se adunau unele peste altele în timp ce oțelul fulgera în sus și în jos în lumina soarelui. Mulțimea se agita, încercând să-și potolească setea de sânge. Vespasian își aruncă iar privirea spre menoră. Cei șapte prizonieri cărora le crușase viața atârnau de stâlpii de la marginea îndepărtată a gropii cu trupurile vopsite în roșu aprins. Aveau să se ducă înapoi acasă la compatrioții lor, în deșertul Iudeii, ducând vești despre răzbunarea Romei, despre reținerea celui mai sacru obiect al lor în vistieriile celui victorios. Atâta timp cât Roma deținea tezaurul Templului, evreii n-aveau să mai îndrăznească a se ridica împotriva ei. Cu prima ocazie când aveau să creeze probleme, lumina lor călăuzitoare urma să fie stinsă pe vecie. Asta era regula romanilor.

Călăii își terminaseră treaba. Acum petrecerea putea începe cu adevărat, cu zile de festinuri, jocuri și ovații. Mulțimea dăduse glas exaltării, taurii care trăseseră carele cu bogății fuseseră duși pe sub Templul lui Jupiter, iar altarul și statuia lupoaicei erau stropite cu sânge din sacrificii.

Vespasian se întoarse să părăsească podiumul, jucându-se în continuare cu moneda. Își lăsă mantia purpurie deoparte și își îmbrăcă roba roșie care îi era ținută de doi sclavi. Avea să se alăture călare celor doi fii ai săi, Titus și Domițian, în spatele procesiunii, conducând un șir de preoți la altarul de sub Templul lui Jupiter, unde avea să își îndeplinească ritualurile obișnuite ca Pontifex Maximus. Înainte de a pleca, mai privi încă o dată la placa de marmură și făcu un jurământ secret. Vremea cuceririlor avea să se încheie. Epoca sa urma să fie una a reconstrucției, o întoarcere de la decadență la virtuțile strămoșilor săi. Chiar în acest loc unde stătea, avea să construiască un templu al păcii, un templu mai mare decât oricare altul, și aici va păstra pentru eternitate comoara acestui popor înfrânt.

Își aminti iar de acei ochi întunecați. Avea să facă tot ce îi stătea în putere pentru a se asigura că menora nu avea să mai fie expusă vreodată în vreo paradă pe străzile Romei. Se întoarse să plece, apoi ezită și aruncă moneda departe în mulțime, urmărind-o cum desenează un arc înalt în fața aurului sclipitor și cum dispare în istorie pentru totdeauna.

1

– Cred că am dat lovitura!

De la masa unde avea harta maritimă, Jack Howard își ridică privirea spre minaretele din Istanbul care se profilau la orizont și apoi o coborî spre locul de unde se auzise strigătul emoționat, undeva pe puntea principală de sub cabina lui. Schimbă repede compasul de navigație pe care-l folosise și se repezi pe ușa cabinei ca să aibă o priveliște mai bună. Avea nervii întinși la maximum încă de dimineață, sperând zadarnic că astăzi avea să fie ziua cea mare, iar acum inima i-o luase razna de emoție. Când văzu ce se întâmplă, se întoarse și se lăsă să alunece pe balustrada de metal până la pasarela de la babordul navei. Câteva secunde mai târziu, era împreună cu echipajul pe puntea principală, haina lui marinărească de un albastru-închis făcând notă discordantă printre salopetele cu însemnele IMU[1].

– Foarte bine. Ce avem?

Înainte ca șeful echipajului să poată răspunde, unul dintre scafandri ieși la suprafață într-un clocot de apă spumegândă, undeva sub provă. Jack se aplecă peste balustradă să se uite cum

[1] International Maritime University – Universitatea Maritimă Internațională

scafandrul scuipă muştiucul detentorului şi lasă să intre un val de aer în vesta compensatoare.

– E venețian, spuse el pe nerăsuflate, sunt sigur de asta. Am văzut însemnele.

Scafandrul îşi goli vesta de aer şi dispăru iar sub valuri. Jack privi şuvoiul de bule provenit de la tubul acestuia şi ale celorlalți trei scafandri care ghidau platforma-ascensor la suprafață. Să menții *Sea Venture* pe poziție, împotriva unui curent de suprafață de cinci noduri, era o operațiune riscantă. O agitație cât de slabă a curentului, şi scafandrii, împreună cu prețioasa lor încărcătură, ar fi înghițiți de apele uneia dintre cele mai aglomerate rute de navigație din lume.

Soarele care strălucea în valuri îl făcu pe Jack să-şi mijească ochii, chipul lui aspru şi bronzat schimonosindu-se în timp ce se concentra asupra locului în care dispăruse scafandrul. În spatele lui, maşinăria de pe puntea principală scoase un zgomot înăbuşit şi intră în acțiune cu un huruit, iar macaraua se înclină sub greutatea încărcăturii. Cablul, care era la treizeci de metri adâncime, se ridică încet de pe fundul mării gemând alarmant pe măsură ce intra în curent. Echipajul aliniat de-a lungul balustradei părea că-şi ține respirația, în timp ce cablul scârțâia, ridicându-se centimetru cu centimetru. Într-un final, lanțurile de care erau agățate cele patru colțuri ale platformei apărură, şi Jack ştiu că erau în siguranță. *Sea Venture* fusese poziționată cu babordul ferit de curent, având în față țărmul vechiului oraş, iar platforma-ascensor era acum protejată împotriva curentului puternic al vasului.

O formă alungită începu să se contureze din adâncurile întunecate ale apei. Jack simți emoția cunoscută, explozia de adrenalină pe care o încerca întotdeauna în momente ca acesta. Deşi fusese prezent la unele dintre cele mai mari descoperiri arheologice făcute vreodată, nu-şi pierduse entuziasmul provocat de fiecare nouă descoperire. Chiar şi cel mai lumesc obiect putea fi o fereastră către trecut, care să dea viață unui eveniment spectaculos învăluit în cețurile mitului și ale istoriei. În timp ce privea cu încordare, ținându-se strâns de balustradă, cei patru scafandri ieșiră la suprafață în cele patru colțuri, iar platforma fu ridicată cu troliul deasupra valurilor. Când văzură ce se afla în mijloc, membrii echipajului izbucniră într-un strigăt de bucurie. Lunile de planificări și zilele întregi de efort susținut dădeau acum roade.

– Bingo! Șeful echipajului îi zâmbi lui Jack. Ai avut din nou dreptate.

– Nimic nu ar fi fost posibil fără munca voastră.

Era o armă extraordinară, un tun strălucitor din bronz, de cel puțin doi metri lungime, cu partea de deasupra curățată de negreala acumulată de-a lungul secolelor și scânteietoare ca aurul. Jack văzu imediat că era un model vechi, țeava ornată îngustându-se într-o formă octogonală. Văzuse tunuri de genul acesta din secolul al XVI-lea pe nava-amiral *Mary Rose* a regelui Henric al VIII-lea în Portsmouth, și pe epavele Armadei spaniole. Dar acesta părea mai vechi, mult mai vechi. După ce macaraua puse cu grijă încărcătura pe punte, Jack se îndreptă spre ea să arunce o privire mai îndeaproape, iar echipajul se strânse nerăbdător în spatele său. Nu dădu atenție stropilor de noroi aruncați de furtunul de curățare și se aplecă întinzând mâna reverențios spre tun.

– Leul Sfântului Marcu, spuse el. E venețian, într-adevăr.

Arătă spre piesa turnată ușor ridicată de lângă culata tunului. Imaginea reprezenta fără îndoială un leu înaripat, cu fața înainte, împodobit cu o ghirlandă de frunze, unul dintre cele mai puternice simboluri ale Europei medievale. Își trecu degetele peste emblemă până spre partea anterioară a culatei. Își ridică dintr-odată cealaltă mână, ordonând bărbatului care ținea furtunul să oprească jetul.

– E un semn din turnătorie, spuse el emoționat. La gaura de aprindere.

– E o dată.

Șeful echipajului se aplecă peste Jack, apărându-și ochii de lumina orbitoare.

– *Anno Domini*. Apoi niște cifre romane. Abia dacă înțeleg ceva. M, C, D...

– 1453, exclamă cineva.

– Dumnezeule mare, șopti Jack, Căderea Constantinopolului.

Nu era nevoie să explice această dată; semnificația ei fusese dezvăluită echipajului în timpul deselor prelegeri pe care Jack le ținuse. *1453*. Anul celei mai mari confruntări dintre Est și Vest, un conflict al titanilor la această răspântie dintre Asia și Europa. Anul ultimei suflări a Imperiului Roman, când sfera sa de influență se restrânsese la acest promontoriu sfidător din perioada sa de glorie, cu 1 500 de ani în urmă, când Roma conducea cea mai mare parte a lumii cunoscute. Pentru o secundă, Jack simți un fior de energie în timp ce strângea metalul rece al tunului în mână. Se uită de-a lungul țevii spre orașul în care minaretele și domurile păreau a fi niște bijuterii apărute ca într-un miraj. Atingea istoria însăși, transportat în trecut cu o repeziciune pe care nici o carte de istorie nu o putea reda.

După un timp, se ridică și își arcui spatele, statura lui înaltă și subțire conturându-se deasupra echipajului.

– E un tun de câmp, de asediu, mult mai mare decât tunurile împotriva infanteriei transportate pe vasele din această perioadă. Părerea mea este că suntem în fața unuia dintre tunurile folosite de Mehmed al II-lea și de otomani pentru a străpunge apărarea orașului. Arătă spre linia țărmului unde, cu dificultate, se puteau distinge rămășițele zidurilor bizantine, statura lor impresionantă fiind redusă substanțial de cutremure și de progresul modernității. Otomanii ar fi folosit orice armă le-ar fi căzut în mână. Aceasta a fost făcută în Veneția în același an, un pic mai devreme, capturată probabil în luptă sau de pirați, folosită mai apoi împotriva forțelor bizantine comasate în spatele acelor ziduri, inclusiv împotriva venețienilor înșiși. Presa turcă va jubila.

Pe când membrii echipajului se întorceau fiecare la treaba lui, Jack se uită încă o dată la emblema de pe tun. Asemenea strămoșilor săi din Anglia, căpitani de vas și exploratori care descoperiseră cele mai îndepărtate comori ale globului, venețienii erau aventurieri pe mare care își întinseseră tentaculele de-a lungul lumii mediteraneene, înființând chiar o colonie de negustori, aici la Constantinopol. Lumea lor nu era imperialistă și de cucerire, ci una a comerțului și a speculei. Cu toate astea, ei erau responsabili pentru una dintre cele mai mari crime din istoria civilizației, o crimă care îl adusese pe Jack în acest loc și căreia el era hotărât să-i dea de capăt înainte ca această expediție să se încheie.

Când ajunse înapoi pe puntea de comandă, Jack își luă locul în fața hărții marine și își suflecă mânecile. Fusese o dimineață răcoroasă de vară, dar soarele începuse să apară pe măsură ce ceața se disipa. Privi spre Tom York, căpitan la IMU, un bărbat cu părul alb și îmbrăcat îngrijit, care stătea de vorbă cu ofițerul secund al vasului, un estonian proaspăt numit în funcție, care venise cu scrisori de recomandare ireproșabile din partea academiei flotei comerciale din Rusia. York îl privi pătrunzător pe Jack și își înclină capul spre fereastra cabinei, de unde privise scena de pe punte.

– Aș spune mijlocul secolului al XV-lea, cu siguranță. York își începuse distinsa carieră în Marina Regală ca ofițer de artilerie, și de atunci devenise un adevărat specialist în tehnica de artilerie și armament timpuriu naval, lucru ce se dovedise indispensabil în cadrul proiectelor IMU. Abia aștept să mă uit mai îndeaproape. Chiar în zorii artileriei navale. Dar prea târziu pentru noi.

Jack încuviință.

– 1453, mai precis. Cu aproape două sute cincizeci de ani prea târziu. Noi căutăm ceva dinaintea perioadei în care tunurile erau folosite pe mare. Este o descoperire extraordinară, și nu am vrut să alung entuziasmul echipajului, dar mai avem cale lungă până să ajungem la cruciade.

Jack se uită gânditor spre țărm, priveliștea din fața sa fiind momentan acoperită de un feribot foarte aglomerat care trecea periculos de aproape de locul excavării. În licărirea fosforescentă lăsată în urmă, orașul părea a pluti pe un nor, ca o apariție divină. Era una dintre imaginile supreme ale istoriei, un palimpsest al celor mai mari civilizații pe care lumea le-a cunoscut vreodată. Pentru Jack, era ca o secțiune transversală într-un sit arheologic, doar că în loc de strat peste strat, aici totul era amestecat, firele istoriei erau împletite și nimic nu era clar conturat. La cel mai de jos nivel erau rămășițele fisurate și crăpate ale zidurilor Constantinopolului, schițate inițial de împăratul Constantin cel Mare când își mutase capitala aici, în secolul al IV-lea d.Hr., și lăsase Roma pradă declinului și ruinei. Deasupra zidurilor se înălțau versanții mult mai vechi ai acropolelor grecești din Bizanț, nume care a supraviețuit ca denumire pentru imperiul creștin din Evul Mediu cu capitala la Constantinopol și care-și trage rădăcinile din Roma. Deasupra lor, se ridica splendidul palat Topkapi, centrul orașului pe care otomanii l-au redenumit Istanbul după ce au i-au învins pe bizantini, în 1453, și inima celui mai puternic stat din lumea medievală. Și mai sus, desupra celor câteva case de lemn ale vechiului Istanbul, se înălțau minaretele și domurile bisericii Hagia Sofia, cândva una dintre cele mai mari catedrale creștine din est, devenită după 1453 loc sacru al islamului. Și undeva, știa Jack, era posibil, doar posibil, ca întinderea orașului să ascundă dovezi ale unei migrații de la începuturile istoriei, coloniști ai unei civilizații înaintate care își părăsiseră cetatea din Atlantida din cauza potopului și se îndreptaseră spre est, către Marea Neagră.

Nu putea crede că trecuseră șase luni de când el și Katya se rătăciseră în labirintul de străduțe al orașului. Fusese o perioadă plină de euforie, de bucuria descoperirii mult așteptate, dar și o perioadă de deşertăciune şi de pierdere. Pentru Katya însemnase descoperirea adevărului devastatator despre imperiul răului condus de tatăl ei, o revelaţie care cântărise greu, în ciuda eforturilor depuse de Jack, şi care dusese la întoarcerea ei în Rusia pentru a continua, cu eforturi reînnoite, lupta împotriva comerţului ilegal cu antichităţi. Pentru Jack, sentimentul pierderii personale fusese şi mai acut, persistând până în ziua de azi. Erau împreună când căutarea lui Peter Howe fusese într-un sfârşit anulată. Howe îi fusese prieten încă din copilărie, şi Jack îşi amintea de el ori de câte ori îl vedea pe Tom York, şchiopătatul său fiind o moştenire lăsată de aceeaşi luptă. Jack insistase să rămână cu *Sea Venture* lângă Atlantida până ce căutarea fusese anulată. Multe zile după aceea simţise că ambiţiile lui fuseseră îngropate în Marea Neagră, împreună cu epava *Seaquest*, că nu avea nici un drept să rişte vieţile celorlalţi în căutările lui aventuroase. Katya fusese cea care îi redase încrederea, pe măsură ce, explorând Istanbulul, se lăsaseră absorbiţi în istoria Bizanţului în timpul lungilor zile petrecute împreună. Ea îl convinsese să readucă la viaţă un vis din copilărie pe care el îl împărtăşise cu Peter Howe, un vis despre o comoară fabuloasă pierdută, vis care devenise obsedant după ce Jack şi Katya se despărţiseră la aeroport şi care îl adusese pe Jack în locul în care stătea acum.

– Am făcut-o!

Jack îşi reveni din transă şi se grăbi să ajungă la sursa zgomotului în camera de navigaţie din spatele cabinei. În interiorul întunecat putu vedea unde fuseseră adunate radarul şi consolele de fixare a poziţiei, pe ambele părţi, pentru a face loc unei mulţimi complexe de dispozitive electronice care înconjurau un ecran enorm de calculator. În mijlocul lor, fără să ştie de prezenţa lui, stătea un bărbat brunet, cu pielea închisă la culoare, având statura asemănătoare unui jucător de rugby, cu ochii lipiţi de ecran şi cu nişte căşti pe urechi.

– Foarte bine că ai mai slăbit într-un final, spuse Jack. Altfel trebuia să te excavăm de aici.

– Cum?

Costas Kazantzakis îi aruncă o privire neliniștită și se întoarse spre ecran. Jack repetă cuvintele.

– Bine, bine.

Costas își scoase căștile și se lăsă pe spate în spațiul mic care îi mai rămăsese.

– Da, ei bine, târâtul prin tunelul acela subacvatic m-a ajutat. Încă mai am cicatricele. Dacă a ieșit ceva bun din proiectul ăla, au fost zeii din Atlantida care m-au avertizat că ar trebui să reduc caloriile. Costas își roti capul și observă jacheta pătată de noroi a lui Jack. Iar te-ai jucat?

– Tun de asediu. Venețian. 1453.

Costas mormăi și își puse brusc căștile pe urechi în timp ce pe ecran apăru o explozie de culori. Jack se uită cu afecțiune la prietenul său care era absorbit iarăși de munca sa. Costas era un inginer extraordinar de inventiv, avea un doctorat în tehnologia submersibilelor de la MIT[1] și îl însoțise pe Jack în multe dintre aventurile lui de când se înființase IMU, cu zece ani în urmă. Cunoștințele sale științifice se îmbinau perfect cu arheologia lui Jack. Firele întrețesute și complexe ale istoriei, precum și interpretările incerte nu erau pentru Costas. Pentru el singurele probleme semnificative erau acelea care puteau fi rezolvate de știință, fiind dezamăgit numai atunci când lucrurile nu mergeau cum trebuia.

– Ce se întâmplă?

Altă siluetă voluminoasă apăru în prag și se strecură înăuntru lângă Jack. Maurice Hiebermeyer părea să fie transpirat mereu, în ciuda pantalonilor scurți și largi și a cămășii descheiate. Jack se întoarse și îl salută cu o mișcare a capului.

---

[1] Massachusetts Institute of Technology – Institutul Tehnologic din Massachusetts

– Cred că în sfârșit Costas a reușit să facă lucrul ăsta să meargă.

Jack știa ce avea să urmeze. Hiebermeyer zburase cu o noapte înainte până aici cu elicopterul, de la Institutul Arheologic din Alexandria, ca o pasăre de pradă aruncându-se asupra victimei, sperând ca Jack să fie demoralizat de problemele insurmontabile ale excavării făcute în portul din Istanbul. Ultima dată când vorbiseră fusese cu șase luni în urmă, pe puntea de pe *Sea Venture*, când Hiebermeyer menționase altă descoperire extraordinară a scrierii străvechi din necropola mumiilor, unde fusese găsit și papirusul cu Atlantida, iar de atunci tot bombarda IMU cu e-mailuri și cu mesaje telefonice.

Se tot foia cu un dosar pe care-l avea în mână.

– Jack, trebuie să...

– Va trebui să aștepte, zise Jack zâmbindu-i amabil egiptologului corpolent. Suntem pe muchie de cuțit aici, și trebuie să mă concentrez. Îmi pare rău, Maurice. Așteaptă până se sfârșește asta.

Se întoarse înapoi spre ecran, iar Hiebermeyer tăcu.

– Da!

Ecranul se umplu de culori, și cei doi bărbați se mutară în spatele lui Costas ca să vadă mai bine. Se uitau la o imagine video, o masă gri luminată de un reflector, cu un braț mecanic ca un clește în mijloc.

– Acum suntem la aproape șaisprezece metri sub nivelul mării, 51 de metri adâncime față de poziția actuală. Costas își scoase căștile și se lăsă pe spate în timp ce vorbea: În câteva secunde, imaginea va reveni automat pe sonar, și „spionul“ ar trebui să fie iar vizibil.

– Spionul?

Costas se uită, parcă scuzându-se, la Hiebermeyer și îi dădu un model de plastic pe care-l ținuse ca pe un talisman, o formă cilindrică ciudată, care semăna vag cu aparatul controlat cu ajutorul unei telecomenzi pe care ei îl folosiseră la explorarea satului neolitic de lângă Marea Neagră.

– O combinație între un aparat controlat de la distanță, un aspirator subacvatic și un sonar pentru vizualizarea fundului mării, spuse el. Este controlat de aici printr-un cablu de legătură și poate fora prin stratul de sedimente cu mare precizie, trimițând înapoi imagini la fel de clare ca o radiografie RMN. Pentru moment, sapă într-un strat de sedimente terigene, prin tone de pământ. Suntem la marginea canalului care intră în Bosfor, dar, chiar și așa, există mari cantități de sedimente – într-un secol se adună câțiva metri. Trebuie să săpăm și mai mult dacă vrem să avem vreo șansă să găsim ceea ce căutăm. Greutatea acelui lanț îl va îngropa și mai adânc.

– Ah, lanțul, amintește-mi, murmură Hiebermeyer.

Jack se întoarse spre o hartă galbenă a Amiralității cu împrejurimile Istanbulului, prinsă pe perete lângă Costas. Poziția lor era marcată clar la marginea din exterior a estuarului care trecea prin oraș, cu forma sa de iatagan definind promontoriul bizantin și formând unul dintre cele mai mari porturi naturale din lume. Pentru grecii antici acesta era Chrysoceras, Cornul de Aur, ca și cum un taur mitic gigantic s-ar fi cufundat în Bosfor întinzându-se spre Marea Neagră, și acest lucru avea o semnificație importantă pentru cei trei bărbați, care încă aveau vii în minte reprezentările cu tauri din Atlantida.

Jack luă un pix și trasă o linie subțire peste intrarea în estuar.

– În timpul perioadei bizantine, Cornul de Aur era închis în vremuri periculoase cu ajutorul unui lanț gigantic de aproape un kilometru lungime, legături imense de fier forjat fiind prinse de piloni și de barje. Era prins aici, de un turn aflat lângă marginile zidurilor orașului, unde estuarul se întâlnește cu Bosforul, și aici, la aproape trei sute de metri distanță de unde ne aflăm noi, pe țărmul Galata. Lanțul a fost consemnat pentru prima dată în secolul al VIII-lea d.Hr. și a avut un rol important la Căderea Constantinopolului, în 1453, dar noi ştim doar două momente când se poate să fi fost rupt. Primul a fost în secolul al XI-lea, când se presupune că nişte mercenari vikingi au trecut cu vasele lor lungi peste el. Al doilea este mai clar, în 1204, când galerele veneţiene l-au rupt cu un berbece. Lanţul a fost refăcut, dar o bună parte din el s-ar putea să se fi pierdut pe fundul mării. Dacă îl găsim, atunci înseamnă că am găsit şi stratul cu prada noastră, şi ne apucăm serios de treabă.

– Prima verigă din lanţul nostru.

Costas nu putu să-şi ascundă neliniştea; degetele lui băteau nervoase în birou şi ochii i se plimbau agitaţi pe ecran. Imaginea dispăruse, şi totul era negru, iar singura indicaţie că „spionul“ funcţiona era sonda din colţ de măsurat adâncimea, care se rotea înnebunitor de încet, străpungând doar câte cinci centimetri.

– Cum poţi fi aşa de sigur în ceea ce priveşte locaţia?

Hiebermeyer îşi lăsase deoparte cercetarea lui, fiind absorbit de acest proiect.

– Acest lucru a fost întotdeauna o problemă controversată, dar un manuscris din secolul al XV-lea, descoperit în arhiva de la Topkapi anul trecut, oferă o poziţie exactă undeva între monumentele cunoscute de pe ţărm.

– Nu-mi place, spuse Costas uitându-se la ceasul de pe perete şi foindu-se neliniştit pe scaun. Dacă tunul este din 1453, asta înseamnă că mai avem de săpat cel puţin cinci metri de sedimente compacte, înainte să ajungem aproape de stratul nostru. Şi mai avem doar douăzeci de minute înainte ca *Sea Venture* să-şi schimbe poziţia.

Jack îi împărtăşea îngrijorarea, şi îşi ţuguie buzele. Proiectul ăsta nu semăna cu nici unul dintre proiectele la care mai lucraseră ei, era un joc constant de-a şoarecele şi pisica în una dintre cele mai aglomerate căi navigabile de pe planetă. Autorităţile portuare le aprobaseră un interval de şase ore în fiecare zi, aşa că trebuiau să îşi schimbe poziţia tot timpul pentru a lăsa să treacă un feribot sau un cargobot, uneori cu pescaj atât de mare, încât elicele lor răscoleau stratul de sedimente de pe fundul mării. Jack avea încredere în abilitatea lui Tom York de a detecta și a remedia defecțiunile tehnice, iar sistemul dinamic de poziționare a vasului *Sea Venture* însemna că acesta putea să-și reia cu ușurință și cu precizie coordonatele. Din nefericire, nu exista nici o protecție pentru excavațiile de pe fundul mării sau, și mai important pentru Costas, vreo garanție că prețioasa lui creație n-avea să rămână prinsă pe vecie împreună cu celelalte rămășițe ale istoriei.

Hiebermeyer simți tensiunea și stărui, adresându-i-se lui Jack:

– Și care e visul ăsta al tău din copilărie?

Jack respiră adânc, dădu din cap și-i făcu semn spre consola unui calculator în colțul îndepărtat al camerei. Era o poveste pe care el o spusese de sute de ori echipajului, presei, în repetatele sale încercări de a obține sprijin pentru proiect din partea Consiliului Director al IMU și a autorităților turce, dar care încă îi dădea fiori de emoție pe șira spinării.

– Căderea Constantinopolului în 1453 este unul dintre momentele definitorii ale istoriei, începu Jack. Clopotele de înmormântare ale celui mai mare imperiu pe care lumea l-a cunoscut vreodată, un eveniment care a dat islamului un avanpost în Europa. Dar pentru orașul Constantinopol o calamitate și mai mare a avut loc cu două secole și jumătate înainte. Profanări și violuri la scară mare, o atrocitate oribilă chiar și judecată după standardele medievale. Și făptașii nu erau păgâni, ci creștini, nici mai mult, nici mai puțin decât Cruciați ai Sfintei Cruci.

– Cruciații, desigur, spuse Hiebermeyer.

– În perioada în care încă nu ajunseseră în Țara Sfântă.

– Ții minte ce ne spunea profesorul Dillen la Cambridge, murmură Hiebermeyer. Cele mai mari crime împotriva creștinătății au fost înfăptuite chiar de creștini.

Cei doi bărbați fuseseră în același timp la facultate, și, când Jack se întorsese să-și termine doctoratul, după o escapadă în Marina Regală, studiaseră împreună creștinismul timpuriu și istoria iudaică, sub îndrumarea faimosului mentor.

– Data a fost 1204, continuă Jack. Papa Inocențiu al III-lea a propovăduit organizarea unei a patra cruciade, încă o expediție sortită eșecului pentru a elibera Ierusalimul de sub necredincioși. Faptul că nobilii cavaleri ai cruciadei au ajuns să își schimbe planul și să jefuiască capitala creștinătății rămâne una dintre îngrozitoarele întâmplări ale istoriei.

Pe micul ecran din fața lor apăru dintr-odată o imagine cunoscută în întreaga lume, patru cai splendid împodobiți în bronz aurit care stăteau în fața unui decor arhitectural bogat.

– Caii Sfântului Marcu, spuse Hiebermeyer.

– Cred că turiștilor le-ar cădea aparatele de fotografiat din mână dacă ar afla adevărul despre cum au ajuns aceste sculpturi la Veneția. Jack începuse să se agite, cuvintele lui căpătând accente de furie. Liderii cruciadei aveau nevoie de cineva care să-i transporte pe cavaleri și echipamentul lor peste Mediterană în Țara Sfântă. Și cine ar fi fost mai potrivit decât venețienii, cea mai mare putere maritimă din acea perioadă? Dar venețenii aveau alte idei ascunse. Imperiul Bizantin cu capitala la Constantinopol începuse să atenteze la teritoriile de lângă Veneția, la Marea Adriatică, și venețienilor nu le prea plăcea acest lucru. Comercianții venețieni din Constantinopol fuseseră uciși. Dogele venețian Dandolo fusese încarcerat și orbit de către bizantini cu câțiva ani în urmă și își dorea în secret să fie răzbunat. Apoi cruciații, după ce s-au îmbarcat, nu au putut să plătească suma datorată pentru expediția lor, devenind practic sclavii venețienilor. Mai adaugi și un pretendent la tronul Bizanțului, și scena e gata. Papa Inocențiu al III-lea a descoperit că sponsorizase fără sa vrea jaful celui de-al doilea oraș al creștinătății, punctul central al ortodoxiei. Odată ajunși în Constantinopol, cruciații au uitat complet de Sfânta Cruce și s-au comportat ca oricare altă armată pusă pe jaf din Evul Mediu, cu o ferocitate și un barbarism de neîntrecut chiar și pentru acea perioadă.

– Ce s-a întâmplat?

– Imaginează-ți că o armată scăpată de sub control invadează Londra și distruge toate statuile, profanează Abația Westminster, golește Muzeul Britanic și dă foc Bibliotecii Britanice. Toate simbolurile unei națiuni și comorile unui imperiu pierdute într-un singur acces sângeros de violență. La Constantinopol, războinicii sfinți și-au folosit zelul creștin cu care se lăudau atâta asupra marilor biserici creștine, mai ales la Hagia Sofia, prădând relicvele sacre adunate de-a lungul unui mileniu de creștinism. Au distrus bibliotecile, urmașe ale vechilor biblioteci din Alexandria și din Efes, o pierdere incomensurabilă pentru civilizație. Au distrus hipodromul, vechea arenă de curse care era punctul central al orașului, lăsând doar bucăți din sculpturi care se pot vedea și azi acolo și câteva monumente care erau prea mari să fie jefuite.

– Obeliscul egiptean al lui Tutmes al III-lea, spuse Hiebermeyer, dând din cap.

Jack arătă spre ecran.

– Noi știm că orașul Constantinopol a fost moștenitorul celor mai mari comori ale civilizației vestice. Artefacte neprețuite care odinioară fuseseră în Egipt, în Grecia și în Orientul Apropiat au fost aduse la Roma pe măsură ce imperiul se mărea. Apoi, atunci când Constantin a mutat capitala, multe dintre aceste comori au fost și ele mutate, transportate peste Mediterană de la Roma la Constantinopol. Caii Sfântului Marcu ar putea fi o creație grecească din secolul al V-lea î.Hr., ornând probabil faimosul sanctuar de la Olimpia, în Grecia. Cinci secole mai târziu, sunt la Roma în vârful arcului de triumf al lui Nero din forum, ca parte a unui grup statuar ce-l înfățișează pe împărat conducând o cvadrigă. Arcul a fost distrus de Vespasian, dar imaginea există în continuare, fiind gravată pe monedele lui Nero. Patru secole mai târziu, sunt în Constantinopol, probabil în hipodromul de lângă obelisc. Și, ține minte, Constantinopolul nu a fost niciodată jefuit înainte de 1204. Comorile despre care știm, din relatările martorilor, că au fost prădate de cruciați sunt o mică parte din ce se găsea acolo. O parte din pradă a fost topită pentru a fi transformată în lingouri de aur sau argint și în monede. Alte comori, cum ar fi Caii Sfântului Marcu, au fost transportate înapoi la Veneția și în țările de origine ale cruciaților, Franța, Spania, Țările de Jos, Anglia, unde relicve ale acestei crime probabil stau ascunse în continuare în marile catedrale și în mănăstiri. Iar alte obiecte, în special antichități cu simbolism păgân, au fost profanate și aruncate în Cornul de Aur. Jack făcu o pauză. Când povestea asta s-a transformat într-o obsesie pentru mine și pentru Peter Howe, eram convinși că una dintre cele mai mari comori ale artei antice se poate afla pe fundul mării chiar sub noi.

Un freamăt brusc începu în spatele lor în timp ce Costas își trase scaunul aproape de ecran. Hiebermeyer rămase privind gânditor la imaginea cailor și-și puse mâna pe umărul prietenului său.

– Spui că orice din Roma antică ar fi putut fi adus aici. Anul trecut, după mica noastră aventură la Marea Neagră, am fost chemat la Roma să traduc o scriere hieratică egipteană descoperită la Templul Păcii al lui Vespasian, lângă locul unde au fost găsite fragmente din planul de marmură al orașului. S-a dovedit că era una dintre plăcuțele de bronz atașate de ansamblul de coloane din interior, fiecare având același text, în toate limbile importante ale Imperiului Roman. Latina, greaca, egipteana, aramaica, orice. Erau proclamații care menționau victoriile lui Vespasian și triumful Romei. Subiectul era Războiul iudaic.

Jack se întoarse și-l privi fix pe Hiebermeyer, cu ochii săi negri de nepătruns. Celălalt bărbat vorbi cu șovăială:

– Te gândești la ce mă gândesc și eu?

Jack tăcu.

– Dumnezeule! Accentul german al lui Hiebermeyer deveni și mai pronunțat, și vocea începu să-i tremure. Comorile evreilor din Tabernacol. Vespasian le depusese în Templul Păcii pentru a nu mai fi etalate vreodată. Au intrat în legendă. Vocea sa deveni o șoaptă: Ar fi putut fi trimise în secret la Constantinopol înainte de căderea Romei?

– Gândul ăsta mi-a trecut și mie prin minte, spuse Jack încet.

Hiebermeyer își dădu jos ochelarii săi mici și rotunzi și-și șterse fruntea.

– Vasele sacre din sanctuarul interior. Masa de aur. Menora.

Ultimul cuvânt îi ieși cu mare dificultate, mai degrabă un icnet răgușit.

– Îți dai seama în ce am putea să ne băgăm?

– Da, spuse Jack.

– Nu vorbim doar despre comori fabuloase. Vorbim despre elemente importante ale zilelor noastre. Menora este simbolul statului modern Israel. Orice indiciu cum că noi am fi pe urmele comorii pierdute a Templului Evreiesc ar putea provoca o adevărată explozie. Literalmente.

– Nu va ieși dincolo de zidurile astea, spuse Jack.

În acel moment, auziră un strigăt de bucurie și un șir de înjurături cu accent de Brooklyn de la cealaltă consolă. Jack și Hiebermeyer se întoarseră repede în spatele lui Costas, și ofițerul secund al vasului apăru lângă ei. Jack se uită curios la bărbat, apoi se întoarse spre ecran. Putură vedea imediat motivul bucuriei lui Costas. Ecranul se transformase într-o imagine multicoloră fantastică, liniile și contururile fiind la fel de clare ca un desen tridimensional pe calculator. În centru erau fără îndoială semne de activitate umană, o masă întunecată, diformă, încastrată în sedimente. Era o verigă imensă de metal, de cel puțin un metru, în forma cifrei opt, cu o sudură neprelucrată la mijloc. O a doua verigă era prinsă de cealaltă și se extindea în afara ecranului spre dreapta, dar partea stângă era avariată și îndoită acolo unde legătura fusese smulsă.

– Fantastic!

Jack îl bătu pe Costas pe spate.

Era extrem de fericit, gândindu-se deja la următorul pas al cercetărilor, dar ochii săi rămaseră lipiți de ecran pe măsură ce camera de filmat se mișca înainte spre marginea metalului. În bucla finală era o masă de lemn fragmentat, în mod evident bucăți de lemn de la o navă, o secțiune de scânduri suprapuse, cu niște linii având proeminențe regulate și întunecate unde niturile fuseseră conservate pentru mai mult de opt sute de ani în nămol. Jack și Hiebermeyer își pierdură suflarea când observară ce era în lanț – o masă albicioasă ce semăna cu ramurile goale ale unui copac. Era un schelet uman zdrobit, cu brațele prinse de metal într-o poziție grotescă, cu craniul distorsionat și abia recognoscibil, dar acoperit încă de o pată maronie de rugină unde fusese odată un coif conic cu apărătoare pentru nas.

– Uite și lanțul tău, împreună cu una dintre victime, spuse Costas. Acum e timpul să plecăm de aici.

Costas apăsă câteva butoane, eliberând cablul de legătură chiar în momentul în care motoarele navei începură să vibreze. Jack îl lăsă pe Hiebermeyer cu el și ieși din camera de navigație pentru a-l însoți pe York în cabină. Avea de gând să le spună și membrilor echipajului veștile descoperirii în ora în care *Sea Venture* trebuia să elibereze ruta de navigație, înainte de a putea reveni pe poziție. Se uită pe fereastră la barja de minereu, așteptând să treacă, și la arcele joase ale Podului Galata, cu drumul fremătând de traficul dimineții și cu pescari încrezători aliniați de-a lungul balustradelor sale, fără habar despre adevăratele comori care ar putea exista sub ei. Apele agitate pe care odată pluteau vasele împăraților și ale sultanilor străluceau din nou, rezultat al unei operațiuni de curățare de mare amploare desfășurate în ultimii zece ani. Pe când se uita dincolo de pod, spre orizontul însorit, Jack simţi iarăşi vraja care îi determinase pe el şi pe Katya să îi caute cele mai ascunse secrete. Acest oraş, cu haosul şi cu istoria lui întunecată, ajunsese să fie simbolul speranţei, locul unde Jack îşi reînviase pasiunea pentru misterele trecutului care îl obsedau încă din copilărie.

Privi în jos, unde apele spumoase erupseră într-un tumult de sub prova vasului *Sea Venture*, cauzate de jetul stabilizatorului. Era încântat că făcuse descoperirea care îi putea apăra visul, ca o piatră de care te ajuţi când treci un râu, pentru a ajunge la o descoperire şi mai senzaţională în viitor. Lanţul găsit îi trimisese chiar la momentul-cheie al istoriei şi le arătase că erau la marginile exterioare ale portului unde fuseseră aruncate prăzile jefuite din Constantinopol. Tot ce aveau acum de făcut era să avanseze în Cornul de Aur, şi urmau să dea lovitura. Dar, ca de obicei, veselia lui Jack era pusă în umbră de nelinişte. Începuse să simtă presiunea. Aveau în continuare un drum lung de făcut. Ştia că trebuia să apară cu obiecte dacă voia ca autorităţile să le mai dea vreo autorizaţie; că tunul şi lanţul îi confirmaseră aşteptările, dar totodată generau aşteptări şi mai mari. Îngustându-şi privirea din cauza strălucirii soarelui, se uită din nou la apele Cornului de Aur, rugându-se ca acesta să se ridice la înălţimea numelui.

2

Maria de Montijo se mișcă aproape pe nesimțite în scaunul ei și închise ochii. Până acum, fusese cea mai lungă zi a lor în interiorul catedralei, și, în ciuda adrenalinei care o ajutase să facă față orelor care se scurgeau, știa că n-avea să se mai poată concentra mult timp. Afară, după-amiaza englezească, gri și mohorâtă, începea să lase loc întunericului, și răpăitul ploii se auzea în geam. Își îndreptă spatele, clipi des și își ridică paleta cu ustensilele de curățare până în dreptul ramei. În liniștea completă din cameră, timpul părea a se fi oprit în loc, și femeia își concentra toată atenția la modelul complicat de cerneală dezvăluit de lumina slabă, la doar câțiva centimetri de fața ei. Respira încet, fără grabă, la fiecare respirație mânuind pensula cu o siguranță dobândită după atâția ani de experiență. După un sfert de oră se întoarse și îi dădu paleta asistentului.

– Gata, spuse ea, am terminat.

Depărtă cu grijă lampa pentru a dezvălui întrega inscripție, rodul muncii ei susținute din ultima săptămână. Odată patina vremii îndepărtată, literele apăreau clare și negre, ca și cum ar fi fost scrise cu câteva zile în urmă.

Tuz ki cest estorie ont. Ou oyront ou lirront ou ueront. Prient a ihesu en deyte. De Richard de haldingham o de Lafford eyt pite. Ki lat fet e compasse. Ki ioie en cel li seit done.

Ortografia necunoscută a francezei vechi nu făcea decât să adâncească misterul bărbatului care compusese așa ceva. După un moment de contemplație, Maria se întoarse spre asistentul ei, un tânăr zvelt cu ochelari cu rame de oțel, care se aplecă cu nerăbdare să facă traducerea.

Toți cei care ajung în posesia acestor cuvinte, sau care le aud, citesc sau văd, rugați-vă lui Isus în slava Sa să aibă milă de Richard de Holdingham și de Sleaford, care le-a conceput și le-a răspândit, să aibă parte de fericire în rai.

Părea potrivit ca ultimele cuvinte ale lui Richard să fie și ale lor, căci ei trebuiau să își încheie sarcina în locul în care scribul își ridicase pentru ultima dată pana de pe pergament, cu aproape șapte sute de ani în urmă.

Douăzeci de minute mai târziu, Maria stătea în centrul camerei și privea harta pentru ultima dată înainte de a o sigila în spatele geamului protector. Cu sursa de lumină acum îndepărtată, vechimea pergamentului părea să fie accentuată de lumina slabă din cameră, umbrele și unduirile dezvăluind locurile unde pielea de vițel se strânsese și se îndoise odată cu trecerea timpului.

În mod normal, sarcina de a curăța manuscrisele era lăsată în seama personalului ei tehnic de la institutul din Oxford. Dar când venise vorba despre un program nou de a restaura *mappa mundi*[1] din Catedrala Hereford, tentația se dovedise prea

[1] Termen generic dat hărților lumii din Evul Mediu (n.tr.)

puternică. Era o șansă unică în viață, o ocazie de a lucra la unul dintre cele mai importante manuscrise decorate rămase din secolul al XIII-lea, de a atinge cu propriile mâini cea mai importantă și mai renumită hartă medievală din lume.

Conturul familiar începu să prindă formă pe măsură ce ochii ei se obișnuiau cu semiobscuritatea. Era sfera pământului, mai mare de un metru în lățime, umplând aproape întregul pergament pătrat. În centru era Ierusalimul, iar sub el, Mediterana în formă de T, care despărțea Asia, Africa și Europa. Înghesuite în partea stângă jos erau Insulele Britanice, și în chenarul de sub ele era inscripția pe care o curățase mai devreme. Harta era plină de desene miniaturale cu titluri în latină și în franceză, unele ilustrând povești biblice, iar altele înfățișând creaturi bizare și locuri mitice.

Era o abundență de informații reale amestecate cu altele imaginare, expresia supremă a minții medievale. Dar totuși era, de asemenea, încorsetată în ignoranță. Harta părea a fi ultima declarație a omenirii - degajând încredere și disciplină. Cu toate astea, dincolo de fâșia oceanului care înconjura creștinătatea, nu era absolut nimic. Imaginea lui Isus de pe fronton o trimitea pe Maria cu gândul la Judecata de Apoi, cu Hristos judecându-i nu doar pe cei morți, ci și pe cei vii, pe oamenii care fuseseră atât de orgolioși încât să creadă că nenumăratele minuni, pe care ei le înghesuiseră acolo pe *mappa mundi* a lor, se puteau măsura cu întreaga creație divină.

– Doctore de Montijo, trebuie să veniți repede.

Un om de statură mică și energic, într-o robă clericală, o ajunse din urmă pe Maria care mergea vioaie prin curtea catedralei cu umbrela deschisă, protejându-se de eterna ploaie englezească. Trebuia să ajungă înapoi la Oxford în după-amiaza aceea, și nu avea timp de pierdut dacă voia să prindă trenul.

– Ar fi bine să fie ceva important, spuse ea cu un accent spaniol care îi cadența vocea, am un seminar despre Richard de

Holdingham la institut peste trei ore, și am nevoie de ceva timp să mă pregătesc.

– Asta poate să aștepte, rosti gâfâind și părând emoționat omul cel scund. Muncitorii din biblioteca veche cu lanțuri[1] tocmai au făcut o descoperire extraordinară. Asistentul dumneavoastră este deja cu ei.

Maria și clericul se apropiară de portalul nordic al catedralei. Nuanța delicată ca de miere a gresiei erodate a stâlpilor făcea ca Hereford să pară mai puțin respingătoare decât majoritatea catedralelor din Anglia; totuși, efectul pe care l-au simțit când au intrat a fost incredibil. Maria privi în jos, dinspre naos spre altar, și în sus la spațiul cavernos dintre ele, priveliștea fiind încadrată de stâlpi, de o parte și de alta, care se înălțau spre bolțile mai mici ale lucarnei. Bolta tavanului era undeva mult deasupra lor. Pe când îl urma pe cleric spre aripa de nord, mirosul de piatră umedă și o slabă tentă de descompunere o învăluiră, ca și cum duhoarea bolnăvicioasă a putrefacției care se îmbibase în catedrală de atâta timp lăsase o boare persistentă chiar și după ce ultimele cavouri fuseseră sigilate.

Naosul nu se schimbase prea mult de când Richard de Holdingham trecuse pe aici ultima dată. Se rezemă de un stâlp și simți un fior brusc, ca și cum ar fi fost transportată înapoi în timp pe urmele marelui om. În perioada aceea, zidăria masivă a normanzilor exista acolo doar de un secol, și totuși o catedrală stătuse în locul acesta din vremea regatului anglo-saxon de Mercia. Fusese Catedrala Sfântului Ethelbert, regele Angliei de Est, care fusese asasinat mișelește în apropiere. În vremea lui Richard, catedrala atrăgea pelerini care veneau din toate colțurile lumii să îi aducă un omagiu lui Thomas Becket, arhiepiscopul martirizat la Canterbury, a cărui raclă cu moaște,

[1] Tip de bibliotecă medievală unde multe dintre cărți erau legate cu lanțuri, fiecare având o clemă mică de metal pe un lanț, la capătul căruia era un inel ce aluneca pe o vergea de lemn fixată pe fiecare raft. (n.tr.)

împodobită, supraviețuise de-a lungul secolelor, împreună cu *mappa mundi*, o altă comoară a catedralei.

După ce trecură de transeptul nordic, ajunseră la aripa unde era corul și unde fusese expusă harta în ultimul secol, înainte de a fi mutată în muzeul exterior, special construit pentru ea. Chiar în partea opusă spațiului liber unde fusese harta, era un cadru de ușă, jos, care dădea spre partea exterioară a catedralei și prin care se putea vedea începutul unei scări în formă de spirală.

– Reconstrucția este aproape gata, spuse clericul, asta e doar o simplă precauție.

Îi dădu Mariei o cască galbenă de protecție și își puse și el una, casca nepotrivindu-se cu veșmintele lui cafenii bisericești. Cuvintele lui răsunau cu un ecou înfundat pe măsură ce Maria îl urma pe treptele abrupte.

– O catedrală de gresie este ca o navă de lemn, explică el. Dacă păstrezi o bucată veche mai mult decât e nevoie, tot lemnul va trebui după aceea înlocuit. Ca HMS *Victory*. Gresia nu este unul dintre materialele de construcție rezistente. Când am mutat biblioteca, ne-am folosit de ocazie și am înlocuit și piatra.

Se apropiau de camera unde fusese odată renumita bibliotecă cu lanțuri din Hereford, care adăpostea o colecție fabuloasă ce includea incunabule, cărți imprimate înainte de 1500, precum și 227 de volume în manuscris începând cu inestimabilele *Evanghelii Hereford* din secolul al VIII-lea. Atât cărțile, cât și rafturile de care fuseseră legate erau acum reconstituite în muzeul care adăpostea și *mappa mundi*, ea însăși păstrată cândva în bibliotecă.

După ce urcară până la nivelul lucarnei, se strecurară pe lângă un morman de pietre aduse recent de la cariera de piatră și se opriră la intrarea în cameră. În plăpânda lumină a zilei răspândită prin despicăturile ferestrei văzură cu dificultate spațiile de pe pereți unde fuseseră odată rafturile cu cărți. În locul unei biblioteci, camera arăta acum ca atelierul unui pietrar, plină de unelte de așchiere și de bucăți deteriorate de zidărie adunate pe podea.

În capătul îndepărtat al camerei se strânsese un grup de muncitori în preajma unui petic de lumină strălucitoare din perete. Venea dintr-o gaură de unde două blocuri de zidărie fuseseră înlăturate, lăsând un spațiu destul de îngust prin care nu putea trece decât o siluetă subțire. În acel moment apăru un cap răsturnat, cu părul blond răvășit și cu ochelarii plini de praf.

– Maria! N-o să-ți vină să crezi!

Jeremy Haverstock fusese cel mai bun doctorand al ei, un virtuoz în limbile vechi germanice, dar care fusese izolat la Oxford cât își scrisese dizertația, și acum savura din plin aventura. Îl invitase cu ea la Hereford să se mai relaxeze și să împărtășească această experiență unică. De la sosirea lui din America îl încurajase să călătorească și să viziteze vechile biblioteci monastice, dar, cu toate astea, el încă mai avea entuziasmul contagios al turistului care intra în contact cu istoria pentru prima oară. Zâmbi în timp ce ea și clericul își făceau drum printre dărâmături și își traseră de pe căști măștile împotriva prafului.

– Cariera ta e în joc, spuse ea. Orice mai puțin valoros decât o biblie augustiniană, și o să-ți faci singur seminarul.

– E mai mult decat atât. Mult mai mult.

Pe măsură ce se apropiau, ea îi putea vedea fața asudată în ciuda răcorii din cameră. Se urcă pe unul dintre blocurile de piatră și dispăru din raza ei vizuală prin perete.

– Urmează-mă!

Câteva momente mai târziu, Maria se strecură lângă el, cu părul castaniu ondulat și cu geaca de piele acoperite de praf. Starea de ușoară enervare dispăru imediat ce văzu ceea ce se întindea în fața lor. Muncitorii descoperiseră un spațiu de un metru lățime în peretele exterior masiv al catedralei. Din poziția încovoiată în care stătea, Maria putea vedea că erau ghemuiți deasupra unei scări circulare distruse, o relicvă dintr-o fază anterioară a construcției, care fusese blocată cu mult timp în urmă. Trei trepte mai jos era casa scărilor înfundată cu resturi, bucăți amestecate care semănau cu gresie erodată acoperită cu un strat de praf roșiatic. Cu corpul aplecat, Maria se apropie să se uite mai bine, având reflectorul direcționat din spatele capului ei.

– *Es estupendo!*[1]

Cuvintele în spaniolă – limba ei nativă – ieșiră involuntar, și Maria rămase cu gura căscată de uimire.

– Vezi că am avut dreptate? Jeremy alunecă pe lângă ea nerăbdător. Este ca peștera lui Aladin!

Dărâmăturile nu erau bucăți de zidărie aruncate la întâmplare, ci o masă imensă de pergamente maronii și gălbui, unele compacte, trimițând cu gândul la papier mâché, dar multe dintre ele bine conservate, cu litere încă vizibile.

– Se pare că au făcut curățenie în bibliotecă, spuse Jeremy. Fragmente rupte, cărți distruse care nu mai pot fi restaurate. Toate sunt scrise de mână și par să fie din secolul al XIII-lea cel mult. Istoricul care se ocupă de arhitectură apreciază că nu a mai fost nevoie de scara asta și că a fost sigilată cu ceva timp înainte ca transeptul nordic să fie terminat, adică în secolul al XIV-lea.

Maria se întoarse și arătă spre locul unde se vedea umbra capului ei. Brusc, fu cuprinsă de emoție.

– Uite, exclamă ea, nu toate sunt bucăți. Este și un volum intact in folio.

Jeremy își întinse brațele lungi și extrase cu grijă din straturile de pergament cartea legată în piele. În timp ce el o ținea în mâini, Maria suflă ușor praful și deschise copertele maronii străvechi.

– *Historia Ecclesiastica Gentis Anglorum.*

---

[1] Uimitor

Citea cuvintele rar, încă nerevenindu-și din uimire.

– *Istoria bisericească a poporului englez* scrisă de Venerabilul Bede. Și în latină, ceea ce înseamnă că este una dintre copiile originale. Probabil secolul al IX-lea sau al VIII-lea.

Jeremy dădu la o parte un teanc de pergamente ce se lipiseră de volum. Atingând foile mucegăite cu mâna, începu să fredoneze încet, mișcându-și ochii rapid pe scrierea învechită. Maria îl privea tulburată, când dintr-odată el tăcu.

– Ce este? întrebă ea.

– Incredibil, șopti el. O continuare din secolul al XII-lea a *Cronicii Anglo-Saxone.* Îi menționează pe regele Henric al II-lea și pe regele John. Trebuie să fie cel mai vechi document din engleza veche, limba pe care normanzii au încercat din răsputeri să o suprime. Îmi confirmă părerea o dată pentru totdeauna cum că tradiția anglo-saxonă a fost păstrată vie în scriptoriile catedralelor pe toată durata perioadei medievale. Dacă nici cu asta nu obțin doctoratul, atunci nu știu cu ce altceva.

Maria privi scena din fața lor, observând mai multe volume intacte apărute din locul din care îl scoseseră ei pe Bede.

– Ce s-a întâmplat aici a fost mai mult decât o simplă curățenie, afirmă ea în șoaptă. Dintotdeauna a fost un mister de ce aceste două opere centrale ale istoriei anglo-saxone lipseau din biblioteca Hereford, dintr-o colecție cu manuscrise liturgice din secolul al VIII-lea. Se poate să fi existat un bibliotecar extrem de zelos, care, de dragul de a ține pasul cu vremurile, să fi vrut să facă loc altor opere mai recente. Dar se poate să fi fost mai mult de atât, o selecție intenționată a operelor istorice anglo-saxone, o încercare de a tăinui orice ar fi fost considerat subversiv de către aristocrația normandă.

Închise cu grijă cartea, ocrotind-o în brațele sale, uitându-se în același timp cu îngrijorare la fragmentele de pergament care se rupseseră și căzuseră în locul din care Jeremy extrăsese volumul.

– Îl vom lua pe Bede și paginile acelea din *Cronică,* spuse ea. Dar restul trebuie să rămână aici, și trebuie sigilată la loc intrarea până când putem să strângem o echipă de restauratori. Nu ne permitem să mai expunem la aer nici un pergament. Se uită atentă la Jeremy, care își curăța ochelarii cu o mină serioasă. Și te iert, spuse ea zâmbind, tocmai ai dat peste una dintre cele mai mari comori ale istoriei englezești timpurii descoperite vreodată.

În timp ce se întorceau să plece, Jeremy observă o formă ciudată ieșind proeminent din marea de fragmente pergamentoase. Era capătul unei role de pergament deteriorat, ceva ce putea fi chiar mai vechi decât volumul legat în piele. Nu se putu abține și se aplecă să-l extragă chiar în momentul în care Maria ieșea.

Își drese glasul sugestiv, și Maria se uită înapoi spre lumina puternică. Văzu expresia vinovată de pe fața lui și apoi pergamentul lung de un metru așezat deasupra paginilor din *Cronică*.

– Trebuie să-l lăsăm aici, spuse ea aspru.

– Nu și dacă vrei să ții seminarul ăla după-amiază.

Această remarcă îi trezi curiozitatea, astfel că se întoarse spre el. Jeremy desfăcuse aproape zece centimetri din sul și îl ținea astfel încât ea să poată vedea mai bine. Era vizibilă raza unui cerc mare, inscripționat, și în interiorul lui desluși forme obscure care păreau a fi schițele unor desene și inscripții.

Știuse ce avea în fața ochilor chiar înainte de a ajunge la el. În teza ei de doctorat, cu zece ani în urmă, argumenta că *mappa mundi* de la Hereford era o copie, opera unui artist excepțional, nu a unui savant. Doar așa se putea explica eroarea flagrantă pe care o conținea, și anume, cuvântul AFFRICA era scris de-a lungul Europei, iar EUROPA – de-a lungul Africii. Episcopul de Hereford luase harta de la Richard de Holdingham, care pregătise o schiță în catedrala sa, Lincoln, dar versiunea ultimă fusese completată în absența sa de către un artizan de la Hereford, talentat la caligrafie și la decorarea manuscriselor, dar din păcate nu foarte cult și nici extrem de atent. Ignoranța sa era dezvăluită de detaliile fine, de la micile abateri pe care le făcuse în scopuri estetice, sacrificând astfel credibilitatea, până la particularitățile în ceea ce privește ortografia și geografia.

Spre uimirea ei, știa că avea în față schița pregătită de însuși Richard, cartograful și călugărul a cărui viziune asupra lumii o fascinase încă din studenție. Se uită atentă, cu respect, la mâna exactă și sigură care crease titlurile pe toată harta. Chiar sub mâna stângă a lui Jeremy, unde ținea pergamentul, erau literele decolorate EUROPA, plasate corect peste Franța și Italia. Lângă mâna lui dreaptă, unde desfăcuse manuscrisul, era forma alungită a Insulelor Britanice, cu Hereford și Lincoln proeminent reprezentate.

Când Jeremy își mută degetele mâinii drepte spre marginea pergamentului, Maria văzu ceva ciudat.

– Dumnezeule, șopti ea, chenarul. Lipsește.

Decorațiunea elaborată care umplea spațiul dintre sfera pământului și marginile pătrate ale pergamentului pe varianta terminată din *mappa mundi* fusese, în mod evident, doar creația artistului, un spațiu pentru elemente decorative de care Richard era prea puțin interesat, ornamente care ar fi putut fi ajustate după bunul-plac al autorităților catedralei. Acum se explica bizara paradă de imagini, de la vânători și clerici la împărați romani, pe care artistul îi desenase împreună inspirându-se din alte hărți și manuscrise pe care le văzuse.

Maria văzu că inscripția din colț, pe care ea se chinuise s-o curețe de pe *mappa mundi*, lipsea, deci trebuie că a fost opera artistului mai degrabă decât a maestrului. Richard vizitase cu siguranță catedrala pentru a discuta autorizarea folosirii hărții, dar, evident, nu fusese de față când se realizase inscripția. Astfel se explica faptul că numele continentelor rămăseseră trecute greșit, lucru pe care Richard nu l-ar fi făcut niciodată. Simți o undă de dezamăgire uitându-se la spațiul gol, având sentimentul că Richard îi scăpa printre degete, întorcându-se în împărăția umbrelor din trecut.

Jeremy se mişcă încet, şi ea îşi dădu seama că petele pestriţe de galben şi maro ale pergamentului unde ar fi trebuit să fie inscripţia aveau o formă definită.

– Îndreaptă-l spre lumină! E ceva aici.

Imaginea decolorată a desenului apăru în faţa lor. Era o altă întindere de pământ inserată într-un colţ, o imagine neregulată puţin mai mare decât Insulele Britanice.

– Este dincolo de oceanul exterior care înconjoară pământul, aşa că nu poate să facă parte din hartă, spuse ea. Cred că este schiţa lui Richard pentru unul dintre continente. Priveşte, se poate vedea unde s-a folosit de cuţit pentru a şterge cerneala.

Jeremy îşi întinse gâtul ca să vadă mai bine, buclele de pe frunte atârnându-i fix în faţa Mariei.

– Nu sunt sigur, murmură el. Ceva îmi este vag cunoscut, dar nu din *mappa mundi.* Poate dacă l-aş vedea cum trebuie, în sus, aş putea...

În timp ce cuvintele se stingeau, se uitară unul la altul uluiţi.

– *Harta Vinland,* şopti Maria.

Cu inima bătându-i cu putere, scoase lupa şi începu s-o cerceteze cu atenţie. Cu câteva săptămâni în urmă fuseseră la Universitatea Yale la o conferinţă având ca temă datarea faimoasei hărţi Vinland, un desen care acum era considerat un fals, dar pornind totuşi de la o hartă pierdută, realizată cu cincizeci de ani înainte de existenţa lui Columb, o hartă care reprezenta un ţărm despre care se spunea că fusese descoperit de vikingi la vest de Groenlanda, cu câteva secole în urmă.

– Este incredibil, exclamă ea. Este exact la fel. Uite râul care dă în lac şi golful larg un pic mai jos. Şi legenda pare identică, scrisă în latina medievală.

Sub lupă, mâzgălitura deveni lizibilă: *Vinlanda Insula a Byarno repa et Leipho socijs.*

– Insula Vinland, murmură Jeremy. Descoperită de Bjarni şi de Leif.

– Dovedește fără îndoială autenticitatea imaginii de pe Harta Vinland. Maria era foarte emoționată. Dar, dacă aici este într-adevăr mâna lui Richard de Holdingham, atunci a fost făcută cu mai bine de două secole înainte de Harta Vinland. Poți să uiți pentru moment de istoria engleză veche. Se poate ca tu să fi descoperit cea mai veche reprezentare a Americii de Nord.

Se uitară fix unul la altul uimiți. *Mappa mundi* și schița aceasta datau din secolul al XIII-lea, cu aproape trei secole înainte de primele călătorii europene spre Lumea Nouă, cu sute de ani înainte ca primele hărți ale țărmului american să fi fost desenate.

– Mai e ceva scris mai jos.

Maria fusese concentrată pe partea de sus a reprezentării și nu văzuse cea de-a doua inscripție, îngălbenită de vreme, sub desen. Își mișcă lupa câțiva centimetri mai jos.

– Asta cu siguranță nu se regăsește pe Harta Vinland, spuse ea. Este alfabet roman, dar nu este latină sau franceză. Pare a fi norvegiana veche.

Îi dădu lupa lui Jeremy și luă ea harta, astfel încât el să o privească mai îndeaproape – o recunoaștere tacită a cunoștințelor lui legate de limba vikingilor.

– Aici este o rună ciudată, murmură el. Este poziționată la începutul inscripției ca o literă ornamentală dintr-un text medieval. O singură tulpină cu brațe de o parte și de alta. Pare simetrică. Cinci, poate șapte brațe în total, inclusiv tulpina. Foarte ciudat.

– Înțelegi și altceva?

– *Harald Sigurdsson.* Făcu o pauză și se uită la Maria. Este Harald Hardrada, Harald Conducătorul cel Dur, regele Norvegiei. Ucis în bătălia de la Stamford Bridge într-o încercare de cucerire a tronului Angliei, în 1066, cu doar câteva săptămâni înainte de cucerirea normandă.

– Este imposibil, șopti Maria, nevenindu-i să creadă. Mai departe!

– „Harald Sigurdsson regele nostru împreună cu însoțitorii săi au ajuns pe aceste tărâmuri cu comoara din Michelgard“, traduse el rar.

Aici sărbătoresc împreună cu Thor în Walhalla și așteaptă bătălia finală de la Ragnarok.“ Se uită spre Maria cu neîncredere. Michelgard nu este numele viking pentru Constantinopol?

Pentru moment, Maria era prea șocată pentru a mai putea spune ceva. Apoi dădu drumul manuscrisului să se desfacă și i-l înmână lui Jeremy.

– Să ai grijă de el cu prețul vieții tale. Și să nu sufli o vorbă despre el nimănui.

Ridică *Istoria* lui Bede și se grăbi spre perete, scoțându-și telefonul mobil. Chiar când se apleca să iasă, Jeremy o strigă entuziasmat.

– Runa aceea, spuse el, știam eu că o mai văzusem undeva. De fapt, nu este o rună. Nu îmi dau seama de ce naibii poate să apară aici, dar nu poate fi decât un singur lucru. Este menora, simbolul sacru al evreilor.

3

– Este incredibil, spuse Jack. Știam că Harold Hardrada și vikingii au fost în Constantinopol, dar nu m-aș fi gândit că au traversat Atlanticul. Asta îl detronează pe Cristofor Columb pentru totdeauna.

– Deja m-ai pierdut, răspunse Costas. Vikingii în Constantinopol?

Jack sorbi din cafea și se ridică.

– Așteaptă aici.

Cei doi bărbați erau în Anglia de mai puțin de o oră; luaseră un zbor de dimineață din Turcia direct la Baza Navală Aeriană Regală de la Culdrose, unde se îmbarcaseră într-un elicopter Lynx spre campusul Universității Maritime Internaționale din apropiere. Costas își planificase întoarcerea în Anglia cu câteva zile înainte știind că, odată ce excavatorul submarin din Cornul de Aur era pe deplin operațional, el va trebui să ofere asistență tehnică pentru un alt proiect IMU, undeva pe coasta Groenlandei. Jack, în schimb, luase decizia cu doar o seară înainte, ca urmare a unei discuții telefonice extraordinare cu prietena lui, Maria de Montijo din Hereford. Convocase o întâlnire de urgență cu personalul de la excavări și-l rugase pe

Hiebermeyer să preia controlul, ştiind că Maurice avea să fie încântat să facă altceva în afara treburilor lui uzuale prin deşerturile din Egipt.

– Grăbeşte-te, spuse Costas, apoi îşi scoase telefonul mobil din salopeta pătată şi citi un mesaj. Trebuie să vină din clipă în clipă.

Jack încuviinţă şi ieşi din curtea interioară unde stătuseră până în acel moment, îndreptându-se spre biroul său. Se opri ca să arunce o privire spre curbura largă a estuarului sinuos, numit Carrick Roads, care duce de la Cornwall spre Canalul Mânecii şi Oceanul Atlantic. De aici, generaţii de strămoşi de-ai săi au ridicat pânzele pentru a da o formă destinului Angliei şi pentru a-şi găsi norocul. Bărbaţi din familia Howard luptaseră împreună cu Drake împotriva Armadei Spaniole şi sub conducerea Nelson la Trafalgar, aduseseră înapoi bogăţiile Indiilor şi schiţaseră locurile cele mai îndepărtate ale oceanelor.

Jack avu dintr-odată un sentiment de siguranţă privind scena, ştiind că el continua o tradiţie de familie care se întindea cu o mie de ani în urmă, înainte de cucerirea normandă a Angliei. Tatăl lui Jack fusese acela care hotărâse să doneze moşia de la Cornwall proaspăt înfiinţatei Universităţi Marine Internaţionale, dar IMU fusese visul lui Jack, şi el fusese cel care o condusese spre mari realizări. Cu un suport financiar generos din partea lui Efram Jacobovich, un vechi prieten care devenise un magnat în domeniul tehnologiei informaţiilor, conacul şi dependinţele fuseseră transformate într-un centru de cercetare de ultimă generaţie, care rivaliza cu cele mai bune institute de oceanografie din lume. Vechiul şantier naval de lângă estuar fusese extins într-un complex tehnic, cu un doc pentru vasele de cercetare ale IMU şi cu un bazin experimental pentru cercetarea submersibilelor. Pe un deal lângă complex, era o clădire elegantă, în stil neoclasic, unde se aflau Galeriile Howard, una dintre principalele colecţii private de artă din lume şi locaţia exponatelor care călătoreau de la Muzeul Maritim al IMU la

Cartagina, în Marea Mediterană. Cu câteva săptămâni în urmă, Jack inaugurase una dintre cele mai uimitoare expoziții, o etalare strălucitoare de obiecte de pe o epavă minoică din Epoca Bronzului, pe care o excavaseră cu un an în urmă. Un banner, reprezentând discul de aur și magnifica sculptură a capului de taur de pe epavă, împodobea tot peretele, și Jack îl avea în fața ochilor ori de câte ori intra în biroul său, un salon din secolul al XVI-lea, care acum era centrul cercetărilor și al explorărilor IMU din toată lumea.

Câteva clipe mai târziu, era înapoi afară cu o hartă a Europei pe care o desfăcu și o prinse de masa din curtea interioară folosindu-se de cănile de cafea. Costas își trase scaunul aproape în timp ce Jack arătă de la Peninsula Scandinavă la Marea Neagră.

– Bizantinii îi numeau varegi, începu Jack. Înalți, cu părul blond, barbari înspăimântători din nord, angajați ca mercenari în legendara Gardă Varegă a împăratului bizantin, urmașa Gărzii Pretoriene din Roma antică. În timpurile lui Hardrada, Garda Varegă era formată în majoritate din vikingi, războinici nordici din Scandinavia al căror comportament era la înălțimea reputației. Jefuiau și ardeau tot ce întâlneau în cale în jurul Mării Mediterane, deghizați în apărători ai împăratului creștin, dar în realitate erau doar niște păgâni care se întorceau pe pământurile lor din nord încărcați de prăzi și de povești sângeroase. Până la cucerirea Constantinopolului, în 1204, când au fost uciși de cruciați, mulți dintre membrii Gărzii Varege erau englezi, descendenți ai războinicilor anglo-saxoni care părăsiseră Anglia după Bătălia de la Hastings, în 1066, când William al Normandiei l-a învins pe regele Harold al Angliei.

– Vrei să spui celălalt Harold? întrebă Costas.

Jack încuviință.

– În toți pretendenții la tronul Angliei din 1066 curgea sânge de viking. Normanzii erau nordici, descendenți ai vikingilor care se stabiliseră în Franța cu un secol în urmă. Strămoșii anglo-saxoni ai regelui Harold al Angliei erau ei înșiși veniți din

Danemarca și din nordul Germaniei. Dar singurul viking cu sânge pur dintre toți pretendenții era Harald Hardrada, regele Norvegiei. Era cel mai temut dintre toți, și își învățase bine meseria cu câteva decenii în urmă, în calitate de comandant al Gărzii Varege din Constantinopol.

Costas măsură distanța cu mâna și dădu din cap neîncrezător.

– Asta înseamnă peste trei mii de kilometri de Norvegia.

– În timp ce vikingii începuseră expansiunea spre vest, spre Insulele Britanice, explorau totodată și estul, explică Jack. Începând cu secolul al VIII-lea, comercianții scandinavi intraseră pe râurile din centrul și estul Europei, de la Vistula, aflată la Marea Baltică, până la Nipru, aflat la Marea Neagră. Erau în căutarea bogățiilor legendare, fabuloasele comori ale Orientului, o vânătoare a argintului și a pietrelor prețioase care i-a dus până în Asia Centrală și adânc în Islam. În cele din urmă, au fondat regatul viking de la Rus, originea Rusiei moderne. De la fortăreața din Kiev ajungeau foarte repede la locul pe care ei îl numeau Michelgard, Marele Oraș, o călătorie periculoasă pe Nipru, dar care reprezenta drumul spre bogățiile mult visate.

– Așa au ajuns la Constantinopol? întrebă Costas.

Jack zâmbi.

– Da, e adevărat. Dacă nu crezi, poți să te uiți la comorile vikingilor descoperite în Scandinavia, monede arabe de argint pe care vikingii le-au luat în schimbul blănurilor, al sclavilor și al chihlimbarului.

Jack îl observă pe Costas uitându-se mirat la distanța dintre Norvegia și Istanbulul de astăzi.

– Dacă încă nu ești convins, uită-te la asta! Îi dădu o fotografie alb-negru reprezentând o balustradă de marmură cu suprafața acoperită de o inscripție străveche. Vezi simbolurile acelea liniare de pe margine? Sunt rune, literele vikingilor, datând probabil din secolul al XIX-lea. Sunt prea distruse ca să mai poată fi descifrate în totalitate, dar se poate citi un nume.

„Halfdan a fost aici", sau ceva de genul ăsta. Ai idee unde e asta? Mii de turişti trec la câţiva centrimetri de ea în fiecare an. Este într-o firidă mult deasupra naosului din Hagia Sofia, în inima străvechiului Constantinopol. Halfdan a fost aproape sigur unul dintre membrii Gărzii Varege, şi, având în vedere data, ar fi putut fi chiar unul dintre oamenii lui Harold Hardrada.

Cum termină de vorbit, se auzi un zgomot înăbuşit ce venea din partea estică şi creştea în intensitate, devenind un huruit răsunător, şi un elicopter Lynx apăru din nori şi ateriză pe heliportul de lângă ţărm.

– Te cred pe cuvânt, zise Costas zâmbind şi îi înapoie fotografia. Acum cred că ar trebui să întâmpinăm musafirii.

Câteva minute mai târziu cei doi bărbaţi stăteau la marginea heliportului în timp ce motoarele Rolls-Royce Gem încetineau, şi rotorul Lynxului se opri tremurând. O femeie extrem de atrăgătoare, purtând o geacă de piele şi blugi, cu părul lung şi castaniu prins într-un coc lejer, coborî prima din compartimentul pasagerilor. Maria de Montijo era una dintre prietenele cele mai vechi ale lui Jack, membră a unui grup de apropiaţi, foşti studenţi la Cambridge, din care făceau parte Maurice Hiebermeyer şi Efram Jacobovich. Maria şi Jack se ajutaseră reciproc în perioade dificile din viaţa lor, consolidându-şi astfel legătura. El o implicase chiar de la început în proiectul Cornul de Aur, şi era normal ca Maria să-l sune pe el prima dată, dându-i extraordinarele veşti în legătură cu descoperirea de la Catedrala Hereford.

Pe chipul de spanioloaică al Mariei apăru un zâmbet în timp ce-i îmbrăţişa pe Jack şi pe Costas.

– Jack, l-ai cunoscut pe Jeremy, studentul meu american.

Tânărul subţire care sărise din spatele Mariei îşi dădu la o parte părul blond şi întinse mâna. Se întâlniseră cu câteva săptămâni în urmă, când Jack vizitase Institutul de Studii Medievale din Oxford pentru a obţine traducerea manuscrisului descoperit la Topkapi, relatarea unui martor în legătură cu asediul cruciaților asupra Constantinopolului care conținea poziția exactă a lanțului de apărare din port. Jack fusese impresionat de ușurința cu care Jeremy citea greaca medievală, neavând nici un motiv să pună la îndoială entuziasmul Mariei în legătură cu potențialul său.

– De cât timp ești plecat din America? întrebă Costas prietenește.

– De trei ani, răspunse Jeremy uitându-se cu atenție prin ochelari la bărbatul mai scund. Mă așteaptă o bursă la Princeton, dar se pare că nu mă pot despărți de locul ăsta.

– Știu cum e, spuse Costas, și eu încerc, dar de fiecare dată el găsește un motiv să mă țină aici. Arătă spre Jack cu o mișcare a capului și zâmbi. Din fericire, avantajul faptului că lucrez pentru o organizație internațională este că nu sunt blocat tot timpul anului în burnița englezească.

– Domnilor, permiteți-mi să vă fac cunoștință cu părintele Patrick O'Conner.

Maria arătă spre elicopter, și ei se întoarseră să se uite la persoana pe care pilotul o ajuta să coboare. Purta sutana neagră a preoților iezuiți, în contrast cu costumul de zbor și cu căștile echipajului, și avea două serviete ponosite din piele. După ce îi mulțumi pilotului, păși încrezător de-a lungul heliportului, lăsă jos servietele și îi strânse cu putere mâna lui Jack.

– Doctore Howard, încântat de cunoștință. Maria mi-a spus multe despre dumneavoastră, și bineînțeles că v-am urmărit la televizor după extraordinarele descoperiri de anul trecut.

Jack îl privi pătrunzător pe bărbat. Avea un accent provincial irlandez, dar care putea la fel de bine să fie din Boston. Bănui că O'Connor avea cam cincizeci de ani, cu părul scurt grizonant, cu o față ridată și un trup bine făcut, ca al unui om care nu și-a petrecut întreaga viață în sihăstrie.

– Maria mi-a spus că aveţi un doctorat în istoria bisericească timpurie, spuse Jack.

– Trinity College, din Dublin, apoi la Heidelberg, răspunse O'Connor. Apoi mi-am descoperit vocaţia. Douăzeci de ani în America Centrală, în special în Mexic, făcând ceea ce ştiu iezuiţii să facă mai bine: construind şcoli, îngrijind bolnavii, încercând să aduc un strop de umanitate în locuri de unde aceasta a cam dispărut.

– Şi apoi v-aţi reîntors la academie.

O'Connor încuviinţă.

– Acum cinci ani. Îmi încheiasem datoria, şi am aplicat pentru un post la Biblioteca Vaticanului. Spre încântarea mea, mi-au oferit un post perfect pentru mine, la Departamentul de antichităţi, ca inspector în construcţii vechi şi în arheologie. Aria mea de expertiză acoperă tot ce este în Roma sub controlul Vaticanului din perioada renascentistă, şi am destul timp pentru propriile cercetări. Am fost la Oxford să asist la seminarul Mariei despre Richard de Holdingham şi *mappa mundi*, unul dintre domeniile mele de interes. Cred că am ceva ce v-ar putea interesa.

– Ăsta este motivul pentru care suntem aici, spuse Jack. Să trecem la treabă!

După ce băură o cafea în curtea interioară, Jack îi conduse în biroul lui. Aproape întreaga suprafaţă a salonului era ocupată de o masă masivă de lemn, suprafaţa noduroasă de stejar fiind construită din bucăţi salvate din navele care îi aduseseră pe invadatorii normanzi în Anglia. Ori de câte ori stătea la masă, Jack simţea puterea propriei origini, ca şi cum strămoşii lui, care complotaseră războaie şi puseseră la cale călătorii de descoperire, adunaţi în jurul acestei mese, îi ţineau companie şi îl îndemnau să meargă înainte. Acum, în locul compasului de navigaţie şi al hărţilor de pergament, masa era acoperită de instrumente moderne de explorare, calculatoare şi console de comunicaţie. Acestora, Maria le adăugă un dosar negru pe care îl puse pe un colț al mesei, iar în celălalt colț Jack instală un ecran video conectat la un laptop pe care îl deschisese lângă dosar.

Costas veni cu sufletul la gură după o vizită rapidă la complexul tehnic, și Jack închise ușa în urma lui și micșoră intensitatea luminii. Maria și O'Connor stăteau la un colț al mesei încadrați de Jeremy de o parte și de Jack și de Costas de cealaltă.

– Este ceva ce nu v-am spus la telefon, pentru că am vrut să vă arăt personal. Maria vorbi încet ținându-și mâinile pe marginile dosarului. Părintele O'Connor era la Oxford când am venit de la Hereford alaltăieri, și i-am încredințat imediat secretul. El este autoritatea mondială recunoscută în ceea ce urmează să vedeți.

Chiar când Maria se pregătea să deschidă dosarul, O'Conner o opri punându-și mâinile peste ale ei.

– Ceea ce se va discuta aici trebuie să rămână secret, spuse el încet. Cândva în viitor, această poveste va fi pe prima pagină a ziarelor, dar, până atunci, chiar și cea mai mică dezvăluire poate pune în pericol totul. Și nu vorbesc doar despre arheologie. Sunt multe vieți în joc.

Slăbi strânsoarea și se uită la ceilalți, care dădură aprobator din cap. Maria îl privi din nou și ridică ușor coperta, dezvăluind un strat protector din hârtie acoperind un carton alb tare. Înlătură hârtia, și văzură imaginea care o paralizase cu două zile în urmă în camera secretă din catedrală. Costas fluieră ușor în timp ce, împreună cu Jack, se ridică să vadă mai bine. Pergamentul era de aproape un metru pătrat și fusese întins și presat sub o folie transparentă de plastic. Chiar și după șapte sute de ani de stat într-o cameră prăfuită a unei catedrale, cerneala rămăsese încă intactă, și contururile hărții erau vizibile.

– Fantastic, murmură Jack. Nu am văzut *mappa mundi* de ani de zile, dar toate astea îmi sunt foarte familiare. Se poate vedea clar forma literei T a Mediteranei și Marea Roșie delimitând continentele, cu Asia sus și Ierusalimul în centru. Iar Europa și Africa sunt înscrise corect.

O'Connor dădu aprobator din cap.

– Nu am nici o îndoială că ăsta este exemplarul lui Richard de Holdingham. Schița lui făcută la Lincoln și apoi copiată și înfrumusețată de un artizan la Hereford. Acum uitați-vă în colțul din stânga jos!

Jack observase deja liniile fine ale textului și desenul spre care arăta Maria, dar voia să o vadă întâi pe toată. Acum se uita cu atenție la imaginea de dincolo de marginea vestică a lumii, o imagine total diferită de inscripția care era în acel loc pe harta terminată.

– Dumnezeule, chiar sunt rune, spuse el entuziasmat. Am cam uitat tot ce știam, dar asta trebuie să fie.

Arătă spre inscripția mai mică din cele două și se uită la Jeremy, care încuviință și recită din memorie.

– „Harald Sigurdsson regele nostru împreună cu însoțitorii săi au ajuns pe aceste tărâmuri cu comoara din Michelgard. Aici sărbătoresc împreună cu Thor în Walhalla și așteaptă bătălia finală de la Ragnarok."

– Ragnarok este bătălia mitică de la sfârșitul lumii, atunci când războinicii din Walhalla vor atinge gloria supremă, spuse Maria. Cea de-a doua inscripție și desenul sunt practic identice cu Harta Vinland, reprezentând țărmul descoperit de Leif Eiriksson dincolo de Groenlanda, în jurul anului 1000 d.Hr. Sigurdsson era numele de familie al lui Harold Hardrada. Semnificația este că Hardrada și oamenii săi chiar au ajuns în America, cu o generație sau două după ce primii vikingi au marcat drumul.

– Împreună cu comoara de la Michelgard, de la Constantinopol, murmură Jack extaziat. De aceea suntem aici. Cât mi-aș dori să știu ce au luat cu ei! E puțin probabil să-și fi încărcat vasele cu bronz obișnuit.

– Privește cu atenție runele astea, spuse O'Connor, și îți vei da seama de adevăratul motiv pentru care suntem aici.

Jack se uită cu atenție la text de la început la sfârșit, de la cerneala care se vedea mai bine a liniilor mai de jos până la inscripția decolorată de sus. Simbolurile păreau a fi o versiune standard a *futhark*, vechiul alfabet runic norvegian denumit după primele sale șase litere. Nu văzu nimic ieșit din comun până când observă simbolul șters de la început, simbol care fusese desenat să fie un pic mai mare, ca prima literă a unui manuscris ornamentat.

Luă lupa pe care i-o dădu Jeremy și se aplecă să se uite mai cu atenție.

– Asta cu siguranță e foarte ciudată, spuse el. Seamănă cu simbolul *futhark* pentru litera F, cu brațele în sus pe partea dreaptă, doar că aici are trei brațe în loc de două și încă trei simetrice pe partea cealaltă.

Jeremy dădu din cap nerăbdător.

– Uită pentru moment de rune. Hai să dăm frâu liber imaginației!

Jack se uită fix la Jeremy fără nici o expresie pe față, și apoi se întoarse la hartă. Brusc, buzele i se deschiseră, și lupa era să-i cadă din mână.

– *Menora.*

– Jeremy a fost primul care a observat, spuse Maria după câteva secunde de tăcere. Eu eram absorbită complet de harta asta extraordinară.

– E de înțeles, zise Costas zâmbind.

– Strămoșii tatălui mei erau evrei sefarzi, spuse ea încet. Au fost expulzați din Spania de către regele creștin la puțin timp după ce cruciații voștri încercau să salveze Țara Sfântă. Una dintre marile ironii ale istoriei.

Jack se așeză încet, cu fața transfigurată de emoție.

O'Connor trase laptopul spre el şi puse un CD în CD-ROM.

– Iertaţi-mă că intervin, spuse el. Dar, dacă vorbim despre menoră, trebuie să ştiţi ceva despre istoria ei. Se întâmplă ca misterul comorii pierdute din Templul Evreilor să fie altă pasiune de-a mea.

4

Câteva momente mai târziu, o imgine spectaculoasă a Romei antice apăru pe ecranul laptopului situat la capătul îndepărtat al mesei. În prim-plan, un arc de marmură, perfect proporționat, se ridica la o înălțime de câteva etaje, având suprafața erodată și împodobită cu basoreliefuri. Se puteau observa prăzi de război, stindarde, coroane de lauri și procesiuni triumfale. Pe fundal, se înălța vasta fațadă stratificată a Colosseumului.

– Cea mai durabilă moștenire a împăraților din Dinastia Flaviană, Vespasian și fiii săi, Titus și Domițian, spuse O'Connor. Arcul de Triumf al lui Titus se întinde pe Via Sacra în centrul Romei. Colosseumul a fost construit din prăzile luate cu ocazia războiului iudaic și inaugurat de Titus în anul 80 d.Hr. A fost construit chiar lângă Colosul lui Nero, o statuie monstruoasă de bronz, de unde și numele de Colosseum.

– Dar după perioada medievală, interveni Jeremy. Numele de Colosseum apare pentru prima dată în *Historia Ecclesiastica Gentis Anglorum* a Venerabilului Bede, în secolul al XVIII-lea d.Hr. Se uită cu timiditate spre grup. Altă descoperire de-a noastră, de la biblioteca Hereford.

– Războiul iudaic, spuse Costas, a fost o altă scuză pentru violuri și jafuri la scară mare?

– A fost înspăimântător, chiar și pentru standardele romanilor, afirmă O'Connor. Probabil o parte mult mai mare din populația evreiască a fost anihilată în războiul dintre anii 66 și 70 d.Hr. decât în Holocaustul nazist, fie omorâți în luptă, fie trecuți prin sabie într-o orgie a răzbunării care a durat trei ani. Dar povestea este mai complicată decât ați putea crede. Statul evreu s-a bucurat de un grad neobișnuit de autonomie sub ocupația Romei, și avea legături strânse cu împărații. Regele Herod Agrippa al Iudeii a primit educație la Roma și era prieten cu împăratul Claudius. O generație mai tarziu, istoricul evreu Josephus a devenit confidentul lui Vespasian, trecând de partea Romei în timpul rebeliunii. Evreii nu l-au iertat niciodată, dar scrierile sale sunt neprețuite pentru că reprezintă singurele relatări ale unui martor ocular despre război și despre procesiunea triumfală din Roma din 71 d.Hr.

– Și arcul de triumf?

– A fost construit pe locul unui alt arc, exact în locul pe unde a trecut procesiunea triumfală, prin fața mulțimii adunate în forum. Atinse o tastă, și imaginea se apropie de o inscripție aflată sus, pe tavanul arcului, chiar deasupra. *„Senatus Populusque Romanus"*, citi el.

Senatul Roman și Poporul pentru Divinul Titus, fiul lui Vespasian Divinul, Vespasian Augustus. Asta arată că arcul era creația lui Domițian, care i-a succedat la tron fratelui său Titus, în 81 d.Hr. Cu câteva excepții majore, cum ar fi Nero, titlul „Divin" era acordat împăraților după ce mureau. Sculptura de pe tavanul arcului îl înfățișează apoteotic pe Titus călărind în spatele unui vultur spre tărâmurile cerești.

– Triumful era o afacere de familie, adăugă Jack, care își revenise acum după șocul provocat de vederea menorei. După tradiție, Vespasian era cel sărbătorit ca împărat în acele timpuri, dar Senatul Roman a votat două triumfuri, pentru a-l recunoaște pe Titus drept general victorios. Domițian și-a sporit prestigiul ridicându-se la nivelul realizărilor glorioase ale tatălui și ale fratelui său.

O'Connor arătă mai multe imagini, fiecare dintre ele apropiindu-i și mai mult de arc, ca și cum ar fi mers în lung pe Via Sacra, dinspre Colosseum. Pe sub arc se putea vedea inima Romei antice, ruinele din vechiul forum cu coloanele distruse, vestigii ale curților de judecată și ale templelor, precum și zidurile din cărămidă ale Senatului. Dincolo de forum era Dealul Capitoliului, unde fundațiile Templului lui Jupiter stăteau ascunse sub un palat medieval construit de Michelangelo, și extravagantul Monument al lui Vittorio Emanuele, care domina orizontul Romei moderne.

– Și acum, partea incredibilă, spuse O'Connor entuziasmat. Aici este locul unde eu simt că istoria antică prinde viață, chiar mai mult decât în arena Colosseumului. Să stai sub arc e ca și cum acele câteva momente din zorii zilei de acum două mii de ani sunt reproduse la nesfârșit, imprimate în marmură. Poți simți exaltarea cuceritorilor, frenezia mulțimii, teroarea condamnaților. Poți să auzi bătăile de tobe, să simți vibrația puternică a procesiunii. Nu încetează niciodată să îmi dea fiori. Se opri asupra unei imagini de pe o tăblie în relief. Pe peretele din pasajul de sub arc, pe partea dreaptă, înspre forum, îl puteți vedea pe Titus într-o cvadrigă, un car tras de patru cai, condus de zeița Roma. Preoții din spatele său poartă topoare lungi denumite *fasces*, pe care le foloseau pentru a sacrifica taurii pe treptele Templului lui Jupiter. Atinse din nou tasta. Și asta este pe partea stângă.

O'Connor se dădu pe spate pentru a-i lăsa pe ceilalți să privească imaginea. Era fragmentată și deteriorată, dar porţiunea centrală era destul de clară. Era una dintre capodoperele basoreliefurilor romane. În partea dreaptă era un arc triumfal vizibil pe trei sferturi, cu două cvadrige deasupra. Pe fundal, erau placarde purtate pe sus ca nişte steaguri, cu spaţii goale acolo unde odată fuseseră inscripţionate numele oraşelor şi al populaţiilor cucerite în războaie. Sub ele era imaginea care timp de aproape două mii de ani alimentase dorinţa arzătoare a unui popor de a-şi reconstrui cel mai sfânt templu al lor şi dorinţa duşmanilor lor de a face orice ca să împiedice acest lucru. Reprezenta o procesiune de soldaţi în tunici, încoronaţi cu laurii victoriei, ducând două catafalcuri, fiecare având un obiect aşezat pe el, pentru a fi văzut mai bine. Pe partea dreaptă, spre arc, era o masă decorată cu trompete, marele altar din templul evreiesc. În stânga în prim-plan era o formă extraordinară şi foarte clară, o coloană alungită cu trei braţe în sus, de o parte şi de alta, toate braţele fiind la acelaşi nivel şi având în vârf o formă ovală ca o lampă.

Costas fluieră admirativ.

– Ăsta da, sfeşnic!

– Menora! O'Connor vorbi, abia reţinându-şi entuziasmul. Cel mai sacru simbol iudaic, plasat în faţa sanctuarului din templu. Menora reprezintă lumina lui Dumnezeu, şi semnificaţia ei se întinde în timp până la simbolul antic al Copacului Vieţii cu şapte braţe. Menora din templu este una dintre cele mai sacre comori ale poporului evreu, întrecută doar de Chivotul Legământului.

– Cât e de veche? întrebă Costas.

– Unii cred că menora din templu este chiar menora din Tabernacol, făcută după spusele lui Dumnezeu când l-a instruit pe Moise pe munte, zise O'Connor. Tradiţia rabinică spune că Dumnezeu i-a arătat lui Moise menora în flăcări şi că din lumina divină a ieşit aur curat. Cea mai veche menţionare a menorei este în Pentateuh, Vechiul Testament evreiesc. În Cartea Exodului, Dumnezeu le spune israeliţilor cum să arate sanctuarul lor, Tabernacolul, baza pentru Sfânta Sfintelor[1] din templul construit de Solomon în Ierusalim, cu o mie de ani înainte ca romanii să ajungă acolo. Închise ochii şi recită din memorie. „Să faci sfeşnic din aur curat. Şase braţe să iasă pe cele două laturi ale lui: trei braţe pe o latură a lui şi trei braţe să fie pe cealaltă latură. Să-i faci şapte candele şi să pui în el candelele acestea, ca să lumineze latura din faţa lui. Dintr-un talant de aur curat să se facă toate acestea."

– Un talant. Costas îşi mângâie bărbia gânditor. Cât înseamnă asta?

– Talantul biblic era de aproape treizeci şi patru de kilograme, răspunse O'Connor. Dar nu o luaţi literalmente. Un talant era cea mai mare unitate de măsură a greutăţii, şi este probabil folosit în Vechiul Testament în sens figurat, pentru a sugera cea mai mare cantitate pe care o pot percepe cu uşurinţă oamenii.

– A fost nevoie de cel puţin zece soldaţi romani să ridice menora, cinci pe fiecare parte. Costas se uită cu atenţie la imaginea de pe ecran. Baza pare de cel puţin un metru, şi bănuiesc că era construită tot din aur. Dacă arcul a fost gravat cu un deceniu după procesiunea triumfală, atunci înseamnă că au văzut originalul mulţi romani, aşa că sculptura probabil nu este chiar o exagerare. În ceea ce priveşte baza, părerea mea e că avem în faţa ochilor aproape o sută treizeci şi cinci, poate o sută cincizeci de kilograme de aur, patru sau cinci talanţi, cel puţin. Asta înseamnă milioane de dolari la preţul aurului azi.

[1] Zona interzisă şi cea mai sacră din templu, sanctuarul interior din Tabernacol, unde doar Marele Preot putea intra. (n.tr.)

– Este inestimabilă, spuse O'Connor scurt. Este un simbol al unei națiuni, al unui întreg popor. Niciodată nimeni nu o va aprecia doar la valoarea ei bănească.

– Păi tocmai asta e problema. Jeremy se întoarse și se uită la O'Connor, având o voce nervoasă, dar puternică. Vikingii nu dădeau doi bani pe simbolurile naționale. Costas are dreptate când vede în bani valoarea menorei. Pe tărâmurile vikingilor, argintul era principalul metal prețios, iar aurul era ceva extrem de rar. Nu-l vei găsi în comorile vikinge. O sută treizeci și cinci de kilograme de aur i-ar fi asigurat lui Harold Hardrada poziția de cel mai puternic om din toată Scandinavia. Așa că, atunci când au avut ocazia unui jaf rapid, el și oamenii lui au ales să ia obiectul de aur cel mai mare pe care puteau să pună mâna. Înlocuiți-i pe romanii care duc menora cu vikingi, și veți avea un instantaneu al unei nopți furtunoase, la Cornul de Aur, cu o mie de ani mai târziu.

Jack îl aprobă pe Jeremy în timp ce acesta vorbea, cu un respect crescând pentru cunoștințele tânărului.

– O imagine extraordinară. Dar, înainte să ajungem la vikingi, haideți să ne gândim cum naibii a ajuns menora la Constantinopol!

Peste o jumătate de oră, Jack stătea cu Maria și cu Jeremy în fața unei clădiri de mărimea unui hangar de avion, lângă estuar. O'Connor dorise o pauză pentru a căuta în baza de date a IMU câteva referințe-cheie, iar Jack profitase de ocazie pentru a le arăta celor doi campusul. Ajunseseră la complexul tehnic chiar când ușa principală de la platforma de încărcare se deschidea și un echipament ciudat apăru pe autocamionul-platformă.

– Ultimul meu copil, strigă o voce. Veniți să vă arăt!

Se uitară în interior și-l văzură pe Costas supraveghind o echipă de muncitori în spatele platformei, cu salopeta pătată de un strat proaspăt de ulei și de funingine. Se scuzase de la ședință în același timp cu O'Connor, și acum era complet absorbit de munca lui. Hangarul era un talmeș-balmeș de proiecte tehnice, unele încă în fază de schițe pe hârtie, altele în stadiu experimental. În lumina arzătoarelor de sudură, Jack văzu forma deteriorată a ADSU[1], care îl salvase dintre rămășițele *Seaquest* cu doar șase luni în urmă. De o parte și de alta, erau aquapozii, denumire dată submersibilelor pentru o singură persoană, din care el și Costas văzuseră prima dată zidurile acoperite de aluviuni ale Atlantidei, cu carapacele încă murdare de pete gălbui de la apele sulfuroase ale Mării Negre.

– Suntem aproape gata să-i dăm drumul, strigă Costas. O verificare finală, și gata!

Jack și Maria își croiră drum printre mormanele de echipamente și proiecte terminate pe jumătate, cu Jeremy venind în spatele lor. Costas ridică mâna să semnalizeze oprirea unui generator. Le făcu semn spre mecanismul de pe platforma camionului, cu fața radiind de încântare.

– Poate ai mai văzut ceva asemănător în fotografiile de la Cornul de Aur, le spuse el Mariei și lui Jeremy. „Spionul", burghiul submarin pe care îl folosim la săpăturile pe fundul mării ca să ajungem la straturile din epoca medievală. Pentru asta încă nu am găsit nici un nume, dar face același lucru. Observi vreo diferență?

– Lasă-mă să arunc o privire!

Jeremy își întinse gâtul, uitându-se cu atenție la un capăt al mecanismului. Mormăi și se aplecă să se uite dedesubt, și apoi se îndreptă de spate, ignorând pata de ulei proaspătă de pe jacheta lui de tweed. Își aranjă ochelarii și-l privi pe Costas.

– Trece prin gheață.

[1] Advanced Deep Sea Anthropod – Vehicul submarin de mare adâncime

– Foarte bine. Costas își ridică o sprânceană și-i făcu cu ochiul lui Jack. Continuă!

– Are un element electric în jurul cadrului, spuse Jeremy. Aș spune că este un element supraîncălzit care folosește materiale semiconductoare, probabil într-o matrice de ceramică. Și cutia aceea din spate pare a fi un laser de mare putere.

– Sunt impresionat. Foarte bine pentru un istoric al epocii medievale. Ți-ai greșit meseria!

– Când am depus dosarul pentru Bursa Rhodes, aveam de ales ori inginerie, ori anglo-saxona, norvegiana și celtica. Era o școală foarte conservatoare.

– Ai ales greșit.

– Nu cred, spuse Maria.

Toți începură să râdă, și Jeremy se uită cu mâhnire la mecanism. Costas îl bătu prietenește pe umăr pe Jeremy, cu o mână unsuroasă, și se întoarse spre Jack.

– Ne îmbarcăm în seara asta, spuse el cu o figură serioasă. Am primit un telefon de la James Macleod acum câteva minute, și mi-a spus că gheața este în condiție perfectă. Încă o zi sau două, și topirea gheții poate îngreuna totul. Mâine-dimineață zbor spre Groenlanda să supraveghez acțiunea. Și mai e ceva. A menționat un localnic, un om bătrân care susține că a văzut niște bârne de lemn de la o navă, încastrate în gheață. Ceva care are legătură cu o expediție europeană, care a avut loc cândva înainte de cel de-al Doilea Război Mondial. Macleod era foarte hotărât ca tu să vii să vorbești cu bătrânul, și asta cât mai repede. Se pare ca nu mai are mult de trăit. Știu că este ceva complet diferit de călătoria la Istanbul, dar poate vrei să ni te alături.

Când ajunseră înapoi în birou, Jack își închise telefonul și își trase scaunul spre masa de conferințe. După o conversație cu Maurice Hiebermeyer și cu Tom York de pe *Sea Venture*, era sigur că excavările în Cornul de Aur aveau să continue pentru încă patruzeci și opt de ore fără el. Marele premiu, știa acum, putea fi în altă parte, într-un loc unde nu și-ar fi imaginat niciodată, dar Cornul de Aur putea ascunde totuși comori de o valoare istorică neprețuită. Echipa era foarte euforică după descoperirea tunului și a lanțului, și deja începuse să folosească sonda pentru penetrarea stratului de sedimente din port, dar era o acțiune la întâmplare, și ar putea dura zile întregi până când să dea de ceva.

– Bine, spuse el. Ce aveți?

O'Conner avea o carte micuță cu coperte verzi, deschisă în fața lui, din care se vedea un text grecesc pe o parte și unul englezesc pe alta. Costas se scuzase, dar Maria și Jeremy stăteau în așteptare împreună cu Jack. O'Conner începu:

– În cartea sa, *Războaiele iudaice*, Josephus ne spune că Vespasian a pus sub lacăt comorile în Templul lui Jupiter. Dar noi știm că au fost mutate în Templul Păcii atunci când acesta a fost terminat, la câțiva ani după urcarea pe tron a lui Vespasian. După această dată, nu se mai menționează nimic despre menoră timp de sute de ani.

– Dar cu siguranță împăratul ar fi vrut să își etaleze prada cu fiecare ocazie, la parade și la festivaluri, protestă Maria.

– Vespasian era incarnarea supremă a virtuților regale romane, interveni Jack. Cucerire, stabilitate, construcție. Când era tânăr, a fost comandantul unei legiuni în lupta pentru cucerirea Britaniei, iar ca împărat a supravegheat cucerirea Iudeii. Apoi a adus stabilitate în imperiu după dezastruoasa domnie a lui Nero. Acum, toate eforturile lui erau concentrate pe construcție. Templul Păcii, monumentele din forum distruse de marele incendiu din anul 64 d.Hr. în timpul lui Nero și, mai presus de toate, Colosseumul. Deja nu mai avea nevoie să își strige în gura mare victoriile.

– Cred că este mai mult decat atât, spuse O'Connor cu precauție. Știi, este foarte ciudat faptul că în relatarea lui Josephus despre procesiunea triumfală nu este menționat nimic în afară de uciderea lui Simon, charismaticul lider evreu care a fost adus în lanțuri la Roma. Nu se menționează nimic despre soarta celorlalți evrei captivi, bărbați, femei și copii. Acum, unii sunt de părere că a fost un adevărat măcel la sfârșitul procesiunii, o scenă atât de îngrozitoare, încât Josephus nu a putut să o descrie. La urma urmei, aceștia erau poporul său, și el nu și-a abandonat niciodată credința evreiască. Când Vespasian a văzut scena la rândul său, a fost dezgustat. Împăratul era un soldat dur și aspru, la fel de nemilos ca orice roman în fața dușmanilor săi, dar era faimos pentru ura sa împotriva vărsării gratuite de sânge. Probabil a născocit o prevestire rea, drept scuză pentru a nu mai sărbători niciodată victoria asupra evreilor, instruindu-și preoții în secret să țină menora sub lacăt pentru totdeauna.

– Și aici i se pierde urma, spuse Maria.

– Singurul pe care ne mai putem baza este Procopius. O'Conner arătă spre cartea din fața sa. A fost martor al ultimei încercări de a reuni Imperiul Roman, când generalul bizantin Belisarius a recapturat Roma din mâinile vandalilor și ale goților care invadaseră provinciile vestice în secolul al V-lea d.Hr.

– Mă uimește faptul că menora a supraviețuit atâta timp în Roma fără să fie prădată, spuse Jack. Acele vremuri nu erau chiar vremuri ale păcii și ale armoniei. Gândiți-vă la Commodus, fiul nebun al lui Marc Aureliu. Se credea reincarnarea lui Hercule, și a topit aproape toată vistieria regală ca să plătească lupte de gladiatori. Sau anarhia din secolul trei, când în decurs de cincizeci de ani s-au perindat la tron mai mult de treizeci de împărați. Templul Păcii era un lăcaș bine-cunoscut de depozitare a prăzilor de război, şi vistieria sa cu siguranţă s-a deschis de multe ori pentru a plăti armate de mercenari de fiecare dată când apărea câte un pretendent la tron.

– Absolut. O'Connor făcu o pauză, se uită fix la Jack şi îi şopti: Trebuie să vă rog încă o dată ca tot ce se vorbeşte aici să rămână între aceşti patru pereţi. Răspunsul este chiar în faţa noastră în acea imagine a Arcului lui Titus. În anii 1970 o cercetare cu sonar făcută de o echipă de restaurare a dezvăluit existenţa unei camere secrete în corpul arcului, chiar deasupra inscripţiei.

Jack fu extrem de uimit.

– Vrei să spui că menora a fost ascunsă în interiorul arcului?

O'Connor ezită, apoi băgă mâna în sutana sa şi scoase un plic maro.

– Puţini îşi dau seama că Arcul lui Titus este sub controlul Vaticanului, unul dintre multele monumente antice din Roma consacrate Bisericii în Evul Mediu, ca modalitate de a pune sigiliul autorităţii papale pe orice ar fi fost păgân. Predecesorul meu la Departamentul de antichităţi din Vatican a încercat fără încetare să deschidă încăperea, dar de fiecare dată încercările lui se loveau de refuzul cardinalilor. Cred că insistenţa sa a fost principalul motiv pentru care a fost demis. Dar eu am reuşit, în sfârşit, luna trecută în timpul acţiunii de restaurare a arcului. Într-o seară, eu şi şeful echipei de restauratori stăteam singuri pe schelă, observând progresele făcute, când deodată o piatră a cedat, chiar din zidul unde era camera. Un accident, bineînţeles.

Jack îşi ridică sprâncenele în timp ce O'Conner scoase o fotografie din plic şi o puse pe masă, acoperind-o cu mâna şi uitându-se la Jack.

– Nu este doar postul meu în joc. Este mult mai mult decât atât.

Maria și Jeremy se întinseră să vadă și ei fotografia. Reprezenta o imagine a unei camere micuțe, cu pereții cu pete maro și verzui. Pe podea erau mormane de materiale deteriorate, presărate cu fragmente de lemn și de țesătură. Semăna cu mormântul unui faraon egiptean, deschis pentru prima oară după ce fusese jefuit cu mult timp în urmă, în Antichitate.

– Am reușit să intru și să iau un pumn din materialele de acolo și le-am analizat în secret, spuse O'Connor încet. Lemnul este *shittim*, salcâm, lemnul de esență tare menționat în Vechiul Testament. Probabil a fost folosit la construcția unui suport, destul de puternic pentru a ține o greutate așa de mare. Și țesătura este mătase, colorată cu purpură imperială, vopseaua foarte prețioasă obținută din scoicile Murex găsite pe țărmurile Libanului.

– Dumnezeule, murmură Maria. Vălul Templului, perdeaua sacră a Sfintei Sfintelor folosită să ascundă sanctuarul de restul templului.

O'Connor o aprobă.

– Folosită probabil de romani să acopere menora și masa de aur.

– Deci au fost în interiorul arcului în tot acest timp, chiar sub simbolul menorei din basorelief.

Jack dădu din cap uluit.

– Preoții trebuie să le fi mutat la adăpostul întunericului din Templul Păcii, care era foarte aproape.

– Și apoi, sute de ani mai târziu, un custode a dezvăluit secretul, probabil folosindu-se de comoară ca răscumpărare să își salveze propria piele când au fost invaziile barbare, spuse O'Connor. Roma a fost devastată de goți sub comanda lui Alaric, în 410 d.Hr., și apoi de vandali, în 455. Potrivit spuselor lui Procopius, regele vandal Giseric a luat comoara evreilor și a dus-o în Cartagina, pe țărmul Africii de Nord, și, după ce generalul bizantin Belisarius a eliberat Cartagina de sub vandali, în 533, el a dus comoara la Constantinopol. Procopius ne spune că împăratul bizantin Iustinian a fost copleșit de cucernicie și a dat comoara înapoi Ierusalimului, dar eu nu cred o iotă din asta. Nu există dovezi de încredere care să ateste că aceste comori ale Templului au mai fost vreodată în Țara Sfântă.

– Deci menora chiar a fost în Constantinopol. Maria se uită fix la O'Connor. Se poate ca povestea întoarcerii lor la Ierusalim să fi fost doar o pistă falsă, o poveste de umplutură?

– Este foarte posibil, răspunse O'Connor. Procopius a devenit prefect al Constantinopolului, și era membru al curții regale a lui Iustinian. Ritualurile și superstițiile Romei păgâne au continuat nestingherite pe perioada creștină, și împărații din epoca de aur erau venerați. Probabil că instrucțiunile lui Vespasian de a ascunde menora încă reverberau de-a lungul secolelor, și povestea returnării ei la Ierusalim era o modalitate de a ține secretă adevărata locație, și anume, Constantinopolul. Faptul că bizantinii erau creștini nu înseamna că aveau mai multă compasiune pentru evrei decât romanii în vremea lui Vespasian. Cred că menora a fost închisă undeva pentru încă cinci sute de ani, poate adânc în pivnițele noii catedrale a lui Iustinian, Hagia Sofia, din Constantinopol.

– Mai sunt cei care cred că tezaurul evreilor nu a părăsit Roma deloc, că a fost luat în secret de autoritățile papale și zace undeva ascuns în Vatican chiar și în zilele noastre. Jack se uită scrutător la O'Connor, neștiind ce mai avea acesta de dezvăluit. Chiar înainte de invaziile barbare, biserica începuse să își însușească templele din Roma și să le golească de artefacte, încă de la convertirea lui Constantin la creștinism, în secolul al IV-lea d.Hr.

O'Connor tăcu un moment înainte de a-i da răspunsul, cu voce înceată, dar fermă.

– Este adevărat că Vaticanul ascunde comori neştiute, opere de artă inestimabile, dispărute de generaţii întregi. Sunt pasaje secrete în catacombele de sub Sfântul Petru pe care nici măcar eu nu le-am văzut. Se uită cu seriozitate la Jack. Dar vă pot asigura că menora nu este printre ele. Dacă ar fi fost, eu nu aş mai fi fost aici. Aş fi fost obligat de către autorităţile papale să jur că aveam să păstrez secretul. Amintiţi-vă istoria noastră! Tezaurul din Templul evreilor ar reprezenta triumful final al creştinătăţii, pedeapsa pentru complicitatea evreilor la moartea lui Isus. Dacă am avea tezaurul, ar fi oricum cel mai bine păstrat secret al lumii. Un singur cuvânt, şi ar izbucni un adevărat război.

– Război? spuse Jeremy cu scepticism.

– O ruptură totală în relaţiile dintre Vatican şi Israel. Animozităţile vechi de când lumea dintre evrei şi creştini ar fi reaprinse în întreaga lume, alimentând antisemitismul şi ultrasionismul la o scară mare. Şi, dacă tezaurul ar fi vreodată înapoiat Ierusalimului, ar fi picătura care ar umple paharul, conflictul final din Orientul Mijlociu de care ne temem de multă vreme. Unii evrei ortodocşi sunt de părere că înapoierea menorei Ierusalimului ar fi primul pas în reconstrucţia Templului, locul care acum este ocupat de moscheea Al-Aqsa, una dintre cele mai sfinte locuri ale religiei islamice. Menora ar da Israelului încredere totală în destinul său, împuternicind fundamentaliştii şi convingându-i pe cei nehotărâţi. Şi lumea arabă ar şti o dată pentru totdeauna că niciodată cererile nu-i vor fi satisfăcute prin negocieri.

– Este curios cum de naziştii nu au venit la Roma s-o caute, spuse Jack.

– Cel de-al Doilea Război Mondial a fost o perioadă întunecată pentru Biserică, spuse O'Connor înverşunat. Papa nu i-a dat lui Hitler nici o scuză de a jefui Vaticanul. Dar au fost mulţi alții care au bătut la ușile noastre de atunci. Sioniști fanteziști, adepți ai teoriei conspirației, vânători de comori care credeau că erau la jumătatea drumului spre Sfântul Graal. Vă asigur că toți au fost pe un drum care nu ducea nicăieri.

În acel moment, se auzi o hărmălaie afară, și Costas dădu buzna în cameră.

– Scuze că vă întrerup, spuse el fără suflare, dar m-am gândit că ar trebui să vezi asta. Se grăbi și-i înmână lui Jack o bucată de hârtie. Mai ții minte scândurile de lemn de la lanțul din Cornul de Aur? Ți s-au părut un pic ciudate.

Jack se luptă să își ia gândul de la menora și să se concentreze la descoperirea remarcabilă făcută cu o zi în urmă.

– Scândurile suprapuse prinse cu nituri de fier. O chestie întâlnită des în tradiția construcțiilor de bărci din nord-vestul Europei, la începutul Evului Mediu. Ciudată pentru o galeră venețiană din 1453.

– Păi, uite răspunsul! Costas se aplecă înainte entuziasmat, cu mâinile pe masă. Mostra pe care am luat-o cu noi a fost analizată. Este stejar din Scandinavia. Și este de la prora unei corăbii lungi, nu de la o galeră mediteraneeană. Pare că s-a rupt în lanț, probabil fără ca vasul să se scufunde. Și uită-te și la vârsta copacului!

– 1042, plus sau minus un an, citi Jack, uluit.

Jeremy scoase un strigăt de bucurie și se ridică de pe scaun nerăbdător.

– Se potrivește perfect! Harald Hardrada a plecat din Constantinopol în 1042. Vasul lui ar fi putut fi construit cu un an în urmă, pe țărmurile baltice. Ceea ce ați descoperit voi nu este nicidecum lanțul rupt la asediul Constantinopolului, din 1204, ci un lanț scufundat de o navă a vikingilor mercenari cu un secol și jumătate în urmă, în timp ce își purtau corăbiile în zona Cornului de Aur.

Costas se uită la imaginea soldaților de pe arc, încărcați de bogății în procesiunea triumfală.

– Și acum știm ce putea cântări așa de greu în nava lor, astfel încât să rupă lanțul.

– Menora. Jack dădu din cap și zâmbi larg spre Costas. Asta îți aparține. Încă o bilă albă pentru știință.

5

Jack privi cu atenție pe fereastra de lângă el, în timp ce avionul se înclină în partea stângă, și oceanul apăru în fața ochilor lor. Fusese o dimineață senină, și soarele strălucea adânc în valuri. Nu văzuseră pământ timp de jumătate de oră, de la ultima oprire la Reykjavik, dar, după ce trecuseră de Cercul Polar, apa se împestrițase cu pete albe. Unele erau imense, bucăți mari de alb, înconjurând turcoazul acolo unde aisbergul se adâncea sute de metri sub apă. Acum erau și aisberguri, și gheața mării, un mozaic alb fragmentat, care se întindea cât puteai cuprinde cu privirea, și Jack observă primele limbi de pământ înspre vest. Se aplecă spre ocupantul locului din fața sa și arătă pe fereastră.

– Se poate vedea calota glaciară a Groenlandei.

– Te lasă fără suflare.

Figura Mariei era înflăcărată de emoție, și Jack se felicită că o invitase și pe ea. După ce O'Connor plecase la Roma cu trei zile în urmă, Jack îi telefonase lui James Macleod să continue discuția pe care acesta o avusese cu Costas despre descoperirea făcută în gheață. Era mult mai mult decat atâta; lucrurile luaseră o turnură extraordinară în ultimele zile, și vizita lui Jack era imperios necesară. Proba din gheață se dovedise a fi o mostră care făcea ca descrierea vasului îngropat să fie mai mult decât o legendă locală. Jack aflase despre o altă descoperire extraordinară, și ar fi avut nevoie de cunoștințele Mariei și ale lui Jeremy, care profitaseră de șansă și îl însoțiseră pe Jack pe nava de cercetare a IMU într-unul dintre cele mai extraordinare proiecte întreprinse de ei vreodată.

Acum stăteau toți în compartimentul din față al unui Embraer EMB-145XR modificat special, un avion cu reacție, nou-nouț folosit de IMU pentru transportul de persoane. În partea cealaltă a intervalului, Jeremy era cufundat într-un ocean de hârtii și de cărți, scriind liniștit la laptop. Jack închise cartea pe care o citea, o introducere în norvegiana veche, și se uită afară pe fereastră. În ultimele zile se lăsase absorbit de Harold Hardrada, reaprinzând o pasiune din copilăria lui. Familia lui Jack din partea mamei era din Yorkshire, oameni înalți și blonzi, al căror accent avea o cadență scandinavă, și Jack simțise dintotdeauna o puternică afinitate cu strămoșii săi norvegieni. Harald Hardrada fusese cel mai puternic dintre eroii vikingi, dar viața sa nu fusese totuși plină de împliniri. Un bărbat care avea să fie rege, al cărui destin părea prea măreț pentru a putea fi atins chiar și pentru el. Dacă situația ar fi fost diferită și Harald ar fi câștigat bătălia de la Stamford Bridge, istoria Angliei și a întregii lumii ar fi arătat altfel. Jack făcuse o plimbare până la locul bătăliei, lângă York, cu o zi înainte, înaintând cu greu prin câmpurile mlăștinoase și căutând locul unde Harald mânuise pentru ultima oară securea. Credea că era aproape, chiar simțise o prezență lângă el, dar se întorsese nesatisfăcut. Ceva nu era în regulă.

În avion, în partea opusă, Costas era prăbușit pe scaun, sforăind cu intermitențe, cu capul care-i cădea încet spre piept și pe care-l ridica înapoi cu o zmucitură. Stătuse treaz toată noaptea și lucrase în laborator perfecționând sonda de explorare pentru gheață, și încă mai purta salopeta lui favorită pătată, cu însemnele IMU. Cu barba nerasă şi cu părul răvăşit, semăna mai mult ca niciodată cu bunicul său, un pescar grec care făcuse avere din transporturi, dar care insistase ca familia lui să nu uite de unde plecase. Era o moştenire pe care Costas, fără să-şi dea seama, o ridicase la rangul de artă în ceea ce privea înfăţişarea lui.

Jack îi zâmbi Mariei în timp ce Costas sforăia şi îşi întoarseră amândoi privirea spre geam. Coasta de est a Groenlandei apăru ca o fâşie neregulată de piatră între ocean şi calota glaciară, întinderile sterpe de granit înconjurând golfurile pline de bucăţi albe de gheaţă sfărâmată. Curând erau chiar deasupra calotei glaciare, un covor de un alb strălucitor, ondulându-se la orizont, cu suprafaţa împresurată de ochiuri de apă, care străluceau ca nişte pietre de turcoaz în lumina dimineţii. Era unul dintre cele mai austere peisaje din lume, dar, cu toate astea, avea o fumuseţe irezistibilă care scotea la iveală pasiunea lui Jack pentru explorări şi care îl făcea să înţeleagă ce anume îi adusese până aici pe exploratorii norvegieni, care navigaseră pentru prima dată spre aceste ţărmuri, cu aproape o mie de ani în urmă.

– Nu înţeleg un lucru.

Costas se trezi brusc, ca şi cum conversaţia purtată cu o oră în urmă nu s-ar fi întrerupt deloc.

– Harald Hardrada a fot ucis în Anglia, în 1066, corect? Atunci cum se face că inscripţia de pe hartă sugerează că a murit pe undeva pe aici?

Jack îi aruncă lui Costas o privire uimită, şi amândoi se uitară spre Jeremy care răsfoia nişte pagini şi părea complet absorbit de ceea ce făcea.

– Jeremy? spuse Maria întrebător.

– Poftim?

– Bătălia de la Ragnarok din inscripţia de pe hartă. Cum se împacă asta cu faptul că Harald şi-a găsit sfârşitul la Stamford Bridge?

– Oh, fraza este doar la figurat, probabil, spuse Jeremy cu indiferență. Toți războinicii vikingi omorâți în luptă mergeau direct în Walhalla, unde îl slujeau pe Odin și așteptau războiul final de la Ragnarok, împotriva forțelor răului. Se credea că Walhalla era în vest, dincolo de marginea lumii. Inscripția nu sugerează neapărat că Harald și oamenii lui au murit aici.

– Și tezaurul de la Michelgard?

– Mă tem că nu vă pot ajuta cu asta.

– Jeremy, ai cumva cartea lui Sturluson?

În vocea Mariei era un strop de nervozitate în timp ce Jeremy îi dădu cartea fără s-o privească, cu atenția din nou concentrată la laptop. Ea luă cartea și îndreptă coperta spre Costas. Reprezenta imaginea unui cavaler călare îmbrăcat în zale, cu un coif strâns și apărătoare de nas și care avea un scut triunghiular alungit.

– Seamănă cu un cruciat, spuse Costas.

– Nu ești departe, replică Maria. Asta este de pe o tapiserie din Norvegia datând din secolul al XII-lea, la aproape o sută de ani de la moartea lui Harald. Dar, în lipsa unui portret de-al său, asta îți dă o idee destul de clară despre cum ar fi arătat Harald și oamenii lui. Cei din Garda Varegă din Constantinopol erau vikingi prin naștere și educație și nu ezitau să folosească groaznica secure nordică. Aceasta a intrat în legendă, înaltă cât un om și cu o singură lamă, umplându-te de spaimă pe câmpul de luptă. Varegii au profitat de reputația strămoșilor lor, vikingii, care au jefuit și au siluit totul în drumul lor spre Europa de Vest și care chiar au navigat pe Mediterană pentru a teroriza Italia și Franța. Dar și varegii erau personaje cosmopolite, care și-au petrecut mare parte din viață la Constantinopol, cel mai sofisticat oraș al lumii medievale, slujindu-i pe împărații bizantini. Armurile și podoabele lor nu făceau notă discordantă în cruciade, iar ei vorbeau greaca la fel de bine ca norvegiana. Harald Hardrada a condus chiar o campanie în Țara Sfântă.

– În Țara Sfântă? lui Costas nu-i venea să creadă. Dar credeam că aceste cruciade au început abia la sfârșitul secolului al XIX-lea. Adică la o generație după moartea lui Hardrada.

– Îl poți considera pe Harold Hardrada primul cruciat, spuse Maria cu ochii trădându-i entuziasmul. S-a născut păgân, și cu siguranță nu dorea să-și răscumpere păcatele, dar a slujit interesele bisericii creștine în Țara Sfântă. Trebuie să înțelegi un lucru, Costas. Cruciadele, așa cum le cunoaștem noi, sunt doar o parte a poveștii, spusă din perspectiva occidentalilor. Biserica bizantină și războinicii ei au încercat timp de secole să smulgă Țara Sfântă din mâinile arabilor. În anul 1036, împăratul bizantin Mihail a semnat un tratat cu califul arab al Egiptului pentru a permite restaurarea Bisericii Sfântului Mormânt, altarul ridicat deasupra mormântului lui Isus în Ierusalim. Un an mai târziu, Harold Hardrada a condus Garda Varegă spre Ierusalim, pentru a-i escorta pe meșteri. Imaginea este exact ca în cruciade, călăreți înalți, blonzi, îmbrăcați în armuri, traversând deșertul, cu excepția faptului că Hardrada chiar a reușit să restabilească pacea în Țara Sfântă. Toate orașele și castelele Palestinei i s-au predat fără luptă, și el a curățat drumurile de hoți și de tâlhari. A adus comori la altarul din Biserica Sfântului Mormânt, probabil la cererea împăratului bizantin. Chiar s-a îmbăiat în apele Iordanului, ca oricare alt pelerin.

– Da, și povestea merge mai departe, spuse Jeremy, care își abandonase lucrul și asculta acum concentrat vorbele Mariei. După Ierusalim, Harald Hardrada a condus o campanie în zona centrală a Mediteranei, în Sicilia și Italia, timp de trei ani, în numele împăratului bizantin. Pe atunci, Sicilia era un emirat islamic, capturat de arabi în marele jihad care a condus armatele musulmane în Țara Sfântă și s-a întins spre vest până în Spania. Harald conducea o armată, sub stindardul crucii, împotriva necredincioșilor, pentru a recâștiga pământurile pentru Biserică. Bizantinii îi numeau pe dușmanii lor sarazini, aceiași dușmani pe care cruciații aveau să-i înfrunte câteva generații mai târziu. Războiul purtat de Harald era unul al creștinilor împotriva musulmanilor, prima izbucnire a unui conflict care i-a aprins pe cruciați și care este încă resimțit și în zilele noastre. Hardrada era cel mai temut comandant al forțelor creștine, chiar mai temut decât Richard Inimă-de-Leu sau decât Baldwin de Flandra în timpul cruciadelor. Arabii îl denumeau Ra'd Shamaal, Trăsnetul Nordului.

– A fost un bărbat pe cinste, murmură Costas. Și spui că era din Norvegia de origine?

Maria arătă cartea pe care i-o dăduse Jeremy.

– Asta este sursa noastră principală de informații, *Saga Regelui Harald,* scrisă de poetul islandez Snorri Sturluson la începutul secolului al XIII-lea. Face parte din *Heimskringla,* o istorie a tuturor regilor Norvegiei. Ne oferă o descriere a înfățișării lui Harald: foarte înalt, blond, cu barbă și mustăți lungi, imaginea clasică a unui viking. Numele său era Harald Sigurdsson, și s-a născut în 1015. Mai târziu, a dobândit numele de Hardrada, însemnând Conducătorul cel Dur, Harald Nemilosul. Încă din tinerețe, a învățat arta războiului, la vârsta de cincisprezece ani, când a luptat alături de fratele său vitreg, regele Olaf cel Sfânt, în bătălia de la Stiklestad, împotriva unei armate norvegiene rivale. Olaf a fost omorât, iar Harald a fost nevoit să părăsească țara, pornind în exil spre est, întâi în Suedia, și apoi la Novgorod și la Kiev, unde a slujit ca mercenar în armata regelui Iaroslav al Rusiei.

– Și cum a ajuns la Constantinopol? întrebă Costas uitându-se pe hartă.

– Păi, erau mai multe bogății acolo. La vârsta de optsprezece ani, Harald a ajuns la Constantinopol și a făcut parte din Garda Varegă. A ajuns repede la rangul de *atrologus,* comandantul gărzii, și timp de nouă ani a jefuit Mediterana în numele împăratului bizantin. În 1042, a părăsit Constantinopolul încărcat cu prăzi pentru a reclama tronul Norvegiei. Douăzeci de ani mai târziu, timp în care a devastat Danemarca și a condus Norvegia cu o mână de fier, ambiția lui l-a condus spre o întâlnire fatidică cu regele Harold al Angliei în bătălia de la Stamford Bridge. A fost o ascensiune îmbibată în sânge de la început până la sfârșit, dar pe parcursul ei Harald și-a apărat dreptul moștenit prin naștere și a devenit unul dintre cei mai bogați și mai temuți conducători din epoca medievală.

– Supoziția că el ar fi vizitat Vinland este plauzibilă, murmură Jack. Islanda și Groenlanda au fost colonii norvegiene în marea lor parte, descoperite de vikingii norvegieni, iar un rege precum Harald Hardrada ar fi dorit să își extindă influența. Și apoi mai este și faima. Adică o călătorie la Vinland ar fi fost o faptă îndrăzneață care ar fi contribuit la reputația lui de explorator și de războinic neînfricat.

– Nu ar fi fost singurul bărbat important care să fi încercat asta, spuse Maria. Analele islandeze menționează un episcop din Groenlanda care a pornit spre Vinland. A dispărut pentru totdeauna din istorie.

– Ceva nu se leagă, spuse Jack neliniștit. Dacă Harald a ajuns la Vinland, atunci cu siguranță înseamnă că a supraviețuit și s-a întors în Norvegia la timp pentru bătălia din 1066. Ar fi avut multe de câștigat dacă și-ar fi declarat succesul, proclamându-și suveranitatea peste coloniile vikinge din vest și ridicându-și în slăvi curajul. Sunt întâmplările pe care le găsești în mod normal în saga, și totuși nimic din toate astea nu este menționat în *Hiemskringla*. Singurul lucru pe care îl avem este o referință secretă pe o hartă găsită în Catedrala Hereford. Nu are sens.

– Comoara, obiectele pe care le-a prădat împreună cu varegii, ce știm despre ele? întrebă Costas.

– Este o poveste fantastică. Maria răsfoi cartea în căutarea unei pagini, și apoi o deschise. Ascultă asta: „Tezaurul său era așa de bogat, încât nimeni din nordul Europei nu mai văzuse așa ceva vreodată în posesia unui singur om. În timpul șederii sale la Constantinopol, Harald a luat parte de trei ori la jefuirea palatului: așa este obiceiul ori de câte ori moare un împărat, iar varegilor li s-a permis să ia parte la asta – sunt îndreptățiți să jefuiască toate visteriile palatelor și să ia orice le-ar cădea în mână."

– Bănuiesc că ăsta este prețul care trebuie plătit pentru a-ți asigura loialitatea mercenarilor, spuse Costas.

– Înseamnă că varegii nu numai că aveau cât puteau să ducă din palatele pe care le jefuiau de câte ori murea un împărat, dar cunoșteau și locațiile unde aceste comori erau ascunse. La urma urmei, sarcina lor principală la Constantinopol era să păzească Trezoreria Regală. Dar relatarea lui Snorri în legătură cu jefuirea palatelor este fără îndoială exagerată, dar este ceva ce ar fi sunat foarte plăcut în urechile vikinge. Comorile cu adevărat importante, au rămas, bineînțeles, sub cheie.

– Vorbești despre menoră, spuse Costas.

Maria încuviință.

– Dar așteaptă să auzi și restul poveștii! Devine și mai interesantă. În 1042, după mai mult de zece ani în serviciul împăratului, Harald se săturase de campanii. Avea toată faima și bogățiile pe care și le dorise, și acum voia să reclame tronul Norvegiei. Așa că, ultima dată când s-a întors de la război, la Constantinopol, a părăsit Garda Varegă. Împăratul, Mihail Călăfătuitorul, era un om slab, și se pare ca îi convenise acest aspect, dar împărateasa Zoe s-a înfuriat. Ea deja îi purta ranchiună lui Harald. Se pare că a cerut-o de soție pe Maria, frumoasa nepoată a împărătesei, dar Zoe l-a respins. Povestea dusă mai departe de varegi spune că Zoe însăși îl dorea pe Harald și că acesta fusese adevăratul motiv pentru care ea se înfuriase când auzise de plecarea lui din Constantinopol.

– Un triunghi amoros, chicoti Costas. Trăsnetul Nordului și-a întâlnit în sfârșit perechea.

– Harald a fost aruncat în închisoare, dar a fost eliberat de o doamnă misterioasă, poate altă iubită. Povestea spune că Harald și-a convocat varegii, și aceștia s-au răzbunat cumplit pe împărat, orbindu-l în timp ce dormea. În aceeași noapte, Harald a intrat în apartamentele Mariei și a răpit-o. Asta ne spune Snorri mai departe: „Au coborât în corăbiile varege și au luat două dintre ele. Au vâslit până la Bosfor, unde au fost blocați de lanțul care îl apăra. Harald le-a spus vâslașilor să tragă cu toată puterea lor, în timp ce ceilalți, care nu erau la vâsle, urmau să fugă la pupă, încărcați cu tot ce aveau la ei. Astfel, vârfurile corăbiilor au trecut peste lanț. Imediat după aceea, fiind blocați pe lanț, Harald le-a spus să treacă la proră. Corabia în care se afla Harold s-a înclinat în față și a alunecat peste lanț; dar corabia cealaltă s-a înțepenit și s-a rupt la pupă. Mulți dintre pasagerii ei au murit, dar câțiva au fost salvați din mare."

– Asta e, spuse Jeremy exaltat. Exact ce spuneam ieri. Scândurile pe care le-ai descoperit în lanțul din Cornul de Aur erau din cea de-a doua corabie a lui Harald. Snorri nu spune exact că s-a scufundat, fapt ce explică de ce ai descoperit doar niște scânduri rupte în lanț. Craniul cu coif trebuie să fie al unuia dintre varegii înecați.

– Ce s-a întâmplat cu tiza ta? o întrebă Jack pe Maria.

– Potrivit spuselor lui Snorri, Maria a fost eliberată fără să i se facă vreun rău când au ajuns la Marea Neagră, și chiar i s-a dat o escortă pentru a merge înapoi la Constantinopol. Probabil răpirea Mariei a fost modul în care Harald a vrut s-o insulte pe Zoe, dar el mersese chiar mai departe și avea de gând să se căsătorească cu una dintre fiicele regelui Iaroslav, Elisabeta, o iubită de-a lui de la Kiev, înainte de a se înrola în Garda Varegă.

Maria îi zâmbi lui Jack.

– Dar unii cred că Maria a rămas cu el, i-a fost ibovnică și s-au iubit cu adevărat până la moarte.

– Deci tu crezi că menora a fost furată în aceeași noapte? insistă Costas.

– Da. Dacă varegii au avut timp s-o răpească pe Maria, au avut timp și să fure comoara interzisă din Constantinopol.

– Asta explică de ce apare simbolul menorei pe harta de la Hereford, spuse Costas îngândurat, privind în gol. Dacă vikingii erau interesați de comoară doar ca lingou de aur, atunci este ciudat că forma menorei încă mai avea o semnificație ani mai târziu, când Richard de Holdingham a scris inscripția runică. Poate faptul că era un tezaur interzis a contat. Ar fi putut deveni simbolul bravurii lui Harald, a bărbăției lui, o pradă de război ca în vremurile romane, să fie trâmbițată la nesfârșit de vikingi în saga. Când au revenit acasă, povestea acelei ultime nopți de la Constantinopol le-a asigurat cu siguranță vikingilor băutură gratis pentru tot restul vieții.

Se întoarseră toți spre Jeremy, care le evita privirea și se uita la ecranul computerului, apoi privi fix în ochii lui Costas. Făcu o pauză înainte de a vorbi pe un ton neliniștit.

– Probabil ai dreptate, dar asta e doar o parte a poveștii.

În acel moment vocea pilotului se auzi în difuzoare anunțând aterizarea la Kangerlussuaq, fosta bază aeriană americană, care acum servea drept principalul centru internațional al Groenlandei pe coasta de vest. Jack se uită pe fereastră și văzu că acum trecuseră de calota glaciară a Groenlandei și se apropiau de strâmtoarea Davis, canalul larg al oceanului delimitând partea vestică a Groenlandei de partea arctică a Canadei. Sub ei se întindeau fiorduri sinuoase și pășuni verzi, care făceau dintr-odată ca existența așezărilor vikinge de pe aceste țărmuri să nu mai pară o chestie imposibilă – lucru de neconceput pe partea stearpă din est. Avionul se înclină brusc și întoarse spre est, și ajunseră în același rând cu cel mai lung fiord dintre toate, Søndre Strømfjord, cu casele răzlețe și mohorâte de la Kangerlussuaq răspândite pe valea din vârf.

Câteva minute mai târziu trenul de aterizare fu coborât, și Jack observă două aeronave garate pe pistele secundare ale unui fost aerodrom militar, în centrul văii; primul era un avion cu reacție Antonov AN-74 care ajunsese înaintea lor, având la bord prețioasa încărcătură a lui Costas, și cel de-al doilea, un elicopter Lynx purtând însemnele Universității Internaționale Maritime.

– Acum ajungem deasupra fiordului. Uitați-vă spre dreapta, și veți observa vârfurile aisbergurilor ieșind din ceață.

Pentru o clipă, James Macleod luă mâna de pe manșă și arătă pe deasupra lui Jack spre crestele zimțate acoperite de zăpadă, care semănau cu vârfurile unor munți îndepărtați văzuți printre nori. În compartimentul pasagerilor din spatele lor, Maria și Jeremy se aplecară să-i urmărească privirea. Cu diferența de fus orar de trei ore față de Anglia, aici era dimineață devreme, și soarele avea să împrăștie ceața cauzată de aerul rece venit dinspre ghețari care se întâlnește cu aerul cald ce se ridică dinspre mare. În timpul verii, era chiar mai cald la o mie de metri decât la suprafața gheții, dar, chiar și așa, temperatura era de câteva grade sub zero, și toți erau îmbrăcați în costume de zbor termoizolante și aveau căști de protecție, pentru că era posibil ca elicopterul să intre în curenți puternici de aer formați desupra apei, de-a lungul coastei.

– Mai sunt cincisprezece minute până când se eliberează heliportul. Așa că m-am gândit să vă arăt împrejurimile.

Macleod îi întâmpinase pe pistă la Kangerlussuaq când aterizaseră și îi escortase direct la elicopterul Lynx care îi aștepta. Le luase mai puțin de o oră să zboare spre nord la fiordul Ilulissat, pe coasta de vest a Groenlandei, la aproape două sute cincizeci de kilometri la nord de Cercul Polar. Urmăriseră un elicopter de transport masiv, Chinook, de la fosta bază aeriană americană de la Thule, o contribuție binevenită din partea guvernului american la proiectul IMU. Costas se hotărâse să zboare în Chinook pentru a supraveghea transferul echipamentului său, și Jack se gândea la neliniștea care îl tortura pe Costas în timp ce stătea pe rampa de încărcare privind cum roadele muncii lui de luni de zile erau suspendate în aer într-o plasă de încărcare. Câteva clipe mai devreme priviseră cum Chinookul cobora în ceață, spre vârful fiordului.

– De aici s-a desprins aisbergul care a scufundat *Titanicul,* spuse Macleod cu un puternic accent de Glasgow. Este unul dintre cele mai rapide cursuri de apă cu bucăți de gheață din lume. Întoarse elicopterul spre est, cu fața spre fiord, și zbură cu viteza maximă pentru câteva minute, până când ieșiră din ceață și văzură calota glaciară a Groenlandei ridicându-se în fața lor ca o vastă cupolă. Ghețarul Ilulissat este canalul principal de eliberare a presiunii din calota glaciară, acolo unde ghețarii își revarsă bucățile de gheață în mare. Puteți vedea cum începe să curgă gheața. Macleod întoarse elicopterul înspre mare. Puteau vedea locul unde ondulațiile dintr-o singură bucată ale calotei glaciare începeau să se rupă și să se fragmenteze, formând o curgere ondulatorie ce se îndrepta pulsând înspre vest. Credeți sau nu, chestia aia înaintează cu o viteză uimitoare, cu aproape doisprezece kilometri pe an, spuse Macleod. Crevasele sunt formate de presiunea ghețarului care, atunci când se mișcă, împinge în terenul stâncos aflat la aproape o mie de metri în adâncuri. Este ca un râu cu vârtejuri. Și acum pentru amuzament... Coborî botul elicopterului, și se avântară deodată spre ghețar, suprafața fragmentată a acestuia conturându-se amenințător cu fisurile și faldurile sale gigantice. Chiar în ultimul moment, Macleod ridică elicopterul, și aproape instantaneu fură învăluiți de ceață, ghețarul fiind acum abia vizibil, în vreme ce rotorul împrăștia ceața, lăsând la vedere petice albe și crevase de un albastru-închis. Suntem la mai mult de o sută cincizeci de metri deasupra ghețarului, îi asigură Macleod. Să țineți minte cât de mare este. Timp de câteva minute pilotă prin ceață doar cu ajutorul instrumentelor de navigație, iar apoi acționă la manșa și începu coborârea până când altimetrul arătă aproximativ optzeci de metri desupra nivelului mării. Am ajuns.

Lynxul se menținu la punct fix în timp ce ceața începea să se împrăștie și o priveliște spectaculoasă se materializă în fața lor. Era un perete imens de gheață, ajungând până la elicopter și întinzându-se de o parte și de alta atât cât puteai cuprinde cu privirea. Nu era un perete abrupt de gheață compactă, ci mai degrabă o masă fragmentată de piloni și de canioane, crăpată în striații albastre acolo unde apa topită cursese de pe suprafață și mai apoi înghețase din nou. Întreaga masă părea incredibil de fragilă și de nesigură, ca și cum cel mai mic ghiont ar fi provocat o cădere în cascadă.

– Marginea ghețarului, anunță Macleod. Sau mai degrabă masa de aisberguri care s-au desprins din el și se strâng în capătul fiordului. Marginea însăși a ghețarului se află undeva la mai mult de cinci mile marine est de noi, spre calota glaciară.

– Este formidabil, se auzi vocea lui Jeremy prin aparatul de comunicație, și pentru prima dată păru a rămâne fără cuvinte. Deci aici este locul unde se formează aisbergurile din Atlanticul de Nord?

– Nouăzeci la sută dintre ele, răspunse Macleod. Douăzeci de miliarde de tone în fiecare an, destul cât să afecteze nivelul mărilor la nivel global. Acel perete de gheață poate părea destul de fix, dar a prins viteză în ultima vreme și se mișcă înspre noi cu o viteză de cinci metri pe oră. Unele dintre aisbergurile mari vor fi împinse înainte, mai mult sau mai puțin intacte, dar toate fragmentându-se și dând naștere unor aisberguri mai mici. Aproape zece mii de aisberguri mari ies din fiord în fiecare an spre golful Disko. Merg în sensul invers acelor de ceasornic purtați de curent în jurul golfului Baffin, și apoi plutesc în sud spre Newfoundland și în est spre Islanda.

– Unul dintre ei se fragmentează chiar acum, spuse brusc Jack.

Fără nici un avertisment, o bucată mare de gheață se rupse chiar în fața lor cu un zgomot care putu fi auzit în ciuda zgomotului făcut de rotorul elicopterului. Bucata de gheață căzu direct în apă și dispăru complet, apoi ieși la suprafață aproape în întregime, înainte să rămână locului, balansându-se în sus și în jos, până când la suprafață mai rămase doar un vârf zimțat.

– Acum înțeleg ce înseamnă faptul că partea importantă a aisbergului se află sub apă, zise Jeremy cu vocea gâtuită de emoție. Cei care sunt mai mari ating probabil fundul fiordului.

– Exact asta se întamplă. Câteodată ating fundul mării, alteori nu.

Macleod deschise un mic ecran video din carlingă și tastă ceva, dezvăluind imaginea adâncimii fiordului.

Jack fluieră.

– Destul de adânc.

– Peste o mie de metri.

– Creasta aia de sub apă, peste gura fiordului, spuse Jack, bănuiesc că este locul unde limba de gheață a ajuns la cea mai mare întindere?

– Danezii care s-au așezat aici în secolul al XVIII-lea îl numesc Isfjeldsbanken, pragul, răspunse Macleod. Un prag imens de sedimente tasate de ghețar. Vârful pragului este la o adâncime de doar două sute douăzeci de metri, așa că aisbergurile mai mari se împotmolesc în el. Până de curând marca marginea limbii de gheață, aglomerarea de aisberguri care sufocau fiordul.

– Dar acum fragmentarea are loc la câțiva kilometri mai aproape de calota glaciară, unde suntem noi acum?

– Într-adevăr. Macleod atinse ecranul, și apăru altă imagine a fiordului, făcută din satelit. NASA a avut amabilitatea să ne ofere acest montaj fotografic, o imagine din satelitul Landsat. Succesiunea de linii roșii de-a lungul fiordului arată retragerea fragmentării în fața ghețarului între anii 2001 și 2005. În același timp, viteza cu care ghețarul se mișcă a crescut dramatic, aproape s-a dublat. Și măsurători aeriene cu altimetre laser au dezvăluit o micșorare a ghețarului cu cincisprezece metri pe an.

– Încălzirea globală, spuse Jeremy.

– Vești proaste pentru mediul înconjurător, dar bune pentru noi. Macleod închise ecranul și preluă comanda la manșă, întorcând elicopterul spre vest și zburând prin ceață, departe de ghețar. Vești proaste pentru că încălzirea globală are un efect mult mai dramatic asupra calotei glaciare decât s-au temut unii.

Vești bune pentru că ne permite să lucrăm chiar în fiord, să facem cercetări care nu au fost posibile până acum.

– Și acum vine vara, spuse Jack. Bănuiesc că asta face că rata fragmentărilor și a dezintegrării să fie și mai mare în partea din față a ghețarului?

– Ăsta este motivul pentru care am vrut să vii acum aici, spuse Macleod. Peste câteva zile închidem prăvălia. Sunt multe lucruri care ne presează.

Douăzeci de minute mai târziu, slăbi strânsoarea manșei, și Lynxul începu să coboare deasupra liniei zimțate de aisberguri din capătul fiordului. Inima lui Jack începu să bată cu putere când văzu suprastructura navei ivindu-se din cețuri. Macleod întinse mâna spre aparatul de radio, dar, înainte de a apăsa pe butonul „pornit“, se întoarse și îl privi pe Jack.

– Și acum este momentul să-ți spun de ce te-am pus să bați atâta drum până aici.

6

Bărbatul din celulă își ridică ușor capul și ascultă cu atenție, încercând să prindă un semn de viață, dar nu auzi nimic. Timp de cinci ani nu auzise decât zgomotul temnicerilor lui. Închise ochii și respiră încet și adânc, imun la mirosul de fecale, urină și vomă care se impregnase în pereții închisorii. Fusese trimis să-și ispășească pedeapsa pe tărâmurile bunicului său, într-o temniță părăsită a Gulagului, scutindu-i de deranjul de a-l băga într-o carceră. Dar privarea de libertate și solitudinea nu îl înfricoșau, pentru că fusese pregătit să facă abstracție de realitatea închisorii și să trăiască într-o lume a propriei imaginații. Își mișcă ușor capul într-o parte și în alta, apoi se apleacă iarăși peste tabla de șah, singura favoare făcută de temniceri. Își coborî umerii peste tablă și își ridică mâinile împreunate, învelite în mănuși fără degete, frecându-le încercând să alunge frigul jilav care persista în celulă tot timpul anului. Pentru a mia oară luă un pion alb, în formă de războinic viking, cu armură de zale și cu scut, și îl plasă în fața regelui creștin.

– Șah mat, spuse el încet.

Se rezemă înapoi de scaun, cu încetineala exagerată a unui om ale cărui mișcări au devenit preocuparea lui cea mai importantă, modul său de a-și petrece orele solitare pentru încă o zi. Își ridică încet mâna stângă și o duse spre obraz, urmărind cu degetul arătător cicatricea care se întindea de la ochi până la maxilarul inferior, testându-și din nou puterea de a îndura durerea pe care o simțea de fiecare dată. De la maxilar își trecu mâna pe peretele de lângă el și atinse liniile gravate ale unui graffiti, ritualul său din fiecare oră, și începu să recite în șoaptă cuvintele, ca un preot care citește un text sacru.

– *Paul Kruger*, murmură el. *Hauptsturmführer, Leibstandarte Adolf Hitler. Kurt Hausser, Sturmbannführer, Panzergrenadier-Division Das Reich. Otto Lehmann, Brigadeführer, Panzer-Division Wiking.*[1]

Știa numele pe de rost, nume de eroi adevărați din Marele Război Patriotic, cruciați care luptaseră împotriva Estului, supraviețuitori capturați la Harkov, la Kursk și în multe alte bătălii, trimiși aici cu jumătate de secol în urmă de către ruși, în ultima lor oprire înainte de a fi duși în sordida cameră de execuție de la capătul coridorului. Nume asemănătoare cu al bunicului său. Doar că bunicul fusese mai norocos, pentru un timp.

Închise ochii și ridică mâna spre runele crestate care tăiau numele, știind cu exactitate unde să pună cele două degete în jos, apoi în sus, iar jos, linii așa de adânc gravate, încât gărzile sovietice renunțaseră de mult la încercările de a le mai șterge. Era inscripția pe care îi plăcea s-o atingă cel mai mult, simbolul ordinului din care bunicul său făcuse parte, Schutzsaffel[2], brigada SS. Își coborî degetele și își lipi urechea de peretele umed și rece, simțind o comuniune aproape reală cu acești cavaleri ai

---

[1] Paul Kruger, Căpitan, Divizia 1 SS „Adolf Hitler“, Kurt Hausser, Maior, Divizia 2 Infanterie SS „Das Reich“, Otto Lehman, General de brigadă, Divizia 5 de Tancuri SS „Wiking“

[2] SS (Eșalonul de protecție) importantă organizație militară activă între 1923–1945 în Germania, slujind partidul nazist și pe Adolf Hitler pentru care era o adevărată „gardă pretoriană“. (n.red.)

trecutului, frați de arme care își lăsaseră pe acest perete cea de pe urmă semnătură, pentru a-i da putere, pentru a-l îndruma în încercarea sa de descoperire a comorilor sacre, pentru a liniști spiritele tuturor celor care fuseseră înaintea lui și eșuaseră.

– Anton Poellner!

Bărbatul se trezi din negura care îl absorbise auzind vocea care-l chema prin ferestruica de la ușă. Se ridică în timp ce lacătele fură desfăcute și ușa se deschise cu zgomot. Un funcționar de stat cu o șapcă cu cozoroc stătea în coridorul puternic luminat, încadrat de doi gardieni.

– Anton Poellner!

Funcționarul îi repetă numele, și bărbatul din celulă își ridică mâna pentru a se apăra de lumină înainte de a-i răspunde în engleză.

– Ce doriți?

– Prin sentința Tribunalului Penal Internațional pentru Fosta Iugoslavie, spuse funcționarul de stat, vorbind în lituaniană. Cazul numărul IT-99-37b, procurorul tribunalului împotriva lui Anton Poellner, fost mercenar plătit în armata sârbo-bosniacă. Acuzat în baza articolului 7 pentru activități criminale individuale, pentru genocid și crime împotriva umanității. Funcționarul făcu o pauză, apoi ridică documentul pe care îl ținuse în mână. Ca urmare a convenției de amnistie semnate anul trecut la Haga, cazul tău a fost revizuit la Curtea de Apel. Funcționarul lăsă hârtia în jos și spuse cu o aversiune vădită: Ești liber.

Pocni din degete, și cei doi gardieni îl ridicară pe bărbat în picioare, aruncând pe el o manta militară sovietică. Bărbatul se apără furios de lumină în timp ce îl împinseră afară pe ușa celulei, apoi îi înlănțuiră picioarele pentru ultima oară și îl conduseră în jos pe coridor. Era ultimul locatar al temniței blestemate, ecoul lanțurilor sale răsunând prin celulele pustii, ca și cum fantomele trecutului îl imboldeau să meargă înainte, știind că el era ultima lor speranță că aveau să scape.

La ultima ușă, îl descătușară și îl aruncară, fără nici un cuvânt, în lumea de afară. Burnița și era foarte frig pentru un început de vară, dar bărbatul își ridică fața palidă și zâmbi, lăsând ploaia să îi curgă pe față. Își luă bagajul care fusese aruncat lângă el și începu să meargă încet spre poarta deschisă de la ieșire și spre drumul care se vedea dincolo de ea, intrând cu ușurință în ritmul unui om care era obișnuit cu marșurile nesfârșite. Dincolo de poartă, își puse bagajul pe umăr și își îndesă mâinile în buzunarele mantiei, așteptând mașina care trebuia să vină să-l ia. Câteva minute mai târziu, apăru un Mercedes negru, iar ușa din spate se deschise pe când mașina opri în dreptul lui. Fără să se uite nici măcar o dată înapoi la închisoare, bărbatul se aplecă și urcă.

– Bine ai revenit, spuse o voce din față, în engleză. Instrucțiunile tale.

Un plic îi fu aruncat, și mașina demară în trombă. Bărbatul simți teancul de hârtii înăuntru, dar mai întâi scoase din plic un obiect. Era un inel de aur strălucitor pe care îl ridică, își lipi buzele de simbolul gravat pe el, așa cum făcuseră încă din copilărie, un simbol complet diferit de cel din închisoare, dar totuși atât de familiar. Își puse inelul pe degetul arătător de la mâna dreaptă și scoase hârtiile. Desupra lor, era o fotografie tăiată dintr-un ziar, imagine adânc întipărită în memoria lui timp de cinci ani, reprezentând un bărbat în vârstă zăcând într-o baltă de sânge și purtând o banderolă cu svastica. Se uită la fața rigidă și șopti ca pentru el:

– A venit vremea răzbunării!

– Uite-o acum, spuse Jack entuziasmat. Este pentru prima oară când o văd pe mare. Este ca și cum ai întâlni un prieten de mult pierdut și readus la viață.

Seaquest II fusese terminat cu trei luni în urmă, iar proiectul IMU de prelevare de probe din gheață fusese prima ieșire la apă, ca vas de cercetare la mare adâncime al IMU. De când predecesorul său dispăruse în apele Mării Negre, cu șase luni în urmă, Jack fusese hotărât să îl înlocuiască și decisese să redenumească un vas deja ancorat în docurile IMU din Finlanda. În timp ce primul *Seaquest* și sora sa *Sea Venture* avuseseră la bază vasele rusești de cercetare, construite inițial pentru supravegherea acustică a submarinelor în timpul Războiului Rece, *Seaquest II* era un concept complet nou, început de la zero după instrucțiunile celor de la IMU. Caracteristicile de navigație de ultimă generație includeau un sistem dinamic de poziționare cu ajutorul elicelor laterale de manevră și prin controlul balastului în scopul menținerii stabilității în orice condiții, lucru esențial pentru păstrarea poziției și pentru trasarea rutei, precum și pentru desfășurarea în bune condiții a muncii de laborator. Putea lansa vehicule controlate de la distanță și submersibile, folosind fie macaralele de pe punte, fie din dana interioară direct în apă. Ca toate vasele IMU, acesta era dotat corespunzător pentru a se apăra, având un tun care putea fi retras sub puntea principală. Un lucru esențial pentru cercetările făcute la pol era carcasa special construită, care permitea înaintarea prin bucățile de gheață, care umpleau chiar și vara apele coastei nordice de la Cercul Polar.

Jack se uita în continuare cu un ochi critic la aranjamentele de pe punte în timp ce Lynxul ateriză pe heliport și rotoarele se opriră. Pe când echipajul navei asigura trenul de aterizare pe punte, Jack își scoase casca și își desfăcu rapid centura de siguranță. Soarele împrăștia ceața, și în fața lui se vedea întreaga lungime a vasului, de un alb strălucitor în lumina străvezie a Polului Nord. Era din nou în elementul lui, și emoția i se putu citi pe față când se întoarse și le zâmbi Mariei și lui Jeremy.

– Bine ați venit la bordul vasului *Seaquest II.* Aici începe adevărata distracție.

James Macleod îi conduse de la heliport prin hangar și apoi în jos pe niște scări abrupte direct în interiorul vasului. Li se alăturase și Costas, care coborâse din Chinook cu un sfert de oră în urmă și fusese ocupat cu despachetarea încărcăturii pe puntea de la pupă. Arăta de parcă ar fi avut nevoie de o săptămână întreagă de somn, dar mânecile suflecate ce îi lăsau la vedere brațele puternice și petele proaspete de ulei de pe salopeta sa lăsau să se înțeleagă că nu avea de gând să piardă nici o secundă și că voia ca echipamentul să fie cât mai repede operațional.

Ajunseră pe puntea inferioară, și Macleod îi introduse printr-o ușă deschisă într-o cameră de lectură puternic luminată, făcându-le semn să ia loc lângă ecranul unui proiector aflat în dreapta ușii. Aliniați pe niște scaune de plastic, chiar în fața lor, zăriră mai mulți oameni, aproximativ treizeci la număr, unii discutând concentrați între ei, alții aplecați desupra laptopurilor și a teancurilor de foi. Toți se uitară la Macleod când acesta intră, și Jack văzu câțiva bărbați blonzi cu barbă care aveau steagul danez imprimat pe hanorace, câteva fețe de nativi groenlandezi și niște bărbați și femei care purtau puloverele bleumarin ale Forțelor Aeriene Americane. Salută un bărbat din primul rând, care se sprijinea plictisit de scaun și își mângâia perciunii atât de cufundat în propriile gânduri, încât nici nu observă gestul lui Jack. Lanowski era un inginer remarcabil, care se dovedise indispensabil pentru IMU de când fusese racolat de la MIT, dar avea un stil propriu de a-i irita pe toți cei care intrau în contact cu el.

– Dragii mei, sunt sigur că îl cunoașteți pe Jack Howard, colegul meu de la IMU. Măcar de la televizor.

Jack păru evident stânjenit, dar Macleod făcu semn spre ceilalți trei oameni.

– Doctor Maria de Montijo și doctorandul ei Jeremy Haverstock de la Oxford, deși el este din America de origine. Pe Costas îl știți deja.

Se uitară cu o curiozitate evidentă spre Jack, o figură familiară chiar și pentru cei care nu-l cunoșteau personal. Costas zâmbi câtorva prieteni vechi, care ajunseseră să-l cunoască îndeaproape pe parcursul seseiunilor de instructaj ce avuseseră loc cu câteva săptămâni în urmă la campusul IMU din Cornwall.

– Suntem o echipă internațională, după cum puteți vedea, spuse Macleod. Oficial, proiectul este o colaborare între NASA și Institutul de Cercetare Geologică din Danemarca și Groenlanda[1], și mai sunt câțiva oameni de la International Ice Patrol[2]. Fiecare își face treaba lui, glaciologie, biologie, paleoclimatologie, dar adunăm informațiile laolaltă. IMU oferă vasul de cercetare, NASA – fotografiile din satelit, și GSDG – fotografiile aeriene și măsurătorile cu laser ale altitudinii. Mare parte din munca noastră este doar monitorizare, ne asigurăm de buna condiție a gheții pentru a lua mostrele de care avem nevoie. Suntem presați de timp întrucât se apropie dezghețul. Am vrut să fiți aici ca să vă fac cunoștință. Dacă aveți întrebări, acum este momentul.

– Nu vreau să rețin pe nimeni, așa că o să fiu rapid, spuse Jack. Calota glaciară a Groenlandei, gheața din interior. Se poate să auzim un rezumat despre vârsta și semnificația sa?

– Mare parte din ea datează din ultimii două sute cincizeci de mii de ani, și gheața de la Ilulissat este din ultimii o sută de mii de ani, spuse Lanowski dându-și părul lung până la umeri la o parte de pe față. Este o supraviețuire incredibilă de la ultima glaciațiune din cuaternar.

– Adică? întrebă Maria.

– Adică Era Glaciară despre care știm cu toții, cea care s-a încheiat acum zece mii de ani, când calotele de gheață s-au retras, explică Lanowski. Cuaternarul este un termen geologic care include ultima Era Glaciară, începând acum un milion opt

---

[1] Geological Survey of Denmark and Greenland (GSDG)

[2] International Ice Patrol (IIP), Patrula Internațională a Gheții – Organism multinațional care monitorizează aisbergurile din nordul Oceanului Atlantic, în scopul siguranței traficului maritim. A fost creat în 1914 ca reacție la scufundarea Titanicului. (n.red.)

sute de mii de ani, și care cuprinde multe episoade de avansare și de retragere a gheții. Suntem într-una dintre perioadele calde din ultimii zece mii de ani.

– Și de ce este Groenlanda așa deosebită?

– Sunt foarte mulți ghețari în lume care datează din Era Glaciară și, bineînțeles, mai sunt și calotele glaciare, spuse Macleod. Dar calota glaciară a Groenlandei este ultima rămășiță din calota glaciară continentală care acoperea emisfera nordică până acum zece mii de ani. Este o ușă fantastică spre trecut, la fel de interesantă pentru mine cum probabil sunt descoperirile arheologice pentru voi.

– Ăsta e motivul pentru care te afli aici, spuse Jack.

– Suntem încă la început, zise unul dintre danezi, dar rezultatele sunt promițătoare. În principal ne uităm la bulele de aer închise în gheață în timp ce aceasta se forma și care păstrează o descriere detaliată a condițiilor atmosferice din Era Glaciară. Fragmentarea din fața ghețarului lasă acum la vedere porțiuni de gheață formate recent, într-o perioadă de vreme rece de dinainte de Marele Dezgheț de acum zece mii de ani. Este o ocazie nemaiîntâlnită până acum, prima oară când o cercetare de acest gen este posibilă.

– Încălzirea globală are și părțile ei bune, spuse Costas cu neîncredere.

– Nu putem da timpul înapoi acum, așa că trebuie să profităm de ocazia asta cât de mult putem și să obținem cât mai multe informații, spuse danezul.

– Încă o întrebare, zise Maria. Pe mine, una, nu mă veți convinge niciodată să merg lângă ghețarul acela care se fragmentează. Cum vă extrageți mostrele?

– Forăm în interiorul gheții, exact cum face în pământ un sedimentolog sau un căutător de petrol, spuse Macleod. Fiecare strat de gheață reprezintă o perioadă rece, câteodată de sute sau mii de ani. Seamănă un pic cu dendrologia, cu metoda prin care se măsoară vârsta unui copac cu ajutorul inelelor sale. Macleod se întoarse și se uită fix la Jack. Asta e motivul pentru care ești tu aici.

– Sunt încă nedumerită, spuse Maria. Tot trebuie să vă apropiați de gheață ca să puteți fora.

– Vei afla imediat. Macleod îi zâmbi, se îndreptă spre ușă, mulțumi grupului și se întoarse spre Jack. Urmează-mă!

Seaquest II era mai mică decât predecesoarea ei, având spațiul util interior redus, pentru a mări cantitatea de combustibil ambarcat și implicit autonomia navei, dar având un deplasament puțin peste șapte mii de tone, ceea ce o făcea să fie unul dintre cele mai mari vase de cercetare de pe mare; le luă câteva minute bune până să ajungă pe puntea superioară. Fără să se oprească din mers, Macleod arătă spre șirul de cabine ce aveau numele lor pe ușă și bagajele deja înăuntru. La capătul coridorului intrară într-o cameră care se întindea de-a lungul palierului cu cabine, chiar sub camera de navigație și sub timonerie. Așezarea fusese ideea lui Jack, putând avea astfel un control mai bun și o cameră specială de observație pentru personalul angajat care lucra la proiect, evitând totodată să împartă spațiul punții cu echipajul navei, problemă cu care se confruntaseră recent, pe *Sea Venture*, la Cornul de Aur. Camera avea în mijloc un scaun directorial așezat pe un podium, un ecran radar identic cu cel de pe puntea de comandă, patru computere aranjate în semicerc în jurul podiumului și scaune cu telescoape de mare putere amplasate lângă fereastra care părea un ecran înclinat ce mărginea partea din față și părțile laterale ale camerei. Întrucât ceața se ridicase aproape complet, în fața lor apăru o priveliște orbitoare a mării, o întindere vastă de un albastru puternic, cu fragmente de alb presărate pe suprafața ei, forma joasă a insulei Disko abia vizibilă la tribord și țărmul canadian al strâmtorii Davis undeva dincolo de orizont.

În urma lor, de pe puntea inferioară veniseră Lanowski și unul dintre oamenii de știință groenlandezi, o femeie eschimosă cu o înfăţişare frapantă care făcu semn spre aparatul de cafea în timp ce intrau în cameră. Macleod mormăi ceva, apoi încuviinţă şi turnă fiecăruia dintre ei cafeaua aburindă. Jack dădu mâna cu căpitanul, care coborâse de pe puntea de comandă să îi salute, un fost ofiţer în marina canadiană care îşi petrecuse întreaga viaţă patrulând între Polul Nord şi golful Mexic. Jack avea să-i salute mai târziu pe ceilalţi membri ai echipajului, mulţi dintre ei prieteni vechi şi veterani de pe *Seaquest*, oameni cu care el avea o legătură foarte strânsă.

Femeia eschimosă se aşeză lângă Lanowski la computerul din partea dreaptă a camerei, punându-şi laptopul pe un colţ al biroului şi depozitându-şi hârtiile şi cărţile pe podea, pentru a le face şi celorlalţi loc să stea. Din limbajul trupului se observa clar că era colaborare cam forţată; Lanowski stătea aplecat în faţa ecranului de la computerul principal, înconjurat de hărţi, nepărând dispus să facă vreo concesie pentru ea.

– Ştiam eu că trebuia să-mi fi adus computerul, mormăi Lanowski. Chestiile astea ar fi trebuit testate înainte de a fi instalate. Aş putea la fel de bine să le număr pe degete.

Jack îşi ridică privirea spre femeie, şi ea se forţă să-i zâmbească.

– Eu sunt interesată de biologia fundului marii; Lanowski face simulările, spuse ea. James ne-a grupat în echipe de câte doi chiar de la începutul proiectului.

Îi aruncă lui Macleod o privire duşmănoasă, iar acesta se întoarse repede spre ceilalţi.

– Îmi pare rău. Încă nu v-am făcut cunoştinţă. Doctor Inuva Nannansuit de la Institutul de Cercetare Geologică. Ea este de loc din Ilulissat, aşa că a copilărit cu un gheţar în curte. Are o contribuţie valoroasă în cadrul echipei.

– Să vedem ce avem! spuse Jack.

– Este în spatele pupei, dar căpitanul va întoarce nava spre stânga pentru a avea o panoramă mai largă. Va dura câteva minute. Vom folosi sistemul dinamic de poziţionare pentru că nu vrem ca turbulențele apei datorită elicelor principale să vă întrerupă cumva din ceea ce aveți să vedeți.

– Aisbergul acela din apropierea insulei, mult în fața noastră, spuse Maria, are o pată neagră în vârf. Sunt sedimente din ghețar?

– Ai văzut bine, dar nu e chiar așa, spuse Macleod. Dacă te uiți la aisberg, vei observa că e neted și rotunjit, ca o sculptură, foarte diferit de aisbergurile fisurate și zimțate pe care le-am văzut când am zburat desupra fiordului.

– Probabil că s-a răsturnat, spuse Costas.

– Exact. Am fost martori aseară. Una dintre cele mai impresionante priveliști pe care vi le puteți imagina, un sfert de milion de tone de gheață răsucindu-se în apă. Nu cred că vă doriți să fiți lângă un aisberg când se întâmplă asta.

– Bineînțeles că nu, spuse Maria. Și murdăria este de pe fundul mării!

– Chiar așa. Când am venit, acum două săptămâni, acel aisberg era blocat de pragul din partea de nord a fiordului, dar noi știam deja din imagini făcute cu ajutorul sonarului că bucata subacvatică se erodase și își pierduse mare parte din masă. Era doar o chestiune de timp până avea să se rostogolească, și am stat deoparte. Unele aisberguri scapă în modul ăsta, altele sunt împinse peste prag. Poți să îți dai seama de asta după faptul că unele arată ca sculpturile lui Henry Moore[1], și altele – asemenea castelelor de la Disneyland.

– Vrei să spui ca ăsta, zise Jack.

Îi urmăriră privirea înspre tribord și văzură un imens zid de gheață apărând în raza lor vizuală, la aproape un sfert de kilometru în depărtare, fiind, evident, mai înalt decât structura vasului. Avea aceeași înfățișare contorsionată și zimțată ca partea din față a ghețarului, despicat de striații albastre unde apa topită înghețase în crevase, mai puțin o parte destul de mare din

[1] Henry Moore (1898–1986), artist și sculptor englez bine-cunoscut pentru sculpturile sale abstracte din bronz (n.tr.)

mijloc, care era plată. Aisbergul era imens, cel puțin jumătate de kilometru de-a curmezișul, și blocase o bucată mare din intrarea în fiord de-a lungul liniei unde era pragul subacvatic.

Se uitau cu toții uluiți, când Macleod rupse tăcerea:

– Țineți cont că nu se vede decât un sfert din el, restul fiind sub apă. Vă uitați la un kilometru și jumătate cub de apă înghețată, cel puțin un milion și jumătate de tone.

Costas fluieră uimit.

– Asta ar asigura gheața tuturor barurilor din lume pentru tot secolul următor.

– Apa care se scurge într-o singură zi din acest ghețar ar fi de ajuns să alimenteze orașul New York timp de un an. Douăzeci de milioane de tone pe zi. Vorbim de impact global aici.

– Aisbergurile de această mărime sunt foarte rare la Polul Nord, spuse Inuva. Noi credem că încălzirea atmosferică este de vină și are drept rezultat retragerea ghețarilor până la un punct unde apar fragmentări mai mari. Este cel mai mare aisberg pe care l-am văzut aici în viața mea.

– De ce nu s-a rupt încă? întrebă Costas.

– S-a fragmentat o dată, acolo unde se vede porțiunea netedă, spuse Macleod. Dar interiorul este compact, lucru destul de neobișnuit – gheață solidă pe care o poți sparge doar folosindu-te de explozibil. Este perfect pentru noi. S-a fragmentat până la gheața din interior, așa că e relativ sigur să lucram dedesubt. Dacă vă uitați cu atenție, veți vedea chiar acum două Zodiac[1] împreună cu echipa de foraj.

– Nu înțeleg.

De când venise pe vas, Jeremy absorbise în tăcere toate informațiile, dar acum devenise din nou curios.

– Ce împiedică aisbergul să cadă peste ei?

– Aici condițiile sunt în favoarea noastră, spuse Macleod entuziasmat. Dacă nu mai au în spate presiunea gheții, aisbergurile

[1] Bărci pneumatice cu motor (n.red.)

blocate pe prag sunt un loc sigur. Este foarte periculos să forezi în ghețar, mai ales acum, când plutește cu asemenea viteză. Aisbergurile care plutesc pe fiord nici nu intră în discuție, pentru că se deplasează, și, odată ieșite din fiord, nu numai că se mișcă, dar sunt mari șanse să se răstoarne. Așa că un aisberg blocat relativ de curând pe prag este perfect. Este o șansă unică, dar, din păcate, timpul trece repede.

– De când este acolo? întrebă Jack.

– Cam de trei luni. Lanowski a făcut o simulare cu el mișcându-se pe fiord și blocându-se pe prag. Putem s-o vedem?

– Aveți noroc, murmură Lanowski iritat, ca pentru el, în timp ce tasta, devenind dintr-odată vizibil relaxat. În sfârșit!

Pe ecran apăru o proiecție tridimensională a fiordului, cu ghețarul la un capăt și pragul la celălalt. Aisbergul era periculos urcat pe prag, cu bucata imensă de sub apă acum la vedere.

– Puteți vedea canalul erodat, spuse Inuva. Acel șanț pe fundul mării care duce la prag. În timp ce se macină frecându-se de fundul mării, aisbergurile îl pulverizează, transformând totul într-o pudră. Astfel se creează un biotop steril, fără viață. Dar mostrele pe care am reușit să le luăm arată altceva, și anume, că, de fapt, este benefic pentru diversificarea speciilor, permițând vieții să se regenereze, ca o pădure după un incendiu. Și nu este singurul avantaj. James a spus că a văzut un aisberg fragmentându-se când a venit aici. De fiecare dată când se întâmplă asta, sunt aduse o mulțime de substanțe nutritive. Acestea au fost niște locuri foarte bune pentru pescuit pentru strămoșii mei.

– Un biolog, murmură Lanowski, exact ce ne trebuia.

Inuva se uită la Lanowski. Jack schimbă repede vorba:

– Cât de stabil este?

– Am făcut o simulare a condițiilor gheții din fiord de-a lungul perioadei stabilite pentru proiect, începând de acum două săptămâni, mâine fiind ultima zi, spuse Lanowski. Totul s-a întâmplat exact cum am prevăzut. Asta ar trebui sa-ți dea o idee despre ceea ce ai în fața ochilor. Apăsă o tastă, și văzură cum pe ecran se derulară o mulțime de imagini cu același cadru, reprezentând retragerea alarmantă a ghețarului și un șir de aisberguri răsturnându-se peste prag. Acum câțiva ani, acest proces ar fi durat câteva luni. Acum, doar două săptămâni. Lanowski își aranjă mai bine ochelarii rotunzi și se uită la Jack. Pentru moment, e bine. Mai sunt fluctuațiile diurne, bineînțeles, cu aproximativ trei metri în perioada fluxului și refluxului, și, în cele din urmă, frecarea va disloca destul de multă gheață de la fundul aisbergului încât acesta să se răstoarne. Dar acum, cel mai rău lucru care s-ar putea întâmpla ar fi o fragmentare care să rupă mai multă gheață de dedesubt decât de la suprafață, supraîncărcând aisbergul în partea superioară. Apoi, la o maree înaltă, de exemplu, am avea un cutremur, sau o furtună, sau gheață care se mișcă dinspre fiord și presează din spate. Asta ar împinge aisbergul peste prag și l-ar face să se răstoarne.

– Care sunt șansele?

– Nu par a veni bucăți mari de gheață mișcătoare dinspre fiord cel puțin nu în următoarele câteva zile. Un cutremur iese din discuție. Furtuna este posibilă. Este o ciudățenie de furtună în zona asta care ar avea un efect major asupra pragului.

– O *piteraq*, spuse Inuva încet.

– O ce? întrebă Costas.

– O *piteraq*. Se formează când aerul rece coboară dinspre calota glaciară și întâlnește aerul mai cald al mării.

– Da. James a spus ceva de genul ăsta în timp ce zburam spre voi.

Lanowski îi ignoră și continuă:

– Dar nu au mai fost furtuni de o magnitudine așa mare de șaptezeci de ani. Ultima a fost înregistrată în 1938.

– Dar fragmentarea? întrebă Jack.

– Aici simulările nu ne pot ajuta, spuse Lanowski. Nu pot prezice fragmentările. Se uită în jos cu spaimă, de parcă limitările științei ar fi fost de fapt eșecurile sale personale, apoi luă o poziție relaxată și îi aruncă lui Jack o privire de om învins. Tot ce pot spune este că șansele cresc odată cu căldura verii, în special acum, cu ziua polară de douăzeci și patru de ore. Peste patruzeci și opt de ore, recomandarea mea este ca lucrul să fie oprit, și îl voi sfătui pe căpitan să schimbe poziția vasului și să se îndepărteze.

Macleod se întoarse spre Jack cu o figură alarmată.

– Atunci cu atât mai mult trebuie să ne grăbim.

Îi mulțumi Inuvei și îi dădu un radioemițător de la scaunul de comandă; aceasta îl luă și ieși pe ușa laterală, ducându-se pe punte.

– Cât timp Inuva pune la punct ultima parte din turul vostru de recunoaștere, mă gândeam că e timpul să vedeți despre ce e vorba cu adevărat.

Încercase să-i capteze atenția lui Lanowski, dar nu reușise; îi conduse apoi la un computer în partea cealaltă a camerei, unde un barbat masiv îmbrăcat într-o cămașă cadrilată și o pereche de blugi poziționa un tub lung de metal ca o porthartă mai mare.

– Don Cheney, expert glaciolog de la NASA, spuse Macleod. Don, arată-ne ce ai!

Își strânseră mâinile în grabă și se așezară între masă și computer. Cheney scoase cu grijă un cilindru intern din porthartă și puse pe masă în fața lor un tub transparent de plastic de un metru lungime și cu diametrul de zece centimetri. Se așeză la computer și se aplecă peste tub, lovindu-l ușor cu un pix și vorbind tărăgănat și încet, în stil texan.

– Pentru cine nu a văzut așa ceva, asta este o carotă de gheață, începu el. A ieșit ieri din aisbergul acela. Gheață glaciară în mare parte, chestia aia care seamănă cu un nor cu niște bule mici în interior, dar are și benzi de un albastru mai deschis provenite de la gheața topită și reînghețată. Avem o bandă de gheață topită și reînghețată, contaminată cu substanțe moderne, hidrocarburi atmosferice de la fabrici sau emisii de la motoare. Cândva în secolul trecut, ghețarul ăla s-a despicat și s-a închis imediat inapoi. Se mai întâmplă. Am urmărit linia fracturii până la suprafața aisbergului, singurul punct relativ slab din carotă.

– Ne gândeam să folosim explozibili pentru a despica aisbergul pe linia aia, dar am renunțat la idee destul de repede, spuse Macleod. Probabil ar fi distrus ceea ce am descoperit.

– Și ce ați descoperit? întrebă Costas.

Cheney depărtă tubul și arătă spre el.

– Ieri eram pe cale să-l scoatem afară și să sistăm lucrările, când cineva din echipa mea de la NASA a observat asta.

Partea finală a carotei de gheață era total diferită de benzile de gheață, era o masă fibroasă de material negru și maro, de aproape un metru.

– De data asta nu are nici o legatură cu sedimentele de pe fundul mării, spuse Macleod.

– E lemn, zise Costas.

– Exact. Învelit într-un strat de gheață de o mie de ani, dintr-o altă crevasă. Are o structură foarte compactă, și pe alocuri pare carbonizat, dar nu putem spune cu siguranță dacă a ars sau pur și simplu s-a descompus. Dar noi credem că avem o secvență pe trei inele, reprezentând o perioadă de treizeci de ani. Am mai luat o mostră din același loc și am trimis-o azi-dimineață înapoi la Cornwall cu Embraer, avionul cu care ați venit voi. Ar trebui să primim rezultatele de la laboratorul dendrologic al IMU în seara asta.

– Nu se poate să fie natural, spuse Costas dând din cap neîncrezător. În Groenlanda nu crește nici un copac de mărimea asta, darămite să mai ajungă și în vârful aisbergului.

Macleod se uită stăruitor la Cheney.

– Don, arată-le imaginea!

Cheney încuviință și întoarse monitorul în așa fel încât să vadă cu toții. Tastă ceva, și o imagine ce părea a fi fost creată cu ultrasunete apăru pe ecran, cu benzi și pete de diferite nuanțe de gri care străluceau.

– Este o imagine de rezoluție mare realizată cu sonarul, spuse Cheney. Arată partea superioară a aisbergului, chiar în spatele porțiunii fragmentate. Nuanțele de gri reprezintă diferențele în densitatea gheții, între gheața formată în cuaternar și cea formată prin topirea zăpezii, adică zăpada de la suprafață și gheața, care s-au topit și au curs prin fisuri în interiorul ghețarului, pentru a îngheța din nou. Dar mai există ceva acolo, și este destul de mare.

Tastă iar ceva, și altă imagine apăru pe ecran, de data asta dominată de o masă întunecată care se afla în centru. Se mișca printr-o serie de cadre de pe ecran, dezvăluindu-le mai multe unghiuri, pe măsură ce sonarul se mișca spre vârful ghețarului. La ultimul cadru Jack aproape că scăpă cana din mână de uimire.

– Cred că glumești, șopti el.

– Ba e adevărat, spuse Macleod. Ți-am spus despre lemn ieri la telefon, dar nu am realizat despre ce e vorba în imaginea asta decât atunci când toate informațiile au fost procesate, acum câteva ore. Am vizualizat încă o dată aisbergul cu sonarul, azi-dimineață, și fiecare imagine verticală este identică.

– Dumnezeule mare, spuse Costas. Seamănă cu o corabie!

– Nu-mi dau seama ce altceva poate fi. Are aproape douăzeci de metri lungime, foarte lată, cu pupa și prora simetrice. Din imaginile orizontale pare aplatizată, dar nu este de mirare, având în vedere că e sub atâta gheață.

– Haloul acela care o învăluie ca un cocon, pe care-l vedeți în jurul ei, este gheața topită, spuse Cheney. Fac pariu că este cel mai ciudat lucru pe care l-ați văzut vreodată.

– Poate era în flăcări când a fost prinsă în gheață, șopti Jeremy.

– Da, sigur, spuse Cheney. Orice ar fi fost, nu am mai văzut în viața mea așa ceva.

– Ești sigur că lemnul provine de la asta? întrebă Jack cu ochii fixați asupra ecranului.

– Fără nici o îndoială, spuse Macleod. Chiar din centru. Din vas, dacă asta este într-adevăr.

– Și are o vârstă de o mie de ani?

– Gheața topită din jurul ei, da, are o mie de ani, răspunse Macleod.

– Atunci înseamnă că avem prima corabie vikingă descoperită în emisfera nordică, spuse Jack cu inima bătându-i cu putere. Am sperat din tot sufletul să fie asta când mi-ai spus de lemnul descoperit de tine. Ar fi extraordinar, una dintre cele mai fantastice epave găsite vreodată.

– Ți-am spus că nu te-am adus degeaba aici, zise Costas.

– Nu m-am îndoit nici o clipă de asta.

– Știam cât de pasionat ești de explorările vikingilor, adăugă Macleod. De posibilitatea descoperirii unei epave vikinge în Lumea Nouă.

– Baștinașii eschimoși de aici nu au construit ambarcațiuni de lemn, și nu există în toată Europa un model asemănător realizat la această dată, spuse Jack. Are sens din punct de vedere istoric, luând în considerație așezările normande din Groenlanda din acea perioadă. Dar cum este posibil ca o corabie să ajungă într-un ghețar format la kilometri în interior, asta nu pot să pricep!

– Ăsta este un motiv să o studiem mai bine, sugeră Macleod.

– Lasă-mă să mă uit! Costas își trecu mâna prin păr și se aplecă peste Cheney, privind cu atenție imaginea. Este la aproape trei sute de metri în interiorul aisbergului dinspre partea fragmentată și la aproape cincizeci deasupra nivelului mării, nu-i așa? Bănuiesc că interiorul este foarte solid și nu se va rupe dacă facem un tunel, dar vrem să ajungem la el pe sub apă, ca să nu pătrundă în aisberg bulele de aer.

– Exact așa ne-am gândit și noi.

– Care sunt riscurile? întrebă Jack. Adica șansele să se rupă?

– Lanowski este persoana responsabilă cu simulările, și cred că v-a spus tot ce era de spus, răspunse Macleod. Tot ce pot să adaug este că acționăm acum sau niciodată. Odată ce aisbergul se rotește peste prag și se duce în larg, nu mai avem nici o șansă. Totul este aranjat; avem nevoie doar de aprobarea voastră.

– Slavă Domnului că nu am asigurare de viață, murmură Jack. Imaginați-vă cum ar fi să-i vinzi așa ceva agentului de asigurări.

– E la fel de periculos ca scufundarile în interiorul unui vulcan activ, spuse Costas.

– Nu, nu se poate. E o nebunie.

Figura Mariei îngheță de groază când înțelese ce plănuiseră, și se uita de la unul la altul așteptând un semn cum că totul nu fusese decât o glumă. Jack se uita la ea parcă scuzându-se și îi aruncă lui Costas o privire prietenoasă, iar acesta îi zâmbi la rândul său.

– Bine. Asta e de ajuns pentru mine, spuse Macleod privind-o pe Inuva, care se întorsese cu radioemițătorul și aștepta răbdătoare în spatele lor. Să facem o scurtă plimbare la țărm, în timp ce echipamentul vă este pregătit de echipa care a ajuns deja la aisberg.

7

Peste o oră, forma imensă a aisbergului se profila înaintea lor, un zid zimțat de culoare albă traversat de benzi translucide albastre și verzi. Jack își trase fermoarul de la costumul portocaliu de supraviețuire și își ajustă vesta de salvare, uitându-se înapoi spre conturul strălucitor al vasului *Seaquest II*, care se îndepărta în spatele lor. Lângă el, Maria se ținea strâns de cablul de siguranță, și Macleod se uită spre ea de pe celălalt ponton, aruncându-i o privire încurajatoare.

– Este cam ca într-un montaignes russes, dar Henrik aici de față este expert. S-a jucat în apele astea de când se știe.

Danezul surâse și se așeză în fața motorului Evinrude 120, având într-o mână maneta de accelerație și cu cealaltă ținându-se de frânghia de siguranță. Începu să conducă Zodiacul precum un car de luptă printre bucățile de gheață care acopereau marea, balansând cu ușurință motorul dintr-o parte în alta pentru a evita ghețarii care pândeau înșelător de sub apă. După cinci minute de drumuri șerpuite printre fragmente de gheață, ajunseră la două colace de salvare roșii, marcând barajele plutitoare, care menținuseră porțiunea din fața aisbergului liberă, fără bucăți de gheață. În timp ce se apropiau la mai puțin de câteva sute de metri, văzură doi bărbați care se cățărau pe aisbergul din fața lor folosindu-se de crampoane și de pioleți, trupurile lor părând incredibil de mici în comparație cu mărimea aisbergului. Deja se putea simți frigul gheții, o boare de aer foarte rece care o făcu pe Maria să se cutremure. Ea insistase să-i însoțească, dar acum îi cam pierise curajul, se simțea ca și cum s-ar fi aventurat mult prea adânc într-o lume necunoscută.

– Parcă e un organism viu, spuse ea. Parcă respiră.

– Aburii reci, de fapt, arată că se topește, și se topește chiar repede, zise Macleod. În curând, chiar și în partea din față, unde a avut loc deja fragmentarea, va fi periculos de lucrat.

Ajunseră lângă un doc plutitor la douăzeci de metri de aisberg, unde se vedeau formele submersibilelor Aquapod pe o parte și două bărci Zodiac pe cealaltă. O masă încâlcită de cabluri era coborâtă în mare prin doc, sub privirea unui grup de bărbați îmbrăcați în costume de neopren negre ale IMU care, dacă dădea ceva greș, aveau să îi țină o vreme în viață chiar și în aceste ape extrem de reci. După câteva minute, cablul se opri, și o formă familiară se desprinse dintre ei, făcându-le cu mâna și îndreptându-se spre platforma unde era acostat Zodiacul.

– Bine lucrat, băieți. Am făcut tot ce ne-a stat în putință.

Cu o agilitate nebănuită pentru statura sa corpolentă, Costas sări de pe platformă pe Zodiac, aterizând cu zgomot în fața lui Jack. Ajunsese la aisberg cu jumatăte de oră în urmă, înaintea lor, și era în mod clar epuizat. Se clătină, își desfăcu costumul de neopren până în talie și se așeză să se odihnească pentru o clipă, apoi se strecură în geaca portocalie și în vesta de salvare oferite de un membru al echipajului.

– Sunt gata de plecare.

Bărbatul dădu drumul bărcii și o întoarse spre linia tangonului, apoi porni încet spre mare, virând spre dreapta după ce trecură de colacele de la intrare. Cinci minute mai târziu, când tangonul nu mai era vizibil, iar marginea nordică a aisbergului era în spatele lor, Macleod îi spuse bărbatului de la cârmă să înainteze în fiord și să oprească motorul. Fără zgomotul motorului, dintr-odată totul părea nefiresc de liniștit, o iluzie a serenității, ca și cum, trecând peste acel prag subacvatic, intrau, de fapt, într-o lume fantastică de gheață, contopindu-se cu acele palate de cristal care îi înconjurau.

– Nu vă lăsați păcăliți, spuse Macleod. Sunt rezultatele muncii unor forțe titanice aici.

Ca la un semn, tăcerea se sparse cu un zgomot puternic, urmat de o undă de șoc percutantă în aer, și se auzi un sunet ca și cum un perete de gheață se desprinsese din ghețar, undeva departe, aproape de marginea calotei. Zgomotul părea a răsuna în toate aisbergurile prinse în fiord, un cor înfiorător care se lovea de Zodiac din toate direcțiile și apoi se pierdea ca un suspin. În liniștea nepământeană ce se așternu, aisbergurile din jurul lor păreau și mai grandioase, în contrast cu siluetele oamenilor ce păreau mai neînsemnate și mai firave.

– De obicei marea e așa de liniștită în timpul verii, spuse un membru al echipajului. Dar, în același timp, este cea mai activă perioadă pentru ghețar. Și, cu cât se încălzește mai mult, cresc șansele să dai de aerul rece care vine dinspre calotă. Se poate întâmpla foarte repede.

Arătă spre fiordul din partea de est a orizontului, spre o bucată de cer de deasupra gheții care ar fi putut fi albastru-închis sau gri-închis, dar atenția le fu repede atrasă de un aisberg din fața lor, de mărimea unei mașini. Începu brusc să se clatine într-o parte și în alta, o priveliște alarmantă care părea să sfideze logica pe o mare așa nemișcată. Se clătină mai mult, și până la urmă se răsturnă și dădu la iveală o suprafață netedă, fapt ce produse valuri înspre fiord. Resturile de gheață se strânseră în jurul lor ca o pastă de sticlă pisată, și bucăți de gheață desprinse din aisberg se ridicară din adâncuri, neliniștitor de aproape.

– Asta a fost cu adevărat înspăimântător, spuse Maria.

– Şi încă nu ai văzut nimic, răspunse Macleod. Când un aisberg mare se rostogoleşte, e posibil să nu simţi nimic aici, dar se formează un val de defund de aproape zece metri care loveşte ţărmul. Nu cred ca îţi doreşti să te plimbi pe plaja de aici.

– Nu mai cobi, zise Costas. Vrem ca aisbergul nostru să stea liniştit cel puţin în următoarele douăzeci şi patru de ore.

Jack rămase cu privirea pierdută înapoi spre masa zgomotoasă de gheaţă, şi apoi se uită spre gheţar. Deasupra pragului aisbergurile păreau să plutească maiestuoase înspre largul mării, dar în adâncuri păreau că abia începeau să se formeze, zbătându-se să înainteze, blocate şi forţându-se să îşi găsească portiţa de ieşire, cu marginile zimţate încă proaspete, rezultat al modului violent în care luaseră naştere. Farmecul acestui loc era sporit şi de faptul că în mare parte rămânea ascuns vederii, convulsii de energie pulsând nevăzute prin adâncuri de fiecare dată când o bucată de gheaţă cădea în mare, o dezlănţuire a puterii namaivăzută niciunde pe faţa pământului. Pentru Jack era o nouă măsură a neputinţei omeneşti în faţa naturii, un spaţiu pe care el îl lărgea din ce în ce mai mult cu fiecare nou proiect.

Macleod îi făcu semn bărbatului de la cârmă, iar acesta porni motorul. Zodiacul se întoarse spre mare şi apoi acceleră în direcţia ţărmului, formând dâre de spumă albă. Găsi un petic de apă curată, şi roti maneta de acceleraţie, îndreptând barca spre promontoriul stâncos ce marca marginea nordică a fiordului. Jack se ţinea de cablul de siguranţă, şi se dădu un pic pe spate pe pontonul din faţa bărcii unde stătea, lăsând ploaia de stropi să-i biciuiască faţa, savurând gustul sărat al mării. Trecuseră mai multe luni de când se scufundase ultima dată, şi îi lipsise enorm gustul oceanului. O văzu pe Maria zâmbindu-i lângă el şi îi privi pe Macleod şi pe Costas aplecaţi şi cu glugile pe cap, încercând să se apere de ploaia de gheaţă şi apă. Îşi aminti de ultima scufundare împreună cu Costas, adânc în măruntaiele vulcanului, cu şase luni în urmă, o scufundare care îi reamintise de cea mai mare traumă a lui. Scufundarea pe care ei o plănuiseră acum era și mai dură, dar avea să fie una dintre cele mai fascinante pe care le întreprinseseră vreodată. Frica încă stătea la pândă, dar era ținută sub control, și tot ce simțea în aceste momente era un sentiment copleșitor de exaltare. Proiectul de la Cornul de Aur îi reaprinsese pasiunea pentru arheologie, dar totul fusese condus de pe puntea unui vas, pe când acum această problemă fusese înlăturată, și el putea în sfârșit să atingă istoria cu propiile mâini. Abia aștepta să intre din nou sub apă, să fie primul care vedea și care atingea comorile fabuloase pierdute de secole în adâncurile oceanului.

Motorul se opri, iar zgomotul lui fu înlocuit de un cor sinistru de urlete și de chelălăieli, și observară că valea din fața lor era împânzită de câini legați cu lanțuri, unii dintre ei lătrând de foame, alții deja înfruptându-se din hălcile de carne lăsate special pentru ei în îngrăditurile lor murdare.

– Groenlandezii încă folosesc sănii trase de câini, pe timpul iernii, spuse Macleod și își puse gluga. Mare parte din terenul de aici este prea accidentat pentru snowmobil, și calota glaciară este foarte departe de locurile unde se găsește benzină. Îi țin legați cât e vara de lungă și îi împușcă atunci când sunt prea bătrâni ca să mai tragă la sanie. Nu oricine poate să facă asta, dar până la urmă nu sunt animale de companie.

– Parcă îmi amintesc că, atunci când au excavat ultimele așezări abandonate ale norvegienilor din Groenlanda, au descoperit oase de câine cu urme de tăieturi pe ele – ultima lor masă, spuse Jack. Strămoșii acestor câini.

– Păi poate de aceea latră, zise Costas.

Maria se uită cu frică la câini după ce ceilalți coborâră pe plaja cu pietriș și îl văzu pe Jack oferindu-i mâna, ca să o convingă să meargă cu ei. Macleod îi conduse repede pe un teren mai înalt, departe de pericolele care puteau apărea lângă ghețar, și răspunse la un apel la aparatul său de emisie-recepție, după care i-l dădu Mariei. Ea se opri și vorbi rapid, apoi i-l înapoie lui Macleod și se duse iarăși lângă Jack.

– Era Jeremy, spuse ea. A rămas la bord pentru a termina de analizat inscripția de pe *mappa mundi*. Crede că a mai descoperit ceva. Ar putea fi extraordinar, dar mai are nevoie de timp.

– Ar trebui să fie gata până terminăm noi cu scufundarea, zise Jack. Va trebui să ne așezăm și să punem cap la cap ce facem de acum înainte.

– Încă nu îmi vine să cred că o vei face, spuse Maria privindu-l neliniștită. Câteodată chiar am impresia că-ți cauți moartea cu lumânarea.

– Asta e prima oară când vii pe teren cu echipa IMU, zise Jack zâmbind. Exact cum a spus James, încă nu ai văzut nimic.

În ciuda căldurii soarelui de vară, își ținură costumele de supraviețuire închise, pentru a se proteja împotriva insectelor, și îl urmară pe Macleod de pe faleză pe o potecă erodată înspre o creastă joasă din vale. Acolo nu creștea nimic mai înalt de câțiva metri, dar priveliștea stâncoasă era compensată de vegetația bogată în mușchi și iarbă care acoperea ca un covor toată valea.

– Ruinele din fața noastră sunt de la antica Sermermiut, spuse Macleod. Un loc sacru pentru populația locală eschimosă. Aici au locuit oameni timp de cel puțin patru mii de ani, de când primii groenlandezi și-au croit drum prin marea înghețată dinspre partea arctică din Canada. Orașul Ilulissat este dincolo de creastă, spre nord, dar a fost fondat abia în 1741, odată cu ocupația daneză a Groenlandei. Danezii îl numeau Jacobshavn, dar numele său groenlandez este mult mai potrivit.

– Ce înseamnă Ilulissat? întrebă Costas.

– Aisberguri.

Costas spuse ceva printre dinți, și își continuară drumul încet de-a lungul potecii, printr-o porțiune mlăștinoasă, înspre ruine, dând la o parte cu mâna norii de musculițe care păreau a se ridica din mlaștină ca o ceață.

– Și vikingii?

– Pentru norvegieni această porţiune de coastă până la calota glaciară era Nordrseta, terenurile de vânătoare nordice, un loc teribil unde foarte puţine rămăşiţe de-ale vikingilor au fost descoperite vreodată.

Macleod se opri să îl aştepte şi pe Costas, care rămăsese în urmă.

– Vechii norvegieni îşi stabileau tabăra permanent doar acolo unde ar fi putut să spere că urmau să aibă un mod de viaţă tradiţional, să crească animale şi să se ocupe de agricultură. În Groenlanda asta se reducea la văile fertile ale fiordurilor din sud, acolo unde Erik cel Roşu a ajuns împreună cu familia sa la începutul secolului al XI-lea. Majoritatea coloniştilor veneau din Norvegia şi din Islanda. În cele din urmă, numărul fermelor a crescut, iar populaţia a ajuns la câteva mii, şi chiar au construit biserici din piatră brută după ce au fost convertiţi la creştinism.

– Ce s-a întâmplat cu ei? întrebă Costas.

– Este unul dintre misterele neelucidate ale trecutului, zise Macleod. Au supravieţuit timp de generaţii, făcând comerţ cu Europa cu fildeş de morse şi cu blănuri, dar ultimul contact a fost în secolul al XV-lea. În 1721, când Biserica Catolică a trimis o expediţie în Groenlanda să vadă dacă sunt creştini cu frica lui Dumnezeu, nu au mai găsit nici urmă de ei.

– E greu de crezut, dar cruciadele au fost un factor important, spuse Maria.

– Cum cruciadele? întrebă Costas.

– În 1124, regele norvegian Sigurd Jorsalfar a fondat o episcopie în Groenlanda. Asta însemna că Biserica îşi putea impune taxele asupra coloniştilor nordici, înrăutăţindu-le condiţiile de viaţă care erau şi aşa destul de grele. Sigurd era cunoscut şi sub numele de Cruciatul, fiind unul dintre scandinavii care a luat parte la cruciadele din secolul al XII-lea. A avut obrăznicia să pretindă Groenlandei o taxă pentru cruciade. Ei au plătit-o cu colţi de morsă şi piei de urşi polari.

– Asta pica bine pentru Ierusalim, mormăi Costas. Cruciadele astea chiar au fost o nebunie mondială.

– Biserica era fără nici o îndoială o povară din punct de vedere economic, afirmă Macleod. Dar alții consideră că norvegienii din Groenlanda au fost nimiciți de către băștinași, sau de pirații englezi, sau chiar de ciumă. Eu cred că mediul a fost un factor esențial. Așa-numita mică eră glaciară din perioada medievală, cu toate bucățile de gheață care se întindeau de-a lungul coastelor pe toată durata verii, a blocat toate rutele de navigație de care depindeau pentru supraviețuire. Frigul a distrus agricultura, și probabil nu puteau sau nu voiau să se adapteze la modul de viață al băștinașilor și să încerce să supraviețuiască din vânătoare și din pescuit.

– Deci ultimii vikingi au dispărut din cauza condițiilor climatice, zise Costas. Nu e chiar un sfârșit glorios pentru un războinic de elită, nu-i așa?

– Să așteptăm, și vom vedea, murmură Jack. Poate se va dovedi că adevărații războinici au plecat mai departe de aici, înspre vest.

Ruinele așezării antice abia puteau fi recunoscute din cauza movilelor de iarbă și a cercurilor de pietre care erau adânc înfipte în sol, unele dintre ele aproape înghițite de pământ, iar altele vizibile și pătate de turbă. Pe o platformă de lângă marginea apei, era un cort scund, în formă de dom, de aproape patru metri lățime, iar cadrul din oase de balenă era acoperit cu straturi de piele de focă și piei de bou moscat. Un firicel de fum ieșea printr-o gaură din centrul cortului.

– Unele dintre aceste pietre sunt folosite la corturi pentru a ține pieile împotriva vântului, explică Macleod. Sunt vizibile peste tot pe suprafața arctică, principala dovadă a anticelor așezări omenești. Nu au mai locuit oameni aici de foarte mult timp, dar este un loc sacru pentru eschimoșii din Ilulissat. Uneori, bătrânii care rămân fideli vechilor obiceiuri vin aici să se pregătească pentru moarte. Familiile lor ridică niște corturi tradiționale în interiorul cercurilor de piatră ale strămoșilor lor când simt că le-a venit sorocul.

Câțiva câini husky albi fuseseră legați lângă cort și, pe măsură ce Macleod îi conducea pe ceilalți înainte, ei trăgeau de lanțuri și lătrau amenințător la ei. Maria se dădu înapoi nesigură, dar Jack o împinse în față, uitându-se atent ca lanțul să nu ajungă până la ei. Lătratul câinilor alertase locuitorii cortului, și ușa se deschise, prin ea apărând o femeie eschimosă care purta o *parka* tradițională din piele de focă, cu părul negru prins la spate și împodobit cu mărgele. Când își ridică privirea, o recunoscură pe Inuva, care părăsise *Seaquest II* cu Zodiacul, cu o oră înaintea lor. Îndepărtă câinii și îi făcu semn lui Macleod, care îngenunche și schimbă câteva cuvinte cu ea înainte ca ușa să se închidă la loc.

– Inuva este fiica bătrânului. Macleod se întoarse și vorbi aproape șoptit. El știe daneză, dar nu vrea să vorbească decât kalaallisut, dialectul local eschimos, așa că Inuva ne va traduce. Numele lui este Kangia, care este, de asemenea, și numele fiordului. Are mai mult de optzeci de ani, o vârstă destul de înaintată pentru acești oameni care duc o viață grea. În tinerețe, era unul dintre cei mai renumiți vânători din Ilulissat, se aventura sute de kilometri de-a lungul calotei glaciare împreună cu câinii săi, vâslind departe în *umiak*-ul[1] său, dincolo de ultima așezare din nord.

Se aplecară să intre pe sub ușa cortului, în timp ce Macleod o ținea deschisă, apoi îi urmă și el. Pe Jack începură să-l usture ochii de la fumul înțepător care se ridica din vatră, ațâțat de bucățile de excremente de bou moscat. Macleod le făcu semn să se așeze pe niște piei puse în cerc în jurul focului. Încercând să-și obișnuiască ochii cu întunericul, observară că partea îndepărtată a cortului era ocupată de o sanie de lemn cu șinele înnegrite de vreme, dar foarte frumos gravate cu forme animaliere. Pe o

[1] Barca tipică pentru transport folosită de eschimoși (n.tr.)

margine, stătea învelit în pături un bătrân eschimos, cu faţa noduroasă şi zbârcită şi cu părul alb, lung, despletit pe umeri. Se uită spre ei, şi observară că ochii săi erau afectaţi de „orbirea zăpezii", iar pielea avea paloarea cenuşie a morţii care se apropia. Începu să vorbească cu mare greutate, şi Inuva traducea sunetele moi ale groenlandezei native de fiecare dată când bărbatul se oprea.

– Tatăl meu spune că din timpuri imemoriale poporul său a locuit pe aceste meleaguri şi că veneticii au venit şi au plecat, spuse ea încet. Acum este timpul ca el să plece şi să se alăture săniilor strămoşilor lui, care trec în viteză pe calota de gheaţă pentru eternitate.

Bătrânul scoase o mână dintre pături şi luă o fotografie deteriorată de pe sanie, dând din cap în tăcere spre Macleod în timp ce i-o înmâna.

– Asta este ce ne-a adus aici, zise Macleod. Inuva i-a spus despre vasul nostru de cercetare din fiord, şi ea m-a chemat la Kangia acum două zile. Priveşte fotografia!

Macleod îi dădu fotografia lui Jack, iar Maria şi Costas se apropiară de el. Era o imagine alb-negru învechită, cu un grup de bărbaţi îmbrăcaţi în costume polare care stăteau lângă nişte sănii de lemn încercuite de câini şi încărcate cu echipament.

– Cândva înainte de cel de-al Doilea Război Mondial, judecând după costume, spuse Jack. În anii douăzeci, poate chiar treizeci. Făcu o pauză, apoi se uită mai cu atenţie. Bărbatul mai în vârstă care stă în centru... nu este Knud Rasmussen? Ştiu că s-a născut în Jacobshavn.

– Kangia era unul dintre îngrijitorii câinilor săi. El este băiatul din stânga.

– Deci Kangia l-a cunoscut pe Knud Rasmussen! Jack se uită cu veneraţie la bătrânul eschimos, apoi se întoarse spre Costas. Unul dintre cei mai apreciaţi exploratori polari, jumătate danez, jumătate eschimos. Prima persoană care a traversat calota glaciară a Groenlandei.

– Rasmussen era o figură paternă pentru Kangia, şi l-a încurajat să păstreze tradiţiile. Kangia îl venera şi admira respectul pe care Rasmussen îl avea pentru tradiţiile eschimoşilor. Nu pot să spun asta şi pentru aceşti indivizi. Macleod scoase o fotografie din buzunarul interior al hainei şi i-o dădu lui Jack. Kangia mi-a dat şi asta.

– Ahnenerbe?

Faţa lui Jack se înăspri deodată.

– Exact. Am scanat fotografia şi am făcut câteva cercetări înainte să vii tu. O expediţie germană a ajuns în Jacobshavn, în 1938, cu un an înainte de război. Aveau nevoie de îngrijitori de câini, şi Kangia era alegerea perfectă.

Fotografia reprezenta doi bărbaţi europeni cu un fundal de gheaţă şi piatră în spatele lor. După forma promontoriului, era chiar Sermermiut, lângă locul unde erau ei acum, dar şirul de aisberguri alcătuia pe atunci un zid neîntrerupt de-a lungul pragului fiordului, înainte ca gheţarul să îşi înceapă regresiunea. Ambii bărbaţi erau îmbrăcaţi cu costumele tipice de expediţie din acele vremuri, pulovere groase, jachete de lână şi pantaloni trei sferturi îndesaţi în şosete lungi până la genunchi. Bărbatul din partea dreaptă era înalt şi cu trăsături frumoase, probabil avea în jur de treizeci de ani, cu părul blond, dar stătea cumva separat de grup, ca şi cum nu ar fi dorit să fie fotografiat. Celălalt bărbat era scund şi brunet, cu chipul osos, şi îşi ţinea un picior îndoit şi îşi sprijinea mâna dreaptă pe genunchi, în vreme ce privea cu atenţie în obiectiv. În mâna stângă ţinea un şubler deasupra capului unui tânăr eschimos, care era aşezat pe o stâncă într-o poziţie ciudată şi care putea fi uşor recunoscut drept Kangia. Părea un vânător care se fotografia cu trofeul său, doar că era mult mai înfiorător. Pe braţul stâng avea o banderolă cu svastica.

Jack îi aruncă o privire lui Costas.

– Ahnenerbe însemna „Moştenirea Ancestrală“. Era un departament SS fondat înainte de război de către *Reichsfürer*

Heinrich Himmler, mâna dreaptă a lui Hitler. Era foarte devotat cercetării originilor ancestrale ale rasei ariene.

– Ce dracu' făceau acolo?

– Este incredibil, dar probabil căutau Atlantida. Jack îi aruncă lui Costas o privire strâmbă. Naziştii credeau că atlanţii erau arienii originari. La sfârşitul anilor treizeci Ahnenerbe a trimis expediţii peste tot în lume, în Tibet, în adâncurile Americii Centrale sau la Polul Nord. Sperau să îi găsească pe cei mai puri descendenţi ai atlanţilor în cele mai îndepărtate regiuni, în tărâmuri rupte de restul umanităţii. Una dintre tehnicile folosite de ei era frenologia, adică măsurarea craniilor pentru a găsi aşa-zisele trăsături ariene. Asta face imbecilul din poză. Ştiinţa era din evul mediu, dar adevăraţii antropologi recrutaţi de Ahnenerbe trebuiau să se plece în faţa obsesiilor demente ale *Reichsfürer*-ului. Chiar au numit-o Cruciada lui Himmler.

– Da, încuviinţă Macleod. Şi expediţia în Groenlanda a fost cu atât mai bizară. Naziştii erau, de asemenea, obsedaţi de *Welteislehre,* teoria cosmogonică a gheţii, o fantezie cosmologică scornită de un austriac nebun pe la începutul secolului. A fost una dintre multele teorii dubioase care şi-au câştigat adepţi după Primul Război Mondial şi care, într-o lume care înnebunise, părea că oferă explicaţii logice şi pune ordine în haosul realităţii. După cum spune teoria, totul în univers este o luptă perpetuă între elementul gheaţă şi elementul foc. Rasa supremă ariană s-a născut pe tărâmul gheţii şi a fost împrăştiată pe tot globul de inundaţii şi de cutremure. Unde să găseşti dovezi mai grăitoare despre arieni decât în Groenlanda, ultima rămăşiţă a erei glaciare.

– Ar fi amuzant dacă nu ar fi vorba despre rasismul otrăvitor care stă în spatele a tot ceea ce a făcut Ahnenerbe, spuse Jack. Ei îi spuneau lui Himmler doar ce voia el să audă, şi activităţile lor au ajutat la cimentarea părerilor lui despre superioritatea ariană.

Să nu uităm că el a fost ideologul-șef al soluției finale, exterminarea evreilor.

– Deci bărbații aceștia doi erau naziști, zise Costas luând fotografia și examinând-o atent împreună cu Maria.

– După spusele lui Kangia, cel cu banderola pe mână era un adevărat nemernic, aberând tot timpul despre Hitler și tratându-i pe groenlandezi ca pe niște câini, spuse Macleod. Dar celălalt pare mai înțelept, a încercat să se împrietenească cu Kangia și a muncit în expediția aia fără să precupețească vreun efort. Era fascinat de tradițiile orale ale groenlandezilor, și a promis că o să-i viziteze singur într-o zi, pentru a-i înregistra. După câte se pare, a devenit un bun îngrijitor de câini și a câștigat respectul eschimoșilor. Cei doi nemți se detestau și abia își vorbeau unul altuia.

– Ai vreo idee cine erau?

Inuva vorbi șoptit de pe marginea patului de unde ascultase, cu mâna pe fruntea tatălui ei.

Macleod se întoarse spre ea.

– Orice documente legate de această expediție au dispărut în mod misterios din sediul central Ahnenerbe, atunci când a început războiul, așa că această fotografie și amintirile lui Kangia sunt tot ce ne-a mai rămas. Am trimis o copie a fotografiei prin e-mail ieri la biblioteca IMU. Nu au putut să-l identifice pe bărbatul mai scund, o față care se pierde printre alte mii de fețe de asasini, dar celălalt are o istorie întreagă în spate.

– Bineînțeles. Acum îl recunosc, exclamă dintr-odată Maria. Cel blond este Rolf Künzl, renumitul arheolog, nu-i așa?

– Exact.

– Unul dintre fondatorii arheologiei vikinge, se entuziasmă Maria. Teza lui de doctorat asupra așezărilor vechilor norvegieni din Groenlanda rămâne un punct de referință în acest domeniu. O carieră precoce retezată din fașă când a început războiul.

– Atunci știi ce s-a întâmplat cu el.

– Conspirația von Stauffenberg, răspunse Maria.

Macleod o aprobă.

– Unul dintre numeroșii oameni de știință racolați cu forța în Ahnenerbe pentru a alimenta fanteziile naziștilor despre o rasă nordică supremă. Künzl nu a avut încotro, așa că a jucat după cum i s-a cântat, chiar dacă era disprețuitor față de cei care erau la conducerea Ahnenerbe, majoritatea fiind niște țicniți și așa-ziși oameni de știință care își datorau cariera ascensiunii naziste.

– Nebunii preluaseră conducerea spitalului, zise Costas.

Macleod dădu aprobator din cap.

– Dar Künzl nu a fost niciodată înscris în SS pentru că provenea dintr-o veche familie de militari prusaci, un ofițer în rezervă din Wehrmacht, și a reușit să evite tentaculele lui Himmler când a început războiul. A luptat timp de doi ani sub comanda lui Rommel, în deșert, ajungând la gradul de colonel și obținând Crucea de Cavaler, dar apoi a fost rechemat la Berlin și i s-a dat o slujbă umilă. Himmler se pare că îl remarcase și îl hărțuia în repetate rânduri, acuzându-l că ar fi furat dovezile din expediția din Groenlanda și că le-ar fi ascuns. Dar Himmler l-a lăsat probabil în pace când, în septembrie 1944, Künzl a fost arestat și sugrumat cu corzi de pian împreună cu von Stauffenberg sub acuzația de tentativă de asasinat împotriva lui Hitler.

– Unul dintre băieții buni, murmură Costas.

– Nici unul dintre conspiratori nu a fost vreun sfânt, răspunse Macleod. Künzl fusese unul dintre cei mai eficienți comandanți de tancuri din Africa Korps și avea mâinile mânjite cu sângele aliaților. Știa despre politica rasistă a naziștilor din vremea când era în Ahnenerbe, și, după cum se pare, nu a făcut nici cel mai mic gest. Dar îl ura pe Hitler și dorea ca războiul să se termine înainte ca Germania să fie distrusă complet. Dacă te uiți la celălalt bărbat din poză, poți să observi de unde i se trăgea lui Künzl aversiunea pentru naziști.

Kangia începu să vorbească brusc, și sunetul acela moale umplu iarăși cortul, ca și cum pieile de focă erau mișcate de o adiere de vânt. Întinse mâna spre fotografie, și Costas i-o dădu, uitându-se cum împungea fotografia cu degetul în dreptul bărbatului înalt. Inuva se aplecă în față când bătrânul începu să vorbească, și apoi se uită iar la ceilalți.

– După trei zile de la începutul expediției, au ajuns la marginea calotei glaciare, la est de aici, și au găsit un drum, în sus, până în vârf. După o zi de tras săniile pe gheață, au fost blocați dintr-odată de o *piteraq*, o furtună puternică.

Kangia o auzi pe fiica sa repetând cuvântul groenlandez și se animă brusc – umbrele brațelor sale se ridicară gesticulând în lumina tremurătoare a focului.

– A fost o furtună groaznică, cea mai puternică furtună pe care a văzut-o tatăl meu vreodată. Expediția era la marginea nordică a ghețarului, acolo unde un râu de gheață începe să curgă înspre fiord. Cei doi nemți au insistat să treacă pe ghețar și să caute adăpost în spatele unei creste de gheață, una dintre ondulațiile făcute când se curbase ghețarul. Dar groenlandezii au refuzat, știind că era foarte periculos, și au plecat cu câinii lor, înghesuindu-se în spatele săniilor.

Bătrânul își strânse pumnii, îi desfăcu apoi cu zgomot și i se adresă iarăși fiicei sale.

– Era un zgomot extraordinar, traduse ea. Ghețarul se crăpase, și cei doi nemți dispăruseră înăuntru. Eu, Kangia, am fost singurul destul de curajos să mă târăsc înapoi prin vântul puternic spre marginea crevasei, unde m-am uitat în jos prin zăpada viscolită și am văzut o priveliște incredibilă.

Bătrânul urmărise intonațiile vocii fiicei sale și dădea din cap afirmativ, dar brusc începu să tușească puternic, și simți nevoia să se întindă pe blănurile din spatele său, cu fața palidă și schimonosită de durere.

– Nu mai are mult de acum, zise Inuva mângâind cu tandreţe mâna tatălui ei; apoi se uită la Macleod cu tristeţe. Cred că este timpul să plecaţi.

Macleod încuviinţă şi începu să se ridice, dar bătrânul săltă o mână şi vorbi încă o dată, cuvintele lui fiind acum aproape imperceptibile. Fiica sa se apropie şi începu să traducă vorbele bătrânului.

– Era adânc sub noi, la fel de adânc cum sunt de înalte aisbergurile din fiord.

Macleod se aşeză la loc.

– La fundul crevasei era prora unei nave, curbată înfricoşător, cu scândurile foarte vechi şi înnegrite. Eu, Kangia, ştiam ce e imediat ce am văzut-o. Legenda spunea ceva despre nişte giganţi învăluiţi în fier, *Kablunat,* care veniseră de dincolo de ape şi acostaseră pe gheaţă cu una dintre marile lor corăbii. Eu, Kangia, am auzit această poveste de la bunicul meu pe când eram copil, chiar în acest cort. Bătrânul se opri să tuşească, şi Inuva se uită spre ceilalţi. Strămoşii noştri eschimoşi, Thule, au sosit din părţile arctice canadiene şi s-au stabilit aici acum aproape opt sute de ani, după ce băştinaşii care locuiseră aici au dispărut. Dar vânătorii Thule veneau în aceste locuri chiar şi înainte de asta, şi se întâlniseră cu giganţii bărboşi care locuiau în case de piatră în sudul Groenlandei. Strămoşii mei i-au numit *Kablunat.*

– Dumnezeule, şopti Jack. O corabie în gheaţă. Nu se poate!

– Aşteaptă. Este mai mult decat atât, zise Inuva ridicând mâna şi fiind din nou atentă la vorbele bătrânului. Gheaţa a început să se mişte sub mine. Eu, Kangia, am aruncat o frânghie şi i-am tras pe cei doi bărbaţi. Crevasa s-a închis cu o pocnitură chiar când aceştia au ieşit teferi la suprafaţă. Corabia a dispărut în gheaţă. *Piteraq* a continuat pentru multe zile, şi noi ne-am întors la Ilulissat. Aşa s-a sfârşit expediţia. Nemţii au plecat, şi nu i-am mai văzut niciodată.

Bătrânul scotoci pe sub păturile pe care Inuva le pusese peste el și scoase un pachet ambalat în piele de focă albă. Cu mâini tremurânde, i-o întinse lui Macleod, înclinându-și capul în timp ce i-o înmâna. Macleod i-o întinse lui Jack, care mângâie pielea moale și se uită întrebător la el.

– De asta a trebuit să vii tu personal, spuse Macleod. Când am vorbit cu Kangia acum două zile, mi-a spus ca are un obiect pe care vrea să-l dea mai departe. I-am spus că tu ești șeful, și mi-a zis că atunci doar tu îl poți primi.

Jack se uită la bătrân și făcu o plecăciune solemnă, apoi începu să desfacă cu grijă pachetul. Maria și Costas se strânseră lângă el, să vadă mai bine. Mariei i se tăie respirația și fața i se albi de emoție.

– Este o piatră runică!

Obiectul era o bucată de piatră de un verde-închis, un pic mai lungă decât mâna lui Jack, cu colțurile șlefuite grosolan și cu o suprafață superioară plată. Pe ea erau inscripționate brut trei șiruri de rune, pe care Jack le recunoscu imediat când privi piatra în lumină.

– E fantastic, murmură Maria. Runele sunt în vechea norvegiană, fără îndoială. Sunt câteva simboluri ciudate, și nu recunosc cuvintele, dar ne va ajuta Jeremy.

– Tatăl meu mi-a spus povestea, dar nu mi-a arătat asta niciodată, șopti Inuva. Este una exact ca aceasta la muzeul din Upernavik, la aproape o sută șaizeci de kilometri de aici, spre nord, găsită într-un tumul foarte îndepărtat de înmormântare, lângă un loc numit Kingigtorssuaq. Este cea mai faimoasă descoperire făcută în Groenlanda, în ceea ce-i privește pe vikingi, o piatră sacră descoperită în cel mai nordic punct din zona arctică.

– Așteaptă să auzi de unde provine asta, zise Macleod. Când Kangia i-a scos pe cei doi nemți din interiorul crevasei, aceștia se luptau pentru ceva, dar bărbatul cel scund a alunecat și era să cadă. Kangia l-a văzut cum s-a repezit cu un cuțit la celalalt bărbat, dar l-a scăpat în crevasă. Era furios pentru că pierduse şi altceva în afară de cuţit, dar, având în vedere că furtuna se înrăutăţea, devenise foarte important ca ei să iasă de acolo, şi astfel cearta fu dată uitării. Înainte ca ei să părăsească acea calotă glaciară, Künzl i-a dat piatra asta lui Kangia pentru a o păstra. A spus că provenea de pe corabia din gheaţă. Se pare că Künzl le-a zis naziştilor că i-a căzut în crevasă, dar bărbatul cel scund suspecta că o avea în continuare, aşa că i-a cotrobăit prin lucruri în timpul nopţii. Künzl i-a mai spus lui Kangia că era o piatră runică sacră şi că bărbatul celălalt nu trebuia să ştie vreodată că era la el. Kangia îi ura pe nazişti, şi a fost chiar încântat.

– Künzl a tradus-o, murmură Maria. Era cel mai bun runolog din vremea lui, un expert în toate scrierile în norvegiana veche. În acele câteva momente disperate din crevasă cred că a citit ceva ce l-a determinat să nu o lase să cadă niciodată în mâinile colegului său SS din Ahnenerbe.

– Künzl i-a spus lui Kangia că, dacă nu avea să se întoarcă în Groenlanda, Kangia trebuia să o păstreze în secret pentru tot restul vieţii şi să o dea doar aceluia în care va putea avea deplină încredere. Războiul i-a pecetluit soarta lui Künzl, şi acum tu eşti omul acela de încredere.

În timp ce vorbeau, braţul lui Kangia îi căzuse înapoi pe piept, şi bătrânul începuse să respire încet, cu ochii pe jumătate închişi îndreptaţi spre tavan. Inuva se întoarse şi se uită spre ei cu o figură neliniştită.

– Acum chiar a sosit timpul.

Macleod încuviinţă, şi se ridicară toţi să plece, aplecându-se pe sub uşa cortului. Jack rămase ultimul, şi, înainte să plece, se întoarse şi îngenunche lângă bătrân, vorbindu-i încet, spunându-i apoi câteva cuvinte fiicei lui. Îi atinse mâna lui Kangia înainte de a se ridica şi de a o urma pe Maria afară, în ruinele dezolante ale vechii aşezări.

– Ce i-ai spus? întrebă Maria.

– Le-am urat lui și câinilor lui „Drum bun“, oriunde îi va duce călătoria lor. I-am spus că a făcut o alegere înțeleaptă când ne-a dat nouă comoara lui și că nu îi vom înșela încrederea.

Inuva apăru în ușa cortului să își ia rămas-bun.

– Ce se va întâmpla cu el? întrebă Maria cu o voce șoptită.

– După ce va veni șamanul, îl vom ajuta să se urce pe dealul acela înalt care dă înspre fiord, în locul pe care noi îl numim Kællingekløften. Îl vom lăsa acolo, iar mâine el nu va mai fi.

– Sinucidere, vrei să spui? întrebă Maria.

– Noi ne adunăm în fiecare an la Kællingekløften să vedem prima rază de soare cum apare din spatele ghețarului, după săptămâni întregi de întuneric, și, în același loc, aceia care au obosit să mai trăiască sar în adâncimile de gheață ale fiordului pentru a se alătura spiritului lumii. Așa e tradiția. Tatăl meu a terminat treburile pe acest pământ și este nerăbdător să pornească în următoarea lui călătorie.

Își coborî ochii și se înapoie în cort, închizând clapa în spatele ei. Sus pe un colț de stâncă, un câine începu să urle spre vest și apoi să se zbată cu putere în lanț când îi văzu, cu capul semănând cu al unei hiene și mârâind în vreme ce-și arăta colții. Maria tresări și își strânse haina mai bine pe lângă corp, apropiindu-se și mai mult de Jack în timp ce coborau pe potecă, spre mare.

– Ce s-a întâmplat? o întrebă el.

– O legendă antică norvegiană, spuse ea făcând o pauză și ocolind un petic de mlaștină. Lupul fioros Fenrir, una dintre progeniturile monstruoase create de o femeie gigant, frate cu șarpele lumii Jormungard și cu creatura Hel, paznicul morților. Odin auzise o profeție cum că lupul și ruda lui aveau să-i distrugă într-o zi pe zei, așa ca l-a înlănțuit pe Fenrir de o stâncă. *Thar liggr hann til ragnarøks*, acolo așteaptă până la Ragnarok, până la războiul final de la sfârșitul lumii, când se va răzbuna pe zei.

– E un câine pentru sanie, nu e un lup, spuse Jack.

– Știu. Nu are sens. Maria se uită în urmă la silueta îndepărtată a câinelui și se întoarse repede. Dar mă simt ca și cum am fi atins marginile acelei lumi mitice, un prag între lumea cunoscută vikingilor și o lume pe care nici măcar zeii lor nu o puteau controla. Vikingii care au venit aici sigur au avut acel sentiment rău prevestitor pe când se uitau peste apele înghețate din vest, întrebându-se dacă la orizont îi așteptau comori nebănuite și o viață nouă sau coșmarul Ragnarokului. E ca și cum am fi avertizați că alții au fost pe acest drum înaintea noastră și nu s-au mai întors.

Jack o luă pe Maria pe după umeri și o îmbrățișă.

– Eu o iau ca pe un semn bun. Dacă Fenrir este aici, atunci înseamnă că suntem pe drumul cel bun.

Zâmbi și îi înmână pachetul pe care i-l dăduse bătrânul.

– Oricum, legendele antice trebuie să mai aștepte puțin. Acum ai treabă. Cu cât avem traducerea acestor rune mai repede, cu atât mai bine.

– Norvegienii din Groenlanda au fost martori la aceste furtuni, aceste *piteraq*, spuse Maria. Este un fragment obsedant dintr-un poem numit *Norðrsetuðrápa*, despre aceste terenuri nordice de vânătoare. E ceva de genul: „Explozii puternice dinspre zidurile albe ale muntelui mișcară valurile, și fiicele valurilor crescute în gheață se despărțiră unele de altele, bucurându-se de furtună“. Practic este singura scriere care a supraviețuit de la vechii norvegieni din Groenlanda, păstrată într-o saga islandeză.

– Nu te teme, zise Jack. Vom avea grijă.

Câteva minute mai târziu, ajunseră la țărm și se urcară în Zodiacul care îi aștepta. Era după-amiază devreme, dar în soarele perpetuu al verii polare era imposibil să ghicești ce oră era, lucru pe care Jack îl găsea foarte derutant. După ce o ajută pe Maria să urce și se așezară din nou pe pontoanele pneumatice, Macleod îi transmise membrului echipajului un semnal, și Evinrude reveni la viață. Își închiseră bine costumele de supraviețuire și își puseră vestele de salvare în timp ce barca făcu un ocol ca un arc în golful apropiat, cu propulsorul învolburând apa și căutând un drum printre bucățile plutitoare de gheață. Când trecură de promontoriul din capătul fiordului, aisbergul imens le apăru în față, Zodiacele acostate de-a lungul său și încărcate cu tehnicieni și cu echipamente părând de-a dreptul pitice. Costas privi neliniștit scena în timp ce se îndreptau spre *Seaquest II*, apoi, vizibil relaxat, se uită la Jack. Ridică degetul mare în sus, în semn de „OK", și strigă ca să acopere zgomotul motorului și al vântului; cuvintele i se pierdură în aer, dar refrenul care-i trăda încântarea îi devenise cunoscut lui Jack de-a lungul anilor.

– Este timpul să ne echipăm!

8

– Totul este pregătit. Suntem gata de plecare.

Costas își dădu la o parte microfonul de la cască și îi zâmbi lui Jack. Dincolo de cupola de plexiglas îi puteau vedea pe cei doi membri ai echipajului care stăteau pe platformă și coborau frânghiile în apă, iar Aquapodul începu să se clatine la suprafață, plutind spre aisberg. Costas activă repede sistemul cu jet de apă, și submersibilele își reveniră la poziția lor normală. Era aproape miezul nopții, dar în lumina continuă a soarelui cupola începuse să se încălzească, și Jack întinse mâna spre aparatul de control al temperaturii din costumul său de neopren.

– Nu te chinui, zise Costas ștergându-și broboanele de sudoare de pe frunte. O să ne răcim rapid imediat ce ne scufundăm.

Agitația de pe platformă părea acum din alt loc și alt timp, pe măsură ce ei se îndepărtau și ascultau zgomotul făcut de ultimul Zodiac care ducea echipajul departe de zona periculoasă înapoi pe *Seaquest II*. Acum erau pe cont propriu, ultimul contact uman așteptându-i pe DSRV[1], ascuns la o adâncime de treizeci de metri lângă aisberg. Costas își strânse curelele, se uită

---

[1] Deep Submergence Rescue Vehicle – vehiculul de salvare la mare adâncime

la tabloul de comandă și preluă controlul. Aquapodul, cu cupola ca o bulă și cu tancurile de balast cilindrice de o parte și de alta, semăna cu un mic elicopter, impresie întărită și de sistemul de propulsie multidirecțional a sistemului cu jet de apă, care îi conferea o flexibilitate și mai mare față de a elicopterului.

– Poți să-ți iei rămas-bun de la tot ce este la suprafață, spuse Costas.

– Măcar va fi lumină când ne vom întoarce, murmură Jack. Abia aștept.

Costas deschise balasturile, și un șuvoi de apă erupse pe ambele părți ale Aquapodului pe măsură ce acesta se scufunda. Pentru câteva momente, apa mării se ridică până la cupola din fața lor, iar ei priveau cele două lumi la fel de impresionante în măreția lor. Deasupra lor se profila forma aisbergului, care, deși familiară acum, reușea să-i lase în continuare muți de uimire, cu nuanțele sale verzui și albastre reflectându-se în spuma apei care învăluia cupola. Dedesubtul lor era o lume complet diferită, precum spațiul cosmic, un loc pe care natura îl creease fără intenția de a fi pătruns vreodată. Apele arctice erau uimitor de clare, având o vizibilitate de sute de metri, sau chiar mai mult, în orice direcție, iar peretele neted al aisbergului se întindea departe sub ei, cât vedeai cu ochii, în adâncurile fiordului. Era o priveliște mirifică, și câteva clipe fură incapabili să scoată vreun cuvânt.

– Dumnezeule mare! exclamă Costas. Manevră de evitare!

Costas acționă elicea principală și întoarse submersibilul spre aisberg. Cu colțul ochiului, Jack văzu ceea ce Costas observase mai devreme. Era o mișcare ritmică a apei dinspre fiord, o învolburare care avansa implacabil spre ei. Cu cât coborau mai adânc, cu atât se făcea mai mare, ca un coșmar chinuitor din care nu te poți trezi. Jack își aminti într-o fracțiune de secundă de ceea ce spusese Maria despre lupul Fenrir și marginea lumii, despre forțe pe care nici măcar zeii nu le pot controla. Coborâră până când erau aproape la verticală, atârnând desupra abisului întunecat.

– Ține-te bine, strigă Costas.

Un zid ascuțit ca o coasă se ivi din tumult, fix în fața lor, o apariție care se prăvălea peste ei cu o viteză amețitoare, dar care trecu la câțiva centimetri prin fața cupolei. Fură zgâlțâiți violent într-o parte, și Costas se luptă să țină Aquapodul sub control, apoi îl readuse la normal. Zăriră într-o străfulgerare bucata imensă de gheață care se rostogolea spre mare, învârtindu-se rapid până când rămaseră doar niște bule.

– Era cât pe ce, spuse Costas.

– Mă gândeam că toate astea trebuiau să se încheie acum șase luni, se lamentă Jack. Acum trebuia să duc o viață liniștită, îngrijind grădina și scriindu-mi memoriile.

– Da, sigur, răspunse Costas. Oricum, aveam nevoie de un pic de adrenalină pentru ceea ce va urma.

Acum, că apele se calmaseră, se uitau de jur împrejur fără să scoată un cuvânt. Coborâseră la o adâncime de aproape o sută de metri, și DSRV era acum mult deasupra lor, cu doi scafandri abia vizibili și cu urme argintii de bule urcând la suprafață. Aisbergul imens se întindea în fața ochilor lor, fiind acum, la această adâncime, doar albastru. Avea o aură fantastică, o strălucire de azur care îl făcea să pară un miraj. Puteau vedea concavități mari acolo unde curentul erodase gheața și urme imense de sedimente și fragmente de piatră unde aisbergul se lovise de fiord. Și, departe sub ei, abia vizibil în întuneric, observară un peisaj funebru cu ondulări și blocuri de stâncă, o culme ca o umbră care se întindea într-un întuneric infinit. Era un peisaj marin sălbatic, brăzdat de făgașe, presărat de gheață, și își dădură seama că era unul dintre cele mai periculoase locuri din toate oceanele.

– Pragul fiordului, murmură Jack. Cred că suntem primii oameni care îl văd.

– Incredibil, șopti Costas.

– Nu este chiar un loc unde aş vrea să merg, zise Jack.

– Am înţeles.

Costas îşi îndreptă atenţia spre tabloul de comandă şi dădu drumul aerului în camerele de flotabilitate, direcţionând Aquapodul spre aisberg, până când ajunseră chiar sub DSRV.

– Ben, aici Aquapodul Unu, am ajuns cu bine. Vorbim peste cinci minute. Terminat.

Vehiculul de salvare la mare adâncime care aparţinea vasului *Seaquest II* avea un mic doc interior, o piscină descoperită care permitea cupolei Aquapodului să se ridice până într-o cameră din spatele submersibilului. Jack se uită în sus, spre mijlocul DSRV-ului, şi văzu uşa de la platforma de încărcare deschizându-se şi o figură uitându-se fix înspre ei. Apărură doi scafandri de o parte şi de alta a Aquapodului pe care îl ancorară cu patru cabluri şi îl traseră la suprafaţă. Când ajunseră sus şi cupola se deschise, fură întâmpinaţi de figura binevoitoare a lui Ben Kershaw, fost angajat al Marinei Regale, şeful operaţiunii de la Marea Neagră, cu şase luni în urmă, care preluase postul de comandant al securităţii pe *Seaquest II*. Jack se întinse şi îi apucă mâna ca să se ridice, şi se salutară cu căldură odată ajunşi pe pasarela îngustă.

– Mă gândeam că o să treacă mult timp până o să te văd iar într-un submarin.

– Şi totul s-a întâmplat într-o singură zi. E totul OK? întrebă Ben cu seriozitate.

– Eram foarte aproape să ne lovim de un gheţar.

– Am observat. Credeam că sunteţi pierduţi. Activitatea fiordului a crescut în ultimele douăzeci şi patru de ore, şi sunt mai multe bucăţi foarte mari de gheaţă.

– Vreau să vă îndepărtaţi de aici imediat ce plecăm noi, spuse Jack.

– Şi dacă se întâmplă ceva?

Jack era hotărât.

– O să ieşim la suprafaţă şi o să semnalizăm. Avem şi baliza radio. Nu vreau să stea nimeni în zona periculoasă dacă aisbergul ăsta se răstoarnă. Vreau să vă întoarceţi la navă. Am suferit deja prea multe pierderi anul trecut, şi nu vreau să mai pun în pericol viaţa nimănui.

– Dar cum rămâne cu mine? întrebă Costas cu o privire indignată în timp ce ieşea din Aquapod.

– A, tu poţi fi uşor înlocuit. Ar trebui să ştii asta până acum.

– Da, îmi va lua locul Lanowski.

Jack se strâmbă, şi ceilalţi doi oameni începură să râdă, o relaxare vizibilă după tensiunea pe care o simţiseră cu toţii.

– Bine. Promit că o să am grijă de tine ca un tată de fiul său. Acum hai să continuăm spectacolul!

Jack îl urmă pe Ben prin uşa despărţitoare dintre camera docului şi compartimentul principal al DSRV-ului; silueta lui înaltă părea şi mai mare în spaţiul acela limitat. Pe podea, acolo unde puteau andoca submarinele, erau aranjate două echipamente identice de scufundare, şi Costas se aplecă să facă un inventar rapid. Jack îl urmă pe Ben câţiva metri mai încolo, spre staţia de comandă din faţa submersibilului, şi Costas li se alătură câteva clipe mai târziu. Făcură semn unui membru al echipajului care stătea pe scaunul pilotului cu o mulţime de panouri de comandă şi monitoare în faţa lui, apoi se aşezară de-o parte şi de alta a lui Ben, în spatele consolei de navigaţie, în timp ce el porni ecranul.

– Ne-am gândit la cea mai potrivită rută, spuse Ben. În mod normal v-am trimite în ape mai puţin adânci, dar noi suntem protejaţi aici de orice gheţar care se rupe din aisberg de către o creastă în gheaţă. O să respiraţi Nitrox[1] care vă va permite să staţi mai mult la adâncime decât aerul la treizeci de metri.

– Prin cordonul de legătură? întrebă Jack.

– Exact. O să vă ancorăm de cilindrii DSRV-ului. Astfel veţi păstra mai mult gazul pe care îl aveţi cu voi.

---

[1] Amestec de azot şi oxigen care reduce timpul de decompresie (n.tr.)

– Nu trebuie să lăsăm amestecul să iasă în interiorul aisbergului, zise Jack. Lanowski a fost foarte clar în privința asta.

– Nu te teme, interveni Costas. Am un mic dispozitiv cu care m-am jucat la sediul nostru central. Nu este nici o problemă cu gazele când te scufunzi într-o epavă, nu-i așa? Poți să eviți eventualele daune prin folosirea unui tub care este tras la suprafață și prin care ies gazele deasupra epavei. Partea dificilă este când intri într-o structură pe dedesubt, de jos în sus.

– Îl pompezi afară.

– Exact. Vom fi legați de două furtunuri, unul care ne aduce Nitroxul și altul care dă afară gazele. Nu sunt sigur cum o să se comporte la frig.

Costas își frecă mâinile nerăbdător.

– Dar va fi amuzant să vedem.

– Lasă-mă să ghicesc! Nu l-ai testat înainte, nu-i așa?

– Nu prea sunt aisberguri pe Canalul Mânecii, răspunse Costas.

Jack se întoarse și arătă spre ecranul pe care apăru o proiecție tridimensională a DSRV-ului și a aisbergului, cu o linie roșie punctată care forma un unghi de patruzeci și cinci de grade de la DSRV și apoi ajungea iar la orizontală și care se termina într-o masă întunecată lângă centrul aisbergului.

– Bănuiesc că vom ajunge la zece metri sub nivelul mării cât de repede vom putea, apoi vom scăpa de cordonul de legătură și vom trece pe aparatele individuale cu reciclare, spuse Jack.

– Corect, răspunse Ben. Ne-ar face mare plăcere să vă echipăm cu cele mai recente aparate de respirat cu circuit închis, dar este prea mare pericolul înghețului, și sunt mari șanse să dăm greș. Ăsta este unul dintre cazurile când vechea tehnologie este cea mai bună. Aveți tuburile noastre de oxigen cu circuit semiînchis care au fost încercate și testate, cu un amestec Nitrox configurat să ofere maximă rezistență la acea adâncime. Bioxidul de carbon va fi absorbit, dar azotul nu, așa că va fi o acumulare de gaze care va trebui evacuată. Dar procentul de

Nitrox este mic, şi asta nu ar trebui să se întâmple până când nu ieşiţi din aisberg. Gazul nu va fi degajat înăuntru.

– Asiguraţi-vă că staţi la zece metri deasupra, adăugă Costas. Vom respira peste optzeci la sută oxigen, şi amestecul devine toxic la presiunea aceea. Dacă te depărtezi în adâncime şi nu-ţi dai seama de asta, intri în convulsii şi te duci.

– Veţi avea în rezervoarele din spate seturile trimix[1] care vă vor ajuta să respiraţi la o sută douăzeci de metri, spuse Ben. Compensatoarele au un capac antiîngheţ, aşa că ar trebui să fiţi în siguranţă. Dar acela e un sistem cu circuit deschis, care degajă gaze înăuntrul aisbergului. Doar pentru cazuri de urgenţă.

– Bine, zise Jack. Acum spune-mi despre sonda de explorare. Nu vreau date tehnice, vreau doar să ştiu cum merge chestia aia.

Douăzeci de minute mai târziu, Jack şi Costas stăteau de o parte şi de alta a platformei, echipaţi ca nişte scafandri gata să intre printr-o deschizătură în gheaţă. Cei doi scafandri care îi asistaseră la coborâre plecaseră cu zece minute mai devreme cu Aquapodul. Acum, singurii membri ai echipajului care mai rămăseseră erau Ben şi pilotul, care făceau deja verificarea finală înainte de plecare.

– Vom fi aici până dai drumul cablului de legătură, spuse Ben. După aceea eşti pe cont propriu.

Jack dădu din cap aşa echipat cum era, cu părul său negru ciufulit pentru că îşi încercase casca. În faţa lui, Costas se umfla încercând să controleze sistemul de presurizare al costumului, iar Jack încercă să-şi ascundă un zâmbet la vederea prietenului său. Pe deasupra costumelor ambii bărbaţi purtau aparate de respirat compacte, suspendate ca nişte rucsaci peste piepturile lor, iar în spate aveau console galbene, fiecare conţinând trei cilindri de mare presiune cu oxigen, azot şi heliu, precum şi sistemul integrat de greutăţi. Ben termină a doua verificare

[1] Amestec de oxigen, azot şi heliu (n.tr.)

completă a întregului lor echipament și se aplecă pe vine lângă piscină, între cei doi bărbați.

– Trebuie să fiu sigur, Jack. Este datoria mea de șef al securității. Lemnele acelea pot fi de la vreo balenieră veche. Riscul este prea mare.

– Știu ce vrei să spui Ben, și îți mulțumesc mult că îmi porți de grijă, zise Jack, dar am calculat riscurile. Râdem noi de Lanowski, dar am încredere în el de data asta.

– OK, cum vrei tu.

Ben se uită la Costas, care încuviință foarte hotărât. Fără alte discuții, Jack și Costas își puseră căștile galbene de protecție, și Ben trecu pe la fiecare și le închise etanș, activând lanternele frontale de o parte și de alta și verificând dacă aparatele de respirat și seturile trimix erau în ordine. Jack și Costas își puseră mănușile și verificară dacă sistemul de etanșare era sigur, apoi apăsară consolele de control al temperaturii de pe umerii lor pentru a se asigura că le ajungea căldura până la mâini. Într-un sfârșit, își puseră și labele de scafandru, împrăștiind ceața ce se ridica învolburată dinspre piscină. Chiar când se pregăteau să își lase în jos vizierele de protecție, apăru figura celuilalt membru al echipajului.

– Un mesaj de pe *Seaquest II.* E pentru tine, Jack. Ceva în legătură cu inelele unui copac.

– Citește-l tu, te rog, spuse Jack.

Bărbatul îngenunche și citi:

– „De la Laboratorul Dendrologic al IMU, 0212 GMT. Mostra de lemn de la fiordul Ilulissat este stejar din Scandinavia, posibil norvegian. Urme de carbonizare. Compararea cu schema inelelor anuale din nord-vestul Europei indică faptul că a fost tăiat în anul 1040 d.Hr. plus sau minus zece ani".

– Da! Jack lovi aerul cu mâna înmănușată. Acum ai răspunsul. Am știut de la bun început. Asta ar putea fi una dintre descoperirile arheologice ale secolului.

Jack se uită la apă cu buzele strânse, apoi se întoarse spre Costas cu o strălucire în ochi. Abia aștepta să ajungă la suprafață și să vadă lumina soarelui, o amânare a sentimentului supărător de claustrofobie pe care îl simțea de fiecare dată, dar acum ardea de nerăbdare să ajungă la aisberg și să-i descopere secretele. Se întinse și luă cablul de legătură înfășurat lângă el, cu cele două furtunuri prinse împreună, și îl băgă în singurul orificiu deschis de sub casca sa. Îl privi pe Costas care făcea același lucru, apoi își închiseră vizierele de protecție și deschiseră canalul de comunicație. Jack se îndepărtă și se așeză cu picioarele suspendate deasupra abisului, claritatea apei făcându-l să se simtă asemenea unui parașutist gata să sară din avion. El și Costas erau deja în lumi diferite, iar ce se auzea din aparatul de emisie-recepție era abia perceptibil. Jack își întoarse degetul mare în jos către Ben, semn că erau gata de coborâre, și se uită la Costas.

– Gata de plecare?

– Gata de plecare.

9

Bărbatul îmbrăcat în sutana neagră mergea cu încredere înspre intrarea principală a Palatului Apostolic cu hainele sale de preot iezuit care-l ajutau să se amestece printre ceilalți oameni care așteptau la intrare. Lăsase în urma sa mulțimea de la Sfântul Petru și trecuse deja de primul cordon de securitate din fața ușilor de bronz care dădeau în piață. Acum se apropia de inima Vaticanului, sediul central al Colegiului Cardinalilor, locul de unde Sfânta Biserică își exercita influența dincolo de Roma, în toate colțurile pământului.

În fața lui stăteau doi soldați din garda elvețiană strălucitori în podoabele lor, cu halebardele încrucișate de-a curmezișul ușii, o imagine care ar fi putut să pară că vine din vremea Renașterii dacă nu ar fi fost pistoale-mitralieră Heckler & Koch care se vedeau discret în spatele lor. Unul dintre ofițeri luă actul de identitate al preotului și se uită cu atenție la el, comparând barba neagră și ochii inexpresivi cu imaginea din fotografie. În ciuda căldurii de început de vară, fața lui era palidă și cadaverică, dar era genul de figură foarte comună între aceste ziduri închise ale Vaticanului. Ofițerul se întoarse spre o secretară de lângă el și verificară gradul de autorizare pe un palm computer. Ofițerul scoase un sunet de surpriză și îi dădu imediat înapoi actul de identitate.

– Puteți să intrați.

Gărzile ridicară armele, și preotul iezuit trecu pe lângă ele, evitând procedura uzuală a verificării corporale și a detectorului de metale. Merse direct de-a lungul unui coridor larg de la parter, apoi făcu stânga la capătul acestuia și merse până ajunse în fața unei capele private cu o ușă ornată și cu intrarea marcată de lumânări comemorative de o parte și de alta. Ciocăni o singură dată și intră. În lumina lumânărilor văzu un bărbat îngenuncheat în fața unui altar simplu, în capătul îndepărtat al capelei. Bărbatul își făcu cruce și se ridică, apoi se întoarse către ușă. Era înalt, subțire și cu părul alb, îmbrăcat în veșminte episcopale de cardinal, cu o cruce de aur atârnând peste sutana stacojie. Avea acea față blândă fără vârstă a celor care au slujit mulți ani într-un ordin religios, dar cu riduri adânci în jurul ochilor. Era o expresie potrivită pentru cineva de rangul său, un bărbat a cărui ambiție îl adusese foarte aproape de puterea supremă în Biserica Catolică.

– Eminență!

Iezuitul se aplecă ușor, apoi închise ușa după el.

– Monseniore!

Cei doi bărbați vorbeau în engleză, iezuitul cu o tărăgănare a cuvintelor care amintea de Africa de Sud, iar cardinalul cu un accent nord-european.

– El e aici?

– Cel de-al doilea care a fost prezent la deschiderea camerei. Noi am bănuit, iar el a recunoscut. Sfânta Biserică și-a rafinat tehnicile de persuasiune de-a lungul secolelor.

– Și celălalt?

– El este următoarea ta sarcină.

Iezuitul păși în față și îngenunche în fața cardinalului. Acesta își scoase repede inelul de aur de pe degetul său mijlociu de la mâna dreaptă și îl înlocui cu unul plat, mai greu, care strălucea în lumina sfeșnicelor. Iezuitul îi luă mâna și o sărută, închizând ochii în timp ce buzele sale simțeau forma familiară; cu cealaltă mână își pipăi inelul său care îi atârna de gât pe sub sutană. Se ridică făcându-și cruce și se îndreptă spre ușă, apoi se opri pentru un moment și, îndreptându-și mâna dreaptă spre cardinal, șopti câteva cuvinte într-o limbă care părea nepământească, cuvinte care nu mai fuseseră rostite vreodată în acest loc sacru și care păreau o blasfemie.

– *Hann til ragnarøks.*

Preotul iezuit închise ușa capelei în spatele său și se îndreptă spre coridorul lung, pereții palatului răsunând de ecoul pașilor săi. Ieși într-o curte interioară, împreunându-și mâinile a rugăciune când doi oficiali trecură pe lângă el, apoi merse spre o intrare modestă în cealaltă parte a curții. Clopotele de la Sfântul Petru începură dintr-odată să bată cu un sunet puternic deasupra orașului neclintit, afirmând suveranitatea Sfintei Biserici Catolice așa cum făcuseră încă din ultimele zile ale Imperiului Roman. Deasupra lui, zidurile curții interioare înrămau cerul albastru, două păsări de pradă se roteau în înaltul cerului, iar el putea auzi agitația surdă a orașului. Se aplecă să intre și se uită repede în spate, apoi își strânse sutana și urcă pe scări până la primul etaj. De o parte și de alta a coridorului din fața sa erau statui, panouri de afișaj și postere care făceau reclamă unor exponate, dar nu era nici o persoană, pentru că personalul de la muzeu avea zi liberă. Iezuitul ajunse în fața unei uși pe sub care se vedea lumină, exact acolo unde i se spusese că avea să fie, și zări cuvântul „Restauratori" deasupra ușii.

Se opri, dar nu pentru că ar fi ezitat, ci pentru a savura momentul. Stătea în umbră, cu capul plecat și cu pumnii încleștați. Cu șaizeci și cinci de ani în urmă, străbunii săi eșuaseră în încercările lor de a penetra aceste ziduri, de a supune Vaticanul în marșul lor triumfal prin Roma. Acum el urma să repare acea greșeală și avea să-și lase amprenta. Își descleștă mâna stângă și își atinse fața, urmărind cu degetul arătător cicatricea care îi pulsa sub barbă, apăsând până simți durere. Își băgă mâna înapoi sub sutană, și cu cealaltă ciocăni de trei ori în ușă.

– Intră, se auzi o voce surdă în italiană.

Preotul iezuit deschise ușa și o închise după el. Camera era plină de cărți și cu manuscrise, iar un computer se afla în colțul îndepărtat. În prim-plan era un basorelief din piatră fragmentată așezat pe un piedestal, și în fața lui stătea un bărbat de vârstă mijlocie îmbrăcat în blugi și o cămașă simplă, aplecat deasupra unui caiet de notițe.

– Monseniore!

Bărbatul termină ce avea de scris și își ridică privirea, cu o expresie alertă și inteligentă.

– Nu mă așteptam să fiu întrerupt astăzi. Cu ce vă pot ajuta?

– Sunteți șeful Departamentului de restaurare? întrebă iezuitul în italiană.

– Da, eu sunt.

– Ați fost de față la descoperirea camerei secrete din Arcul lui Titus, împreună cu părintele O'Connor?

Celălalt bărbat se dezumflă dintr-odată și își trânti caietul pe podea.

– Acum se pare că toată lumea știe de asta. Am păstrat acest secret pentru a apăra Biserica. Îmi doresc să nu o fi găsit niciodată.

– Și eu la fel.

Cele două gloanțe trase de pistolul Beretta cu amortizor îl făcură pe bărbat să cadă peste scaunul său cu o expresie șocantă pe chip. Căzu pe podea într-o poziție ciudată, cu ochii larg deschiși, trădându-i uimirea. Iezuitul își scoase mâna stângă de sub sutană și o ridică până în dreptul feței. Își atinse din nou cicatricea de pe obraz, din ce în ce mai apăsat, cu o grimasă de plăcere, în timp ce se uita la șuvoiul de sânge care izvora din pieptul bărbatului şi se strângea într-o baltă pe bucăţile de piatră de dedesubt.

„Asta este doar începutul."

– Activez sonda de explorare acum.

Costas se întoarse spre Jack în timp ce vorbea prin aparatul de comunicaţie, şi cei doi bărbaţi îşi ridicară degetul mare în sus în semn de aprobare. Pentru a cincea oară, Jack aruncă o privire critică asupra echipamentului lui Costas. Odată ce desprindeau cordonul de legătură, aveau să se bazeze doar pe sistemele individuale şi unul pe celălalt, fără a avea vreo opţiune de scăpare, fără vreo posibilitate de ieşire la suprafaţă în caz de urgenţă. Echipamentul IMU era de ultimă generaţie, cu un computer care calcula amestecul de gaze pentru respiraţie, precum şi viteza ascensională. Fusese testat în condiţii de căldură extremă, cu şase luni în urmă în interiorul unui vulcan, dar acum era prima dată când era folosit într-o apă extrem de rece.

– Aşază-te pe poziţie!

Jack se mişcă de unde stătea agăţat într-o mână şi apucă bara de metal de lângă Costas. Erau ca doi alpinişti pe un perete de gheaţă imens, părând nişte pitici în comparaţie cu aisbergul. Sub ei gheaţa cădea sute de metri în abis, acolo unde pragul se întindea până în adâncimi de neimaginat, într-un loc de o întunecime îngheţată în care nici un om nu îndrăznise vreodată să calce.

– Avem doar o singură procedură de salvare, spuse Costas. La primul semn de mişcare a apei, trecem pe trimix. Dacă frumuseţea asta se răstoarnă peste prag, ne va trage la fund. Ţine minte că trimixul ne dă gaz respirabil până la o sută douăzeci de metri. Asta ar trebui să fie încurajator.

Jack îi făcu încă un semn de aprobare şi verifică fiecare dintre cele trei furtunuri care intrau în orificiile din casca lui.

Nitroxul pe care îl respirau ei acum era cea mai bună opțiune la această adâncime, datorită încărcăturii reduse de azot, care oferea un timp mai îndelungat de scufundare decât aerul comprimat, dar încărcătura mare de oxigen îl făcea toxic sub treizeci de metri. Era transportat printr-un furtun care atârna sub ei și ducea la DSRV, cu dimensiunile sale mari și reconfortante, aflat la câțiva metri în spatele lor. Cel de-al doilea furtun ducea la aparatul de respirat de pe pieptul său, un sistem autonom care trebuia activat când ajungeau la zece metri adâncime. Cu cilindrul plin de oxigen de înaltă presiune, putea să-i țină în viață timp de mai multe ore, și era gazul ideal pentru ape puțin adânci. Asemenea furtunului de nitrox cu sistemul său de retur, aparatul de respirat nu evacua gazele în interiorul aisbergului, acestea fiind reciclate. Cel de-al treilea furtun ducea la cilindrii cu trimix din spatele lor, un sistem adaptabil care înlocuise heliul cu azot și care le permitea să stea cât mai mult sub apă, atât cât era posibil pentru amestecurile respiratorii. Dar trimixul era ultima lor opțiune, căci evacua gaze în interiorul aisbergului. De fapt, ei știau că procedura de salvare era o speranță foarte slabă. Dacă aisbergul se mișca dincolo de prag, volumul său imens se scufunda sub apă, iar baza lui se afunda sute de metri în adâncuri. Dacă mișcarea apei nu îi făcea praf, atunci cu siguranță presiunea cauzată de o coborâre bruscă avea să-i distrugă pe loc.

Jack refuza să se gândească la această posibilitate și se concentra asupra dispozitivului bizar din fața lor. Deschiseseră cutia de protecție care îl proteja de aisberg și atașară baliza radio pe care urmau să o elibereze către suprafață atunci când aveau să iasă și ei. O parte din foreză era deja în aisberg, așa cum fusese poziționată mai înainte de cei doi scafandri pe care îi văzuseră din Aquapod. Chiar lângă peretele de gheață era un inel de metal cu diametrul de doi metri, lățimea tunelului pe care mașinăria l-ar produce. Acest tunel ar fi suficient de larg încât să permită intrarea a doi oameni, unul lângă altul, fără prea mult loc de mișcare. Elementul supraîncălzit din tub era completat de o serie de freze cu microunde și laser care ieșeau din corpul principal, o structură canistră cilindrică de un metru lățime fixată chiar în fața lor. Un jet de apă subțire, dar foarte puternic acționa ca o pâlnie colectoare pentru gheața proaspăt topită și propulsa mecanismul înainte. În partea din spate, deasupra șinei de ghidare, era un ecran mare care strălucea în verde-deschis.

– Vom lăsa linia principală de alimentare cu energie legată de DSRV cât de mult putem, la fel și cablul de fibră optică, spuse Costas. În mod normal, pilotul de pe DSRV ar putea vedea totul pe ecran, dar, înainte ca DSRV-ul să plece, noi trebuie să decuplăm această linie de alimentare și să folosim numai acumulatorii. Aranjă un cadran mare sub ecran, apoi se întoarse și se uită la Jack prin cască. Ești bine?

– Noul sistem de încălzire al acestui costum face minuni.

Jack simțise un fior de frig când intrase în apă din DSRV, și Costas își aminti efectul groaznic al rănii de glonț care aproape îl omorâse pe prietenul său într-o altă scufundare, undeva în Marea Neagră, cu șase luni în urmă.

– Fără furtun, apa din tunel ar fi de fapt sub zero grade, spuse Costas vesel. Este apă proaspătă de ghețar, așa că ar îngheța mai repede decât apa sărată. Am fi gheață cât ai zice pește.

– Mulțumesc pentru încurajare.

Jack se uită cu scepticism în jos la furtun, un tendon șerpuit de microfilamente care atârna sub ei. Era legat de dispozitiv și, pe măsură ce ei avansau, el împiedica gheața proaspăt topită să înghețe la loc și să-i prindă înăuntrul aisbergului.

– Ar trebui să meargă, adăugă Costas. Teoretic.

– Lasă-mă să ghicesc. Ah, nici nu vreau să spun.

Ochii lui Costas se îndreptară spre Jack în timp ce își atinse umărul și apăsă butonul canalului extern de comunicare de pe consola lui.

– Ben, suntem gata. Timpul estimat de întoarcere la zece metri adâncime, douăzeci de minute. Terminat.

Jack se uită dincolo de labele sale de scafandru cum intrarea în aisberg se îndepărta încet, jos, departe sub ei, ca un petic albastru strălucitor întunecat de vârtejul firelor supraîncălzite care atârnau în urma lor. Chiar în centru, răsucite, erau cablul de la baterie și cordonul de legătură care le furniza nitroxul și evacua aerul folosit – singura lor legătură cu lumea din exterior. Jack își înălță capul și privi fascinat cum sonda săpa în gheață un tunel perfect neted, înaintând în sus la un unghi de patruzeci și cinci de grade, cu o viteză de mai mult de doi metri pe minut. Nu simțea care era adevărata temperatură a apei prin costumul său de protecție, dar indicatorul luminos al termostatului se schimbă atunci când șuvoiul de apă călduță era eliminat de foreza care înainta. Lămpile din fața lor luminau peretele tunelului, dezvăluind un spectacol orbitor de alb, dar Jack era conștient că fără lumina artificială ar fi fost într-o lume complet întunecată, blocați din toate părțile de cantități inimaginabile de gheață care împiedicau orice urmă a vreunei raze de soare.

– OK, spuse Costas. Am ajuns la zece metri adâncime. Decuplăm.

De la ecranul din fața sa, Costas reglă energia termică astfel încât sonda să topească mai multă gheață deasupra și până la urmă să ajungă la orizontală. Jack urmărea progresul pe ecran, o imagine tridimensională a aisbergului, asemenea aceleia pe care Lanowski le-o arătase mai devreme. Imaginea fusese generată de echipa de la suprafață, folosind un sonar cu înaltă frecvență, creată din mii de puncte de informații acolo unde sunetul valurilor întâlnise rezistența diferențiată a spărturilor înghețate și a fisurilor din aisberg. Lanowski făcuse un plan de intrare printr-un anumit punct şi o rută de acces, astfel încât să minimizeze şansele de a urmări o fisură de apă îngheţată şi de a sparge aisbergul, şi până în acest moment planul său fusese foarte bun. Gheaţa prin care trecuseră până acum era gheaţa de un alb întunecat a gheţarului, tare ca piatra şi formată în era glaciară, acum o sută de mii de ani.

Costas îşi deschise canalul extern al aparatului de comunicaţie.

– Ben, aici Costas. Mă auzi? Terminat.

– Costas, aici DSRV, te auzim foarte clar, terminat.

– Am ajuns la punctul de decuplare, terminat.

– Recepţionat. Cât timp sunteţi încă legaţi, vă vedem pe ecran. Fiţi atenţi că avem un avertisment meteo de la căpitanul lui *Seaquest II*. Se pare că sunt nişte turbulenţe la marginea gheţarului, o masă de aer rece care se apropie dinspre est. S-ar putea să nu fie nimic grav, dar căpitanul se îndepărtează cu un kilometru de fiord, ca măsură de siguranţă. Aveţi opţiunea să renunţaţi. Terminat.

Costas şi Jack se uitară unul la celalalt prin vizierele de protecţie.

– Mergem mai departe, spuse Costas. Mai avem doar cincizeci de metri până la ţinta noastră, şi nu vreau să pierdem vremea. O să ieşim de aici într-o oră. Dar voi trebuie să plecaţi acum. Terminat.

– Recepţionat. Trimite baliza radio când ieşiţi din aisberg, şi venim să vă luăm. Rămânem să recuperăm cablul de legătură. Terminat.

Costas atinse un întrerupător de pe panoul de comandă din faţa lui şi eliberă cablul de alimentare cu energie al forezei. Pentru o secundă, mecanismul se opri, şi Jack aproape că văzu cum apa din jurul lor începea să îngheţe. Apoi ecranul şi şirul de lumini se reactivară odată cu acumulatorii, iar apa începu să strălucească din nou.

Cei doi bărbați se întoarseră unul spre celălalt în spațiul extrem de strâmt al tunelului, cu vizierele la câțiva centimetri una de alta. Costas începu procedurile pe care le repetaseră de mai multe ori înainte să părăsească DSRV-ul, fiecare din ei verificându-l din priviri pe celălalt în timp ce treceau pas cu pas prin toate etapele.

– Cuplăm aparatele de respirat.

Jack făcu întocmai, și își deschise supapa aparatului de respirat de pe piept, apoi roti butonul de sub cască cu ajutorul căruia activa intrarea gazului în masca de silicon cauciucat care îi acoperea nasul și gura. Prima gură de oxigen îi produse furnicături în mâini și în picioare, un efect înviorător pe care îl savura de fiecare dată când foloseau aparatele de respirat. Apucă cu mâna dreaptă cablul de legătură și cu stânga închise orificiul de nitrox din cască, cu umerii într-o poziție ciudată, lipiți de peretele tunelului și presându-l pe Costas.

– Decuplăm cordonul de legătură.

În același timp, cei doi își decuplară furtunurile de nitrox din căști și le lăsară jos în tunel, iar Costas dădu drumul cablului pe care îl ținea în mână. Când începură să folosească aparatele de respirat, văzură cum masa de cabluri încâlcite se retrăgea în spatele lor, dispărând în tunel, pe unde intraseră ei. Cablurile subțiri care împiedicau apa din tunel să nu înghețe se ondulau și tremurau de parcă ar fi fost mișcate de vânt, apoi, treptat, deveniră din ce în ce mai stabile, împrăștiindu-se prin tot tunelul.

– Ben, ne-am decuplat. Nu o să mai putem comunica când ajungem la masa de gheață topită și reînghețată. Abia aștept să beau ceva fierbinte când ne vedem. Terminat.

– Recepționat. Mult noroc. Terminat.

Acum erau complet separați de lumea exterioară, depinzând doar unul de celălalt și de echipamentul individual. Jack simți o strângere de inimă când văzu cablul de legătură dispărând, ca un semn de avertizare a vulnerabilității lui secrete, sentimentul de claustrofobie care stătea la pândă și pe care încerca din răsputeri să îl învingă. Cu ani în urmă, fusese la un pas de a-și pierde viața într-o mină subacvatică, dar fusese salvat de Costas, cu care împărțise tubul de oxigen, apoi acest coșmar se repetase în labirintul din Atlantida, când rana pe care o avea îl slăbise foarte rău. Știa că prietenul său era conștient de lupta lui interioară, iar această legătură tainică dintre cei doi bărbați era pentru el o sursă valoroasă de încredere. Jack se prinse de șina de ghidare în spatele forezei și încercă să se concentreze asupra provocării care îi aștepta.

– Am ajuns la destinație, zise Costas. Uită-te pe ecran!

Chiar în fața lor pe ecran apăru o formă ciudată – imaginea creată de sonar în jurul masei de gheață chiar în mijlocul aisbergului, care îi uimise pe Cheney și pe cei din echipa de la NASA. Nici sonarul cu frecvență foarte înaltă nu reușise să descopere mai mult de atât, iar din unghiul acesta nu se vedea forma spectaculoasă care se zărise atât de clar din imaginile verticale. În centrul masei întunecate era un semn roșu, acolo de unde sonda prelevase mostra de lemn, iar puțin deasupra era un semn verde care marca obiectivul lor.

– Ține minte, facem fotografii, luăm ce putem lua, apoi plecăm, spuse Costas. Nu avem timp pentru știință azi.

– De data asta sunt de acord cu tine, răspunse Jack. Acum avem vârsta lemnului; nu mai trebuie decât să fim siguri de ceea ce este și să îi dovedim originea. Câteva mostre de lemn, și am șters-o de aici.

– În timp ce tu te ocupi de asta, eu o să folosesc sonda să topesc gheața deasupra obiectivului, ca să luăm ce ne trebuie și să plecăm. Deja simt gustul băuturii fierbinți cu care ne așteaptă Ben.

– Hai să începem!

Cei doi bărbați erau unul lângă altul pe șina de ghidare, când Costas reactivă foreza, și câteva clipe mai târziu începu să foreze gheața înspre țintă. Foreza era acum un mecanism autonom, nefiind conectată la nimic din exterior. Îi trăgea după ea încet, ca un scuter submarin, avansând din ce în ce mai departe în inima aisbergului. Costas se străduia să se mențină peste pragul de zece metri al toxicității oxigenului. În timp ce înaintau, Jack fu învăluit de un val de exaltare, de parcă oxigenul și adrenalina de care avea nevoie pentru a-și învinge neliniștea îl năpădiseră brusc, copleșindu-l. Bulele mici, care îi dădeau gheții un aspect opac și lăptos, făceau spumă în apa care se topea, și brusc își dădu seama că aici singurele proprietăți care susțineau viața fuseseră eliberate din adâncimile erei glaciare. Aerul era la fel ca acela respirat de cei mai îndepărtați strămoși umani, vânătorii-culegători care cutreieraseră calota glaciară cu mii de ani înaintea apariției civilizației. Jack știuse că avea să simtă un frison de exaltare în momentul în care urmau să se apropie de obiectiv, dar asta era o senzație neașteptată, sentimentul extraordinar că înota printr-un tunel al timpului imposibil de descoperit în altă parte a lumii.

– Asta este.

Dintr-odată, gheața albă din fața forezei se înmuie și lăsă la vedere un perete de gheață extrem de clar, cu reflexii de albastru-închis datorită luminii lămpilor.

– Gheață topită și reînghețată, spuse Costas. Este prima dată când o întâlnim. Trebuie să fie de la crevasele din ghețarul despre care ne povestea Lanowski.

Direcționă foreza încă doi metri înainte, până când gheața clară era peste tot în jurul lor, apoi se opri. Când vârtejul jetului de apă se liniști, Jack își dădu seama că erau deasupra unei mase întunecate, chiar dedesubtul gheții, și putu vedea cum se curbează în ambele părți prin obscuritatea albastră. Se aplecă spre podeaua tunelului ca să se uite mai bine, cu lampa lipită de gheață.

– Mai să fie!

– Ce este? Costas opri foreza și se lăsă lângă el, amândoi înghesuiți în spațiul strâmt al tunelului.

– Bucăți de lemn, spuse Jack emoționat. O masă enormă de lemn. Este o parte a unei ambarcațiuni, o corabie de lemn. Văd nituri, șiruri întregi de nituri ruginite de-a lungul scândurilor. Și scândurile astea sunt suprapuse, o construcție în sistem suprapus. Asta e de ajuns. Am găsit o corabie vikingă.

– Extraordinar, zise Costas cu ochii sclipindu-i prin geamul căștii. Și sunt negre și carbonizate la fel ca mostrele prelevate pe care le-am analizat. Sunt urme de carbonizare peste tot. Corabia asta a ars.

– O corabie în flăcări plutind deasupra gheții, murmură Jack. Mai ții minte ce a spus Kangia despre vechea legenda a eschimoșilor?

– Acum se explică de ce gheața care înconjoară corabia este așa de clară – știi imaginea pe care au luat-o prin sonar, spuse Costas. Nu este doar gheață topită și reînghețată dintr-o crevasă. Cred că această corabie era încă în flăcări când s-a scufundat. Gheața și zăpada care au acoperit lemnul au stins probabil focul destul de repede, dar nu înainte ca focul să topească această cavitate în ghețar.

– Înainte să plecăm, vreau să-mi dau seama cât de mare e, spuse Jack.

– Reperul este la opt metri în față. Asta ar trebui să te ajute să-ți faci o idee. Odată ajunși acolo, ne întoarcem imediat.

Câteva clipe mai târziu, Costas se opri iarăși. Pe partea stângă a tunelului apăru o bucată imensă de lemn înnegrit, și el corectă direcția de forare pentru a evita o eventuală ciocnire. Când trecură pe lângă ea, observară că se curba în sus și avea pe margine gravuri superbe reprezentând imagini animaliere și forme abstracte înlănțuite.

– Stilul Urnes, spuse Jack tulburat. Slavă Domnului că aseară Maria mi-a reîmprospătat memoria povestindu-mi despre arta vikingă. Sunt sigur că este norvegiană, un stil nou apărut la mijlocul secolului al XI-lea. Se rostogoli și se uită în sus prin gheață, acolo unde lemnul se întindea deasupra lor. Este pilonul de la prora. Uită-te la asta!

Costas își apropie lampa de gheață. Fluieră ușor prin compensator în timp ce se uita la gravura din vârf, care reprezenta o formă întunecată și înghețată, abia vizibilă, un cap de animal care își arăta colții, cu urechile aplatizate, întinzându-se cel puțin un metru în fața prorei curbate.

– Este Fenrir, zeul lup, zise Jack șoptit, reamintindu-și de Maria. Se pare că el este paznicul acestui loc.

Pe când se întorceau, înaintând încet, o imagine fabuloasă se dezvălui sub ei, ca și cum pluteau deasupra unei epave-exponat dintr-un muzeu. Imaginea era uluitor de clară, și puteau vedea, de o parte și de alta, la cel puțin cinci metri, până unde gheața devenea prea întunecată. Surprinzător, unele bucăți de lemn erau intacte, iar altele erau carbonizate și distruse de gheața care probabil căzuse pe navă, înainte ca apa să devină gheață din nou, oferindu-i astfel protecție. Jack făcea fotografii încontinuu folosindu-se de aparatul de fotografiat digital integrat în casca lui, murmurând descrieri tehnice pe măsură ce noi părți ale corabiei îi apăreau în fața ochilor.

– Este o construcție clasică scandinavă din vest, care se potrivește stilului din secolul al XI-lea, zise el după câteva minute. Este un vas cu o carenă mult mai adâncă și mai lată decât imaginea hollyoodiană a corăbiilor vikinge, dar nu era nevoie de un vas de război prevăzut cu vâsle prin zonele astea. Erau perfecte pentru a brăzda valurile în mare viteză și a ataca prin surprindere, dar aveau velele foarte joase și se împotmoleau ușor în ape zbuciumate. Era nevoie de o corabie care să transporte oameni și provizii de-a lungul Atlanticului de Nord, câteodată fiind nevoie de multe săptămâni pe mare.

– A fost reparată, zise Costas uitându-se cu atenție prin gheață. Este o secțiune lângă babord unde scândurile au fost înlocuite, și tâmplăria este diferită. Poate au lovit un aisberg. Și uite, o vâslă!

– Este o ramă de direcție, o vâslă pentru partea laterală, spuse Jack uitându-se în jos la vâsla perfect conservată de pe puntea deformată de sub ei. Vikingii nu aveau o cârmă fixă, așa că era atașată o vâslă lată la pupa vasului. Se pare că asta era stivuită înăuntru intenționat, lângă proră, nu lângă pupă. Corabia asta nu naviga când a fost distrusă. Și mai e ceva. Uită-te la asta, e incredibil!

După ce trecură de zona prorei, văzură forme care nu erau lemne, ci niște obiecte care păreau aranjate într-un morman, conducând înspre o structură întunecată din centrul carenei, unde probabil fusese catargul. Erau niște grămezi amorfe destul de ușor de identificat drept piei și blănuri, precum și tăvi de lemn și ustensile așezate lângă ele. Costas aranjă poziția sondei imediat ce aceasta trecu pe lângă un vas de ceramică distrus, care era așezat peste grămada de blănuri.

– O amforă, zise Jack luând o bucată de sticlă care ieșea în afară și punând-o în costumul său. O amforă pentru vin din zona de est a Mediteranei, din perioada bizantină. Aici în Groenlanda. Foarte ciudat.

– Bănuiesc că trebuiau și ei să se încălzească în nopțile reci ale Arcticului, spuse Costas. Oricum, credeam că vikingii sunt pasionați de bere.

– Nu uita că unii dintre ei călătoreau foarte mult, și probabil au preluat obiceiuri străine neobișnuite. Mintea lui Jack funcționa cu repeziciune, iar el începea să se gândească la un lucru care părea imposibil. S-ar putea să mă înșel, dar mă întrebam dacă...

În acel moment, alt obiect apăru în raza lor, o suliță lungă de lemn cu vârful încă prins în gheață. Costas opri jetul de apă pentru ca echipamentul să topească mai multă gheață în jurul obiectului, și Jack o scoase cu mare grijă și o ridică.

– Dumnezeule mare! exclamă Costas.

Era o secure cu un singur tăiş, având o coadă groasă de cel puţin un metru şi jumătate lungime. Lama strălucea ca aurul şi era împodobită cu gravuri pe ambele părţi.

– Este aurită, murmură Jack cu vocea gâtuită de emoţie. De asta nu a ruginit fierul. O tehnică clasică pentru a face o armă să pară că e de aur, dar păstrându-i calităţile prin metalul dur care este sub stratul de aur.

– Sunt nişte simboluri pe partea asta, zise Costas.

– Da, şi pe cealaltă.

Jack o întoarse spre Costas ca să o vadă. Pe suprafaţă era gravată o formă ca un candelabru mare care respecta liniile vârfului armei, o tulpină largă din care ieşeau nişte extensii simetrice care umpleau tot metalul deasupra lamei. Forma exterioară era simplă, dar în interior era bogat ornamentată cu desene spiralate şi cu forme animaliere, dintre care cel mai proeminent era capul unui lup care îşi arăta colţii, chiar în centrul desenului. Jack indică un şir de simboluri chiar deasupra lamei.

– Mjøllnir.

– Cum?

– Literele sunt greceşti, dar numele este nordic. Cel mai puternic simbol al vikingilor, arma invincibilă a celui mai mare zeu, singura lor speranţă de a învinge răul în Bătălia de la Ragnarok. Mjøllnir. Ciocanul lui Thor.

– Ce e cu pasărea de deasupra?

Jack se apropie şi se uită mai cu atenţie.

– Nu îmi vine să cred că am aşa ceva în faţa ochilor. Este vulturul cu două capete. Unul simbolizează vechea Romă, iar celălalt – noua Romă, Constantinopolul. Este simbolul regal al împăratului bizantin.

Se opri iar, apoi se uită prin viziera de protecţie la Costas, cu o privire întrebătoare.

– Tocmai am descoperit una dintre cele mai faimoase arme din istorie, o secure de luptă a Gărzii Varege.

– Așa are sens. Uită-te ce e aici!

Costas întoarse securea astfel încât Jack să poată vedea și cealaltă parte.

– Rune! Inima lui Jack începu să bată cu putere, și el respira anevoios oxigenul din tuburi. Și nu sunt doar niște simple rune. Nu sunt expert, dar se întâmplă să știu acest domeniu foarte bine. Sunt identice cu cele din biserica Hagia Sofia, din Constantinopol. Este semnătura lui Halfdan, vikingul care și-a gravat simbolurile păgâne în cea mai sfântă catedrală a creștinătății din est, prin secolul al VII-lea.

– Deci am dat peste securea de bătălie a lui Halfdan, spuse Costas cu o voce inexpresivă, părând totodată neîncrezător. Într-un aisberg pe coasta Groenlandei. Tipul ăsta chiar s-a plimbat.

– Mai este un lucru pe care aș vrea să-l verific, zise Jack. Ar trebui să fie un catarg simplu și o traversă în centrul carenei, dar, în schimb, este o structură dreptunghiulară. Acum am o idee clară despre ce ar putea fi, dar trebuie să văd cu ochii mei. Apoi plecăm de aici.

– Recepționat.

Costas reactivă jetul de apă, și începură să se miște în sus și peste structura întunecată care era la câțiva metri de ei. Jack ținu în mână securea pentru câteva secunde, nevenindu-i să creadă ce descoperire făcuse, apoi o puse în spate sub curelele care țineau rezervoarele cu trimix, așezând-o cu grijă astfel încât vârful aurit al acesteia să fie protejat. Se întoarse și strânse cu putere șina de ghidare, privind atent cum marginea structurii rectangulare apărea sub ei, ceea ce era înăuntru fiind acum vizibil, o formă obscură, cavernoasă care părea complet diferită de orice văzuseră ei vreodată. La baza structurii, Jack văzu încă un morman de artefacte, un coif conic aurit deasupra unei platoșe din zale aurite, iar sub ele, o bucată împăturită de pânză roșie cu broderie de aur, în mod evident o mantie. Chiar în momentul când trebuiau să treacă pe la jumătatea structurii, Costas opri foreza.

– Am primit un avertisment pe seismograf, spuse el. Se poate să fie doar o vibrație a instalației, dar trebuie să ne oprim, să fim siguri.

Jack se uită dintr-odată neliniștit la lumina roșie intermitentă care pâlpâia la baza ecranului. Totul părea în regulă, dar cordoanele din spatele lor păreau să se miște mai amplu decât era normal, în condițiile în care jetul de apă fusese oprit.

– Sigur e ceva în neregulă, zise Costas.

Chiar atunci se auzi un sunet înspăimântător, ca un scârțâit, urmat de niște vibrații puternice, care îi provocară lui Jack un tremur incontrolabil în tot corpul. Apa începu să vibreze, până când figura lui Costas și sonda exploratoare deveniră doar o imagine estompată.

– Dumnezeule mare! Ne...

Cuvintele lui Costas fură înghițite de zgomotul groaznic, ca și cum ar fi fost asediați din toate părțile de spirite înnebunite. Bucăți de gheață începură să se desprindă din peretele tunelului, șfichiuind aerul ca niște șrapnele. O bucată se înfipse în coapsa stângă a lui Jack, intrând în Kevlar fără probleme și pătrunzându-i în carne. Tot ce simți fu amorțeală, și privi șocat cum apa se înroșea în jurul său. Apoi, după o zdruncinătură bruscă, foreza cedă, o parte din ea fiind complet distrusă de gheață.

Totul amuți. Costas încerca cu disperare să reactiveze foreza, dar fără folos. Spațiul devenise mai strâmt, iar corpurile lor erau înghesuite unul în altul fără vreo șansă de a se mișca. Trunchiul lui Jack era contorsionat pe podeaua tunelului, masca fiindu-i lipită de gheața de deasupra structurii dreptunghiulare.

Acum, că foreza era distrusă, singura lumină venea de la lanternele lor frontale. Cu un efort supraomenesc, Jack reuși să-și întoarcă puțin capul pentru a se uita în tunel. Ceea ce văzu întrecea cele mai negre coșmaruri. Tunelul era complet blocat, ca urmare a mișcării tectonice a gheții. Spațiul în care se aflau era cu un metru mai larg decât corpurile lor și se micșora văzând cu ochii. Jack privea îngrozit cum în jurul picioarelor sale apa se transforma în gheaţă. Privi pojghiţa de gheaţă care aparuse de nicăieri şi văzu reflexia lor ca într-un caleidoscop, cu un Costas fragmentat în mii de forme şi culori. Jack încercă să îşi mişte mâna către prietenul său, dar nu putu să treacă prin gheaţa care se forma. O convingere teribilă îi trecu prin minte. Aveau să fie blocaţi în gheaţă înainte de a muri, unul dintre cele mai groaznice coşmaruri.

– Ne rostogolim, strigă Costas. Treci pe trimix!

Jack nu-şi dădu la început seama de mişcare, dar brusc aceasta deveni foarte puternică, zdruncinându-l şi presându-l cu forţă de peretele tunelului. Cu toate puterile, îşi ridică mâna prin pojghiţă până la supapa de sub casca sa, simţind mâna lui Costas încercând să facă acelaşi lucru. Cu o încetineală agonizantă, o deschise în timp ce Costas îşi închise sistemul de reciclare, apoi îşi retrase mâna şi încercă să ajungă la supapa sa. Câteva secunde mai târziu, primele bule de aer îşi făcură loc prin gheaţă, unele rămânând la mijloc blocate de stratul de gheaţă, altele urcând spre tavanul tunelului şi formând un gol de aer. Golul de aer se lărgi repede, pe măsură ce Costas respira, şi Jack se ridică înspre el când aisbergul se rostogoli. În momentul în care ieşi la suprafaţă, apa de pe masca lui îngheţă instantaneu, un amestec de sânge şi apă care îi dădea o nuanţă nefirească. Acum îi era aproape imposibil să se deplaseze, nu reuşea să-şi mişte membrele, iar cu fiecare respiraţie, din cauza gheţii care îi presa pieptul, îi era din ce în ce mai greu să inhaleze oxigen. Era conştient că îi mai rămăseseră doar câteva clipe. Încercă să se întoarcă spre dreapta, dar nu putu să-l vadă pe Costas. Ecranul aparatului de comunicaţie din interiorul căştii era mort, şi singurul lucru pe care îl auzea era zgomotul propriei respiraţii şi un scrâşnet înfiorător în depărtare, zgomotul forţelor colosale din aisbergul care îi prinsese în interiorul său fără putinţă de scăpare.

Jack începu să-și piardă cunoștința și, într-o străfulgerare, observă ceva deasupra golului de aer, apoi își dădu seama că era propria reflexie în gheață. Respira din ce în ce mai slab, rapid și neregulat, amețit și pierzându-și din când în când cunoștința cu trupul însetat de oxigen. Forma de deasupra sa începu să capete contururi distorsionate, ciudate, ca și cum era și altceva, nu doar o reflexie. Prin pojghița de sânge și apă de pe masca sa, văzu o mantie roșie fluturândă, acolo unde ar fi trebuit să fie costumul său de protecție, iar în locul căștii de scafandru era o figură bărboasă cu păr lung și blond. Ochii care îl sfredeleau păreau niște umbre întunecate, adânciți în orbite pe fața de o paloare cadaverică. În delirul său, Jack văzu o mână întinsă, înnegrită și plină de aur care îl chema mai aproape. Jack găsise ceea ce căutase atâta timp, războinicul din vechime care înșelase timpul în interiorul acestei corăbii, un spectru din Walhalla care venise să-i dea îmbrățișarea cea din urmă. Închise ochii în fața acestei vedenii, când gheața se despică dintr-odată cu un zgomot puternic, părând a-l arunca într-o binecuvântată uitare.

10

Ușa grea de fier a vechiului castel se închise încet în spatele celor trei bărbați care stăteau în lumina obscură a holului, încercând să se obișnuiască cu lucirea slabă care venea dinspre scările din fața lor. Fără nici un cuvânt, își puseră robele purpurii care fuseseră lăsate la intrare special pentru ei, își legară cordoanele cu broderie de aur în jurul mijlocului și, trăgându-și glugile pe cap, se îndreptară în șir spre capătul scărilor. Mișcările lor erau naturale, aveau ceva familiar, ca și cum ar mai fi fost aici de multe ori înainte. Se aflau sub pământ, mult sub fundația castelului, în interiorul unor încăperi secrete construite din piatră în perioada când corăbiile vikinge încă mai stăpâneau fiordurile. Singurul zgomot care perturbase liniștea mormântală din aceste pasaje secrete fusese, timp de generații întregi, ecoul pașilor celor din frăție. Pe când cei trei bărbați coborau, piatra umedă părea a emana mirosul trecutului, ca și cum respirația veneraților lor strămoși fusese păstrată în calcarul poros, amestecată cu spiritul lumii, fapt ce părea să-i aducă chiar la porțile Walhalei înseși.

Când ajunseră la capătul scărilor, intrară într-o încăpere circulară, sanctuarul lor interior. La început, fură copleșiți de lumină, buimăciți de torțele arzânde care erau aranjate simetric pe piedestalele din jurul camerei, cu flăcările trimițând fuioare negre de fum spre cupola de deasupra. Apoi văzură zidul înconjurător, o arcadă din doisprezece stâlpi tăiați direct în stâncă, cu un pasaj rotund dincolo de ei. Pe fiecare dintre stâlpi era o secure înfricoșătoare, prinsă de stâncă cu niște curele răsucite, lumina din cameră reflectându-se în lame cu străluciri de aur. Deasupra fiecărei arme atârnau câte o platoșă din zale și un coif conic ale unor războinici de demult, vizierele goale ale fiecărui coif strălucind din când în când datorită luminii torțelor. În fața stâlpilor, pe podea, erau douăsprezece scaune identice, cu spătarele din stejar masiv gravate în forme animaliere întortocheate și cu inscripții runice, iar în centrul încăperii era o masă mare circulară, al cărei lemn devenise neted și, odată cu trecerea timpului, se înnegrise. Un soare ca o roată cu șapte spițe era incrustat în masă, simetria încăperii fiind continuată de un simbol sculptat, ascuns în umbră, chiar în mijlocul desenului.

Cei trei bărbați intrară tăcuți și se așezară în jurul mesei, fiecare pe scaunul său, cu mâinile strânse și făcând o plecăciune înainte de a lua loc. Toate scaunele erau acum ocupate, în afără de unul singur, în spatele căruia ardeau două torțe și securea de luptă strălucea ca și cum tocmai ar fi fost ascuțită.

Persoana cu gluga pe cap așezată în stânga scaunului rămas liber se sculă încet și își ridică mâna dreaptă, dând la iveala o cicatrice mare care îi străbătea palma. Vorbi în engleză, cu o voce adâncă și gravă:

– *Herr Professor.* Excelența Dumneavoastră. Domnule președinte. Bine ați venit. *Félag*-ul este aproape complet. Se așeză la loc și își puse palma stângă pe masă. Pe degetul său arătător se putea vedea un inel, ca o bandă răsucită de aur cu o pecete și cu un simbol liniar asemănător cu runele gravate pe scaune. Timp de treizeci de generații am păstrat viu focul lui Thor, în așteptarea reîntoarcerii sale, spuse el. Acum, forțele care vor să ne distrugă amenință sacralitatea acestui *félag*. Vom face uz de toată puterea pe care o avem pentru a ne apăra comoara și pentru a găsi moștenirea lăsată nouă de către regele regilor. Făcu un gest înspre scaunul liber. Dar, înainte de a începe, trebuie să închidem cercul.

Un bărbat cu glugă apăru dintr-o nișă întunecată din spatele scaunului liber, mantia sa strălucitoare dând impresia unui foc scânteietor în lumina flăcărilor răspândite de cele două torțe. Își împreună mâinile în față, cu chipul ascuns de glugă.

– Ți-ai dus la bun sfârșit sarcina?

– A început.

– Vino mai în față!

Bărbatul se îndreptă spre stâlp, până ajunse la același nivel cu securea a cărei lamă lucitoare era la doar câțiva centimetri de capul său. Își ridică mâna dreaptă la față și își trase în jos gluga atât cât să se vadă tenul palid și buzele subțiri. O cicatrice neregulată îi brazda obrazul de la ochi până la bărbie.

– Ai jurat să îți răzbuni bunicul, ultimul om care a luat loc pe acel scaun, spuse bărbatul care stătea la masă. Dușmănia ancestrală nu se va încheia până când ultimii dușmani nu vor fi morți. Vei încerca să afli ce anume știu ei și să îngropi ceea ce știu odată cu ei. Te vei răzbuna. Vei onora acest *félag*, și apoi îți vei câștiga locul la această masă.

Bărbatul de lângă stâlp își urmări cu degetul cicatricea de pe obraz, pe fața lui trecând o umbră de crispare. Făcu o plecăciune înspre masă, și umbra unui surâs îi apăru pe buze. Își ridică palma dreaptă spre tăișul securii și apăsă cu putere până când îi țâșni sângele. Cu mâna însângerată, scoase din mantie un inel identic cu cel purtat de bărbatul din capul mesei și înaintă, apoi se așeză. Ceilalți își ridicară mâinile în același timp, lăsând la vedere inele identice și palme brăzdate de cicatrice.

O linie de foc se aprinse dintr-odată sub masă, iluminând simbolul din centru. În jurul lui, flăcările străluceau prin sticla din care era formată roata soarelui, iar o lumină portocalie juca pe fețele celor adunați în jurul mesei, pe lamele securilor și pe coifurile goale de pe pereți. Li se alăturaseră spiritele *félag*-ului demult apus, frăția sacră, războinicii conjurați să lase eternele banchete din Walhalla, încă o dată, pentru a veni și a se îmbrăca în armurile lor, în așteptarea luptei.

Simbolul lor era copacul vieții cu șapte brațe, care avea să le lumineze drumul până la sfârșitul lumii, atunci când urmau să lupte alături de regele lor umăr la umăr.

Cei doisprezece bărbați cu glugă își întinseră brațele până când li se atinseră inelele, sângele unui singur om, care curgea pe sub mâneci și peste simbolul din centrul mesei, miruindu-i pe toți. Atunci când palmele tuturor se uniră, cel care vorbise primul luă din nou cuvântul:

– *Hann til ragnarøks.*

Jack arăta de parcă se trezise în mijlocul celui mai groaznic coșmar al său. Își dădu seama că era conștient doar atunci când își recunoscu sunetul propriei respirații, un zgomot ca un scârțâit urmat de un val de aer de la supapa de evacuare. Încetul cu încetul deveni conștient de trupul său, de durerea surdă a vechii sale răni de glonț, precum și de durerea acută din picior. I se părea că fusese inconștient o eternitate, plutind între o lume a viselor și ceva care semăna cu realitatea, dar, când deschise ochii și văzu ecranul digital din casca de protecție, își dădu seama că nu trecuseră decât câteva minute. Priveliștea părea o pură halucinație. Un model caleidoscopic, fragmentat, străbătut de firișoare roșii. Își închise ochii, și imediat se confruntă cu o altă imagine, una gravată în mintea sa și care refuza să dispară. Spectrul unui bărbat se profila în fața lui, ca și cum Jack ar fi plutit deasupra propriului trup îngropat în gheață. Imaginea se îndepărta încet, încet, pe măsură ce Jack părea a pluti din ce în ce mai sus, făcându-l să simtă un sentiment copleșitor și soporific de ușurare, dar ceva din interiorul său lupta cu disperare să se întoarcă, de parcă imaginea propriei morţi era singura lui portiţă către viaţă.

Valul de aer de la supapa de evacuare deveni un vârtej clocotitor, apoi se transformă într-un şuierat foarte ascuţit. Jack deschise ochii şi văzu o linie chiar pe centrul vizierei. Înţelese că era jumătate în apă, jumătate afară şi că imaginea pe care o văzuse cu câteva clipe mai înainte era lanterna sa frontală reflectându-se într-o pojghiţă de gheaţă amestecată cu sânge. Lampa lumina acum deasupra apei, şi văzu un perete de gheaţă la doar câţiva centimetri de faţa sa. Îşi întoarse capul spre dreapta cu grijă, direcţionând lumina până când îşi văzu tot corpul. Era în interiorul unei cavităţi de dimensiunea unei maşini mai mici, în care se formase un gol de aer în partea superioară datorită tubului sau de evacuare. În locul tunelului de gheaţă perfect neted, creat de sonda exploratoare, acum pereţii erau zimţaţi şi crăpaţi, formaţi din bucăţi mari de gheaţă care păreau că se ciocniseră violent unele de altele. Unele bucăţi erau cenuşii, iar altele aproape transparente, creând iluzia că acel spaţiu se extindea prin fisuri şi tuneluri în calota albă de gheaţă.

Pentru o fracţiune de secundă, mintea lui Jack o luă iarăşi razna, şi el se simţi din nou apărat şi în siguranţă, ca şi cum ultima lui salvare era spaţiul care se formase şi-l protejase împotriva impactului zdrobitor. Apoi realitatea îl luă prin surprindere, şi simţi un fior rece de groază. Într-un fel sau altul, gheaţa se spărsese când aisbergul se rostogolise, şi i se oferise astfel un moment de răgaz, care n-avea să dureze totuşi prea mult. Pe măsură ce apa era din ce în ce mai puţină din cauza aerului respirat, îşi simţea partea inferioară a corpului şi picioarele cuprinse de gheaţa care se întărea. Spre groaza lui, îşi dădu seama ca avea să îngheţe de viu, încă o dată, doar că de data asta sfârşitul n-avea să fie aşa rapid, ci îl aştepta o agonie îndelungată, jumătate afară din apă, jumătate înăuntru, pe măsură ce oxigenul se împrăştia rapid, şi el urma să se sufoce în gazele evacuate de el însuşi.

Se auzi un zgomot ca un pârâit undeva în jurul capului său, zgomot care îl readuse la viață. Sistemul de comunicație scrâșni, și apoi tot ce putu auzi fură niște mârâituri. Părea incredibil, aproape miraculos.

– Jack, mă auzi?

– Costas. Vocea lui Jack suna ciudat de departe de propriile urechi; apoi își aminti că trimixul conținea și heliu. Unde naibii ești?

– Eu te văd, dar tu nu mă poți vedea pe mine. Încearcă să te întorci. Trebuie să ieși din apă, altfel ăsta ne este sfârșitul.

Vocea lui Costas, calmă și clară, era un semn liniștitor al realității, în ciuda situației disperate în care se aflau. Jack își adună toata energia și se sprijini în coate. Își întoarse corpul puțin spre dreapta și își eliberă brațele, dar picioarele îi erau aproape înghețate de la genunchi în jos. Era ca o luptă în nisipuri mișcătoare – cu fiecare încercare de a ieși la suprafață te adânceai și mai mult.

– Nu merge, spuse Jack abia răsuflând. Abia îmi pot mișca picioarele.

– Poți să ajungi la rezervoarele din spatele tău?

– Da.

– OK. Scoate securea și pune-o pe marginea de lângă capul tău.

Jack făcu ce i se spuse și scoase cu greu coada de lemn de unde o așezase mai înainte. Abia de înțelegea ce avea în mână, o secure de bătălie a Gărzii Varege dintr-o corabie vikingă, o descoperire care acum părea să fie doar o simplă fantezie. Până când reuși el să scoată securea, gheața se solidificase complet în jurul taliei sale, și din cauza umezelii din aerul evacuat i se formă o peliculă de gheață pe vizieră.

– Nu mai văd nimic, exclamă el, încercând să rămână rațional și stăpân pe situație, să nu se lase pradă panicii. Presiunea se va mări aici, acum, că nu mai e apă care să fie evaporată, și umezeala de la tubul meu îmi îngheață și partea de sus a corpului. Aș putea să mor mai repede decât m-am așteptat.

– Întinde-te și împinge lama securii cât de mult poți deasupra ta. Foreza e prinsă în cavitate, și văd filamentele bobinei înghețate sub tine. Dacă putem să reactivăm acumulatorii, atunci vom putea să topim gheața din jurul tău.

Jack luă securea și o împinse cât de mult putu, de-a lungul unei margini de gheață care se înclina ușor deasupra pojghiței de gheață. La început nu simți nimic care să opună rezistență, dar, tocmai când se întinse cât putu el de mult, coada securii lovi ceva solid.

– OK. Asta este, spuse Costas. Acum încearcă și câțiva centimetri spre stânga.

Jack se întinse iar și lovi cu coada de lemn. Dintr-odată simți cum ceva se prăbușește și o nuanță de verde deveni vizibilă prin stratul de gheață de pe viziera sa.

– Bine. Ai reușit. Sursa principală a fost distrusă, dar bobina e alimentată de un alt acumulator care pare intact. Tot ce mai putem face acum este să așteptăm.

– Cum te simți? Jack era gata să se prăbușească din nou în uitare, dar încerca din răsputeri să nu se mai gândească la ceea ce era în jurul lui.

– Extraordinar. Blocat în era glaciară. Urmați-l pe Jack Howard, și aveți șansa de a vedea lumea.

– Acum, serios, nu te pot vedea.

– La început nu îmi dădeam seama ce se întâmpla. Dacă aisbergul s-ar fi rostogolit, acum am fi fost la sute de metri în adâncuri, condamnați la uitare. Apoi am văzut sonda, și mi-am dat seama. Ne-am rostogolit la trei sute șaizeci de grade și am revenit la poziția inițială. Oricare ar fi fost forța care a cauzat așa ceva, a făcut ca aisbergul să se dea peste cap chiar peste prag. Părerea mea e că încă este blocat pe marginea pragului, dar a alunecat undeva mai adânc. Indicatorul meu de adâncime arată o sută douăzeci și trei de metri, chiar la limita maximă pentru trimixul nostru. Dacă aisbergul ar fi plutit spre mare, s-ar fi rostogolit iarăşi, şi noi am fi fost mult sub adâncimea asta, dispăruţi pentru totdeauna. Dar asta se poate întâmpla oricând.

– Da, un gând foarte liniştitor.

– Înainte să ne rostogolim... Ai văzut şi tu ce am văzut eu?

– Era Halfdan. Tipul ale cărui rune sunt pe secure. Eram chiar deasupra catafalcului din centrul corabiei, acolo unde corpul său trebuia să fie incinerat. Cred că suntem singurii oameni în viaţă care au văzut un războinic viking în carne şi oase. E fantastic.

– Da, fantastic. M-au trecut toţi fiorii. Să sperăm că nu o să-i ţinem companie.

– Ai vreun plan?

– Hai să încercăm pas cu pas! Primul lucru pe care trebuie să-l facem este să topim gheaţa din jurul tău.

În perioada de acalmie care urmă, Jack observă neclintirea absolută a aisbergului, o linişte întreruptă doar de sunetul respiraţiilor lor, în contrast cu zgomotul asurzitor de acum câteva minute. Această neclintire accentua cumva percepţia sepulcrală a spaţiului în care se aflau, dând la iveală grozăvia situaţiei. Erau blocaţi undeva adânc, în interiorul unui aisberg, înconjuraţi de milioane de tone de gheaţă solidă, la limita adâncimii de supravieţuire, şi existau mari şanse să se prăbuşească în abis. Jack simţi că începea să-şi piardă controlul şi, pe când se uita la gheaţa aflată la doar câţiva centimetri de faţa lui, vechea sa claustrofobie începu să îi dea târcoale. Undeva la limita subconştientului stătea la pândă teama că avea să fie cuprins de panică, aşa cum fusese pe cale să se întâmple în urmă cu şase luni de zile în tunelurile din Atlantida, când Costas făcuse tot posibilul ca să-i ridice moralul. Ştia că glumele lui Costas îl ajutaseră să stea concentrat, că prietenul său îl cunoştea foarte bine, aşa că încercă să fie atent la lucrurile mărunte, la paşii mici care în final i-ar fi putut salva.

– Pot să mă mişc, zise Jack.

– Excelent. Încearcă să te întorci înspre mine.

Pojghița de gheață de pe viziera lui Jack începu să se topească, și văzu mai clar gheața din jurul său. Bobina și microfilamentele își făceau treaba, iar suprafața începea să se topească. Durerea îl săgetă, și prin tot corpul îi trecu un fior când încercă să își arcuiască spatele și să îndoaie genunchii. Pentru prima oară, își verifică rana din coapsa stângă, bucata de gheață ascuțită fiind vizibilă prin tăietura din costumul său de protecție. Gheața îi amorțise durerea și îi oprise sângerarea, dar chiar și așa cantitatea de sânge pierdută îl lăsase periculos de vulnerabil în fața frigului. Se ridică, încercând să își tragă picioarele din apă, și se sui cât putu de mult pe marginea gheții, apoi își șterse casca și se uită în tunelul fragmentat din spatele său.

Imaginea pe care o văzu în fața ochilor părea desprinsă dintr-o pictură suprarealistă. Îl putea vedea pe Costas, dar era o imagine care sfida rațiunea. Părea foarte aproape, dar totuși erau separați de un perete transparent de gheață. Cu fiecare mișcare, Costas părea să se fragmenteze într-o miriadă de forme, refractate în mii și mii de planuri pe toată suprafața gheții. Dintr-odată, Jack îi văzu fața lui Costas, casca galbenă fiind inițial alungită în mod grotesc, apoi revenindu-și cât de cât la normal.

– Sunt cam la un metru de tine, spuse Costas. Când mi-am recăpătat cunoștința, pluteam printr-o fisură undeva. Am încercat să ajung la tine, dar doar atât am putut înainta. Sunt aproape de a fi înghețat fără a fi solidificat. Este numai gheață reînghețată, de la crevasa de deasupra corabiei. Ar trebui să fie mult mai ușor să trecem prin ea decât prin gheața glaciară. Cum te descurci cu un topor?

Jack întrezări brusc o rază de speranță.

– Știi, de fapt, este principala mea ocupație când sunt în concediu și dispar în păduri. Atunci când spun tuturor că scriu. Mă ajută să uit de toate astea.

– Destul de bine. Hai să vedem ce poți să faci! Dacă ai putea să spargi gheața, apa din partea ta ar veni aici. Bobina nu poate topi gheața glaciară, dar poate păstra pojghița asta în stare lichidă. Este un gol de aer de aproximativ cincisprezece centimetri în jurul meu, de la tubul de evacuare.

– Și restul unde se duce?

– În fisurile și în spărturile de deasupra mea. O fi părând gheața asta solidă, dar este de fapt o masă de bucăți prăbușite.

Jack se rostogoli până când ajunse să stea întins cu fața în jos, pe margine. Cu mâna stângă se apucă de margine ca să nu cadă în gheața topită, și cu dreapta apucă securea. Își dădu drumul încet până când îngenunche; gheața îi venea până la brâu. Se luptă să își dea jos labele de scafandru și le prinse în curelele din spatele gambelor, apoi luă securea cu ambele mâini și o învârti până când tăișul ajunse deasupra sa. Jack stătea în gheața mărunțită; fiind înalt, stătea aplecat, neavând loc să mânuiască securea decât cu mișcări scurte – fiecare lovitură necesita din partea lui un efort în plus; încerca totodată să-și păstreze echilibrul și elanul.

– Am început.

Poziționă lama pe gheață chiar deasupra nivelului apei, în fața lui Costas, și lovi scurt. Tăișul era tocit, dar metalul era încă la fel de dur ca acum o mie de ani și, oricum, mai importantă era forța impactului, nu tăietura. Când tăișul lovi, o bucată de gheață se desprinse, trimițând o pânză de bucățele mici care transformară imaginea lui Costas într-un mozaic haotic.

– Aș putea s-o fac, gâfâi Jack. Dacă spațiul ar fi fost mai strâmt cu câțiva centimetri, nu aș mai fi putut să îmi iau avânt.

Încet și cu precizie, începu să cresteze gheața, fiecare lovitură despicând alte bucăți, fiecare mișcare trimițându-i săgeți de durere în picior. Faptul că trebuia să țină tuburile din spatele său deasupra apei era un efort în plus care se simțea – Jack începu să respire din trimixul său din ce în ce mai repede. Încercă să ignore indicatorul digital din cască și să se concentreze asupra sarcinii pe care o avea de terminat. Folosea tehnica standard a pădurarilor, aceea de a lovi atât deasupra, cât şi dedesubtul unui punct fix. Pe măsură ce tăieturile se adânceau, se desprindeau bucăţi din ce în ce mai mari de gheaţă, mărind astfel gaura care avea să fie în curând destul de largă încât să poată trece prin ea şi ajungând la doar câţiva centimetri de Costas.

Când se pregătea pentru ultima lovitură, picioarele i se îndoiră dintr-odată sub el şi alunecă la loc în gheaţa mărunţită, scăpând securea din mână. Îşi dădu seama că nu era o simplă pierdere a echilibrului, ci fusese răsturnat de o forţă puternică. Se ridică şi văzu suprafaţa apei tremurând violent şi auzi o bubuitură şi un vuiet teribil în depărtare. Nivelul apei începu să crească brusc, şi Jack observă o fisură întunecată ivindu-se în tavanul încăperii.

– Golul de aer dispare, exclamă el. Se duce în sus.

Ridică securea din gheaţă şi încercă să mai lovească încă o data, dar zadarnic.

– Gaura este deja sub apă. Nu mai pot să-mi iau avânt.

Se lipi de zidul din spate al încăperii cu securea în mână, privind neputincios cum nivelul apei se ridică deasupra capului său înspre tavan. La mai puţin de un minut de când se formase spărtura, tot ceea ce mai rămăsese era învolburarea de bule ce ieşeau din tubul său de evacuare şi care dispăreau cu repeziciune prin spărtură după fiecare respiraţie. Indicatorul de temperatură din casca sa arăta minus două grade, adică sub punctul de îngheţ al apei. Îşi dădu seama, cu o siguranţă care aproape îi provoca greaţă, de faptul că bobina nu mai avea putere să facă faţă cantităţii de apă care umplea acum camera şi că doar porţiunea de jos, din jurul filamentelor, avea să rămână în stare lichidă.

Gheaţa începu să se formeze chiar în faţa ochilor săi, şi simţi cum se solidifică apa în jurul braţelor şi al capului său. Trăia din nou tortura infernală pe care îi fusese sortit s-o îndure iar şi iar, ca un coşmar din care nu se mai putea trezi. Se uita şocat cu ochii larg deschişi cum gheaţa îl înconjura din toate părţile. Începu să respire adânc şi foarte repede, ca şi cum corpul său îi cerea să inspire şi ultima rezervă de trimix şi să se lase pradă întunericului, o uitare binemeritată în faţa terorii care îl aştepta.

– Oxigenul tău! Taie furtunul de oxigen!

Vocea îl trezi la realitate. Îşi dădu seama într-o fracţiune de secundă de ceea ce voia Costas să spună. Trase cuţitul din teaca aflată la pieptul său şi-l aduse lângă cele două furtunuri de sub cască. Pentru un moment care îi tăie respiraţia, nu mai ştiu care era oxigenul şi care trimixul, efectul narcotic al azotului jucându-i feste la această adâncime. Gâtul îi era aproape înţepenit, şi nu putea să se uite înspre furtunuri. Închise ochii şi îl apucă pe cel din stânga cu hotărâre, potrivind lama cuţitului chiar în punctul unde intra în cască.

– Ce a mai rămas în tubul tău de oxigen ar trebui să umple încăperea pentru un timp, astfel încât să mai poţi lovi de câteva ori, spuse Costas. Dar, pentru numele lui Dumnezeu, să nu cumva să-l respiri. Optzeci la sută oxigen la adâncimea asta înseamnă moarte sigură.

Jack tăie furtunul, şi un gheizer uriaş de bule erupse în încăpere. Nivelul apei coborî rapid la nivelul pieptului, şi Jack se ridică având în faţa lui furtunul tăiat care dansa în aer şi şuiera. Trase securea din gheaţă şi o aţinti spre despicătură. Cu toate puterile lovi gheaţa, din care se desprinse o bucată imensă. Îl putea vedea pe Costas împingând în gheaţa care mai rămăsese între ei. Cu frenezie, Jack trase bucata imensă de gheaţă la o parte şi se pregăti de încă o lovitură. Chiar atunci, şuieratul oxigenului se opri, şi nivelul apei începu din nou să crească. Mai avea doar o singură şansă. Se poziţionă chiar pe direcţia de unde se rupsese bucata, se relaxă total şi îşi aţinti privirea asupra punctului de impact. Ridică securea în spate şi lovi cu toata puterea, cauzând o ploaie de gheaţă mărunţită când tăişul securii trecu razant pe suprafaţa apei în creştere. Apoi se prăbuşi înapoi gâfâind necontrolat, trimițând bule de aer din tubul de evacuare pe măsură ce nivelul apei creștea și îl înghițea din nou.

Colțul unei labe de scafandru apăru la suprafața gheții. Jack simți ceva împungându-l și mișcându-se la suprafață. *Reușise.* Încă o bucată de gheață pluti pe lângă el, și o formă imensă întunecată apăru ca o focă iscoditoare. Ochii lui Costas îi fixară pe ai lui Jack.

– Mă bucur să te văd.

– Slavă Domnului că ai mai slăbit, spuse Jack încet. Nu am rezervat o cameră dublă.

Un jet roșu coloră apa dintre ei când Jack se mișcă în spațiul strâmt.

– Ce-ți mai face piciorul? întrebă Costas.

– Asta este ultima dintre grijile mele, zise Jack cercetând cu atenție nivelul apei de deasupra lor. Oxigenul, zise el grăbit, taie furtunul, și o să mai câștigăm câteva minute.

– Nu e bine, răspunse Costas. Furtunul meu a fost distrus când s-a rostogolit aisbergul. Bucata de gheață care l-a tăiat era sa mă decapiteze.

Se chinui să ajungă într-o poziție paralelă cu Jack, cu capetele înspre marginea unde era prinsă sonda. Spațiul strâmt devenise parcă și mai strâmt, iar cei doi scafandri îmbrăcați în costumele lor de protecție și cărând întregul echipament abia aveau loc să se miște. Acum erau complet sub apă, împresurați de așchii de gheață plutitoare, iar Jack văzu filamentele încurcate ale bobinei undeva mai jos. Costas se apleca să-și prindă labele de scafandru de gambe și se târî în spatele sondei.

– Lumina e de culoarea ambrei, spuse el. Bateria e aproape terminată. Dacă mai stăm pe aici, vom fi prinși în gheață. Pentru totdeauna. Încercă să scoată ceva dintr-un buzunar al costumului său de protecție. Uite, ține asta puțin.

Jack o luă și se uită întrebător la Costas.

– Exploziv C4?

– Exact. Întotdeauna am așa ceva la mine pentru situații de urgență.

– Ai de gând să ne arunci în aer?

– Mai bine decât să înghețăm, zise Costas, continuând să caute prin buzunar și scoțând la iveală un mic dispozitiv de detonare. Sunt sigur că ne aflăm în interiorul crevasei unde Kangia și cei doi naziști au văzut corabia vikingă. Gheața transparentă provine din înghețarea apei din crevasă. Este mult mai fragilă decât cea glaciară, și s-a fragmentat atunci când aisbergul s-a mișcat. S-ar putea să reușim să lărgim spărtura. Este singura noastră șansă.

– La tine care e situația cu decompresia?

– Nu prea bună. Se pare că ne scufundăm. Trebuie să existe apă în interiorul crevasei de deasupra noastră, sub nivelul marii care înconjoară aisbergul. Cumva se umple. În ritmul ăsta ne vom afla în zona periculoasă în mai puțin de cinci minute.

– Exact cât îmi mai ajunge trimixul.

– Asta dacă nu înghețăm mai întâi. Apa începe să se solidifice acum că bobina s-a oprit. Este timpul să-i dăm bătaie.

Brusc, pe Jack îl cuprinse un tremur violent. Era cea mai rece apă pe care o simțise vreodată, mai rece chiar și decât apa oceanului la cele mai mari adâncimi. Mai era încă o spărtură amenințătoare în gheață, iar cea de deasupra lor se închidea vizibil. Costas se rostogoli și se uită în sus, mișcându-și lanterna frontală de-a lungul sclipirilor bulelor de aer care se aliniau pe tavan.

– Nu asta am vrut să se întâmple, zise el șoptit.

Un sunet ascuțit de alarmă se auzi din foreză, și lumina se stinse.

– Nici asta. Se rostogoli la loc și luă securea de jos, întinzând-o spre Jack. Tu ai mai mult spațiu decât mine. Spărtura este mai largă deasupra forezei. Vreau să împingi explozibilul cât poți de sus. Este deja armat și pregătit.

Jack luă pachetul maroniu într-o mână şi coada securii în cealaltă. Costas se scufundă în spatele său şi îl împinse în picioare, făcând să apară încă un şuvoi de sânge din coapsa lui Jack. Acesta încercă din răsputeri să ignore durerea şi îşi îndoi partea de sus a corpului astfel încât să vadă spărtura de deasupra sondei. Cu valul de bule care ieşeau, abia putu să îşi dea seama de dimensiunile acesteia, dar era cu siguranţă un horn îngust care se extindea mult deasupra lor, o spărtură între uriaşele bucăţi de gheaţă. Cu braţul stâng împinse explozibilul cât putu de sus, fixându-l în horn. Apoi luă securea şi împinse cu coada acesteia, sprijinindu-se de Costas, care îl ajută să nu cadă înapoi. Când simţi că gheaţa opune rezistenţă, împinse şi mai tare, dislocând explozibilul şi îndesându-l pe horn cât mai sus.

– OK, asta e tot ce am putut face.

Jack se cufundă înapoi lângă Costas, şi amândoi se îndepărtară cu greutate prin gheaţa care îi înconjura, mergând cât mai departe posibil de horn, până ajunseră în colţul celălalt al încăperii. Jack aşeză securea sub curelele din spatele său, şi amândoi îşi puseră la loc labele de scafandru. Jack îl înlănţui strâns pe Costas cu braţele, rămânând faţă în faţă.

– De data asta vom pleca împreună, oriunde ar fi.

– *Semper fidelis.*

Jack dădu din cap.

– Nu încetezi sa mă uimeşti. Ştii şi latină.

Costas ridică radiocomanda între ei.

– Gata de plecare?

– Gata de plecare.

O trepidaţie acompaniată de un sunet puternic, ascuţit, ca de sfâşiere, îi scutură violent şi îi îngheţă sângele în vene lui Jack. Totul în jurul lor era o masă vibrantă şi neclară. Zgomotul puternic fu înlocuit de o explozie asurzitoare, şi Jack simţi cum mii de pumni se abăteau asupra trupului său. Îşi lipi viziera de a lui Costas, încercând să protejeze sticla vulnerabilă de aşchiile de gheață care zburau împrejurul lor. Aproape în același timp lanternele lor frontale se stinseră, și fură aruncați într-un întuneric bizar, prin care nu mai vedeau nimic altceva decât umbra verzuie a indicatoarelor din interiorul căștilor. Ceva uriaș trecu pe lângă Jack, care crezu, pentru o clipă, că avea să fie strivit, dar apoi, ca printr-o minune, trecu mai departe. Simți un val de amețeală, și înțelese că se rostogoleau neajutorați, învârtindu-se în cercuri într-un clocot de gheață și apă, provocat de crevasa care se despica.

– Urcăm! țipă Costas. Pentru numele lui Dumnezeu, să nu-ți ții respirația. Plămânii tăi ar exploda în câteva secunde.

Respirația lui Jack se înteți. În vârtejul rotitor nu existau marcaje, nici puncte de referință vizibile. Încercă să se concentreze asupra indicatorului digital din casca sa, cu brațele și cu picioarele încleștate în jurul lui Costas. Jack abia apucă să citească adâncimea de zece metri, că aproape zburară în sus. Cifrele îi dădură ceva de care să se agațe, și înțelese vag că pericolul unei embolii era agravat de riscul apariției așa-numitei „boli a scafandrilor“: decompresia. Urcau mult prea repede.

Dintr-odată, erau la suprafață. Era din nou lumină, o lumină metalică, crepusculară, și Jack văzu dincolo de Costas o lume albastră incredibilă. Pluteau într-o platformă de gheață ca o căldare, cel puțin la fel de lungă și de lată ca *Seaquest II*, înconjurați de niște ziduri de gheață albe. Jack se simți copleșit de enormitatea lor. Își arcui gâtul și se uită spre sursa de lumină, undeva deasupra lor. Era o fâșie subțire de gri acolo unde abia se sudaseră zidurile de gheață, prima legătură cu lumea de afară. Griul era amestecat cu negru și cu albastru-deschis și părea că se mișcă pe lângă ei cu o viteză incredibilă.

– Cred că este una dintre acele furtuni groaznice care vin dinspre calotă, spuse Costas. Din cauza asta s-a mișcat aisbergul.

– O *piteraq*.

Se ţinură şi mai strâns unul de altul în timp ce pluteau în piscina improvizată. Luminile care îi avertizau asupra pericolului decompresiunii erau din nou de culoarea ambrei, semn că depăşiseră nivelul permis şi erau acum în mare pericol. Jack se concentră să vadă dacă simţea vreun semn, vreo furnicătură în zona coatelor sau greaţă, conştient că acele şase luni petrecute departe de scufundări îi reduseseră rezistenţa. Verifică presiunea trimixului şi văzu acul coborând spre zero.

– Nu mai am aer, spuse el. Dacă va mai trebui să ne scufundăm, vom fi nevoiţi să împărţim tubul tău.

– Conectează-te!

Jack trase furtunul de deasupra rucsacului lui Costas şi împinse supapa într-o gură de alimentare sub casca lui. Cu un şuierat, casca lui se umplu la loc cu gazul a cărui compoziţie era reglată de computer, care luase în calcul adâncimea la care se aflau, şi era similară celei atmosferice. Jack îşi dădu seama că stătuse o vreme fără aer; închise ochii şi trase adânc câteva guri.

– Asta ar trebui să ne mai dea un răgaz de zece minute, zise Costas. Aş prefera să le petrecem cu zece metri mai jos, ca să micşorăm diferenţa de decompresiune, dar nu ne permitem acest lux. Va trebui să defilăm cu ce avem.

Apa se linişti complet după tumultul care îi propulsase din mormântul de gheaţă de dedesubt, lăsând suprafaţa neobişnuit de calmă. Sigur crevasa se despicase când se mişcase aisbergul, zguduind toată gheaţa topită şi reîngheţată din interior, spuse Costas. Apoi pereţii se închiseseră la loc când aisbergul întâmpinase rezistenţă, probabil marginea dinspre mare a pragului. Costas se uită în jur la priveliştea care acum era înfricoşător de neclintită.

– Am o presimţire urâtă în legătură cu asta. Să rămânem împreună!

Nici nu termină Costas fraza, că liniştea fu înlocuită de un şoc cutremurător, apa şi gheaţa dezintegrându-se într-o agitaţie confuză. Jack văzu o perdea de gheaţă căzând pe lângă ei, săgeţi ascuţite care tăiau apa ca nişte schije. Îşi concentră toată energia să se ţină de Costas, fiind conştient că s-ar îneca cu siguranţă dacă furtunul, singura lui legătură cu viaţa, ar fi distrus. Îşi aduse aminte de cadavrul din gheaţă, de halucinaţia sa, apoi se trezi în faţa unei realităţi şi mai teribile. Coborau cu o viteză ameţitoare, alunecând în vârtejul de gheaţă de parcă ar fi fost traşi înapoi înspre războinicul îngheţat şi înspre locul în care fuseseră atât de aproape de moarte. Apa cădea atât de repede, încât ei alunecau prin aer, suspendaţi jumătate înăuntrul apei, jumătate afară, rostogolindu-se împreună cu bucăţile de gheaţă care erau împrăştiate peste tot în jurul lor. Costas îl trase pe Jack mai aproape, încordându-se împotriva forţei centripete a vârtejului şi îşi lipi casca de a lui Jack.

– Apa este trasă în jos de crevasa care s-a deschis, strigă el. Ţine-te bine! Aş putea să schimb direcţia.

Deodată, apa se umflă în jurul lor, şi se treziră undeva în adâncurile ei. Pentru o clipă terifiantă, Jack simţi cum aerul din plămânii săi este împins afară de o forţă care acţiona împotriva vârtejului şi care îi propulsa înapoi în sus. Apoi ieşiră brusc din apă, clătinându-se pe o bucată de gheaţă care îi împinse sus într-o despicătură deasupra căldării. Se izbiră de un perete de gheaţă, fiecare încercând să găsească cu mâna liberă ceva de care să se prindă. Apoi începură să alunece necontrolat în jos, înapoi, până se loviră de o margine, care pentru moment îi putea ţine pe peretele de gheaţă. În timp ce stăteau ghemuiţi pe platformă, bucata de gheaţă pe care se aflaseră mai devreme căzu înapoi în căldarea agitată, la baza crevasei, mult sub ei.

– Ce naiba a fost asta? gâfâi Jack uitându-se în jos la adâncimea de cel puţin treizeci de metri de sub ei.

– Explozibilul C4, spuse Costas exuberant. Am fost aruncaţi din încăperea aia înainte să apuc sa-l detonez, dar până la urmă a fost folositor. Băgă detonatorul în buzunar. OK. Mi-e frig şi foame. Hai să plecăm de aici!

– Ar fi bine să ne grăbim. Ia uită-te la ăsta!

Se uitară fascinați și în același timp terifiați în jos, la haosul de gheață de sub ei. Începea să se îngusteze din nou, pereții presând gheața și împingând-o în sus. Bucățile mari de gheață explodau cu o rezonanță zguduitoare pe măsură ce erau prinse în strânsoare, trimițând mult în sus cioburi de gheață periculoase. Știau că, dacă erau prinși în vârtej, asta însemna moarte sigură, gheața zburătoare avea să le sfâșie trupurile și apoi vor fi strivite de pereții care semănau cu o mașină de tocat carne. Spațiul din ce în ce mai strâmt se strângea și se apropia de ei implacabil și înspăimântător, mișcându-se ca o ființă vie din al cărei pântece ieșeau așchii de gheață care se deplasau cu o viteză amețitoare în sus, chiar și în cele câteva secunde în care ei urmăriseră groaznicul spectacol.

– Asta e, strigă Costas ca să acopere zgomotul. Nu mai avem a doua șansă de data asta.

Se întoarseră cu fața în sus pe marginea pe care stăteau. Lumina de afară se vedea undeva la cincizeci de metri mai sus, dungile gri fiind acum vizibile pe fundalul albastru. Dintr-odată norul dispăru, și o formă întunecată apăru, blocând despicătura chiar deasupra lor. Apoi își schimbă direcția violent și se roti în jurul spărturii.

– Este Lynxul, strigă Costas vesel. Încearcă să arunce cablul.

– Le-am spus să stea mai departe. Își forțează norocul pe vântul ăsta.

– Nu se pot abține.

– Nu au nici o șansă să coboare cablul ăla aici. Cred că așteaptă, sperând să ieșim noi la suprafața crevasei.

Jack se uită în jos. Gaura era acum înspăimântător de aproape, la aproximativ douăzeci de metri sub ei, iar așchiile de gheață care explodau mai aveau puțin și ajungeau până la ei. Se uită din nou în sus. Crevasa era la fel de netedă ca o bucată de sticlă, fără nimic de care să te poți agăța. Euforia care îi cuprinsese la vederea elicopterului se transformă brusc în groază. Era încă un coşmar de-al lui, o întoarcere cu câţiva ani în urmă, când dăduse nas în nas cu moartea în mina inundată, acolo unde capătul tunelului era vizibil, dar, oricât ar fi încercat să înoate înspre el, părea să rămână la fel de îndepărtat.

Jack se simţi deodată presat de zidul de gheaţă. Se uită în sus şi, totul îi deveni clar.

– Crevasa. Nu ar fi trebuit sa fie verticală?

– La dracu'! Aisbergul se rostogoleşte!

Urmă o zdruncinătură groaznică, apoi totul rămase neclintit. Vortexul se oprise la zece metri sub ei. Puteau vedea direct spre promontoriul unde îl vizitaseră pe bătrânul eschimos cu o zi înainte. Jack se trezi gândindu-se că avea să fie o zi minunată şi că vântul curăţase aerul lăsându-l pur şi luminos în lumina strălucitoare a soarelui. Apoi îl apucă din nou groaza. Ajungeau la despicătură sau mureau. Dacă aisbergul se rostogolea încă o dată, fereastra lor de gheaţă ar fi intrat în apă ducându-i în abisul întunecat şi pecetluindu-le soarta într-o clipită.

– Securea. Costas îl scutură agitat. Securea !

Jack se trezi la realitate. Cu braţul stâng încă prins de Costas, se întinse şi scoase securea prinsă în cordoanele din spatele său. Avea mâna lipicioasă din cauza sângelui de la rana de la coapsă, şi ar fi scăpat securea din mână dacă nu ar fi fost strânsoarea de fier a lui Costas. Împreună legănară securea, apoi o aruncară în gheaţa din faţa lor.

– O să ţină, spuse Jack gâfâind. Încearcă să te tragi în sus.

Îşi încordă corpul, cu labele de scafandru încă sprijinindu-se bine de margine, dar cu coatele şi cu genunchii gata să găsească cea mai mică denivelare în gheaţă, orice care să le oprească alunecarea. Se lăsară cu putere pe coada securii, apoi o scuturară cu frenezie până o scoaseră din gheaţă. Timp de câteva secunde nu mai avură nici un punct de sprijin, fiind ţinuţi doar de tensiunea corpurilor lor împotriva gheţii. Costas se uită în ochii lui Jack şi dădu din cap. Jack dădu drumul securii iar şi o ridică.

Se arcui şi o înfipse în gheaţă la un metru şi jumătate în faţă. Când Jack îşi arcui gâtul să scoată securea ca să mai lovească încă o dată, văzu un scafandru îmbrăcat într-un costum de protecţie negru atârnând de un cablu la aproape o sută de metri de aisberg şi îşi dădu seama că zgomotul pe care îl auzise era de la puternicele motoare ale Lynxului.

Urmară iarăşi o zdruncinătură şi un huruit dinspre despicătura din spatele lor. Zgomotul elicopterului fu acoperit de scrâşnetul terifiant al gheţii. Pereţii crevasei se îngustau. Securea era bine echilibrată, dar nu mai era loc să-şi ia avânt. Simţiră încă o zdruncinătură, şi într-o clipită fură acoperiţi de un val de gheaţă măruntă, apoi totul se întâmplă foarte repede. Ferestruica de gheaţă se pierduse în haosul din apă, un vârtej ameţitor care se ridica înspre ei, şi brusc alunecară căzând rapid înspre fereastra care era orientată în jos, spre abis. Jack se lovi de apă cu o izbitură puternică, cu securea încă în urma lui, apoi fu împins de forţa apei care cădea în cascadă din pântecele crevasei. Gheaţa măruntă în care aproape îşi găsiseră sfârşitul îi împinse acum afară din aisberg, într-un tumult frenetic chiar când pereţii de gheaţă se ciocneau violent, închizând crevasa pentru totdeauna.

Dar încă nu se terminase. Jack văzu un zid imens şi alb care avansa înspre ei şi care se întindea cât vedeai cu ochii în toate direcţiile. Crevasa era departe sub ei, marcată doar de un şir de bule care se ridicau într-o parte a aisbergului, încadrând imensitatea întunecată a abisului. Pe măsură ce aisbergul se rotea, Jack avea impresia că urca în sus, dar corpul său îi spunea exact opusul.

– Ne trage în jos, strigă Costas cu vocea distorsionată. Umflă-ţi costumul şi înoată!

Jack apăsă pe butonul de admisie a aerului şi începu să dea din picioare cu putere, apucând cu braţul stâng umărul lui Costas. Indicatoarele de adâncime arătau că abia se mişcau. Erau încă prinşi în forţa aisbergului şi traşi în jos. Îşi ridică privirea şi văzu soarele strălucind în valuri chinuitor de aproape. Simți iar un gol în stomac. Scăpaseră din aisberg, dar acum erau în pericol de moarte, la câțiva metri de suprafață. „Nu se poate întâmpla așa ceva.“ Începu să respire anormal de rapid, făcând să scadă nivelul oxigenului rămas în tuburile lui Costas. Respirația îi deveni din ce în ce mai sacadată.

– Îți golesc rezervorul.

Costas respira anevoios, înconjurat de bule, și dădea din picioare cu frenezie în timp ce deconecta furtunele lui Jack devenite inutile și desfăcea închizătoarea de urgență de la cilindri, aruncând în adâncuri tuburile de oxigen și rucsacul cu consola care conținea tubul gol de trimix.

– O să fac același lucru și la mine, gâfâi el. Mai putem respira doar un minut și oricum nu ne folosesc la nimic. Pregătește-te să-ți deconectez furtunul. Oprește-te acum și, când îți fac semn, ia cinci guri de aer.

– Mă țin de tine, spuse Jack cu greutate. Dacă tu te duci la fund, merg și eu cu tine.

Costas își deconectă tubul de oxigen, iar acesta dispăru rapid în apă. Duse mâna stângă la închizătoarea de urgență din rucsacul său și cu dreapta găsi butonul de deconectare de sub cască. Aisbergul îi trăgea deja tot mai rapid în abis, iar șansele lor scădeau cu fiecare metru.

– Acum!

Jack luă cinci guri de aer, apoi își smulse furtunul. În același timp, Costas dădu drumul furtunului și echipamentului său. Cu mâna stângă Jack apucase umărul lui Costas, iar în dreapta avea securea; amândoi înotau foarte hotărât spre suprafață, bătând apa cu lovituri puternice. Pentru câteva secunde se simți bine, bucurându-se de oxigen și amintindu-și să expire pe măsură ce avansau. Dar apoi începu partea grea a acestei evadări, și simți primul semn de disconfort. Se mișcau în mod constant spre suprafață, un metru la câteva secunde, dar mai aveau încă mai mult de douăzeci de metri până sus.

Dacă se opreau, aveau să fie trași înapoi. Jack nu mai respira acum, iar plămânii săi își cereau instinctiv partea, sorbind orice urmă de aer din casca de protecție. Picioarele începură să-i tremure din cauza lipsei de oxigen. Începea să-și piardă cunoștința, copleșit de efortul depus. Nu avea să reușească. Se opri din înotat și, cu un ultim gest conștient, încercă să se elibereze din strânsoarea lui Costas care avea încă putere să înoate, dorindu-și cu disperare să-i dea prietenului său o șansă să ajungă viu la suprafață.

Dintr-odată simți o senzație ciudată, o stare de imponderabilitate bizară. Se oprise din înotat, dar, cu toate astea, ceva îl împingea în sus. Era vag conștient că aisbergul se oprise. Din instinct, găsi supapa și dădu drumul aerului din costumul său, ca să mai micșoreze din viteză. Apoi ajunse la suprafață, orbit de lumina soarelui. Își desfăcu rapid casca de protecție și respiră cu aviditate aerul rece și proaspăt, încercând din răsputeri să-și recâștige forța vitală. Imediat ce fu în stare, se întoarse și se uită cu atenție în valurile strălucitoare, acoperindu-și ochii cu mâna. După câteva secunde de neliniște, observă un cap care se balansa pe valuri la câțiva metri depărtare.

– Ești bine? gâfâi el.

– Faptul că am înotat puțin ne-a rezolvat problema decompresiunii.

Vocea lui Costas suna foarte ciudat în aparatul de emisie-recepție, distorsionată de aerul rece. Era cu spatele la Jack, părând să nu bage în seamă nimic din ce se întâmpla în jurul său, concentrat pe două indicatoare pe care le ținea în mână.

– Dar este o discrepanță între indicatoare. Este foarte enervant. Trebuie să le cârpăcim puțin.

Jack reuși să schițeze un zâmbet. Se întinse pe spate, lăsând soarele să-i mângâie chipul. Auzi sunetul elicopterului care cobora deasupra lui și apa împroșcată de scafandrul venit să-i salveze. Își deschise un ochi și văzu lama strălucitoare lângă el, trofeul pe care refuzase să-l arunce. Brusc, extraordinara lor descoperire din aisberg îi reveni în memorie, împreună cu un val de adrenalină care îi străbătu tot corpul. Închise ochii, cuprins de încântare. Un val îi trecu peste față, un șuvoi rece care îi lăsă urme de sare pe buze. Avea un gust extraordinar.

11

– Dar știu că ai ditamai sloiul de gheață acolo!

– Stai să vezi ce am mai găsit!

James Macleod tocmai pusese o compresă pe rana lui Jack de la picior. Costumul său de protecție era îmbibat de sânge, dar compresa reușise să oprească sângerarea pentru moment. Jack se sprijini de peretele despărțitor, având o figură obosită, și își aranjă casca de protecție și căștile. Când nu vorbea, respira adânc din regulatorul de oxigen care îi fusese dat imediat ce ajunsese la bordul Lynxului.

– Nu cred că vrei să știi ce șanse de supraviețuire aveai după calculele lui Lanowski.

– Nu, nu vreau.

Jack era sleit de oboseală, dar, cu toate astea, simțea nevoia de a vorbi și de a le spune ce se întâmplase.

– Când a început *piteraq*, motoarele erau oprite. Ne-a spus Inuva că sunt foarte periculoase, dar nu am avut nici cea mai vagă idee cu ce ne confruntam. Nici nu am putut să scoatem elicopterul din hangar. A fost groaznic, parcă eram înconjurați de spirite care urlau în jurul nostru.

– Da, am văzut din crevasă.

– Când aisbergul s-a rostogolit, infernul s-a dezlănțuit. Valuri uriașe au lovit țărmul și au măturat cortul unde l-am întâlnit pe Kangia. Șamanul era încă acolo. Imediat ce vă lăsăm la bordul *Seaquest II,* elicopterul va pleca în căutarea lui, dar sunt puține șanse să-l găsim.

– Inuva? întrebă Jack.

– Ea este bine. Era cu Lanowski.

Macload se repezi să-l ajute pe bărbatul care aducea încă o persoană prin ușa elicopterului. Câteva secunde mai târziu, Costas era legat în scaun alături de Jack, aranjându-și casca de zbor și trăgând recunoscător aer din regulatorul care îi fusese înmânat.

– Ești bine? întrebă Jack.

Costas trase câteva guri de aer, apoi micșoră debitul regulatorului, aruncându-i lui Jack o privire tristă.

– Hmm, stai să mă gândesc. Jack se uită la el cu o compasiune exagerată. Sonda ta de forare a gheții.

– Luni întregi de cercetări și îmbunătățiri, zise Costas cu tristețe. Și era singurul prototip pe care îl aveam. Va trebui să îl fac pe următorul de la zero.

– Nici o grabă din punctul meu de vedere, spuse Jack. Cred că tocmai am tăiat de pe listă scufundările în interiorul aisbergurilor. Se întoarse spre Macleod. Care era planul de rezervă?

– Când am văzut că aisbergul s-a rostogolit cu trei sute șaizeci de grade, ne-am gândit că mai aveți o șansă. Lanowski și-a amintit de crevasa care era deasupra corabiei. Simularea prealabilă a despicării pereților, chiar și calculul încărcăturii explozibile de care aveam nevoie au fost în întregime ideile lui.

– Ce-i al lui e al lui, murmură Costas.

– Deci cu asta se ocupă Ben, zise Jack.

Macleod confirmă.

– Ben s-a oferit voluntar să coboare încărcătura. A încercat de vreo șase ori, dar pur și simplu nu reușea să se apropie destul de mult de despicătură. Vântul ne lovea cu putere, și trebuia să luptăm să menținem elicopterul în poziție. Apoi te-a văzut în interiorul crevasei. Tocmai încerca să arunce cablul înăuntru, când aisbergul a început să se rostogolească din nou.

– Sunteți niște eroi, spuse Costas.

Macleod scutură din cap zâmbind.

– Suntem doar personalul auxiliar. Eu nu-mi dau seama cum ați reușit voi.

În acel moment membrul echipajului care se ocupa de recuperare aduse înăuntru o a treia persoană și asigură cablul troliului. Ben își scoase masca și se uită neliniștit la Jack și la Costas. Le făcu semnul de OK al scafandrilor, și ei îi răspunseră în același mod.

– OK, Andy. Macleod bătu în peretele despărțitor din spatele pilotului. Trebuie să plecăm de aici înainte ca aisbergul să se mai rotească încă o dată. Suntem gata.

– Recepționat.

Ceilalți își legară centurile de siguranță prinse de scaunele din compartiment. Elicopterul se înălță și prinse viteză, iar Costas întinse mâna spre securea așezată la picioarele lui Jack.

– Apropo, mulțumesc că m-ai salvat din iadul ăla înghețat.

– Eram dator. Îmi amintesc de ajutorul primit cu ceva timp în urmă, undeva în interiorul unui vulcan.

Costas se uită cu căldură la prietenul său și dădu din cap; pe față i se citea oboseala. Jack se așeză mai bine în scaun și trase adânc din regulator, simțindu-se înviorat cu fiecare gură de aer pe care o inspira, știind că oxigenul îi curăța plămânii de excesul de azot. În dreapta sa, se putea vedea asibergul uriaș, asemănător unui munte, iar în stânga, departe înspre golf, forma strălucitoare a *Seaquest II.* Fu năpădit de sentimentul de euforie care îl copleșise când ieșise la suprafață. De luni de zile de când se întorseseră din expediția de la Marea Neagră, sentimentul unei nesiguranțe tainice nu-i dăduse deloc pace, sentimentul că riscurile erau mult mai mari decât premiul și că își pierduse îndemânarea și curajul. Acum știa că venise înapoi unde îi era locul. Închise ochii și căzu rapid într-un somn adânc lipsit de vise.

– Scuzele mele, spuse Lanowski. Nu am luat în calcul și furtuna.

– Tu ne-ai avertizat, răspunse Jack. A fost alegerea mea.

Jack și Costas stăteau pe puntea principală rezemați de parapetul de la babord, acolo unde, cu câteva minute în urmă, elicopterul îi descărcase împreună cu Macleod fără prea mare tam-tam. Nava se menținea pe poziție în golful Disko, cam la un kilometru și jumătate înspre vest față de intrarea în fiord, și Jack putea vedea, chiar în fața lor, vârful aisbergului dincolo de parapetul de la tribord. Chiar și de la această distanță, priveliștea era incredibilă, și își reamintiră de forța colosală a aisbergului și de bucata imensă de gheață care se rupsese provocând un val uriaș ce măturase țărmul, acolo unde cu o zi în urmă aterizaseră ei pentru a-l vizita pe bătrânul eschimos. Fuseseră extraordinar de norocoși că aisbergul se rotise cu trei sute șaizeci de grade și că furtuna puternică îl determinase să se întoarcă în poziția inițială, lăsându-l sprijinit foarte precar pe marginea exterioară a pragului. La următoarea rotire, se va rostogoli și nu-și va mai reveni, îngropând pentru totdeauna orice sursă de aer sub sute de metri de apă înghețată.

Lanowski fusese primul din echipa de cercetare care ajunsese la ei pe puntea principală, alăturându-li-se membrilor echipajului care ghidaseră aparatul la apuntare și acum îi ajutau pe Costas și pe Jack să-și dea jos costumele de protecție. Curând li se alătură și Maria, a cărei privire în care se citea ușurarea se transformă rapid în îngrijorare când văzu coapsa însângerată a lui Jack. Doctorul vasului venise deja la fața locului și tăiase bandajul existent, iar acum dezinfecta rana.

– Nu este chiar așa de grav cum pare. Jack tresări când doctorul îi aplică o sutură și îi scoase bucata de gheață din picior. Natura mi-a oferit compresa ei de gheață.

– Ai avut noroc, să știi, zise doctorul. Mai avea puțin și tăia artera femurală.

– Este fantastic, spuse Lanowski scuturând din cap și chicotind, cufundat în lumea lui. Cât timp ați fost voi plecați, eu și Inuva am încercat să descoperim locul în care trebuie să fi fost găsită corabia, în expediția din 1930. Acum ar trebui să pot folosi coeficientul de scurgere a ghețarului pentru a afla unde și-au ancorat vikingii corabia pentru rugul funerar. Aș spune că pe unul dintre fiordurile afluente, la nord de Ilulissat, acolo unde calota este mai accesibilă dinspre mare. Își aranjă ochelarii pe nas și se uită la Jack. Să ai acces la o lume atât de îndepărtată care să poată fi datată mi se pare lucrul cel mai măreț din întreaga expediție. Ar trebui să îmi confirme teoria scurgerii ghețarilor, și, pentru început, vom fi siguri de viteza cu care gheața a fost eliberată în ultimul mileniu. Eforturile voastre au meritat! Felicitări!

– Tocmai am descoperit o corabie vikingă! spuse Costas exasperat. Una dintre cele mai senzaționale descoperiri arheologice din toate timpurile. Cred că este totuși un pic mai interesant decât viteza cu care este eliberată gheața.

Lanowski se uită la el, dar fără să-l privească cu adevărat, cu mintea deja departe, într-o lume a calculelor și a ecuațiilor. Scoase un calculator din buzunar și începu să îl butoneze agitat, ridicându-și din când în când privirea și mormăind ceva pentru sine. Costas dădu din cap neîncrezător când Lanowski se întoarse fără nici un cuvânt spre camera computerelor.

– Un om cu un orizont limitat.

– Dar care are o minte extraordinară, spuse Jack zâmbindu-i lui Costas. Tocmai de aia suntem o echipă. Nu mă pricep prea bine la matematică.

Jeremy apăru lângă Maria, care îi dădu un cot, împingându-l spre Jack.

– Am tradus piatra runică dată de Kangia și descoperită de nemți în interiorul crevasei, spuse el cu timiditate.

– Fantastic. Hai să auzim ce ai aflat!

– Este în norvegiana din partea vestică, secolul al XI-lea, foarte diferită de runele folosite în Anglia și în Danemarca în acea perioadă.

– Așa...

– Numele său era Halfdan.

– Asta știm. Un veteran din Garda Varegă la Constantinopol.

Jack ridică obiectul pe care-l ținuse pe genunchi în tot acest timp, și Jeremy îl recunoscu imediat. Se uita cu gura căscată în timp ce Jack arăta spre inscripția runică de pe tăișul securii.

– Ei, drăcia dracului! Jeremy lăsă brusc timiditatea deoparte. Sunt identice cu runele lui Halfdan de la Hagia Sofia din Istanbul.

– El este cel pe care-l căutăm.

– Un bărbat înalt, cu barbă, de vârstă mijlocie și cu părul lung blond, interveni Costas. Cu tenul un pic uscat din cauza vremii și carbonizat pe alocuri, dar altfel într-o formă destul de bună pentru un tip care nu s-a mișcat deloc timp de o mie de ani. Tocmai ne-am întâlnit cu el în drumul său spre Walhalla.

– Cum?

Costas arătă cu degetul spre intrarea în fiord.

– În interiorul aisbergului. E în gheață. Eram chiar deasupra camerei mortuare când ghețarul s-a rostogolit. Rugul funerar s-a stins probabil când corabia a intrat în gheață, și flăcările l-au afectat doar pe alocuri. Eu cred ca acea piatră magică era pe trupul său.

Unul dintre membrii echipajului își făcu loc printre ceilalți și îi înmână lui Jack o hârtie; acesta o luă și o citi repede, iar apoi se uită în depărtare, un zâmbet încolțindu-i pe buze.

– Știam eu.

– Ce e? întrebă Costas.

– O bănuială pe care am avut-o înainte să ne scufundăm. Era prea nebunească, așa că nu ți-am spus nimic. Mai ții minte ce an apărea pe lemnul din corabie, 1040 plus sau minus câțiva ani? Din nu știu ce motiv, nu m-am putut gândi la altceva decât la cum a fugit Harald Hardrada din Constantinopol. Dacă epopeile sunt veridice, înseamnă că a avut loc foarte aproape de o dată de mijloc, în 1042.

– Și?

– I-am rugat pe cei de la laboratorul IMU să facă o comparație între fragmentele lemnoase pe care le avem din lanțul din Constantinopol și lemnul din corabie adus de sonda exploratoare a lui Macleod. Să identifice specia lemnoasă, caractersiticile inelelor anuale, descrierea fibrelor și a celulozei.

– Zii mai departe!

– Nu doar că sunt din aceeași specie, stejar norvegian, zise Jack cu entuziasm. Ci sunt chiar din același copac. Este incredibil. Scânduri tăiate din trunchiul aceluiași copac.

– Ooo, stai puțin. Costas întinse o mână în față, încercând să-și pună ordine în gânduri. Stai să văd dacă am înțeles bine. Sugerezi că una dintre corăbiile folosite de Harold Hardrada pentru a fugi din Constantinopol cu prințesa și cu comorile este una și aceeași corabie cu cea pe care am văzut-o noi în aisberg?

Jack îi aruncă prietenului său o privire ciudată și dădu afirmativ din cap.

– Bineînțeles, spuse Costas pocnind din degete și uitându-se fix la Jack. Reparațiile făcute la carenă.

Se uită în sus spre ceilalți.

– Am descoperit o secțiune de scânduri care a fost înlocuită cu măiestrie lângă provă. Se vede și în fotografii. Bănuiam că era o avarie din cauza unei coliziuni cu bucăți de gheață sau de piatră, dar este exact în locul în care corabia ar fi trecut peste lanțul din port când au părăsit Constantinopolul. Scutură din cap, nevenindu-i să creadă, și se întoarse spre Jack. Deci dacă asta este una dintre corăbiile lui Harold, atunci unde este comoara?

– Cu siguranță nu au avut de gând s-o ardă pe rug, zise Jack. Și nu știm nici data la care s-a întâmplat asta. Bărbatul văzut de noi, Halfdan, era mai bătrân, și ar fi putut naviga pe aici cu mulți ani după aventura din Constantinopol, încercând probabil să-și croiască o nouă viață în așezările din Groenlanda. Pe atunci Harald trebuie să fi fost deja rege al Norvegiei, și comoara luată pe când era în Garda Varegă sigur era bine păzită în fortareața lui de la Trondheim.

În acel moment, se auzi o bubuitură puternică dinspre fiord, urmată de un zgomot de cădere care se răsfrânse pe suprafața apelor liniștite. Încă o bucată imensă de gheață se desprinse din aisberg, dispărând din raza vizuală și afundându-se în adâncuri, apoi reapărând la suprafață ca o balenă albastră într-un golf.

– Ce facem cu corabia? întrebă Macleod cu îngrijorare, uitându-se la aisberg. Nu mai avem mult timp. Ar fi foarte riscant să ne mai apropiem, dar putem încerca iar cu sonarul.

Jack ridică securea de pe genunchi, învârtind-o până când razele soarelui străluciră în tăișul metalic. Se uită la ea gânditor pentru câteva clipe, apoi își întoarse privirea spre Maria, știind că amândoi se gândeau la vizita făcută ieri bătrânului eschimos și la teama ei de Fenrir, zeul-lup al nordicilor gravat pe prova, și își dădu seama că acesta fusese spiritul păzitor al corabiei.

– Am făcut sute de fotografii, răspunse Jack. Destule pentru o reconstrucție fotogrametrică. Nici vorbă să se mai apropie cineva de aisbergul ăla. Când ne-am întâlnit cu Halfdan, era la jumătatea drumului spre Walhalla. Cred că ar trebui să-l lăsăm să-și termine călătoria.

– Dar securea ?

Jack ridică iarași securea în mâini.

– O să mă gândesc la Mjøllnir ca la un împrumut, zise el. L-a ajutat pe Halfdan în toate luptele alături de Harald Hardrada și ne-a scos și pe noi din câteva încurcături. Încă are ceea ce vikingii numeau noroc în luptă. Ceva îmi spune că acei zei nordici străvechi ne îndeamnă să mergem mai departe, și ăsta este unul dintre cele mai bune indicii. Dacă Halfdan încă mai avea securea sa neprețuită din luptele de la Constantinopol, atunci cine știe ce altceva ar mai fi putut aduce vikingii aici.

– Bine că mi-am adus aminte, zise Costas sărind în sus dintr-odată și băgând mâna într-un buzunar. Am scos asta din gheață exact când începuse coșmarul. Uitasem complet.

Scoase obiectul, și văzură cu toții că era altă armă, un pumnal de mărimea unui cuțit de vânătoare cu o lamă din oțel lucitor și un mâner gravat. Îl ridică, și lama de oțel îi străluci în soare, iar membrii echipajului, care se tot mișcau pe punte, se strânseră toți în jurul lor, privind uimiți.

– Lasă-mă să arunc o privire mai îndeaproape, spuse Macleod. Ceva nu e în regulă.

Costas i-l dădu, și văzură ce îi atrăsese atenția lui Macleod, iar uimirea lor se transformă în neîncredere.

– O svastică, exclamă cineva.

Macleod întoarse pumnalul pe toate părțile.

– Exact cum am bănuit, murmură el. Chiar au descoperit corabia. Uitați-vă la mâner. Un craniu și două oase încrucișate, simbolul morții. Ăsta e un pumnal nazist, o armă purtată doar de un membru SS.

Urmă o tăcere mormântală, și apoi o femeie din echipaj vorbi încet:

– Îmi poate explica vreunul dintre voi cum a ajuns un pumnal nazist într-o corabie vikingă aflată în interiorul unui aisberg?

Macleod îi dădu înapoi pumnalul lui Costas și se uită spre Jack.

– Cred că e momentul să spui întreaga poveste echipajului.

În acel moment puntea se clătină, ceva neobișnuit pentru o navă care era dotată cu cel mai modern sistem de stabilizare dinamică. Marea era nemișcată și acoperită de o ceață plumburie. Apoi cineva strigă dinspre balustrada de la tribord:

– Aisbergul! Se rostogolește!

Toți, în afară de Costas și de Jack, se duseră la cealaltă balustradă ca să vadă gura fiordului. Chiar dacă era la mai mult de un kilometru jumătate, spectacolul era uluitor, o etalare care îți tăia respirația a unor forțe pe care nici o putere umană nu le putea controla. Prin ceață văzură partea din față a asibergului scufundându-se în apă și rostogolindu-se peste prag, împroșcând bucăți de gheață în toate părțile. După ce aisbergul se liniști, Jack și Costas înțeleseră că nava vikingă era pierdută pentru totdeauna în abisuri, iar războinicului ei îi era destinat să navigheze înspre sud de-a lungul rutei vikinge de navigație spre Lumea Nouă și să își găsească locul păcii eterne. Fuseseră foarte aproape de a-și găsi și ei moartea acolo; Jack se trezi strângând securea cu putere în timp ce el și Costas erau rezemați de parapet și priveau cum aisbergul plutea maiestuos spre mare.

Piciorul lui Jack pulsa, și îl durea tot corpul. Se dezbrăcară încet de costumele de protecție, copleșiți amândoi dintr-odată de o oboseală extremă. Îi văzu pe Maria și pe Jeremy purtând o discuție aprinsă, ca și cum ea încerca să-l convingă de ceva, iar apoi se îndepărtară de grupul de lângă parapetul de la tribord și se întoarseră pe punte, Jeremy fiind în spatele Mariei. Macleod li se alătură, și Jack se uită fix la Jeremy pe măsură ce se apropiau.

– Nu ne-ai spus tot ce scria pe piatra magică.

– Asta aveam de gând, spuse Jeremy scoțând un palm computer din buzunar și, dregându-și glasul, îi activă ecranul. Țineți-vă bine!

– Ascultăm.

– Sunt cinci rânduri de rune în total, gravate pe o plăcuță de cuarț de către o singură persoană. După cum am spus, sunt norvegiene, din secolul al XI-lea, și războinicul nostru este acelaşi Halfdan care şi-a scrijelit numele în Hagia Sofia din Constantinopol.

– Ce scrie?

Jeremy îşi drese iarăşi glasul.

– A trebuit să mai adaug eu câteva elemente ca să aibă sens, dar ăsta este esenţialul: „Halfdan a murit aici din cauza rănilor căpătate în lupta împotriva regelui Angliei, lângă Yorvik. Halfdan va lupta iarăşi pentru Odin la Ragnarok. Harald Sigurdsson, regele său, a scris aceste rune în iarna de după bătălie. Lupul îl duce pe Halfdan în Walhalla. Vulturul pluteşte înspre vest spre Vinland".

Urmă o tăcere mormântală. Jack se opri din dezbrăcat şi se uită fix la Jeremy.

– Harald Sigurdsson. Adică Harald Hardrada.

– Inscripţia de pe *mappa mundi* de la Hereford sugera că fusese pe aici, zise Maria. Acum suntem siguri.

Jeremy o aprobă.

– *Lupul* trebuie să fi fost numele corabiei din aisberg. Iar *Vulturul,* cealaltă corabie, care a navigat spre Vinland. Asta e denumirea aşezării vikinge din Newfoundland, cel mai îndepărtat avanpost viking din vest şi singurul cunoscut din America de Nord.

– Stai o clipă, îl opri Jack, cu gândurile învălmăşindu-i-se în cap. Yorvik era numele viking pentru York, aflat la aproape zece kilometri la vest de Stamford Bridge. Bătălia nu poate să fie alta decât cea de la Stamford Bridge, din 1066, dintre regele Harold Godwinson al Angliei şi regele Harald Hardrada al Norvegiei.

– Exact.

– Dar Harald Hardrada a murit la Stamford Bridge.

– Asta spun cărţile de istorie, răspunse Jeremy liniştit. Dar adu-ţi aminte că nu existau martori oculari ai bătăliei. Evenimentele din acel an au fost complet eclipsate de cucerirea normandă, şi analele normande nu aveau nici un interes să preamărească victoria englezilor. Majoritatea lucrurilor pe care le știm vin dintr-o scurtă mențiune din *Cronica anglo-saxonă* și din *Heimskringla*, istoria legendară a regilor Norvegiei, scrisă în Islanda aproape două secole mai târziu. Copia *Cronicii* pe care am descoperit-o în biblioteca Hereford o menționează, dar pe scurt, în doar câteva rânduri.

– Aveau destule motive s-o omită, ba chiar și să inventeze, murmură Costas.

– Dumnezeule, exclamă Jack, rezemându-se de balustradă cu fața udă de apa mării și de transpirație. Deci Harald Hardrada nu a murit la Stamford Bridge. Asta schimbă totul. Într-un fel sau altul, el și războinicii săi au ajuns până aici, în aceleași două corăbii folosite pentru a fugi din Constantinopol, cu douăzeci de ani în urmă. Mai țineți minte comoara de la Michelgard, acea referință incredibilă de pe harta Hereford? Harald a avut cu el comoara atunci când s-a dus în Anglia, pregătit pentru un marș triumfal prin York și Londra, dar care nu a avut loc niciodată. În schimb, după înfrângere, și-a luat comoara și, împreună cu ea și cu războinicii supraviețuitori, a plecat spre vest, căutând un tărâm nou dincolo de marginile lumii vikinge. Jack ridică securea lui Halfdan și zâmbi jubilând. Cred că tocmai am obținut o victorie. Știam eu că e o idee extraordinară să venim aici.

– Atunci îți va face plăcere să ai asta, spuse Costas căutându-se într-un buzunar interior în costumul de protecție și scoțând o sferă de gheață. Credeam că mi-a scăpat când s-a rostogolit aisbergul, așa că nu ți-am mai spus despre ea. Am găsit-o deasupra camerei mortuare, chiar lângă pumnalul nazist.

Îi întinse obiectul lui Jack, care îl învârti în palmă și i-l dădu Mariei. O bucată de aur strălucitor ieșea dintr-o parte, iar Maria o studie cu mare atenție.

– Este un inel, cu un desen viking, șopti ea. Aur împletit ca o banderolă în miniatură sau ca un colier. Dar nu am mai văzut nici unul cu o pecete ca asta.

Încercă să topească gheața cu căldura palmelor ei și încet, încet aurul de dedesubt ieși la iveală. În câteva clipe, îl ținea în sus, în soare.

– Se poate vedea suprafața peceții. Are un desen imprimat. Pare a fi... Vocea i se stinse pentru câteva secunde, dar apoi își reveni. Jack, spune-mi te rog că nu am halucinații.

Îi dădu inelul lui Jack, care se uită încordat prin pojghița de gheață care mai acoperea pecetea. Forma de dedesubt era oscilantă, reflectată de lumina soarelui într-o multitudine de forme, dar cu toate astea conturul era inconfundabil.

– *Menora!*

Se uită la forma cu șapte brațe cu inima bătându-i de să îi sară din piept de emoție. Se întâmpla ceva nemaipomenit. Mai întâi corabia din gheață se dovedise a fi vikingă, un vas funerar al unui războinic din Garda Varegă. Un bărbat care îl slujise pe Harald Hardrada și a cărui ultimă călătorie spre granițele îndepărtate ale lumii fusese făcută cu aceeași corabie cu care Hardrada fugise din Constantinopol, o corabie care navigase în Cornul de Aur chiar prin locul în care, cu câteva zile în urmă, Jack și Costas stătuseră la bordul lui *Sea Venture*. Și acum asta, o conexiune incredibilă cu una dintre marile comori ale Antichității, ceva despre care Jack credea că dispăruse pentru totdeauna după bătălia de la Stamford Bridge.

– Nu vă faceți speranțe prea mari, spuse Costas încet. Se poate să nu fie chiar ceea ce pare.

– Ce vrei să spui?

Costas se apropie și se uită în interiorul inelului, la fața interioară a peceții.

– Cum spunea Maria mai devreme... spune-mi că nu am halucinații.

Jack întoarse inelul și lăsă să-i scape un icnet. Era o formă la fel de cunoscută ca menora, dar era modernă. Se uitaseră la ea cu doar câteva minute mai devreme, pe pumnal. Era o svastică.

Jack își ridică privirea încet, exaltarea fiindu-i înlocuită de o stare de șoc. Maria se uită la el, și apoi se întoarse spre Jeremy, cu fața lipsită de expresie.

– Acum este momentul, îi spuse ea tânărului cu hotărâre.

Se așeză între Jack și Costas, iar Jeremy rămase în picioare, foindu-se și arătând mai palid ca de obicei.

– Jack, spuse Maria încet, în ceea ce privește expediția nazistă... Sunt mai multe lucruri pe care trebuie să le afli. Sunt în joc niște forțe mult mai întunecate decât ne-am fi putut imagina vreodată. Jeremy are să-ți spună ceva.

12

Maria și Jeremy îi conduseră pe Jack și pe Costas de-a lungul impozantei intrări vestice a abației Iona peste dalele de piatră ale naosului. Înăuntru era foarte frig, dar pentru ei era o schimbare bine-venită după căldura toridă de vară de afară; fereastra din partea estică a altarului scălda camera într-o lumină puternică. Un bărbat înalt și blond stătea uitându-se contemplativ pe fereastră, cu brațele încrucișate la piept și sprijinindu-și bărbia cu o mână. Când îl văzu pe Jack, păru să-l recunoască, și arătă spre intrarea din fața sa. Jack încuviință și îi urmă pe ceilalți doi printr-o intrare joasă de piatră care dădea într-o curte interioară a mănăstirii.

– Părintele O'Connor ne așteaptă, spuse Jeremy. Este un membru vechi al comunității din Iona și are în partea nordică o cameră unde se retrage pentru cercetările și scrierile sale atunci când poate scăpa de la Vatican.

– Avem încredere în el? întrebă Costas cu vocea răsunându-i printre arcadele mănăstirii. Adică, este totuși un străin pentru noi.

Maria se opri și se întoarse brusc spre el.

– Nu te-ai mai afla aici dacă nu am avea încredere în el.

– OK, spuse Costas care îl văzu pe Jack făcându-i semne să nu mai comenteze. Scuze. Doar că am bătut atâta drum până aici.

– A insistat să ne întâlnim cu el aici, spuse Maria cu o voce tăioasă, oprindu-se și scoțându-și telefonul. Vin și eu. Trebuie să dau un telefon urgent. Vă arată Jeremy drumul.

În acea dimineață zburaseră în Embraer-ul IMU din Groenlanda la Glasgow, în Scoția, iar apoi luaseră elicopterul care îi aștepta și ajunseseră pe insula Mull, o sută șaizeci de kilometri spre nord-vest. Trecuseră doar douăzeci și patru de ore de când Jack și Costas scăpaseră din pericolul de moarte din interiorul aisbergului, și ambii dormiseră duși tot drumul până aici. Ajunși pe insula Mull o apucaseră pe ruta de pelerinaj binecunoscută spre insula sfântă Iona, luând feribotul ca să treacă canalul îngust către Port Rònain, apoi merseseră prin sat până la abația înconjurată de pajiști și de apa mării de un albastru strălucitor. În timp ce priveau mănăstirea, Jeremy începu să explice că acolo fusese o clădire încă din vremea când Sfântul Columba venise din Irlanda cu aproape o mie cinci sute de ani în urmă, supraviețuise atacurilor vikinge, Reformei și abandonului care îi urmase, iar acum era din nou o mănăstire înfloritoare și unul dintre cele mai sacre locuri din insulele britanice.

Merseră pe aleea scăldată în soare a abației spre o altă ușă micuță și urcară pe o scară de lemn spre un coridor de la mansardă ale cărui ferestre dădeau spre mănăstire. Jeremy bătu la o ușă, și câteva clipe mai târziu auziră zornăitul unui zăvor care se deschidea și al unui lanț care era scos.

– Domnilor, bine ați venit.

Părintele O'Connor îi pofti înăuntru și închise ușa la loc după ce intrară. Renunțase la sutana sa de iezuit, iar acum purta roba maronie simplă de călugăr care, împreună cu tunsoarea scurtă și cu crucea simplă de lemn de la gâtul său, dădea impresia că era desprins dintr-un tablou din Evul Mediu. Arăta palid și foarte obosit, parcă mai bătrân decât în urmă cu trei zile, când se întâlniseră în Cornwall. Camera era mică, plină de cărţi şi de hârtii, şi văzură într-un colţ al camerei laptopul la care lucra O'Connor. Îşi făcură loc printre cărţi şi se aşezară pe nişte scăunele de lemn aranjate în semicerc în faţa biroului său. Deasupra şemineului, Jack recunoscu o reproducere într-o versiune redusă a *mappa mundi* de la Hereford, şi, sprijinită de ea, văzu o copie scanată a exemplarului hărţii găsite de Jeremy şi de Maria în casa scărilor din Catedrala Hereford, cu extraordinara imagine a Lumii Noi în partea de jos, în stânga.

– Hai să trecem direct la subiect, începu O'Connor. A fost o călătorie lungă.

– Mulţumim, spuse Jack.

Îşi deschise geanta pe care o avea cu el şi scoase pumnalul nazist şi inelul de aur cu simbolul menorei, aşezându-le pe masă în faţa lui O'Connor. Bărbatul mai în vârstă se uită la obiecte şi tresări imperceptibil, întorcându-şi privirea. Dar apoi se uită în sus, privindu-l fix pe Jack.

– În primul rând, vreau să-i cer iertare lui Jeremy pentru povara pe care am pus-o pe umerii săi. L-am luat sub aripa mea acum un an când a venit să studieze vechile inscripţii runice de la Iona. Căutam un coleg mai tânăr, un învăţat care să ducă flacăra mai departe. L-am pus să jure că avea să păstreze secretul, dar i-am spus, când ne-am întâlnit în Cornwall, că avea să vină timpul când aveam să-ţi dezvăluim şi ţie întregul secret. Nici măcar Maria nu a ştiut nimic până ieri.

– Orice ar fi, ai fi putut să ne spui atunci când am discutat despre *mappa mundi* şi menoră, zise Jack supărat.

– Trebuia să mă asigur că sunteţi de încredere. Credeţi-mă, eu sunt de partea voastră, şi avem un duşman comun.

– Eu nu ştiu de nici un duşman.

O'Connor se foi pe scaun, uitându-se în silă la obiectele de pe masă, apoi se aplecă sprijinindu-se în coate.

– Vom începe cu naziştii. După cum probabil aţi ghicit, nu sunteţi primii care vânează menora.

– Nu am crezut niciodată că am fi, zise Costas vesel. Nu se poate așa ceva. Cineva, undeva o caută. Oamenii nu uită niciodată comorile pierdute.

O'Connor schiță un zâmbet, dar apoi se uită cu seriozitate spre ei.

– Nu este așa de simplu precum pare. Și nu este un joc. Cea mai bună metodă de a vă arăta cu ce ne confruntăm este să vă spun ceva despre personajele din acea expediție Ahnenerbe din 1938.

– Știm de Künzl, dar încă încercăm să-l identificăm pe cel cu banderolă.

Relaxându-se treptat, Jack luă copiile fotografiilor pe care i le dăduse Kangia și le puse pe masă.

– Vă pot ajuta cu asta, spuse O'Connor șoptit. De când cu scandalul în care a fost implicat papa Pius al XII-lea, în legătură cu eșecul său de a condamna deschis fascismul în timpul celui de-al Doilea Război Mondial, Vaticanul este foarte sensibil în ceea ce privește această problemă. Am preluat recent poziția de purtător de cuvânt al Vaticanului în problema Holocaustului. Oficial intrăm în legătură cu grupuri evreiești și încercăm să îi reținem pe criminalii de război. Din nefericire, cei care au scăpat nepedepsiți sunt acum morți, dar încercăm să mai reparăm ce se poate, de dragul istoriei.

– Nu-mi imaginez pe vreunul dintre ei trecând de Sfântul Petru, zise Costas serios.

– Dumnezeu va fi judecătorul suprem, replică O'Connor. Dar cu siguranță există în iad un loc special pentru cei care ucid copii.

Se auzi o bătaie în ușă, și O'Connor se ridică și se uită pe vizor înainte de a deschide și de a-i face loc Mariei să intre. Ea se așeză pe scaunul rămas liber lângă Jack; toți o priveau, așteptând ceva. Părea palidă și tulburată.

– Am avut dreptate, spuse ea. Tocmai am vorbit cu un vechi prieten care lucrează la Centrul Holocaustului Wiesenthal din Berlin.

Jack îşi aminti brusc de originea evreiască a Mariei, tatăl ei trăgându-se dintr-o familie de sefarzi.

– Nazistul nostru nu a reuşit să intre la Heidelberg, dar trăia cu impresia că era un mare antropolog. A intrat în SS în 1933. După expediţia Ahnenerbe s-a oferit voluntar pentru SS-Totenkopfverbände, regimentele Cap de Mort. Cele care erau responsabile de lagărele de concentrare. Numele lui era Andrius Reksnys.

– Nu era german? întrebă Jack.

– Lituanian, răspunse Maria.

– Erau destul de mulţi din afara Germaniei gata să răspundă la chemarea lui Himmler, spuse O'Connor.

Telefonul mobil al Mariei ţârâi, şi, scuzându-se din priviri, femeia ieşi repede pe uşă. O'Connor tastă ceva pe laptop şi accesă câteva pagini de internet.

– Îl cunosc pe bărbatul acesta, spuse el încet. Uitaţi-l!

Întoarse ecranul spre ei, şi citiră dintr-un document scanat, tradus din germană.

Şeful Poliţiei de Securitate şi al Serviciului de Securitate, Berlin, 5 noiembrie 1941

55 copii

(copia 51)

RAPORT PRIVIND SITUAŢIA OPERAŢIONALĂ URSS, NR. 129a

Einsatzgruppe D[1]

Locaţie: Nikolaiev, Ucraina

---

[1] Einsatzgruppe (grup de intervenţie) – grupări paramilitare aparţinând de SS care aveau ca misiune principală anihilarea evreilor, ţiganilor şi adversarilor politici. Au acţionat pe teritoriul Europei de Est şi al Uniunii Sovietice. (n.red.)

Anexă la Raportul nr. 129 privind activitatea grupurilor de comando în spațiile libere ale evreilor și exterminarea grupurilor de partizani. Comandantul SS Andrius Reksnys a executat personal 341 de evrei. Total revizuit pentru ultimele două săptămâni: 32 108.

– *Einsatzgruppen!* spuse O'Connor pronunțând cuvântul cu repulsie. Brigăzile mobile ale morții conduse de Himmler. Ei sunt cei responsabili de moartea a peste un milion de evrei ruși, printre alții.

– Cum a scăpat monstrul acesta nepedepsit? întrebă Jack.

– Povestea obișnuită, începu O'Connor cu vocea ușor tremurândă de furie. Oricât de șocant ar părea, foarte puțini dintre cei care făceau parte din grupurile de comando au fost aduși în fața justiției. În ultimul atac asupra Rusiei, în 1945, Reksnys s-a deghizat în simplu soldat al Wehrmacht și a fugit în vest, predându-se britanicilor. Au existat unele suspiciuni în timpul interogatoriului, dar nimic concret. Când a fost eliberat, în 1947, sub numele de Schmidt, și-a recuperat fiul dintr-un orfelinat și a plecat în Australia. Împreună au făcut o avere din extracția de opal, lângă Darwin. Apoi, pe la mijlocul anilor șaizeci, și-a vândut brusc afacerea și a dispărut.

– Și fiul său? Cu siguranță era prea tânăr pentru a lua parte la război, spuse Jack.

– Pieter Reksnys avea șase ani în 1941, spuse O'Connor. Dar există o relatare a unui martor ocular, un evreu care a supraviețuit, la procesul celor din Einsatzgruppen, de la Nürnberg, în 1947, care spunea ceva despre un băiat care făcea parte din Tineretul Hitlerist și care îl însoțea pe *Sturmbannführer* Reksnys în misiunile sale. Este o relatare îngrozitoare, una dintre cele mai șocante din timpul procesului. Se pare că băiatul îi încărca Lugerul[1] tatălui său între două serii de execuții și chiar a executat și el însuși câteva persoane. Această

[1] Pistol de calibrul 7,65 mm din dotarea armatei germane (n.red.)

relatare a fost cea care i-a ajutat pe cei de la Interpol, în 1990, când s-au implicat, să facă legătura între Andrius și Pieter Reksnys și până la urmă să-i descopere în Mexic, unde fiul făcea trafic de droguri și de antichități. Acum are șaptezeci de ani și este încă acolo.

– De ce atâta timp? întrebă Costas nevenindu-i să creadă. De ce a durat atât de mult până să fie identificați?

– În ciuda a ceea ce se vede în producțiile hollywoodiene, să îi prinzi pe criminalii de război naziști nu a fost niciodată pe lista priorităților Vestului după război. Principalele agenții secrete, precum CIA sau MI6, erau complet absorbite de spionajul din timpul Războiului Rece. Știau totul despre Eichmann și Mengele și despre ceilalți naziști care fugiseră în America de Sud sau în America Centrală, dar aproape nimeni nu credea că mai reprezentau vreo amenințare. Doar israelienii mai făceau eforturi de a-i aduce în fața justiției.

– Și acum culegem roadele, murmură Costas.

– Nu chiar. O'Connor deschise un sertar și scoase o fotografie plastifiată, pe care o puse pe masă. Probabil nu vă mai aduceți aminte de asta. O notă de subsol din ziarele de acum opt ani, dar de fapt cea mai spectaculoasă moarte a unui nazist de la Eichmann încoace.

Era o imagine șocantă a unui bărbat mort întins cu fața în sus, zăcând într-o baltă de sânge, cu gura și cu ochii larg deschiși și cu fața contorsionată de durere. Era un bărbat în vârstă care purta un costum închis la culoare, cu brațul drept întins în față, lăsând la iveală o banderolă roșie cu o svastică neagră.

– Purta banderola în intimitatea casei sale, spuse O'Connor. Un nazist care nu s-a dezmințit până la sfârșit. În cazul în care nu ați ghicit deja, el este Andrius Reksnys. A fost împușcat în stomac, având astfel o moarte lentă și suficient timp pentru a se înspăimânta la gândul următoarei lui destinații.

– Mossad[1]? întrebă Costas.

– Există legături cu israelienii, răspunse O'Connor șoptit. Dar asta a fost o operațiune independentă.

Fața lui O'Connor era impasibilă. Vorbi cu răceală:

– Andrius Reksnys era un acolit al diavolului. Toate eforturile legilor internaționale de a-l aduce în fața justiției au eșuat. Merita să fie judecat atât de umanitate, cât și de Dumnezeu.

– Vrei să spui că Vaticanul are o brigadă de asasini? întrebă Costas.

– Vaticanul nu este doar o lumină călăuzitoare. Timp de secole, supraviețuirea noastră a depins de puterea pe care am avut-o în lumea profană, de puterea de a-i convinge pe necredincioși să i se supună lui Dumnezeu. Luați ca exemplu ordinul meu, iezuiții, sau cruciadele, sau Inchiziția. De-a lungul timpului, Vaticanul a supravegheat cea mai secretă rețea de informații din lume și nu s-a sfiit s-o folosească.

– Cruciadele nu au fost deloc un episod glorios, chiar dacă au avut intenții bune la început, mormăi Costas. Nu-mi pot imagina că papa a avut de gând să jefuiască Constantinopolul.

– Ai fi surprins, spuse o'Connor. Papalitatea a trebuit să reziste să nu fie trasă în jos prea mult de lumea laică și să piardă din vedere spiritualitatea care îi leagă laolaltă pe toți creștinii. Pe timpul celei de-a patra cruciade, Vaticanul avea o adevărată problemă cu Biserica Ortodoxă, schismatici pe care îi privea ca pe niște eretici. S-a transformat în dușmănie, și, ca toate dușmăniile, i-a făcut pe cei implicați să-și piardă rațiunea. Unii apologeți ai jafului de la Constantinopol chiar susțin că, de fapt, acesta era scopul cruciadei în ochii lui Dumnezeu, o pedeapsă pentru faptul că deviaseră de la calea cea adevărată.

– Sentimentul era reciproc, adăugă Jeremy. Niketas Choniates, un martor ocular bizantin, îi numește pe cruciați precursorii Antihristului.

[1] Serviciul de Informații al Israelului (n.red.)

– Vaticanul a trebuit dintotdeauna să lupte împotriva tentaţiilor din lumea întunecată, continuă O'Connor. Cei care luptă împotriva diavolului pot ajunge cu uşurinţă să îi fie acoliţi. Cruciadele au fost ultima mare încercare din Evul Mediu, şi nu am ieşit învingători tot timpul din această bătălie. Răbufniri monstruoase au explodat de-a lungul istoriei în momentele noastre de slăbiciune. Mai sunt unele persoane printre noi care simt că am fi cumva datori pentru că nu am reuşit să împiedicăm cel mai mare rău din toate timpurile, Holocaustul nazist.

– Deci moartea lui Reksnys nu are nici o legătura cu menora, zise Jack.

O'Connor făcu o pauză, apoi se ridică.

– Mi-e teamă că v-am indus în eroare. Moartea lui este legată de menora. Ascultaţi-mă cu răbdare!

Cineva ciocăni iar la uşă, şi O'Connor o lăsă înăuntru pe Maria, care se aşeză, cu telefonul mobil încă în mână.

– Am primit veşti de la Hereford, spuse ea cu seriozitate. Nişte veşti extraordinare. Echipa mea de la Institutul Oxford a terminat de dezgropat manuscrisele din casa scărilor. Este fantastic, cel mai preţios tezaur al manuscriselor anglo-saxone descoperite vreodată. Este ca şi cum ai găsi o bibliotecă romană în Vila Papirusurilor de la Herculaneum, şi va trebui să muncim la fel de mult pentru a aduna laolaltă toate bucăţile. Se uită spre Jeremy, care se aplecase spre ea, sorbindu-i cuvintele. Va fi nevoie de un post cu normă întreagă pentru toate acestea, asta dacă nu te grăbeşti să te întorci în State!

– Da, sigur că da.

– Atunci ce e cu figura aia tristă? întrebă Costas.

– Este vorba despre altceva ce au mai descoperit, zise Maria tulburată. Chiar la baza scărilor, îngropat sub toate hârtiile şi pergamentele. Scheletul unui bărbat înalt, îmbrăcat într-o sutană de călugăr. Are sute de ani vechime, din epoca medievală.

Membrele sale erau strâmbe, ca și cum cineva l-ar fi aruncat acolo, și avea craniul spart în partea din spate.

Urmă o tăcere mormântală, și O'Connor se îndreptă spre reproducerea *mappa mundi* de pe perete, după care se întoarse cu fața spre ei.

– Este exact cum bănuiam. În primăvara anului 1299, Richard de Holdingham, cartograf, a venit în acest loc pe insula Iona. Îl însoțea pe maestrul său, care era suferind, arhiepiscopul de Genova Jacobus de Voragine[1], în ultima sa călătorie. După aceea, Richard s-a îndreptat spre sud, spre Hereford, pentru a supraveghea crearea hărții începute de el cu cincisprezece ani în urmă. Erau niște greșeli în inscripțiile de pe hartă pe care voia să le corecteze. Lăsase o schiță drept exemplu pentru călugării de la Hereford, ca să aibă după ce lucra, dar călugărul artizan care o desena nu era un învățat. Acum noi știm chiar din exemplarul său personal, cel descoperit de Jeremy și de Maria, că voia să mai facă adăugiri, că avea o informație secretă de trecut în colțul stâng al hărții, acolo unde călugării, mai târziu, au adăugat inscripția care-l menționa drept cartograf. O'Connor se opri gânditor în fața șemineului. Știm că și-a petrecut ultima noapte la palatul episcopului Swinfield la Bromyard și că a luat drumul Herefordului deghizat în pelerin. Asta este ultima dată când mai auzim de el, după care dispare. Harta nu a mai fost niciodată corectată.

– Crezi că a fost asasinat? întrebă Maria cu o voce tremurată.

– Nu am nici cea mai mică îndoială.

– Îl simțeam atât de aproape, șopti ea cu vocea tremurându-i de emoție și strângând cu putere scaunul pe care stătea. Mi-am petrecut întreaga viață studiindu-l, și niciodată nu m-am simțit așa de aproape de el ca în acea după-amiază în catedrală. A fost ca și cum era lângă mine, acolo.

---

[1] În italiană, Giacomo (Jacopo) da Varazze (n.tr.)

– O crimă? Costas era mut de uimire. Și ce căuta tipul ăsta pe Iona? Poate cineva să-mi explice ce se întâmplă aici?

– Da, zise O'Connor deschizând un sertar. Ascultați-mă!

Câteva minute mai târziu, O'Connor se așeză pe scaunul său și îi lăsă pe ceilalți să studieze hărțile pe care tocmai le scosese din sertar. Pe toată masa era întinsă o hartă la scară mare a Angliei de Nord, și lângă ea așezase planul luptei de la Stamford Bridge, din 1066. Pe harta mare trasase o linie de la coasta Yorkshire, lângă Stamford Bridge, până la vârful nordic al Scoției, și apoi în jos pe coasta de vest, până la insula Mull.

– Deci Harald Hardrada a venit aici, la Iona, după bătălie.

Mintea lui Jack lucra cu febrilitate, încercând să înțeleagă ce spunea O'Connor. Se lăsă pe spate în scaun, și ceilalți îi urmară exemplul.

– Sunt sigur că arăta ca naiba, spuse Costas. Era așa de rău, încât soldații englezi cu care s-a luptat l-au crezut mort pe câmpul de luptă.

– A fost un miracol că a supraviețuit călătoriei, răspunse O'Connor. A avut cine să aibă grijă de el. Erau aproape treizeci de războinici de-ai lui, aproape toți răniți grav, mulți dintre ei din fosta Gardă Varegă. Slugi credincioase i-au așezat în cele două corăbii, și unii au murit pe drum, alții aici, în Iona.

Bucățile acestui puzzle începeau acum să se așeze în mintea lui Jack.

– Când Harald a părăsit în sfârșit Iona, îndreptându-se spre vest, un contingent a fost lăsat în urmă, supuși loiali care trebuiau să aștepte întoarcerea regelui lor.

O'Connor se uită la el și încuviință.

– Se autointitulaseră *félag*, un termen străvechi din limba norvegiană desemnând o frăție, o societate secretă.

– Și cine făcea parte din *félag*? întrebă Jack.

– La început, erau doar câțiva dintre camarazii lui Harald, supraviețuitori răniți în bătălia de la Stamford Bridge, care veniseră cu el pe insula sfântă, dar aleși să rămână în urmă când regele lor a plecat spre vest. Erau bărbaţi mai tineri, războinici pe care Harald îi educase încă din vremea Gărzii Varege, bărbaţi care încă mai aveau ambiţia şi ardoarea necesare pentru a duce cauza mai departe. S-ar putea să fi fost incluşi chiar câţiva dintre fiii lui Harald. Curând, au mai strâns şi alţii în jurul lor, niciodată mai mulţi de douăzeci. Scopul lor, pentru care depuseseră jurământ, era să menţină flacăra vie până când avea să se întoarcă Harald, să facă tot ce le stătea în putinţă pentru a se asigura că Anglia urma să fie condusă iarăşi de un viking adevărat.

– Nu era o idee prea realistă după 1066, spuse Jack.

– Ei îi urau pe normanzi şi pe succesorii lor francezi, cei din dinastia Plantagenet. După câteva generaţii, cauza acelora din *félag* devenise şi cauza englezilor. Reţineţi că la acea vreme era deja mult sânge viking în Anglia printre aceia care se numeau anglo-saxoni. Regele viking Cnut condusese Anglia pe vremea când Harald era tânăr, şi existau părţi întinse din ţară în care raidurile vikinge conduseseră la formarea unor noi aşezări şi la mariaje interrasiale: în estul Angliei, Northumbria, chiar aici în insulele vestice. Deci era cumva normal ca englezii, foştii inamici ai lui Harald la Stamford Bridge, să se alieze acum cu vikingii împotriva unui duşman comun, şi anume, normanzii.

– Nu cred că mai aşteptau cu adevărat întoarcerea lui Harald.

O'Connor scutură din cap.

– A devenit, de fapt, temelia mistică, forţa unificatoare pe care s-a construit *félag*-ul, devenind una dintre cele mai puternice societăţi secrete din Evul Mediu. Acei camarazi care au fondat societatea i-au jurat regelui lor să nu dezvăluie faptul că el era încă în viaţă şi nici că plecase spre vest, de teamă că normanzii aveau să-l urmărească sau să recurgă la represalii. După câteva generaţii, când întoarcerea regelui a devenit un lucru imposibil de realizat în această viaţă, au început să aştepte cu nerăbdare întâlnirea cu Harald în bătălia finală de la

Ragnarok, lupta cea din urmă dintre bine şi rău. Aveau să stea încă o dată umăr la umăr cu regele lor, mânuind securile în jurul său, distrugându-şi şi înfricoşându-şi duşmanii aşa cum făceau în zilele de glorie ale Gărzii Varege. Mantra lor sacră, jurământul care îi lega pe toţi, a devenit *hann til ragnarøks*, în vechea norvegiană însemnând „până la Ragnarok“, până când ne vom întâlni la sfârşitul lumii.

– Aşa a fost păstrat numele lui Harald Hardrada de-a lungul istoriei.

– Nu chiar, spuse O'Connor întinzându-se spre un raft de cărţi şi dându-i lui Jack o carte. Geoffrey de Monmouth cu a sa *Historia Regnum Britanniae*, Istoria Regilor Angliei. Un bestseller medieval, în mare parte ficţiune.

– Şi?

– Cartea care se face răspunzătoare de legenda romantică a regelui Arthur.

– Dumnezeule mare, zise Jack. Normal. Regele etern.

– Geoffrey făcea parte din *félag*, câteva generaţii mai târziu după ce Harald plecase. Juraseră să nu menţioneze numele regelui lor niciodată, dar pe la mijlocul secolului al XII-lea *félag*-ul începuse să invadeze societatea engleză. În faţa opresiunii normande era convenabil să împrăştii zvonul existenţei unui rege britanic de demult, un lider curajos care într-o bună zi se va întoarce pentru a-şi elibera poporul. Daţi la o parte ficţiunea romanţioasă şi veţi avea nişte dovezi serioase.

– În loc de regele Arthur, citiţi Harald Hardrada, şopti Jack. În loc de Cavalerii Mesei Rotunde, citiţi Garda Varegă.

– Este ceea ce ai spus tu despre Atlantida, adăugă Costas. În spatele oricărui mit stă o întâmplare reală.

– Da, dar oamenii încearcă să desluşească mitul Atlantidei de secole. Asta a căzut brusc din cer, zise el întorcându-se spre O'Connor. Deci *félag* nu a fost chiar în întregime ceva mistic?

– Nu. Îmbrăţişând cauza englezilor, şi-au câştigat adepţi destul de repede şi, pe măsură ce generaţiile treceau, *félag*-ul a ajuns să-i reprezinte pe cei puternici și buni dintre aceia care pretindeau că au rădăcini vikinge și anglo-saxone. Nu aveau nici o șansă de a se infiltra în interiorul aristocrației normande, așa că, atunci când ultimul vareg adevărat a murit, majoritatea celor din *félag* erau clerici, niște păgâni deghizați. Biserica era singurul domeniu unde englezii care aveau sânge viking și anglo-saxon aveau putere, și *félag*-ul a folosit-o pentru a obține cât mai multe avantaje. La sfârșitul secolului al XII-lea influența lor ajunsese până la Roma, și din *félag* făceau parte clerici din întreaga Europă cu relații în Anglia. Jacobus de Voragine, maestrul lui Richard de Holdingham și unul dintre preoții cu rang înalt din Italia, a fost copilul din flori al unei mame englezoaice care pretindea că avea descendență regală, trăgându-se din regele Cnut. De câteva ori, au fost chiar membri ai Colegiului Cardinalilor din Vatican.

– Deci Richard de Holdingham făcea parte din *félag*, spuse Maria cu vocea gâtuită.

– A fost unul dintre adevărații membri ai *félag*-ului, în linie directă cu Hardrada.

– Adevărații membri ai *félag*-ului?

O'Connor făcu o pauză, evident tulburat.

– Mai demult a existat o schismă. O puteți compara cu lupta din interiorul Bisericii despre care am vorbit mai devreme, împotriva tentației diavolului. Nu știm când s-a întâmplat sau cine a fost în spatele ei, dar a fost cineva care a văzut menora în realitate, unul dintre camarazii de la început care a ales să stea în umbră. Un Iuda în interiorul *félag*-ului. Menora se instituise deja drept simbol secret al regalității încă de pe vremea lui Harald și valora mult mai mult decât greutatea ei în aur, iar după dispariția sa, a devenit un simbol și mai puternic pentru *félag*, alt obiect ritualic care îi ținea pe toți laolaltă. Dar, acolo unde unii vedeau o cauză sacră, alții vedeau aur. A atras lăcomia și zgârcenia.

– La fel ca Sfântul Graal, sugeră Costas. Pentru unii o căutare sacră, o alegorie a unei revelații creștine extraordinare, iar pentru alții, doar un potir de aur.

– Exact. Pentru cei care nu-i puteau rezista, căutarea comorii lui Harald avea o importanță extremă, era aproape o obsesie. În secret, și-au format propria societate secretă, propriul *félag*, singurul lor scop fiind acela de a găsi menora. Cei care rămăseseră fideli au simțit forța răului din jurul lor. Vești extraordinare despre călătoria lui Harald în vest au ajuns până la ei, și au reușit să le țină secrete față de aceia care le puteau folosi cu intenții rele. Secretul a fost încredințat unui singur om, care l-a dat mai departe altui bărbat credincios, ca de la maestru la discipol, păstrând această taină atât cât se putea.

– Încep să înțeleg, spuse Jack încet. Jacobus de Voragine, Richard de Holdingham.

O'Connor îl aprobă.

– Ei au fost ultimii. Într-un fel sau altul, taina a supraviețuit mai mult de o sută de ani după marea criză din 1170. În acel an, Thomas Becket, arhiepiscop de Canterbury, a fost ucis de către adepții regelui Henric al II-lea în propria catedrală. Ascendența lui Becket fusese perioada cea mai înfloritoare a puterii adevăratului *félag*, iar moartea sa era începutul sfârșitului.

– Thomas Becket era un membru al *félag*-ului? întrebă Jack uluit.

– Și deținătorul secretului, spuse O'Connor. Cavalerii care l-au ucis nu doreau doar să-l răzbune pe Henric al II-lea.

– Și au primit ce își doreau?

– El a refuzat să o lase mai moale, așa că, furioși, până la urmă l-au omorât. În Anglia au fost aspru criticați, și s-au înrolat în cea de-a treia cruciadă, ca să-și spele păcatul de ochii lumii. Au devenit cunoscuți drept Cavalerii Însângerați, pentru că toți aveau cicatrici de-a curmezișul palmelor, acolo unde se tăiaseră când încheiaseră un pact de sânge. Căutarea lor generase o serie de secrete, de ritualuri, deși credința lor în cauza lui

Harald Hardrada era o batjocură. Au început să caute și celelalte comori ale evreilor pe care Harald le lăsase în urmă când fugise din Bizanț împreună cu camarazii săi, ca de exemplu masa de aur din Templul Evreilor.

– Dar era la Constantinopol.

O'Connor dădu aprobator din cap.

– Cavalerii au fost măcelăriți înainte de a ajunge acolo de Saladin și de musulmanii săi, în afara zidurilor Ierusalimului. Dar altcineva a ajuns la Constantinopol, o generație mai târziu, în 1204.

– Asta e data celei de-a patra cruciade, spuse Costas. Ceea ce căutam noi la Cornul de Aur. Lanțul și toate celelalte.

Brusc se făcu răcoare în cameră, un curent de aer rece venind printr-o spărtură din fereastră. Mintea lui Jack lucra frenetic.

– Stai puțin. Jefuirea Constantinopolului. Acela a fost Baldwin al Flandrei. Vrei să spui că...

– El a fost acela. Când era tânăr, Baldwin fusese la Roma și văzuse Arcul lui Titus din forum. Arcul devenise un loc de pelerinaj pentru membrii *félag*-ului, un loc sfânt. Fără îndoială că Richard de Holdingham a fost acolo. Nu numai că au văzut imaginea cu menora, dar au văzut de asemenea și celelalte comori care erau purtate de soldații romani. Știau cum arăta masa de aur. Baldwin nu a deviat cruciada spre Constantinopol din greșeală, doar ca să facă treaba murdară a venețienilor. Dar ceilalți din adevăratul *félag* știau ce intenții avea Baldwin și au ajuns acolo în secret înaintea lui. Încă erau varegi din garda imperială a Constantinopolului, bărbați pentru care numele lui Hardrada era sfânt, o legendă a timpurilor trecute și glorioase. Au fost convinși să ia ce mai rămăsese din comoară și să o scufunde undeva într-un loc secret din port înainte de sosirea cruciaților. Dar toți varegii au murit în asediu, și astfel locația a rămas necunoscută.

– Evrica! şopti Costas. Asta e o veste bună pentru noi. Poate că Maurice Heibermeyer are până la urmă ce căuta în Cornul de Aur.

– Când a început a patra cruciadă, schisma din *félag* se transformase deja într-o duşmănie ancestrală, continuă O'Connor. Se dorea ca moartea lui Thomas Becket să fie răzbunată, aşa că a luat naştere un cerc vicios. Chiar şi cei care încă mai credeau în cauza iniţială îşi pierduseră din vedere nobleţea şi se temeau pentru vieţile lor. Ca multe alte societăţi secrete, s-au întors împotriva lor înşişi şi au început să se autodistrugă. Richard de Holdingham a ştiut cu siguranţă că era un om sfârşit când s-a întors din Iona, după ce a incinerat trupul maestrului său într-o corabie urmând ritualul sacru al *félag*-ului, trimiţându-l spre Walhalla, chiar în locul de unde plecase Harald. Duşmanii lor ştiau că Jacobus îi spusese secretul lui Richard înainte de a muri. Dar Richard nu avea nici un discipol, aşa că singura soluţie era să înscrie acel secret sub forma unei inscripţii pe *mappa mundi*, pentru a fi descoperit şi descifrat în viitor, când forţele răului vor fi dispărut. Şi astfel, odată cu moartea lui Richard, şirul a fost întrerupt.

– Crezi că a capitulat în ultimele sale clipe, când a înfruntat moartea în biblioteca cu lanţuri? întrebă Jack.

Maria îl privi emoţionată.

– Era apărat de spiritul lui Thomas Becket. Ştia cu siguranţă că avea să moară, orice ar fi făcut. Eu cred că a fost puternic pînă la capăt. Din fericire, atacatorul său nu şi-a dat seama de valoarea hărţii, sau poate Richard a avut timp s-o ascundă în interiorul bibliotecii înainte de atac.

– Nu cred că s-a gândit vreo clipă că aveau să treacă mai mult de şapte sute de ani, zise Jack.

– Şi mi-e teamă că forţele răului sunt în continuare cu noi, afirmă O'Connor.

– Bine, spuse Costas jucându-se cu inelul şi ridicându-l astfel încât simbolul menorei să fie vizibil, arătând cu cealaltă mână spre svastica de pe pumnal. Și acum, o întrebare dificilă. Cum ajungem să facem legătura între misterul acestei morți din Evul Mediu și acești băieți răi din secolul al XX-lea?

13

Jack stătea extaziat în camera plină de cărți din vechea abație, uluit de ceea ce auzea. Gândurile i se îngrămădeau în cap, și se străduia să își păstreze mintea limpede. Știuse că erau pe urmele lui Hardrada de când descoperiseră harta, își dăduse seama că un fir extraordinar lega descoperirea lor din Cornul de Aur din Istanbul de corabia din aisbergul din Groenlanda, dar nu și-ar fi imaginat niciodată că sfânta insulă Iona era încă o verigă în lanțul lor. Și acum O'Connor începuse altă poveste, una care trecea dincolo de emoția descoperirii, într-o lume a furiei și a întunericului.

– Odată cu încheierea cruciadelor și cu ascensiunea Imperiului Otoman, s-a pierdut și orice speranță de a mai găsi comoara. În vest, orice contact cu Groenlanda a fost întrerupt, și pământul făgăduinței descoperit de vikingi a fost dat uitării. Când au avut loc călătoriile europene de descoperire din secolul al XV-lea, ultimul membru al Cavalerilor Însângerați murise de mult. Cu toate astea, mitul a supraviețuit, transmis în secret din tată în fiu de către descendenții *félag*-ului din toată Europa și, în cele din urmă, din America. În secolul al XIX-lea toți cei cărora li se spunea povestea credeau că era o fantezie, la fel ca poveștile despre regele Arthur și Masa Rotundă, dar își păstrau jurământul de a o spune mai departe de dragul legendei. Apoi a ajuns cumva la urechile unui inventator austriac nebun, obsedat de teoria cosmogonică a gheții.

– Am auzit de el, interveni Costas. Motivul pentru care au ajuns naziștii în Groenlanda.

– Tipul ăsta a reînviat *félag*-ul? întrebă Jack.

– Unul dintre colaboratorii săi, un antreprenor lituanian numit Piotr Reksnys. Tatăl lui Andrius. O treabă foarte murdară.

– E o afacere de familie, adăugă Costas.

– Sincronizarea a fost perfectă, continuă O'Connor. Primele decenii ale secolului al XX-lea au cunoscut o renaștere a interesului pentru vikingi și pentru moștenirea spirituală nordică, în Germania, dar și în nordul Europei. După nebunia Primului Război Mondial, a devenit o adevărată modă să susții ideea supremației rasiale printre oameni care își pierduseră sensul în viață. Societățile secrete s-au înmulțit și au început să atragă oameni de nimic și fanteziști care visau la un nou Reich în Europa. Ei au dus la formarea celei mai groaznice societăți dintre toate, SS, adică Schutzstaffel, a lui Himmler, obsedată de origini și de ritualuri nordice inventate. Ideea unui nou *félag* se potrivea de minune cu universul acela groaznic, doar că, spre deosebire de alte organizații, acest *félag* avea rezonanță istorică.

– Și un scop diferit, zise Jack.

– Menora, spuse O'Connor. Aveau toate însemnele distinctive ale unei societăți care credea în superioritatea unei anumite rase, dar foloseau asta doar ca paravan. Ei erau de fapt obsedați să găsească menora.

Costas ridică inelul.

– Dar asta ce e?

O'Connor dădu din mână disprețuitor.

– O prefăcătorie. Reksnys a scornit o poveste cum că aceste inele ar fi o moștenire străveche, făcute din aurul din comoara lui Harald, dar nu este adevărat. Sunt niște falsuri din acea perioadă. Reksnys știa că regii vikingi ofereau inele, lăsau moștenire coliere sau brățări de aur și argint succesorilor credincioși. La fel ca naziștii, era obsedat de opera lui Wagner, *Cântecul Nibelungilor*, de legenda Ragnarokului și de decăderea zeilor nordici. Reksnys a reînviat mantra vechii frății, *hann til ragnarøks*. Erau *fostbrœdralag*, frați de cruce, și își ziceau camarazi de vâsle, vechiul nume viking pentru vâslași. Aveau să fie doar doisprezece, și chiar a renovat un castel din Norvegia, convingându-l pe fiul său că era un loc străvechi de întâlnire al vikingilor din *félag*, decorat cu armuri și topoare vikinge contrafăcute, despre care se presupunea că fuseseră lăsate în urmă de precursorii lor varegi. Chiar a scos la lumină cea mai extremă formă de pedeapsă folosită de norvegieni, păstrând-o pentru membrii *félag*-ului care își încălcau jurământul de credință.

Maria se uită îngrozită.

– Te referi la vulturul de sânge?

O'Connor încuviință.

– Corabia lui Harald se numea *Vulturul*. Spiritul păzitor al *félag*-ului era uriașul vultur Hræsvdg. Vulturul de sânge era făcut în numele lui, ca un ritual de sacrificiu.

– Era echivalentul nordic al spânzurării, desenării și ciopârțirii, spuse Jeremy. Doar că fără spânzurare și ciopârțite.

– Era desenat conturul unui vultur pe spatele victimei cât încă era în viață, spuse Maria încet. Apoi i se tăiau coastele și i se smulgeau plămânii.

– Dumnezeule!

Până și Costas rămăsese fără cuvinte.

– Încă nu au folosit această metodă pe nici unul dintre ai lor, spuse O'Connor. Dar la procesul celor din Einsatzgruppen unul dintre supraviețuitorii evrei pomenea despre un zvon cum că un ofițer SS făcuse ceva asemănător unui grup de prizonieri, folosindu-se de un pumnal de ceremonie, zise O'Connor uitându-se dezgustat la obiectul de pe masă. Chiar și printre toate ororile Holocaustului, tot este ceva foarte greu de crezut, și nu a mai rămas nimeni în viață pentru a confirma. Dar fac pariu că era în aria de operațiuni a lui Andrius Reksnys.

– Începe să-mi placă tipul ăsta, spuse Costas.

– Și mai era un lucru, ceva care îi evidenția pe membrii *félag*-ului oriunde s-ar fi dus, zise O'Connor făcând o pauză. Își tăiau palmele de-a curmezișul, în semn de loialitate. Ei se credeau reincarnarea Cavalerilor Însângerați.

– SS-ul, Ahnenerbe, căutarea civilizației ariene pierdute, Atlantida, murmură Jack. Toate erau mijloacele perfecte pentru *félag*, un paravan pentru adevăratul lor scop.

O'Connor dădu din cap aprobator.

– Andrius Reksnys, fiul, era un nazist fanatic. Fotografia pe care ne-a arătat-o bătrânul eschimos este tipică. Un adevărat sadic și un huligan. Dar era un membru și mai fanatic al *félag*-ului, cufundat în această obsesie de mic copil.

– De ce? întrebă Jack.

– Pentru că nu era doar ceva mistic. Era vorba despre un scop, o căutare. Și-au dat seama că Harald Hardrada se îndreptase spre Groenlanda. Au studiat *Saga groenlandezilor* și *Saga lui Eirik cel Roșu,* care spun că *nordsetr,* părțile nordice, începând cu golful Disko, ar fi servit drept puncte de escală pentru călătoriile mai departe înspre vest. Când au aflat că exploratorul Knud Rasmussen plănuia o expediție în Groenlanda la Ilulissat, nu au stat pe gânduri. În acea perioadă, Himmler devenise deja obsedat de teoria cosmogonică a gheții și de o civilizație nordică pierdută, și nu a fost nici o problemă să dea o autorizație unei echipe SS Ahnenerbe pentru a se alătura expediției lui Rasmussen.

– Și Rolf Künzl? El cum se potrivește în toată povestea asta?

– El nu știa nimic despre adevăratele scopuri ale *félag*-ului. El a fost cel care a plănuit călătoria în conformitate cu epopeile nordice. Era expertul numărul unu în lume în vikingii din vest și partenerul ideal pentru Reksnys. Pur și simplu s-au folosit de el. Iar când și-au dat seama că el descoperise ceva în gheață, ceva ce el atunci a ținut ascuns, soarta i-a fost pecetluită.

– Piatra runică de pe corabie, zise Costas.

O'Connor îl abrobă.

– Künzl era destul de isteț ca să-și dea seama că descoperirea sa avea o importanță extraordinară, și faptul că Reksnys era atât de disperat să pună mâna pe ea a fost îndeajuns pentru el. Künzl îi detesta pe Reksnys și pe naziști, așa că s-a hotărât să-i dea piatra runică bătrânului eschimos pentru păstrare. Künzl nu știa nimic despre *félag*, dar începuse să își dea seama că avea de-a face cu ceva mai mult decât simpla nebunie nazistă. El și Reksnys s-au luptat în crevasă, și din acel moment a știut că era o luptă pe viață și pe moarte. Asta a fost marea slăbiciune a vechiului *félag*. Thomas Becket și Richard de Holdingham au luat secretele cu ei în mormânt. În setea lor de răzbunare, asasinii au pierdut din vedere scopul inițial. După începerea războiului, Künzl a fost în siguranță cât timp a luptat în Africa Korps, dar, după ce a fost arestat pentru conspirația von Stauffenberg, Andrius Reksnys și-a luat revanșa. S-a folosit de întreaga sa experiență pentru a-l face pe Künzl să vorbească în camerele de tortură ale Gestapoului. Nu a reușit, și, nebun de furie, l-a lăsat să fie executat împreună cu ceilalți. A crezut că Künzl, marele învățat, a lăsat documente scrise, dar, spre uimirea lui, a descoperit că își arsese toate documentele personale, iar cele legate de expediție dispăruseră din sediul central Ahnenerbe la începutul războiului.

– Am și eu o întrebare, spuse Maria încet. Menora ar fi însemnat foarte mult pentru naziști. Simbolul suprem al dominației asupra unei rase pe care erau hotărâți s-o distrugă. Ar fi folosit-o la fel ca romanii în marșurile lor triumfale de acum două mii de ani. Ce ar fi făcut Reksnys dacă ar fi descoperit menora?

O'Connor se ridică iar și se uită gânditor la hartă.

– Căutarea menorei a fost păstrată secretă; nici măcar Himmler nu știa. Dacă Himmler ar fi aflat ceva despre menora și despre *félag*, cum că această căutare se făcea pe la spatele său, atunci Reksnys ar fi avut de suferit aceeași soartă ca Künzl. Pentru a-ți răspunde la întrebare, trebuie să ne întoarcem în prezent. Nu avem de-a face cu simpli neonaziști. Nu este chiar așa de banal. *Félag*-ul este încă printre noi, mai puternic ca niciodată. Și menora are o putere și mai mare astăzi decât a avut în acele zile negre din anii 1940. Ar da întreaga lume drept răscumpărare pentru ea. Israelul, statele arabe. Grupuri extremiste de toate confesiunile.

– O vând la licitație celui care dă mai mult.

– Deci este vorba despre lăcomie, nu despre ideologie, zise Maria.

– Asta a fost cauza schismei din interiorul *félag*-ului acum o mie de ani, răspunse O'Connor. Lăcomie și putere.

– Dar cum se face că știi toate astea? întrebă Costas. Adică, dacă totul este așa de secret, cum se face că un istoric iezuit de la Vatican are acces la astfel de informații?

– Aveam de gând să las asta la final, spuse O'Connor inspirând adânc, ca și cum și-ar fi făcut curaj. Își trase mâneca de la sutană și își ridică mâna cu palma deschisă în afară.

Toți amuțiră. Chiar de-a curmezișul palmei era o cicatrice albă neregulată.

– Mâna însângerată, șopti Maria. Credeam că este o rană mai veche.

– Stați liniștiți, spuse O'Connor trăgându-și mâneca în jos. Nu mai sunt unul de-ai lor. Bunicul meu a fost un cercetător american care a făcut parte din cercul celor care credeau în teoria cosmogonică a gheții. Era la fel de excentric ca fondatorul ei, dar probabil nu așa de nebun.

– Dumnezeule, exclamă Maria. Nu mi-ai spus niciodată despre asta. Credeam că toți din familia ta au fost savanți.

– A fost o perioadă ciudată, spuse O'Connor încet, cu privirea lăsată. Lumea a luat-o razna înainte de război, și încă nu ne-am revenit. Își ridică privirea și îi zâmbi Mariei. Bunicul meu a fost un om de știință, și, se ocupa și cu alte chestii, ca, de altfel, mulți învățați ai vremii, dar până la urmă a lăsat această obsesie să-l acapareze complet. La fel ca tatăl meu, înaintea mea, a trebui să intru în *félag* încă din copilărie, și am trecut prin tot ritualul inițiatic. Îl detestam, uram falsitatea ritualurilor, și, imediat ce am aflat de legătura cu naziștii, nu am vrut să mai fac parte din frăție. Îmi descoperisem vocația de iezuit, și nu puteam să le împac una cu cealaltă. *Félag*-ul și-a declarat dintotdeauna deschis păgânismul și a jurat să disprețuiască creștinătatea chiar atunci când lucrau în interiorul ei. Cred că se așteptau să revin la sentimente mai bune, căci considerau că le-aș putea fi de folos, întrucât eram un reprezentant al Bisericii. Au fost de acord să mă lase să mă retrag, cu condiția să depun un jurământ de tăcere. Un jurământ pe care tocmai l-am încălcat.

– Dar tu nu ești legat de ritualurile lor absurde, spuse Jack.

– Corect, răspunse O'Connor, uitându-se fix la Jack. Dar am alimentat focul răzbunării. De-a lungul anilor, am adunat cât de multe informații am putut despre Andrius Reksnys. Față de *félag* eram pur și simplu disprețuitor, dar cu Reksnys era cu totul altceva. Cu cât aflam mai multe despre activitățile lui criminale din *Einsatzgruppen*, cu atât mai hotărât eram să îl aduc în fața justiției chiar dacă asta însemna să-mi încalc jurământul de tăcere. Amintirea lui Rolf Künzl m-a făcut să merg mai departe. Mi-am însușit crezul din vechea Gardă Varegă, din *félag*-ul de la începuturi, și anume, că soarta ne este hotărâtă dinainte, că Ragnarok este inevitabil și că tot ce contează cu adevărat până la urmă este comportamentul tău în această lume. A fost singura mea moștenire din trecut. Chiar dacă nu se potrivește cu chemarea mea iezuită, m-a legat de noblețea vechiului *félag* și mi-a dat putere.

– Nu se poate să fi acționat singur, spuse Jack. Altcineva l-a împușcat pe Reksnys.

– Odată ajuns în Vatican, am strâns un mic grup de camarazi de încredere. Unul dintre ei este astăzi aici în abație. Poate l-ați văzut în biserică. Jeremy avea să fie celălalt. Am reușit să strângem multe dovezi împotriva lui Reksnys, dar nu destule. Hotărâserăm că trebuia să simtă și el groaza înainte de a muri.

– Ai reînviat ciclul dușmăniei ancestrale, șopti Maria.

– Câteodată e mai bine să se facă dreptate după vechile reguli.

– Și cei din *félag* știu cine ești?

– Mai devreme v-am spus că *félag*-ul a intrat în interiorul Vaticanului în zilele lor de glorie din secolul al XII-lea. Astăzi unul dintre ei este aici din nou, unul dintre superiorii mei care știe despre menoră și care a aflat de cercetările voastre.

– Cum? întrebă Costas.

– Un om din interior.

Jack se simți străbătut de un fior.

– Știu cine a fost. Nu-mi dă pace de când am plecat din Cornul de Aur. Este ofițerul secund, estonianul nou-venit. Trăgea cu urechea de pe punte când am discutat despre menoră prima dată.

– A plecat fără permisie oficială acum două zile, zise Costas înnegurat. Nu aveam de gând să te deranjăm cu problema asta, dar Tom York mi-a spus azi-dimineață când l-am sunat. O'Connor dădu din cap mohorât și continuă: Știam că Vaticanul avea să facă orice îi stă în putere pentru a împiedica dezvăluirea locației unde se află menora, dar după aceea am realizat că era mai mult decât atât. *Félag*-ul va face orice pentru a afla ce știm noi, vor să ne dejoace planurile și să ne distrugă pentru a continua căutarea singuri. Și unul dintre membri este foarte periculos.

– Cine? întrebă Jack.

– Nepotul. Andrius Reksnys este mort, iar fiul său Pieter se ascunde pe undeva prin America Centrală. Nepotul este liber. Cred că acum a devenit membru deplin al *félag*-ului. Este un ucigaș. A moștenit genele familiei.

– Așa bunic, așa nepot, spuse Jack liniștit.

– Tatăl, Pieter, nu este cu nimic mai bun, spuse O'Connor. Aduceți-vă aminte de educația sa timpurie de pe frontul rusesc. Dar pare să fie complet preocupat de conducerea organizației sale criminale din America Centrală. De nepot trebuie să ne ferim mai mult. El este războinicul din *félag*, el este soldatul care duce la bun sfârșit ordinele. A crescut înconjurat de toate ritualurile care până la urmă au devenit crezul său. El a mușcat ceea ce eu am respins. A folosit multe pseudonime, cel mai recent fiind Poellner, Anton Poellner. În interiorul *félag*-ului își zice Loki, numele unui zeu nordic ticălos. Crezul său absurd l-a determinat să se antreneze ca mercenar, și a lăsat în urma lui numai sânge în conflictele din Balcani. Și-a perfecționat măiestria într-o tabără de pregătire teroristă din estul Mării Negre, în Abhazia.

– Cred că putem să ne dăm seama unde a fost asta, spuse Costas.

– Când bunicul său a fost asasinat, a avut o ieșire cumplită de furie și a plecat în Kosovo, unde, din nefericire pentru el, a lăsat garda jos. A fost prins de englezii de la MI6 și condamnat la Haga pentru crime de război. Acum cinci ani a fost trimis la închisoare pe viață în Lituania, țara lui de baștină, după spusele sale. Au deschis o celulă nefolosită de pe timpul Gulagului special pentru el, un loc în care ofițerii SS capturați au stat ani de zile după terminarea războiului înainte de a fi executați. Și apoi, acum o lună, un nou judecător a decis că nu existau destule dovezi împotriva lui, așa că a fost eliberat. Un tremur al buzei lui O'Connor îi trăda dezgustul. Era doar un copil când eu am ieșit din *félag*, dar încă îmi aduc aminte fața lui. Tatăl său refuzase să-i cresteze palma, considerând că nu era încă timpul potrivit, iar Loki înnebunise și își crestase singur fața cu un topor. Obișnuia să mă terorizeze cu acea cicatrice, apăsând cu putere pe ea până începeam să plâng. Am avut multe nopți albe și coșmaruri din cauza asta. Și acum a revenit. Știe că eu sunt cel care l-a ucis pe bunicul său, și dușmănia ancestrală nu-i dă pace deloc. Mai avem foarte puțin timp.

Jack îl privi pe O'Connor.

– Ce ai de gând să faci acum?

– Voi sta aici. La Roma este prea riscant.

– Ce vrei să spui?

– S-a mai întâmplat și altceva, spuse O'Connor cu privirea plecată. Am vrut să aveți o imagine de ansamblu înainte să vă spun. A mai avut loc o crimă. Una modernă, de data asta.

– Unde?

– La Vatican. Acum două zile. Poliția crede că este o lovitură a Mafiei, pentru că victima era conducătorul luptei împotriva traficului cu antichități.

– Cine era?

– Restauratorul-șef.

– Adică individul care a văzut camera secretă din Arcul lui Titus împreună cu tine?

– Alberto Bellini. Unul dintre cercetătorii extraordinari în domeniul sculpturii romane. O pierdere imensă. Și singurul om din tot Vaticanul în care puteam avea încredere.

– Crezi că...?

– Nu cred nimic. Sunt sigur. Alberto era un bărbat care ar fi avut curajul să stea în prima linie ori de câte ori ar fi fost nevoie în acest război împotriva Mafiei, care avea nevoie de pază armată când ieșea din Vatican, dar care nu avea forță interioară atunci când era vorba să stea închis într-o cameră împreună cu călăii săi. Mi-a spus cu o seară înainte de a fi asasinat că l-au forțat să divulge descoperirea noastră din toiul nopții de la arc și interesul nostru legat de menoră. Asta mă pune pe mine în prima linie. Și mă tem că și pe voi.

– Știi cine e în spatele acestei afaceri la Vatican?

– Există un fel de inchiziție internă condusă de unul dintre cardinali. A fost aici dintotdeauna. Dar asta este și mai sinistru, nu se poate mai rău de atât. Nu sunt sigur cine este, dar bănuiesc. *Félag*-ul s-a schimbat mult de când am plecat eu, acum mai bine de patruzeci de ani. Îi știu pe unii dintre ei. Unul dintre ei, de exemplu, este judecătorul care se ocupă de crimele de război și care l-a eliberat pe Loki. O'Connor se apucă de scaun, furios. Tot ce pot să vă spun acum este că are o putere incredibilă în Vatican. Ar putea să mă anihileze într-o clipită. Nu am nimic sigur de care să mă agăț acum, dar am destule pentru a-i demasca activitatea dacă fac public tot ce știu. Dar îmi este foarte clar că Alberto nu a murit de mâna Mafiei. Probabil ghiciți cine bănuiesc eu că a fost, și nu are de gând să se oprească aici.

– Mai poți face ceva acum?

– Cred că pentru moment sunt în siguranță aici. Insula sfântă încă mai are ceva sacru, chiar și pentru noul *félag*. Dar toată afacerea asta a devenit mult prea periculoasă ca s-o înfruntăm singuri. Dușmăniile ancestrale ar trebui să fie de domeniul trecutului. Acum vorbim despre crimă pur și simplu. Și, dacă ei pun mâna pe menoră, asta dacă încă mai există, atunci crima va deveni o problemă fără nici o importanță. Dacă va fi în joc cel mai mare simbol al credinței iudaice, întregul Orient Mijlociu va lua foc cum nu a mai făcut-o până acum. Nu va ieși nimeni întreg din lupta asta, evrei, arabi, Biserica Catolică.

– Ai documente?

– Totul este aici, spuse O'Connor atingând servieta așezată lângă scaunul său. Tipărit. Nu am încredere în calculator, pentru că Loki îl poate sparge. Lucrează singur și cu o viteză amețitoare. Șefii săi sunt oamenii mari și importanți, judecători, clerici de rang înalt, politicieni. Vremurile când cei din *félag* își puneau coifurile și mânuiau securile în luptă au apus demult, chiar dacă ei încă mai visează la ele. Nu mai este nimeni ca Loki. Dacă îl putem opri, atunci vom avea timpul necesar.

– Interpol?

O'Connor dădu din cap aprobator.

– Pot să trag nişte sfori. Avem nişte prieteni sus-puşi. Un mandat de arestare internaţional şi o alertă de securitate. Dar am nevoie de timp, cel puţin două zile, ca să pun cap la cap un dosar. O să iasă rău dacă îmi e respinsă cererea, dar povestea cu căutarea menorei răsuflă.

– Asta ne impune un termen-limită, spuse Jack gânditor. Două zile, sau se deschid toate porţile iadului. E o treabă destul de grea.

– Ceva mă face să am încredere în voi.

– Lasă-mă să te ajut, Patrick, spuse Maria, uitându-se la O'Connor, apoi la Jack. Cred că am făcut tot ce-mi stătea în putinţă pentru voi pe *Seaquest II,* Jack! Mă gândeam să stau aici oricum şi să mai cercetez piatra runică, să văd dacă nu am scăpat ceva din vedere. Dar asta este mult mai important. Părintele O'Connor are nevoie de ajutor.

– Mi-ar prinde bine, spuse O'Connor. Am colaborat cu succes în trecut.

– Eşti bine-venită să stai cu noi Maria, zise Jack. Mai mult decât bine-venită. Ar fi trebuit să fiu mai clar de la început.

– Jeremy îmi poate ţine locul. Dacă mai e ceva legat de vikingi şi de Lumea Nouă, el este omul potrivit.

– OK, spuse Jack cu o sclipire de nelinişte în ochi. Dar te rog să ai grijă de tine.

O'Connor mai avea să le arate un ultim lucru. Îi duse pe Jack şi pe Maria prin mănăstire, apoi afară, în curtea plină de iarbă din faţa abaţiei, lăsându-i pe Costas şi pe Jeremy să aranjeze o nouă imagine a hărţii Hereford care tocmai sosise. Prin ceaţa amurgului care învăluia insula, Jack văzu aflorimentul pietros care se ridica în spatele curţii, o imagine neschimbată de pe vremea vikingilor. O'Connor îi conduse pe aleea pietruită Sràid nam Marbh, Strada Morților, trecură de Reilig Odhráin, locul sacru de înmormântare al regilor. Pe drum, Jack se opri lângă crucea de piatră erodată a Sfântului Martin, încă în picioare, acolo unde fusese ridicată cu mai mult de o mie de ani în urmă. Atinse piatra cu mâna și simți șerpii încolăciți care fuseseră gravați în granit cu aproape două secole înainte de bătălia de la Stamford Bridge, când cuceritorii mărilor din nord nu erau altceva decât un zvon îndepărtat pentru călugării de pe insulă. Se simți străbătut de un fior asemănător cu cel pe care îl simțise când văzuse corabia în gheață. Harald Hardrada trecuse pe aici și văzuse această cruce. Jack avu brusc o viziune a regelui suferind purtat pe o targă înspre abație, supușii săi răniți împrăștiindu-se din corăbiile ancorate în canalul de sub ei. Se simți ca și cum fusese în umbra lui Harald tot timpul, la Cornul de Aur, la fiorduri, dar nu îl mai simțise așa de aproape niciodată, nu mai fusese niciodată așa de sigur că drumul din fața lor avea să-i ducă mai departe pe urmele marelui rege, undeva spre necunoscut.

Merseră în tăcere, pierduți în gânduri și digerând tot ce se întâmplase mai devreme. Peste jumătate de oră, ajunseră în partea vestică a insulei, un golf alb mărginind plajele aurii. O'Connor îi conduse spre o dună și găsi un loc unde se așeză la mijloc între Jack și Maria. Ceața se ridicase, oferind o panoramă extraordinară înspre vest, razele portocalii ale soarelui care apunea încadrându-le drumul înspre orizont. O'Connor își aprinse o pipă, trase din ea de câteva ori și apoi începu să vorbească liniștit.

– Acesta este Camus Cùl an t'Saimh, Golful din Spatele Oceanului, spuse el. După zile întregi petrecute între viață și moarte, l-au adus pe Harald chiar în acest loc, înfricoșați că vestea supraviețuirii lui ar putea ajunge la dușmanii săi normanzi. Au adus corăbiile, *Vulturul* și *Lupul*, și le-au tras pe plajă. Le-au umplut cu provizii și l-au așezat pe Harald pe targa sa în mijlocul *Lupului*. Halfdan Neînfricatul, cel mai vechi camarad al său, stătea grav rănit la picioarele sale, gata să-și dea viața și el dacă regele său murea.

– *Wergild*, șopti Maria. Un bărbat îi putea da viața sa lui Odin în schimbul vieții stăpânului său. Călugării i-au ajutat să iasă în larg. Cei din grupul lui Harald care erau încă întregi și sănătoși au manevrat corabia, trăgând la vâsle. Catargele au fost pregătite și pânzele desfăcute. De aici Harald și camarazii săi de vâsle au navigat în adâncurile istoriei, urmăriți de călugării de pe Iona și de micul grup de vikingi credincioși rămași în urmă pentru a ține flacăra vie.

– Încotro s-a îndreptat corabia? întrebă Maria.

O'Connor făcu o pauză, își scoase pipa și arătă spre partea de vestică a orizontului, apoi recită din memorie:

Rămâi cu bine. Lung e drumul meu
Căci cele trei regine mă vor duce
(Așa cred – cugetul mi-e îndoit)
În valea insulei din Avalon.
Acolo nu e grindină, nu plouă,
Nu ninge, vântul cât adie lin;
Cuprinsul e-o grădină minunată
Cu peșteri străjuite de verdeață
Și spuma însoritei mări; acolo
Cumplita rană-mi voi tămădui.

Și pânzele și vâslele urniră
De lângă țărm corabia; și-aceasta
Părea o lebădă care se-nfoaie
Cu penele-i de corb, ia apa-n piept
Și-și cântă ultima cântare. Mult
A stat Sir Bedivere, tot depănând
Aducerile-aminte, pân'ce vasul,

Un zbenghi pe cerul zorilor, s-a şters
Şi vaierul nu s-a mai auzit.[1]

– Tennyson, *Morte d'Arthur*, exclamă Jack, nevenindu-i să creadă. O viziune tipic victoriană, dar, dacă este adevărat ceea ce ai spus, o versiune romantică a legendei arthuriene ajunge chiar până în acest loc.

– Înlocuiţi Vinland cu Avalon, şi aveţi pământul făgăduinţei, paradisul terestru, spuse O'Connor. Povestea descoperirii Lumii Noi de către Leif Eiriksson a ajuns la curtea lui Harald cu mult înainte de a lua el decizia să invadeze Anglia şi cu siguranţă l-a intrigat pe un om ca el, care a călătorit atât de mult. Nu mai plecase nicăieri de mulţi ani, în afară de ocazionalele raiduri în Danemarca şi în Suedia, şi cu siguranţă îi lipsea aventura. Sau poate că plănuise o expediţie peste oceanul din vest încă dinainte de Stamford Bridge. Voia o ultimă aventură, o ultimă călătorie măreaţă de descoperire, ceva care să îi readucă gloria de altădată din tinereţea sa, când fusese în Garda Varegă. Călătoria a devenit un lucru imperios necesar odată cu înfrângerea de la Stamford Bridge. Mărturiile sugerau ceva despre pământuri fertile, pajişti întinse pentru păşunat şi păduri nesfârşite pentru construirea corăbiilor, cele două lucruri la care vikingii pofteau mai presus de orice. Şi nu mai avea nici un motiv să se mai întoarcă în Norvegia. Prestigiul său ar fi fost ştirbit dacă s-ar fi întors viu, pe când moartea îi asigura un loc de frunte printre eroi. *Heimskringlia* noteză că restul armatei sale din Norvegia i-a jurat credinţă eternă după ce s-a aflat de înfrângere, chiar şi după ce s-a aflat că murise.

– Şi avea şi comoara cu el, spuse Jack.

– Lăzi întregi. Cu siguranţă ei nu erau căutători de aur în Lumea Nouă. Ei deja aveau aşa de mult, încât nu mai aveau nevoie de altă greutate pe corabie. Zeci de mii de monede de

---

[1] Text preluat din *Antologie de poezie engleză de la începuturi până azi*, ediţie întocmită de Leon D. Leviţchi şi Dorin Tudor, Ed. Minerva, 1981–1984. (n.tr.)

argint, dirhami arabi, penny englezești bătuți de Cnut și de Aethelred, monede din imperiul lui Harald și multe altele. Coliere de argint și de aur, brățări, inele, bijuterii prețioase de familie lăsate de strămoșii săi. Și toată prada lui Harald din zilele sale de glorie cu varegii pe Mediterană, o parte topită, alta încă neatinsă. Racle religioase extraordinar de valoroase și bijuterii străvechi. Și, mai mult decât atât, cu el era cea mai mare comoară a sa, cea care valora mult mai mult decât greutatea ei în aur.

– Menora, murmură Jack.

– Dacă Vinland este situl arheologic unde este L'Anse aux Meadows în Newfoundland, atunci este înspre vest, la peste trei mii de kilometri dincolo de ocean, zise Maria. Atunci ce căuta corabia noastră sus la golful Baffin, la Ilulissat?

– Este în epopei, răspunse Jack. Leif Eiriksson a descoperit Vinland navigând spre coasta vestică a Groenlandei, apoi peste Helluland și Markland. Aceste locuri corespund insulei Baffin și peninsulei Labrador, și punctul de escală din Groenlanda trebuie să fi fost golful Disko la cel mai îngust punct al strâmtorii Davis. Harald urma cele mai bune sfaturi în materie de navigație.

– La asta cred că lucra Künzl în 1930, spuse O'Connor.

– Au petrecut iarna la Ilulissat? întrebă Maria.

– Probabil au fost forțați să stea acolo din cauza gheții. Era toamnă când au ajuns. Ziua este din ce în ce mai mică, și corabia putea rămâne blocată în gheață. Macleod a spus că pojghița de gheață începe să se formeze din octombrie, și, când se întărește, poate să taie lemnul ca un fierăstrău. Cred că a fost foarte greu să ierneze acolo, dar erau niște oameni duri, obișnuiți cu greutățile. Probabil au avut câțiva vikingi locali groenlandezi din așezările din sud, angajați pe post de ghizi și de vânători. Nu aș fi deloc surprins dacă și-ar fi instalat corturile în același golf lângă fiord unde l-am întâlnit pe Kangia, printre cercurile de piatră străvechi.

– A fost extrem de greu în special pentru cei care erau răniți, zise Maria.

– Mulți dintre ei au pierit pe drum, alții în tabără. Părerea mea este că, atunci când Halfdan a murit, numărul lor scăzuse așa de mult, încât au renunțat la una din corăbii pentru a o transforma într-un rug funerar, *Lupul*, corabia pe care ai văzut-o îngropată în gheață. Erau prea puțini oameni pentru a mânui ambele vase.

– Și cum s-au întors veștile? întrebă Maria. Două secole mai târziu, Richard de Holdingham știa că ajunseseră pe Vinland – era destul de sigur pentru a pune acesată informație pe hartă. Dovezile arheologice arată că L'Anse aux Meadows a fost populată pentru o scurtă perioadă, abandonată mult înainte de 1066, așa că nu erau nici un fel de călătorii regulate de aprovizionare care ar fi putut aduce vreo veste.

– Jack are dreptate în legătură cu groenlandezii, spuse O'Connor. Îl compătimeau pe Harald, un conațional norvegian, mai ales după ce văzuseră că nu avea nici o intenție de a-i subjuga sau de a sta acolo. I-a pus să jure că nu aveau să spună nimic, iar argintul primit i-a ajutat să-și mențină comerțul cu Lumea Veche prosper timp de mai multe generații. Știm asta pentru că *félag*-ul a trimis o expediție pe urmele lui Harald, în căutarea lui, câteva generații mai târziu. Eirik Gnupsson, episcopul Groenlandei și unul dintre membrii *félag*-ului, și-a convins enoriașii că era un urmaș credincios al lui Hardrada și a aflat tot ce v-am povestit mai devreme. I s-a spus că Hardrada a promis că avea să lase un semn în Vinland dacă el și camarazii săi decideau să plece mai departe spre sud. Richard știa asta în secret, dar atât. Eirik Gnupsson a navigat spre Vinland, dar nu s-a mai auzit vreodată de el. Nu a mai fost nici o expediție, și locația unde era Vinland s-a pierdut în negura timpurilor. Chiar și pentru groenlandezi a devenit un fel de Avalon, un tărâm mistic al făgăduinței, condus de regele etern.

– Asta mi-a adus aminte de ceva, zise Maria. De povestea regelui Arthur. Dar cum rămâne cu regina lui, Guinevere? Harald a mai luat cu el și altceva în afară de menoră, când a plecat din Constantinopol.

– Da, chiar mă întrebam când o să vrei să afli asta, spuse O'Connor scuturându-și pipa și zâmbindu-i. Legenda spune că Harald era întovărășit de o femeie cu părul scurt, îmbrăcată în tunică și pantaloni bărbătești. Istoria ne spune că, cu câțiva ani în urmă, după ce reușiseră să scape, Harald eliberase prințesa și o trimisese înapoi la Constantinopol. Dar noi știm că tiza ta nu a fost de fapt niciodată răpită, ea a venit cu el de bunăvoie. Maria a fost cea care i-a eliberat din închisoare pe Harald și pe camarazii lui varegi chiar cu o noapte înainte de a fugi. A rămas alături de Harald și la bine, și la rău, de-a lungul mariajului său de conveniență cu prințesa rusoaică Elizabeth sau pe drumul său anevoios spre domnie. L-a îmblânzit, devenind lumina călăuzitoare a vieții lui. Și, în ultima sa încercare de a prelua puterea, cînd a vrut să cucerească Anglia, în 1066, ea l-a însoțit spre un regat unde ar fi putut în sfârșit să-și exercite dreptul prin naștere de a fi prințesă. Harald plănuia să o prezinte drept consoarta sa și s-o încoroneze regina Angliei.

– Harald avea cincizeci și unu de ani în 1066; ea probabil era cu zece ani mai tânără, spuse Maria. Când au plecat spre Vinland, mai erau și alte femei pe acele corăbii în afară de ea?

– Nu, Maria era singura.

– Nu-și făcuseră un plan prea bun pentru noua colonie.

– Mentalitatea vikingă, zâmbi Jack. Fură ce poți când ai ocazia. Și, nu uitați, erau probabil înnebuniți de oboseală și de durere, nefiind în stare să gândească limpede. Mulți dintre ei cu siguranță credeau că se îndreaptau spre Walhalla.

Cercul soarelui începu să se scufunde spre vest în mare, aruncând o lumină gălbuie peste pietrele erodate care se înălțau de-o parte și de alta a golfului. Se uitau în tăcere spre mare, absorbind strălucirea serii care îi învăluia.

– Se spune că insula sfântă este scăldată în lumina sclipitoare a îngerilor, zise O'Connor. Este o lumină care se vede doar în locuri ca acesta, unde raiul și pământul par a se contopi, și în locuri în care crusta strădaniilor omenești a fost dată la o parte, lăsând la iveală piatra seacă de dedesubt. Centrul Forumului din Roma, Muntele Templului din Ierusalim.

– Menora s-a aflat în ambele locuri, spuse Maria.

– M-am gândit la asta, răspunse O'Connor.

Cu ochii strălucitori, Jack se apleca brusc, uitându-se spre orizont.

– Menora a fost aici, cu Harald, chiar în acest loc. De când l-am văzut pe Halfdan în gheață, am știut că ne aflam pe drumul cel bun, ca și cum ceva ne împingea de la spate. Acum mai avem nevoie doar de niște indicii, ceva mai concret, cum ar fi unde anume s-au dus după ce au părăsit fiordul.

O'Connor se uită pătrunzător la Jack, aprinzându-și iar pipa.

– Halfdan ți-a urat noroc în luptă, ai uitat? Ți-a predat ștafeta. Cumva, am un sentiment că viitorul vă rezervă multe surprize.

Tocmai se pregăteau să se ridice, când îl văzură pe Jeremy alergând spre ei, și în spatele lui desluşiră silueta corpolentă a lui Costas încercând să țină pasul. Jeremy se opri în fața lor, cu chipul îmbujorat, foarte agitat și plin de energie.

– Ce s-a întâmplat? întrebă Jack prietenește. Mai era ceva ce ai ținut secret?

– Nu chiar, zise Jeremy, încercând să-și recapete suflul. *Mappa mundi.* Cât timp voi erați în aisberg. Știam eu.

– Ia-o încet, spuse Jack. Liniștește-te!

Jeremy se aplecă și scoase din servietă o foaie rulată, apoi respiră adânc de câteva ori, recăpătându-și calmul.

– Îmi pare rău, dar cred că este cel mai extraordinar lucru de până acum.

– Așa...

– Orele pe care le-am petrecut în cabină, evitându-vă pe toți, începu Jeremy, parcă scuzându-se. Ei bine, eram absorbit de versiunea electronică a hărții descoperite la Hereford, exemplarul lui Richard, care era la o rezoluție de 1 200 DPI. Era ceva nu-mi dădea pace, ceva ce credeam că văzusem atunci când eu și Maria desfăcuserăm harta pentru prima dată în catedrală.

– Continuă!

– I-am rugat pe colegii de la laboratorul tehnic din Oxford să facă o scanare multispectrală.

Jack luă foaia și o desfăcu pe genunchi. Era o imagine mărită a colțului din stânga jos al hărții, reprezentând fantasticul desen cu Vinland și Lumea Nouă pe care îl examinaseră cu câteva zile mai înainte la Cornwall, cu inscripțiile referitoare la Leif Eiriksson și Harald Hardrada și comoara de la Michelgard. Jack văzu imediat ce voia Jeremy să spună.

– Mai este un desen dedesubt!

– Uitați-l aici, izolat și mărit. Costas m-a ajutat să fac asta, spuse Jeremy dându-i altă foaie, iar Maria și O'Connor se apropiară și ei să vadă mai bine.

Era o linie simplă, o formă de „U“ care se alungea de-o parte și de alta, estompându-se, și două cercuri neregulate în față.

– Este Vinland! exclamă Maria. Este exact la fel ca imaginea Vinland de pe harta originală, doar că la o scară mult mai mare. Forma aceea de „U“ este golful, iar Vinland este marcată la capătul golfului pe hartă. Am fost în așezarea vikingă de la L'Anse aux Meadows în Newfoundland anul trecut. Situl arheologic este chiar în capătul golfului, exact unde este marcată Vinland, și acestea sunt promontoriile de o parte și de alta și se extind înspre Strâmtoarea Belle Isle. Iar cercurile sunt insulițele din apropierea coastei, Little Sacred Island și Great Sacred Island. Au fost cu siguranță repere de navigație importante pentru vikingi.

– Exact asta este fantastic, spuse Jeremy.

– Ce vrei să spui? întrebă Jack.

– Uită-te cu atenţie la aia mai mare, spuse Jeremy întinzându-i o lupă. Acolo, unde pare a fi o pată.

Jack se uită mai atent la imaginea scanată.

– Văd un semn al crucii, sigur e o cruce, murmură el. Şi pata aia într-o parte. Astea sunt litere?

– Rune.

Jack jubila.

– Poţi să traduci?

– Sunt două rânduri, începu Jeremy. Mi-e foarte greu să le citesc, chiar dacă imaginea este mărită, dar de un lucru sunt absolut sigur. Pe primul rând scrie *Haraldi konungi*, Harald regele. Cel de-al doilea rând are două cuvinte, aur şi Michelgard, aurul de la Michelgard. Adică Constantinopolul, bineînţeles.

– Doamne Dumnezeule.

– Cred că Richard de Holdingham a făcut schiţa asta de la început, dar apoi s-a răzgândit. Era prea exactă, dezvăluia prea mult. Aşa că a şters-o şi a desenat o hartă mai generalizată a Vinlandului, cu inscripţia cu Leif Eiriksson. Apoi s-a gândit mai bine şi s-a hotărât să mai adauge şi o referire la Harald Hardrada până la urmă, cum că ar fi fost prin părţile acestea, având asupra sa şi comoara de la Michelgard.

– Prima schiţă ne dă nişte informaţii importante, şopti Jack. Ne spune ceva incredibil de precis.

– „X“-ul marchează locul, spuse O'Connor, şi, pentru prima oară de când se întâlniseră, îl văzură zâmbind larg. Chestia asta pare aşa, dintr-odată, să merite osteneala.

Costas apăru din spatele unei dune, uşor agitat după marşul forţat pe care-l făcuse.

– S-a întors elicopterul, spuse el gâfâit când ajunse lângă ei. Macleod vrea să ştie dacă vă întoarceţi pe *Seaquest II* sau la Istanbul. Sunt în golful Disko şi aşteaptă noi instrucţiuni. Ei au în plan să plece spre nord să cerceteze marginea calotei glaciare, şi unii dintre oamenii de ştiinţă nu prea mai au răbdare.

Costas văzu deodată foaia de pe genunchii lui Jack și se aplecă să se uite.

– Harta unei comori. Pasiunea mea. Unde este?

Jack îl privi pe Costas cu drag și își întinse mâna spre cercul portocaliu și strălucitor de la orizont.

– Înspre vest, aproape patru mii de kilometri. Poți să-i spui lui Macleod să scoată copia după *Epopeile Vinland*[1] pe care i-am lăsat-o. Acolo este descris drumul spre Vinland.

O'Connor se ridică.

– Se pare că este timpul să plecați, nu-i așa? zise el strângându-i mâna lui Jack. Nu știu unde mă va duce drumul meu, dar, Jack, te rog un singur lucru.

– Orice.

– Află ce s-a întâmplat cu menora.

Jack zâmbi și îl bătu prietenește pe umăr.

– Vom face tot ce ne stă în putință. Lucrurile au mers foarte bine de când Halfdan mi-a împrumutat securea lui, și cred că a mai rămas puțin noroc și pentru noi, zise el, continuând apoi pe un ton foarte serios: Și tu să ai mare grijă.

---

[1] Denumire generică dată celor două epopei *Saga groenlandezilor* și *Saga lui Eirik cel Roșu* (n.tr.)

14

De cealaltă parte a Atlanticului, treizeci și șase de ore mai târziu, Jack stătea în întuneric beznă, pe o podea de pământ, învelit într-un sac de dormit și apărat de umezeala podelei de o saltea termoizolantă. Își făcuse o pernă mai confortabilă din haine și se uita cu ochii pierduți în întuneric. Lângă el sforăia Costas, și auzea din când în când cum se foia Jeremy undeva la picioarele lui. Nu ratase șansa de a petrece noaptea într-o casă comunală vikingă restaurată, o structură scundă, cu pereții foarte groși, construită în totalitate din iarbă, chiar în locul unde, cu aproape o mie de ani în urmă, Leif Eiriksson și ceata lui de aventurieri norvegieni își construiseră primul adăpost. Dar pentru Jack asta era o noapte fără somn, chinuită de vise rele. Mintea sa era în continuare copleșită de extraordinarele relatări pe care O'Connor le făcuse cu o zi înainte pe insula Iona, despre o frăție secretă care străbătuse secolele și până la urmă ajunsese să fie asociată cu una dintre cele mai groaznice orori ale timpurilor moderne. De fiecare dată când ațipea, imediat i se îngrămădeau în cap aceleași imagini teribile, zei-lupi arătându-și colții și vulturi rotindu-se, sfeșnicul cu șapte brațe și svastica îngrozitoare, imagini care nu mai păreau doar niște fragmente izolate ale istoriei, ci un tot unitar care spunea o poveste a puterii și a pericolului.

Jack se trezi cu o ceașcă de cafea aburindă care îi era oferită de Costas, care îl trezise cu o lovitură ușoară și se aplecase spre fața adormită a prietenului său.

– Bună dimineața! spuse el vesel. Situl arheologic este doar al nostru în dimineața asta. Angajații de la Parks Canada o să-l deschidă abia la prânz pentru un grup de turiști.

Jack mormăi ceva și se ridică repede, trăgându-și blugii și un pulover albastru pe el, apoi se legă la șireturi. Tresări de durere când atinse rana de la coapsă, rămasă moștenire din aventura de pe aisberg. În lumina dimineții îl văzu pe Jeremy cum își strângea salteaua și sacul de dormit. Ajunseseră pe întuneric, și era pentru prima oară când Jack putea aprecia dimensiunile casei comunale. Era alungită și scundă, construită din iarbă pe un cadru de lemn, cu o podea murdară și un acoperiș dat cu smoală. Se vedea cum pe vremuri încăpeau acolo douăzeci sau treizeci de oameni, mai multe familii, adunate în jurul vetrelor dispuse regulat de-a lungul camerei. Era cu siguranță un loc întunecat și plin de umezeală, fetid și care mirosea foarte puternic în timpul lungilor luni de iarnă. Acum putea înțelege de ce vikingii râvniseră dintotdeauna la spații deschise și la mare, la lunile de vară în care își îngrijeau turmele de vite și se îmbarcau pe corăbiile lor, plecând în călătorii lungi de explorare și de atac.

Jack își luă cafeaua și ieși din încăpere, închizând ochii pentru a se apăra de strălucirea orbitoare a soarelui de dimineață. Un pic mai departe, pe iarbă, era forma alb cu roșu a elicopterului Pazei de Coastă Canadiene, Sikorsky S-61N „Sea King“, care îi adusese până la îndepărtata peninsulă nordică Newfoundland din Goose Bay în Labrador, cel mai apropiat aerodrom unde Embraer-ul IMU putuse ateriza. Jack se întoarse cu spatele la elicopter și se uită împrejur. Casa comunală era una dintre cele trei clădiri de iarbă reconstituite la marginea așezării vikinge originale, la câțiva metri de pajiștea unde arheologii norvegieni, care descoperiseră așezarea în 1960, excavaseră trei locuințe și niște obiecte primitive din fier. Descoperiseră doar niște movile mici acolo unde fuseseră cândva ziduri, niște găuri de stâlpi și vetre fantomatice și câteva artefacte, dar fusese îndeajuns pentru a dovedi fără îndoială că vikingii ajunseseră până acolo. Jack privi spre mal, peste vegetația bogată, la insulițele stâncoase care încadrau orizontul înspre nord. Situl arheologic nu avea deloc splendoarea unui mormânt antic sau a unui oraș pierdut, dar fusese una dintre cele mai remarcabile descoperiri arheologice din toate timpurile, o dovadă incontestabilă că aventurierii Lumii Vechi vizitaseră America cu cinci sute de ani înainte de Cristofor Columb. Era prima așezare europeană din America de Nord, dincolo de Groenlanda, primul loc din Lumea Nouă unde fierul a fost topit. Acum Jack știa că aveau să scrie o nouă pagină în istoria acestui loc, un episod la care nimeni nu îndrăznise să viseze vreodată înainte ca *mappa mundi* să fie descoperită. După ce își termină cafeaua, simți cum negura nopții anterioare se împrăștie, și fu cuprins de exaltare.

– Greu de crezut că Iona este la mai mult de trei mii de kilometri înspre est.

Jeremy apăru în ușă, cu părul ciufulit, stând lângă Jack, frecându-se la ochi și turnându-și cafea.

– Dar arată la fel, nu crezi? Genul ăsta de locuri cred că erau ceva foarte familiar pentru vikingi.

– Și pentru tine este la fel de familiar, nu? întrebă Jack cu o strălucire în ochi.

– Mama era canadiancă din Nova Scotia, răspunse Jeremy. Când eram copil, am vizitat acest loc, și asta mi-a stârnit pasiunea pentru studiul arheologiei norvegiene. Este uimitor cât de puțini oameni vin aici, chiar dacă este patrimoniu național UNESCO. Dacă citești câteva cărți de istorie, o să crezi că implicarea europeană în teriroriul nord-american a început cu John Cabot, în 1497.

– Dar vikingii nu au stat pe aici prea mult.

Costas prinse cuvintele lui Jeremy din zbor, pe când ieșea din casă cu sacii de dormit, și veni lângă ei.

– Credeam că L'Anse aux Meadows era mai mult un avanpost, o tabără sezonieră.

Jack îl aprobă.

– Dacă e să credem doar ce spun dovezile arheologice, atunci locul acesta a fost ocupat doar timp de câteva sezoane, cel mult, apoi probabil vizitat sporadic o dată la câțiva ani. În cele trei case comunale puteau încăpea până la o sută de oameni, așa că este posibil să fi încercat să își stabilească aici o reședință permanentă, pentru că erau și femei și aveau și animale. Dar nu a durat prea mult. Vorbim despre anul 1000 d.Hr., poate chiar un pic mai târziu. Islanda fusese colonizată de norvegieni la sfârșitul secolului al IX-lea, Groenlanda, de Eirik cel Roșu cu aproape un secol mai târziu, așa că probabil de acolo au venit și coloniștii noștri. Stilul caselor este tipic pentru Groenlanda și Islanda din acele vremuri. Leif Eiriksson era fiul lui Eirik cel Roșu, după cum spune și numele.

– Probabil încercau să descopere limitele lumii lor, reflectă Jack. Și fenicienii au făcut la fel. Cele mai îndepărtate avanposturi feniciene datează din cea mai timpurie perioadă de explorări, și toate au fost locuite foarte puțin timp. Mogador în vestul Africii, Cornwall în Anglia. Erau locuri cu un potențial comercial deloc de neglijat, dar mult prea departe și prea vulnerabile pentru a dura prea mult. Pare a fi aceeași poveste și aici.

– Este un model bun, spuse Jeremy, trecându-și mâna prin păr. Săpăturile arheologice din 1970 au scos la iveală multe dovezi că se lucra cu lemnul, preparau bușteni și scânduri pentru construcția corăbiilor lor. Este puțin cam dificil să ne dăm seama acum, dar în aceste locuri erau păduri de foioase bogate, întinzându-se chiar până la aceste pajiști. Cred că groenlandezilor și islandezilor, care nu aveau deloc păduri și trebuiau să importe butuci mari din Scandinavia, li s-a părut o mină de aur. Și-au reparat aici corăbiile și probabil chiar și-au construit corăbii noi, dar cea mai mare parte a lemnului l-au trimis înapoi în Groenlanda și în Islanda.

– Sunt foarte nedumerit, zise Costas. De ce nu şi-au stabilit aici o colonie permanentă dacă aveau lemn din belşug, păşuni pentru vite şi locuri ideale de pescuit?

– *Scraeling*-i, spuse Jack.

– Cine?

– Este numele norvegian pentru băştinaşi, indienii, răspunse Jeremy. Înseamnă „nenorocit", ceea ce spune totul despre atitudinea vikingă. La acea vreme, în Newfoundland era o populaţie destul de mare de indieni, iar canoele lor de război şi arcurile făceau din ei o pradă bună pentru războinicii noştri. Nu avem prea multe dovezi arheologice, dar legendele nordice evocă o poveste destul de urâtă. Când Leif Eiriksson a pus pentru prima dată piciorul aici, este foarte probabil ca relaţiile cu băştinaşii să fi fost tensionate încă de la început. În curând, au avut loc confruntări violente. Până la urmă, crimele sporadice din ambele tabere au condus la un război deschis, iar indienii au avut drept aliaţi alte triburi mai îndepărtate, vikingii fiind depăşiţi astfel numeric. Probabil şi-au direcţionat întreaga energie spre întărirea acestui loc, construindu-şi palisade de lemn împrejurul locuinţelor. Era imposibil să mergi cu vitele la păşunat sau la vânat şi la pescuit; ei erau foarte slăbiţi, aşa că probabil bolile erau destul de frecvente. Nu erau în stare să ducă la bun sfârşit acţiunile care constituiseră motivul venirii lor aici, adică să taie copaci şi să prepare lemnul pentru transportul înapoi acasă. Epopeile spun că fratele lui Leif, Thorvold, a fost ucis de o săgeată şi că asta a însemnat sfârşitul acestei colonii.

– Este foarte asemănător cu povestea părinţilor pelerini în America, la Jamestown, spuse Jack. Încolţiţi de nativi neprietenoşi, chinuiţi de foame şi de boli.

– Există o poveste şi mai sumbră, spuse Jeremy, scoţând un volum din buzunar. Acestea sunt *Epopeile Vinland* transmise din gură în gură şi puse pe hârtie în secolul al XIII-lea, în Islanda. Sunt dificil de citit ca text istoric, pentru că sunt multe contradicţii şi confuzii, dar descoperirea acestui loc dovedeşte că aceste epopei sunt bazate pe călătorii reale. După *Saga groenlandezilor*, alt copil de-al lui Eirik cel Roșu, fiica sa Freydis, a organizat o expediție la Leifsbúðir, Casele lui Leif, numele dat de ei coloniei din Vinland. Erau două corăbii, una cu aproape treizeci de groenlandezi, și cealaltă cu aproape tot atâția islandezi. Odată debarcați, a avut loc un fel de ceartă, la care probabil au luat parte și femeile, o animozitate adânc înrădăcinată care a făcut-o pe Freydis și pe groenlandezi să se înfurie teribil și să-i ucidă pe toți islandezii. Chiar Freydis însăși le-a omorât pe cele cinci islandeze și probabil și pe copiii acestora. Dacă asta chiar s-a întâmplat, atunci fapta asta teribilă a avut loc la adăpostul nopții, într-una dintre aceste case comunale.

– Dușmănie ancestrală, murmură Jack, amintindu-și de somnul său tulburat. Sper că nu asta este cea mai durabilă moștenire pe care o avem de la vikingi.

– Avem vreo dată sigură? întrebă Jack.

– Datele obținute prin metoda carbonului radioactiv par cele corecte, aceeași periaodă în care s-au pus bazele coloniei, în jurul anului 1000 d.Hr., iar celelalte expediții povestite în epopei au avut loc în următorii cincisprezece ani, sau așa ceva. Expediția lui Freydis se pare că a fost și ultima.

– Până la Harald Hardrada.

– Păi de asta suntem noi aici, zise Jack frecându-și mâinile nerăbdător și uitându-se sugestiv la servieta de lângă bagajele lor, în care era harta. Este timpul să mai aruncăm o privire pe harta aia.

Peste douăzeci de minute stăteau la câteva sute de metri de situl arheologic, pe plajă. În spatele lor se întindeau ondulându-se pășunile ce înconjurau colonia vikingă, și de-o parte și de alta era coasta joasă, măturată de valurile golfului. Lângă ei erau cei doi membri ai Pazei de Coastă Canadiene care pregăteau Zodiacul, o barcă pneumatică ușoară pe care o aduseseră de la elicopter. Jack se uită spre mare, punându-și mâna pavăză la ochi. Lumina era străvezie, de o claritate pe care o mai văzuseră și în fiord, iar briza marină aducea niște adieri de aer rece venit dinspre ghețarii din nord chiar și în luna iunie. Pentru o secundă, Jack se surprinse gândindu-se la aisbergul din fiord, întrebându-se dacă nu cumva avea să se topească undeva pe aceste țărmuri, lăsându-l pe Halfdan să se odihnească împreună cu camarazii săi. Alungă din minte gândul ăsta și se concentră pe masa pietroasă vizibilă la câțiva kilometri depărtare de țărm.

– Great Sacred Isle, murmură el. Pentru ea am venit aici.

– Nu există nici un dubiu că nu ar fi ea, spuse Jeremy ținând o copie a schiței lui Richard de Holdingham în mână și comparând-o cu fotocopia unei hărți maritime. Din cele învățate de la Maria, Richard era un erudit foarte meticulos, și a transcris harta cu cea mai mare acuratețe, copiind-o probabil de pe o schiță originală, care, într-un fel sau altul, a ajuns la el din Groenlanda.

Puse brusc schița jos și se repezi spre o movilă din apropiere, unde un nor de aburi se ridica dinspre o plită micuță.

– Și ce anume căutăm noi, mai precis? întrebă Costas. Vase de lut, monede, securi ruginite?

Jack îi zâmbi.

– Nici vorbă. Patru artefacte au fost singurele descoperiri după opt ani de excavații făcute în anii 1960. Un ac de păr din bronz, o lampă de piatră cu ulei, un fus și un fragment de alamă aurit. Și asta pentru o comunitate care număra peste o sută de persoane și care a stat aici câțiva ani. Se pare că norvegienii strângeau ceea ce le cădea la mână și nu aruncau absolut nimic. Dacă Harald Hardrada a vrut să lase ceva pe aici, atunci poate vom găsi ceva. Dacă nu a vrut, atunci cu siguranță nu vom găsi nimic.

Jeremy se întoarse cu două castroane de lemn și cu linguri și le întinse lui Jack și lui Costas.

– Le-am făcut chiar eu când eram copil, spuse el mândru. Sunt copii exacte ale castroanelor norvegiene din Groenlanda. Și chestia din interior este și ea autentică.

Costas se uită cu neîncredere la substanța îngroșată din castronul său și bătu în ea cu lingura.

– Pare destul de veche, zise el. Și miroase ca o fabrică de smoală. Bănuiesc că nu e de mâncare, nu?

– Este o rețetă personală, spuse Jeremy prefăcându-se că-l ignoră. Bazată pe analiza rămășițelor din zonele unde norvegienii își depozitau deșeurile. Făină din orz de proastă calitate, mazăre și scoarță de pin. Un fel de terci. Foarte bun.

– Dar unde e porția ta?

– Nu am mai avut răbdare și am mâncat-o mai devreme.

– Da, sigur, spuse Costas adulmecând lingura și luând o înghițitură, de încercare. Dumnezeule mare! Deșeuri este într-adevăr cuvântul potrivit.

– Asta este tot ce vei primi. Experiența vikingă completă. La L'Anse aux Meadows nu este permisă mâncarea vremurilor moderne.

Costas mormăi, și Jeremy se întoarse spre Jack, care golise deja castronul și se uita la hartă.

– Acesta a fost locul de unde nu mai există întoarcere, spuse Jack. Dacă într-adevăr au ajuns până aici, nici unul dintre oamenii lui Harald nu s-a mai întors acasă viu. Era un drum cu sens unic spre capătul lumii.

– Dar ghizii lor? întrebă Costas cu gura plină și cu o privire încruntată.

– Mă îndoiesc că vreunul dintre groenlandezi l-a însoțit pe Harald așa de departe, răspunse Jack. Ținând cont că aveau doar o singură corabie, după moartea lui Halfdan, nu mai aveau nici o cale de întoarcere, și chiar și la Ilullisat ar fi trebuit să aștepte să fie salvați de vânătorii și de pescarii norvegieni care ajungeau până la Norðrseta pe timpul verii.

– Lasă-mă să recapitulez, spuse Costas. Suntem aici din cauza hărții care descrie Vinland cu referință la Harald Hardrada de pe *mappa mundi.* Cum s-a aflat în Anglia că Hardrada a fost aici, cum a ajuns asta la urechile celor din *félag* și la Richard de Holdingham, atâția ani mai târziu?

– Din câte ne-a spus O'Connor, acel episcop care a venit în Groenlanda la începutul secolului al XII-lea, cel care era membru al *félag*-ului, a reușit să obțină de la norvegieni o mărturie despre expediția lui Hardrada. Ghizii care s-au întors de la fiorduri la colonia vestică din Groenlanda au povestit probabil despre călătoria lui Harald spre Vinland, şi povestea a fost transmisă mai departe din generaţie în generaţie. Dacă este să ne luăm după istoria Islandei, groenlandezii aveau o tradiţie bogată în epopei, unele dintre ele transmise în secret. Nici o epopee nu a mai fost găsită după misterioasa dispariţie a groenlandezilor, câteva secole mai târziu.

– Dar crucea de pe hartă, „X"-ul care marchează locul? întrebă Costas. Dacă într-adevăr marchează ceva acolo, cum ar fi putut groenlandezii să ştie?

– Cu uşurinţă, zise Jeremy. Norvegienii au lăsat semne, indicatoare navale. Erau esenţiale pentru reconstituirea călătoriilor într-o arie atât de vastă care nu era deloc explorată. Unele dintre mormanele de pietre ridicate în jurul golfului Baffin despre care se crede că au aparţinut eschimoşilor, s-ar putea să fi fost de fapt ridicate de norvegieni. *Saga groenlandezilor* ne spune cum Thorvold, cel care a fost ucis de indieni, a ridicat chila unei corăbii drept semn undeva lângă un promontoriu, la nord-est de aici. A devenit cunoscut ca Kjalarnes, Capul Keel[1].

– Deci vrei să spui că Great Sacred Isle era un reper de navigaţie bine-cunoscut.

– Cred că era mai mult decât atât, spuse Jack. Faptul că această insulă este foarte bine marcată pe hartă înseamnă că simboliza mult mai mult, ceva strâns legat de călătoria lui Harald. Este doar o bănuială, dar mă întreb dacă Harald le-a promis ghizilor săi groenlandezi, înainte de a pleca din Ilulissat, să le lase nişte semne pe măsură ce călătoria lui avansa. Un loc evident pe care l-ar fi sugerat groenlandezii ar fi fost propriul semn de navigaţie pentru Leifsbúðir la Great Sacred Isle, un loc pe care Harald l-ar fi găsit cu uşurinţă. Groenlandezii nu cred că s-au aventurat până aici ca să vadă dacă a reuşit, dar amintirea promisiunii lui Hardrada nu a murit niciodată.

---

[1] Keel Cape, *keel* însemnând „chilă"

– Să vedem atunci dacă ne așteaptă pe noi. Costas îi dădu lui Jeremy castronul gol, apoi făcu un semn spre rucsac. Ai cumva niște bere, să se ducă mai bine mâncarea aia?

– Mă tem că nu ai noroc. Dar în schimb am ceva la fel de bun. Un iaurt acru făcut din zer de vacă și lăsat vreo câteva săptămâni într-o putină. Se servește cald. Doar să mai aștepți puțin până ce...

Costas era deja la jumătatea drumului spre plajă, cu mâinile în sus, ca și cum s-ar fi predat. Jack îi zâmbi lui Jeremy și arătă spre Zodiac.

– Cred că s-a terminat micul dejun.

Câteva minute mai târziu, se îmbrăcau în costumele de supraviețuire și își puneau vestele de salvare împrumutate de la Paza de Coastă. Împinseră barca în apă, și apoi săriră în ea și se așezară în timp ce unul dintre membrii echipajului porni motorul. Pe când ieșeau încet din golf, se întoarseră să se uite la coasta joasă care se îndepărta în spatele lor.

– Mareea e înaltă, strigă Jeremy, ca să acopere zgomotul motorului. Când scade, întregul golf e doar pământ uscat. Vikingii prindeau somon punând capcane când mareea era joasă, apoi se întorceau la următoarea maree. Nu cred că oamenii lui Harald aveau probleme cu aprovizionarea.

Barca acceleră când ieșiră din golf și trecură din apele de mică adâncime în strălucirea verzuie a mării. În fața lor, insula părea luminată brusc de o rază de soare, sclipind printre norii care se adunau pe cer.

– O bucată de la Mjøllnir, strigă Jeremy.

– Cum?

– Norvegienii credeau că fulgerele și razele de lumină sunt bucăți desprinse de lovitura ciocanului lui Thor, Mjøllnir, strigă Jeremy. De obicei este un semn bun.

– Nu mai vreau să aud de nici o prevestire nordică, zise Costas. Am început să visez lupi și vulturi de sânge.

– Nu-ți face griji, zise Jack zâmbind spre Costas. O să-ți treacă, și în curând o să revii cu picioarele pe pământ.

15

Douăzeci de minute mai târziu, stăteau adăpostiți de vânt lângă Great Sacred Isle, dincolo de vârful cel mai nordic de pe Newfoundland, dezbrăcându-se de costumele de supraviețuire și lăsându-le în Zodiac. Insula din fața lor avea aproape un kilometru în lungime și jumătate de kilometru în lățime, pietroasă și cu pete micuțe de verde pe ici și pe colo. Din când în când, mai apăreau niște creste joase, pe care Jack le inspecta cu atenție prin binoclu.

– Preferata mea, suspină Costas mulțumit și dădu cu piciorul bocancilor. O vânătoare de comori.

– De data asta nu avem echipamente sofisticate, zise Jack dând la o parte binoclul și privindu-l pe Costas, care se încălța. Terenul nu e bun pentru geofizică, și ceea ce căutăm noi oricum n-o să apară. Așa că ne bazăm doar pe vederea noastră. Oricum, este singurul mod în care am găsit vreodată vreo comoară.

– Ce căutăm până la urmă?

– Ceva pe cel mai înalt punct sau un punct care iese în evidență dinspre mare. Mai mult de atât nu știu nici eu. O piatră de hotar sau un șir de pietre întinse pe sol care par prea uniforme pot fi de la o grămadă care s-a prăbușit. Dar, dacă era un semn din lemn, cum a fost chila aia din saga, atunci n-o să avem noroc.

Se îndepărtară unul de celălalt pe o distanță de vreo douăzeci de metri, cu Jack în mijloc, pentru a cuprinde o arie cât mai largă, și porniră la drum spre centrul insulei. Terenul nu era prea accidentat, dar era un amestec ciudat de rocă și eroziuni umede, care îi amintiră lui Jack de plimbarea lor pe Iona, cu câteva zile în urmă. După ce se cățără pe prima creastă, Costas se opri brusc și se uită înspre pământ. Jack îi observă mișcarea și se întoarse.

– Ai văzut ceva?

– Este despre vikingii lui Harald.

– Continuă, spuse Jack relaxându-se și uitându-se nerăbdător la Costas.

– Nu aveau femei. Adică, în afară de doamna lui Harald, care, evident, nu intra în discuție.

– Maria a spus asta. Dar nu uita că ei plănuiau să pună bazele unei colonii. În mintea lor, treceau dintr-o luptă în alta, până la bătălia finală. Dacă găseau ceva în drumul lor, foarte bine, dacă nu, la fel de bine, pentru că oricum aveau un scop mult mai înalt. Plus că nu erau deloc în cea mai bună condiție fizică.

– Îți faci griji pentru Maria? întrebă Costas.

Jack tăcu pentru câteva clipe, apoi răspunse:

– Poate să aibă grijă de ea însăși. O'Connor este cel din linia întâi.

Peste aproape două ore, scotociseră întreaga insulă fără să descopere nimic. Jack se rătăci de ceilalți doi și se trezi hoinărind pe plaja pietroasă din partea vestică a insulei. Se simțea tulburat, și secvențe din visurile din noaptea precedentă începură să îi dea târcoale. Pentru prima dată, se întreba cu seriozitate dacă ăsta chiar era capătul drumului. Pentru arheologii care merseseră înaintea lor pe urmele vikingilor, până aici, acest loc mohorât și respingător fusese unul al triumfului, al euforiei, făcând ca rămășițele norvegiene de la L'Anse aux Meadows să pară la fel de minunate precum comoara regelui Tutankhamon. Totuşi, se pare că aici drumul se înfundase. Nu se mai găsise nimic convingător înspre vest sau înspre sud, nici o dovadă a existenţei coloniei vikinge sau vreun semn al explorării.

Jack se aşeză pe vine pe plajă, găsi o piatră plată şi o aruncă departe în mare, numărând de câte ori atinse piatra apa înainte să dispară. Poate aici era totuşi marginea lumii vikinge, graniţa cu viaţa de dincolo de moarte. Poate că, până la urmă, aici au găsit bătălia lor mistică de la sfârşitul timpului, Ragnarokul lor. De când ajunseseră pe Iona, Jack simţise o apropiere extraordinară de Harald Hardrada, ca şi cum Harald ar fi fost spiritul său însoţitor, prezent în lumea din partea cealaltă a graniţei. Maria îi spusese că norvegienii credeau că acei oameni cu spirit de aventură urmau cărările strămoşilor lor, spiritele lor călăuzitoare, şi Jack începuse să simtă cum era tras înainte de o prezenţă invizibilă. Dintr-odată se simţi părăsit de toţi, învârtindu-se în ceaţa nesiguranţei fără să aibă vreo idee despre ce avea să facă mai departe.

Poate exact asta simţise şi Harald în acel moment. Jack îşi aminti din nou de hartă, de corabia din aisberg, de securea masivă a lui Halfdan. Nu fusese un vis. Chiar se întâmplase în realitate. Trebuia să fie ceva mai mult pe această insulă. Apăsă cu putere stânca solidă cu palmele, dorindu-şi să o facă să-şi dezvăluie secretele. Îşi aduse aminte iar de secure. „Norocul în luptă“, şopti pentru sine însuşi. Apoi se ridică şi se întoarse, obervându-i în acelaşi timp pe Costas şi pe Jeremy pe o stâncă undeva pe ţărmul estic. Ajunse la ei în câteva minute şi le dădu sticla cu apă înainte de a bea el.

– Mai avem o oră până la reflux, şi va trebui să plecăm. Ce sugeraţi?

– Tocmai vorbeam cu Costas, începu Jeremy. Ceva nu-mi dă pace. Ceva legat de harta aia.

Luă harta lui Richard de Holdingham și o întinse pe piatră, apoi se așeză și el alături, uitându-se la ea cu mâinile deasupra capului. Brusc, sări în picioare, exuberant.

– Ce prost am fost! exclamă el. Ce am spus mai devreme despre meticulozitatea lui Richard. Uitați-vă cu atenție la schița asta. Nu este o cruce, un „X“. Este simbolul viking pentru ciocanul lui Thor, tulpina cu două brațe care se intersectează în vârf.

– Super, zise Costas cu o față inexpresivă. Și cu ce ne ajută asta pe noi?

– Hai să presupunem că au găsit o stâncă de o formă potrivită și și-au construit turnul de pietre acolo. Poate nu era locul ideal pentru un far, dar asta este exact ceea ce ar fi făcut norvegienii. Dacă l-ai fi ignorat, gestul ar fi fost considerat o sfidare adusă lui Thor.

– Păi tocmai l-am găsit, exclamă Costas brusc. Uită-te la picioarele tale!

Se uitară în jos și își dădură seama că piatra pe care stăteau avea o formă ciudat de regulată. Nu și-ar fi dat seama dacă nu li s-ar fi atras atenția, dar acum, învârtindu-se de jur împrejurul ei, văzură, dintr-un anumit unghi, o asemănare clară cu simbolul ciocanului lui Thor.

– OK, zise Jeremy exaltat. Trebuie să căutăm niște semne, probabil rune. Uitați-vă sub orice protuberanță, undeva ascuns.

Sări peste piatră și începu să o cerceteze atent, analizând suprafața erodată de granit. După câteva secunde, se aplecă sub o bucată ieșită în afară, și auziră un strigăt înfundat de bucurie. Jack veni lângă el, și Jeremy îi luă mâna și o apăsă pe suprafața pietrei.

– Simți?

Jack pipăi suprafața dură și umedă, simțind niște adâncituri, niște linii săpate cu dalta.

–Da!

– Avem vreo lanternă?

Costas veni lângă ei și îi puse lui Jeremy în mână minilanterna. Acesta se ghemui înapoi sub rocă.

– Două rune. Prima este a treia rună din vechiul alfabet runic norvegian, *futhark*, sunetul TH. Având doar două rune aici, cred că nu avem în fața noastră literele unui cuvânt, ci înțelesul simbolic al runelor, în cazul ăsta fiind vultur.

– Vultur, spuse Jack entuziasmat. Adică corabia lui Harald?

– Iar cea de-a doua cred că ne lămurește complet, spuse Jeremy. Mai bine uită-te tu!

Se ridică, dându-i lanterna lui Jack, care se ghemui, luându-i locul lui Jeremy. Direcționă lumina spre rune, luminând chiar simbolul cu șapte brațe al menorei. Se holba încremenit, abia mai putând să respire. Nu-și putea crede ochilor. Harald Hardrada însuși ajunsese în acest loc, uitându-se la oamenii săi care săpau aceste rune, fiind probabil ultima peroană care le văzuse până în acest moment. Stânca erodată se asemăna cu pietrele gravate pe care Jack le văzuse în urmă cu două zile pe Iona, deși mai văzuse simbolul menorei gravat în piatră, pe Arcul lui Titus. Imaginea pe care o avea acum în față părea să sfideze toate caracteristicile convenționale ale istoriei. Era cu adevărat incredibil. Fu nevoit să facă eforturi mari pentru a-și aminti că era la mii de kilometri distanță de Iona și de Roma, de cealaltă parte a Atlanticului.

Când se ridică, Jack zâmbea larg; îl bătu pe Jeremy pe umăr în timp ce-i strângea mâna.

– Foarte bine. Felicitări, Jeremy.

– Ce înseamnă runele acelea?

– *Vulturul*, corabia lui Harald, plus simbolul comorii sale.

– Harald a fost aici.

– Ceva de genul ăsta.

– Deci chiar așa s-a întâmplat, zise Jeremy, trântindu-se pe iarbă, lângă stâncă, obosit, dar încântat. Cărțile de istorie vor trebui rescrise după asta. Vinland nu a fost doar un avanpost obscur, ci un loc vizitat de cel mai mare rege al epocii vikinge.

– Și a plecat mai departe, șopti Jack.

– Ce s-a întâmplat aici? întrebă Costas, uitându-se la țărmul jos măturat de ape. Adică, dacă acest loc uitat de Dumnezeu a fost un paradis pentru norvegieni, de ce n-a rămas Harald aici?

– Norvegienii credeau cu ardoare în lumea spiritelor, spuse Jeremy. Bariera dintre lumea lor și lumea spiritelor era foarte subțire, ușor de trecut. Zeul-lup, zeul-vultur, zeul cel rău Loki, oricare dintre ei și-ar fi putut face apariția în lumea reală sub diferite forme, vizibile doar celor care aveau *seid*, un fel de percepție extrasenzorială. Spiritele celor morți puteau bântui un loc. Poate Harald și oamenii lui au simțit o prezență nefastă când au ajuns aici.

– Nu cred că aveai nevoie de vreo percepție extrasenzorială, zise Costas. Chiar și după jumătate de secol, scheletele erau tot acolo, mai ales dacă erau blocate într-una dintre casele comunale.

– Oamenii lui Harald probabil s-au simțit obligați să strângă oasele și să le incinereze, apoi să ardă și să îngroape orice ar mai fi găsit, spuse Jeremy. Aceste rune aveau, probabil, un dublu rol – în primul rând, erau privite drept talismane protectoare, având puterea să țină spiritele acestui loc departe; apoi, ele îi apărau pe Harald și pe camarazii săi de relele viitoare. Erau rune fermecate, *galdrastafir.* Se ridică și se întinse pentru a mângâia liniile gravate în piatră. O rună pare a fi ciocul vulturului, cealaltă – un dinte de lup, alta – ciocanul lui Thor.

– Și cealaltă e menora, adăugă Jack.

– Cu cât o văd mai des, cu atâta cred mai tare că simbolul menorei a devenit simbolul lui Harald însuși, nu doar un simbol al curajului și al realizărilor sale, ci un fel de talisman, ceva învăluit în propriul destin.

– Faptul că a supraviețuit bătăliei de la Stamford Bridge a părut aproape un miracol, spuse Jack. Fiind un luptător viking, Harald își dorea o moarte glorioasă pe câmpul de luptă, dar, pentru că a fost cruțat, i-a încolțit în cap ideea că pe el îl aștepta o bătălie mai grozavă. În starea de seminebunie în care se aflau, el și oamenii săi trecuseră probabil granița în cealaltă lume, a spiritelor, și credeau că vedeau prevestiri rele legate de destinele lor în bătălia finală de la Ragnarok.

– Aduceți-vă aminte ce spunea părintele O'Connor, zise Jeremy. Norvegienii credeau în predestinare, credeau că soarta oamenilor era scrisă de la bun început, de la naștere. Poate Harald credea că încă nu-și îndeplinise destinul, și ceva îl împingea mai departe. Trebuia să trăiască cel mai mare triumf, care să se potrivească caracterului său, să moară într-o bătălie pe măsura imaginii sale supreme de erou nordic.

– OK, pe mine m-ați pierdut, spuse Costas. Tot ce vreau să știu este încotro s-a dus când a plecat de aici.

Jack dădu din cap și vorbi pe un ton serios:

– Păi, un lucru pe care l-ar fi putut face ar fi fost să se reaprovizioneze cu apă și cu mâncare și să-și repare corabia. Unul dintre primele lucruri descoperite de arheologi în anii 1960 a fost o fierărie primitivă unde fierul era topit și transformat în piroane. Iar unele dintre bucățile alea de lemn găsite pe mal ar fi putut proveni din scândurile de la carenă înlocuite de oamenii lui Harald.

– Și apoi unde s-au dus? Spre est sau spre sud?

– Spre vest, în jos spre estuarul fluviului St. Lawrence ar fi fost dificil de navigat împotriva curentului, spuse Jeremy. Și, dacă mergeau mai departe în direcția aia, ar fi fost terifiați la gândul că aveau să ajungă la capătul lumii și să cadă în Ginnungagap, marele abis.

– Și nu ar fi fost chiar sfârșitul glorios la care se așteptau, spuse Costas. Deci spre sud?

Jack dădu din cap aprobator, apoi se aplecă și scoase din rucasac un palm computer. Se uită la Jeremy.

– Este rândul meu să-mi cer iertare pentru că am ținut ceva secret. Sunt cu un pas înainte deja.

Deschise computerul, iar Costas și Jeremy se așezară lângă el. După câteva secunde, pe ecran apăru imaginea tridimensională a unei corăbii vikinge.

– Lanowski mi-a trimis asta prin e-mail, ieri seară târziu, după ce voi adormiserăți. Este o imagine tridimensională a corabiei noastre din gheață, bazată pe date fotometrice luate când am fost în interiorul aisbergului. Dacă presupunem că *Lupul* și *Vulturul* erau corăbii surori, atunci asta ne dă o idee foarte bună despre vasul care i-a adus pe Harald și oamenii lui pe Vinland.

Jack mișcă imaginea ca să poată vedea din mai multe unghiuri și o apropie pentru a observa detaliile. Văzură un vas elegant cu un singur catarg și cu vela pătrată, cu mijlocul navei foarte spațios, cu pupa și prora ridicându-se simetric. Se putea vedea unde fiecare filă a carenei fusese construită din mai multe scânduri, partea mai joasă a fiecăreia suprapunându-se peste cea de dedesubt, prinsă de aceasta cu piroane și cârlige. Chila era adâncă, cu scânduri abrupte, conferindu-i vasului rezistență și împiedicându-l să se balanseze. Sub marginea bordului erau găurile pentru vâsle aranjate simetric, iar la pupa era o ramă pentru cârmuire pe o proeminență, exact cum Jack și Costas văzuseră în corabia din aisberg. Lanowski lăsase deoparte sculptura superbă care împodobea stâlpul de la proră; la pupă era un steag alb, pe care, la o cercetare mai atentă, descoperiră însemnele IMU și o imagine a unui sfeșnic cu șapte brațe.

– Dumnezeule, murmură Costas. Până la urmă, tipul ăsta are și simțul umorului.

– După ce și-au petrecut iarna la fiord, probabil au avut nevoie să-și repare corabia pentru călătoria spre sud, spuse Jack. Țineți minte că era o corabie construită după standardele vikinge, aceeași pe care Harald a folosit-o să fugă din Cornul de Aur, cu douăzeci și cinci de ani în urmă. Au încercat s-o repare după călătoria la Iona şi după ce fusese lăsată toată iarna pe gheaţă.

– Despre ce anotimp e vorba?

– Paleoclimatologii din echipa lui Macleod au fost foarte încântaţi de carotele de gheaţă pe care le-au extras din aisberg. Se pare că iarna din 1066 spre 1067 a fost foarte dură în Groenlanda, prevestind mica eră glaciară din perioada medievală. Era mai sau chiar început de iunie înainte ca strâmtoarea Davis să fie navigabilă.

– În momentul în care s-au hotărât să consolideze doar o singură corabie, *Vulturul*, au putut folosi lemnul de la cealaltă, spuse Costas.

– Exact ce a descoperit Lanowski cercetând imaginile, spuse Jack. Grinzile transversale şi chiar o parte din chilă fuseseră îndepărtate din zona pupei.

– Dar materialul de călăfătuire?

– Nu ar fi putut să supravieţuiască iernii dacă nu ar fi vânat şi pescuit la copcă, spuse Jack. Sunt convins că aveau cu ei norvegieni din Groenlanda, bărbaţi pe care îi luaseră la bord din colonia vestică a Groenlandei pentru a le fi ghizi. Ei i-au arătat lui Hardrada cum să ungă lemnul cu untură de focă, pentru a-l proteja împotriva carilor, şi cum să facă funii din piele de morsă.

– Şi le-au mai spus că nu au nici o şansă dacă merg spre nord, sugeră Costas.

– Teoretic, vikingii ar fi putut naviga prin pasajul din nord-vest prin Oceanul Arctic, spre strâmtoarea Bering, dar nu există nici o dovadă că au mers spre vestul golfului Baffin, răspunse Jeremy. Există câteva artefacte norvegiene găsite în aşezările eschimose înspre nord, până la insula Ellesmere, la marginea calotei glaciare, dar probabil au fost adunate de vânătorii eschimoşi de pe epave sau colonii părăsite din Groenlanda. Este ca dovada despre expediţia blestemată a lui

Franklin, din 1845, obiecte tentante împrăştiate peste tot, absorbite de altă cultură.

– Este cam bizar, şopti Costas. Oriunde am merge, se pare că suntem pe urmele vikingilor, şi totuşi, este ca şi cum ei nu ar fi fost cu adevărat în acele locuri. Cred că încep să cred şi eu în lumea aia a spiritelor.

Jack îşi întoarse capul spre ţărmul din spatele lor şi spre L'Anse aux Meadows. Cu ochii minţii, vizualiză corabia vikingă cu pânzele întinse, ancorată în estuar.

– Fii sigur că au fost pe aici. Şi nu uita de corabia din gheaţă.

– Deci suntem de acord că au ajuns aici la... să spunem sfârşitul lui iunie, anul 1067? întrebă Jeremy.

– Odată gheaţa topită şi întrucât vremea se mai liniştise, ar fi fost uşor de trecut peste strâmtoarea Davis de la Ilulissat, şi apoi în jos spre coasta insulei Baffin şi spre Labrador, până aici, urmând ruta despre care aflaseră de la groenlandezi, zise Jack. Pe acolo este drumul aisbergurilor, dar adunaseră destui vâslaşi puternici încât să-şi permită scurte escapade fără să fie în pericol de a fi răniţi. Sunt şanse ca ei să fi avut vânt bun din spate pe tot parcursul drumului. Chiar şi în mări agitate, o corabie ca asta ar fi putut face faţă furtunilor, fiind destul de suplă pentru a se adapta unduirilor apei şi cu un bord liber destul de înalt pentru a preveni scufundarea carenei sub greutatea gheţii. Iar norvegienii erau nişte marinari extraordinar de talentaţi. Aveau un fel de cuarţ numit aventurin care reflecta lumina şi care capta lumina polarizată când cerul era înnorat, spunându-le încotro era soarele. Dar în majoritatea timpului navigau bazându-se pe simţurile lor, pe o cunoaştere ancestrală a mării şi a stelelor. Dacă Harald a fost vreodată prins în ceţurile de pe coasta asta, şi-ar fi continuat traseul după mirosul pământului, boarea pădurilor de pini.

– Şi tu chiar crezi că Vinlandul era tărâmul făgăduinţei pentru ei? insistă Costas, uitându-se neîncrezător spre ţărm. Mie, unul, mi se pare destul de mohorât şi de respingător.

– Primilor vikingi care au păşit aici cu siguranţă nu li s-a părut aşa. Aveau toate elementele unei vieţi îmbelşugate. Jack făcu o pauză, uitându-se gânditor spre ţărm. Dar pe vremea lui Harald era învăluit în negură, un văl care acoperea fapta criminală a lui Freydis. Groenlandezii ştiau de ea probabil, şi poate chiar i-au spus lui Harald să nu vină aici. La jumătate de secol după evenimentele descrise în epopeile nordice, Vinlandul avea deja o reputaţie funebră, un loc în care oamenii mergeau, dar de unde puţini se mai întorceau. Norvegienii erau cei mai duri aventurieri de prin aceste părţi, dar erau foarte superstiţioşi, şi pentru ei acest loc era damnat. Nu ar fi vrut să rămână aici.

– Şi pe aici erau acei *scraeling*-i.

– În acest moment numărul oamenilor lui Harald scăzuse probabil sub treizeci, cât ar fi fost normal pentru echipajul unei corăbii; ei erau aproape jumătate. Ştiau de *scraeling*-i de la norvegienii groenlandezi. Ar fi fost sinucidere curată să provoci vreo luptă. Probabil au pătruns în golf încercând să treacă neobservaţi, au luat lemnul şi fierul de care aveau nevoie, au luat răşină de pin pentru a-şi călăfătui corabia, au vânat câteva căprioare pentru a-şi face haine şi pentru mâncare, au strâns peşte, fructe şi carne cât au putut duce. Ultimul lucru pe care l-au făcut a fost, probabil să dea foc aşezării, şi apoi să se oprească pe insula asta, ca să lase semnul, înainte de a pleca de pe Leifsbúðir pentru totdeauna.

– Îndreptându-se spre sud, zise Costas.

– În josul coastei Newfoundland, dincolo de Nova Scotia, poate de-a lungul ţărmului estic al Statelor Unite, afirmă Jack. Mai ţineţi minte programul de simulare al lui Mustafa, când ne arăta exodul din Marea Neagră, progresul zilnic al refugiaţilor din Atlantida? L-am pus pe Lanowski să facă la fel, ca să măsurăm progresul presupus pe care l-a făcut corabia vikingă pe ruta asta, în ecuaţie intrând tot ceea ce ştim despre corabie, anotimpul şi condiţiile meteorologice din secolul al XI-lea.

Noul nostru căpitan canadian de pe *Seaquest II* știe aceste ape ca pe propriul buzunar și ne-a ajutat enorm, punând la dispoziția noastră vastele sale cunoștințe. Vikingii erau asemenea navigatorilor medievali mediteraneeni. Își măsurau progresul în zile, *doegr*. Având curentul principal și vântul în spate, cu certitudine au înaintat rapid spre sud. În trei săptămâni, au înconjurat Florida și au ajuns în Caraibe.

– Caraibe? Incredibil! zise Costas fluierând.

– Este doar o presupunere, continuă Jack. Oriunde s-ar fi dus, ar fi trebuit să acosteze după aproximativ o săptămână sau zece zile de când au plecat de aici, pentru a-și face provizii de apă și de mâncare. Să zicem că, acolo unde au acostat, s-au întâlnit iar cu băștinași, așa că au încercat să plece cât mai repede. Apoi încă o săptămână sau zece zile, și erau lângă Georgia și Florida. Țărmul li s-a părut probabil foarte neospitalier, un teren necunoscut cu vegetație tropicală și tufăriș dens. Dar nu ar fi fost deloc ușor dacă s-ar fi întors, împotriva vântului și a curenților, bazându-se doar pe pânzele lor și pe foarte puțini oameni capabili să mânuiască vâslele timp îndelungat. Cu o disperare crescândă, și-au continuat drumul spre sud. Este doar o speculație, bineînțeles, dar ar fi putut naviga prin Cheile Floridei direct în Caraibe. Dacă s-a întâmplat așa, vânturile puternice ar fi putut să-i abată înspre sud-vest, ajungând chiar până în America Centrală.

– Asta e al naibii de departe de Constantinopol.

Jack își aminti dintr-odată zilele minunate petrecute împreună cu Katya în Istanbul, cu șase luni în urmă, amândoi pierduți în trecutul labirintic al orașului, discuțiile despre cum cărările puțin umblate ale istoriei puteau conduce la aventuri și la descoperiri extraordinare. Pentru o clipă, simți o umbră de regret, dar apoi fu copleșit de o exaltare bruscă.

– Da, e foarte departe, într-adevăr, spuse el. Dar uită-te unde suntem acum, cât de departe suntem deja de țara lor natală. Prezența vikingilor aici la L'Anse aux Meadows este un lucru cert. Orice este posibil.

– Pe jumătate înnebuniți de sete și de oboseală, unii dintre ei infirmi din cauza rănilor de la Stamford Bridge, zise Jeremy. Este o imagine incredibilă. Cred că erau îngroziți, dar totuși exaltați, în fiecare clipă bântuindu-i teama că aveau să cadă dincolo de marginea lumii, dar cu toate astea apropiindu-se de Ragnarok cu fiecare zi care trecea, mai aproape cu o zi de luptă finală, unde aveau să li se alăture lui Odin și lui Thor într-o ultimă încleștare. Nouă tropicele ni se par blânde, dar pentru vikingi au fost probabil o viziune a iadului, o aură purpurie care îi aducea din ce în ce mai aproape de destinul lor.

Costas se ridică și privi spre orizontul nord-estic, prin strâmtoarea dinspre țărmul Labradorului și Oceanul Atlantic. Norii se adunau, și ceața mării învelea treptat întreaga coastă. Arătă dintr-odată spre o formă albă care apărea și dispărea în ceața de la orizont.

– Este *Seaquest II,* spuse el încântat. Și Lynx-ul este pe drum.

Jack privi spre mare. Își pusese în joc reputația când încercase să-l convingă pe Macleod să oprească pentru moment proiectul din fiorduri și să navigheze spre sud, ca să-i ia și pe ei, în speranța că aveau să meargă undeva mai departe de L'Anse aux Meadows. În mod normal, Jack nu ar fi făcut uz de autoritatea sa asupra altor departamente IMU, dar, din fericire, Macleod își descoperise un interes crescând pentru arheologie după ce îl adusese pe Jack la Ilulissat. Dar condițiile pentru a lua carotele de gheață se deteriorau, odată cu încălzirea vremii, și fuseseră multe voci nemulțumite printre savanții de la bord. Jack își țuguie buzele și, timp de câteva minute, urmări cum pata neagră a elicopterului se mărea, devenind recognoscibilă, iar golful se umplu de zgomotul surd al rotorului. Zbură alene pe deasupra lor, apoi ateriză pe pontoanele din apă, lângă Zodiac. Când motoarele se opriră, văzură chipul încadrat de căști al lui Ben și al lui Andy, care înaintau pentru a-i saluta pe cei doi bărbați canadieni de la Paza de Coastă.

– Încotro plecăm de aici? întrebă Costas. Mie mi se pare că urmele duc oriunde.

– Avem nevoie de mai mult, spuse Jack încruntat. Sperasem să găsim aici ceva mai mult, un indiciu care să ne ghideze. Dar măcar nu este nimic nici pentru alții. Înseamnă că mă pot întoarce la părintele O'Connor să-i dau aprobarea de a spune povestea ziarelor și Interpolului. El și Maria au terminat probabil de întocmit dosarul despre *félag* până acum, și noi nu avem destule date aici pentru a ne justifica întârzierea. Atâta timp cât descoperirea menorei era o posibilitate, preocuparea principală a lui O'Connor era ca noi să ajungem aici primii și să-i împiedicăm pe alții să pună mâna pe ea. Acum trebuie să ne concentrăm toată energia asupra acelui individ, Loki. Viața lui O'Connor este în joc.

– Nu vreau să fiu de față când va trebui să-i spui lui Macleod să facă dreapta înapoi și să se întoarcă la fiord, spuse Costas ghemuindu-se să își aranjeze bocancii și rezemându-se de o margine plină de iarbă de sub o stâncă.

Brusc se auzi un zgomot de prăbușire și un șir de înjurături în greacă. Acolo unde fusese Costas cu câteva secunde mai înainte, nu i se mai vedeau decât bocancii ieșind dintr-un boschet.

– Ești bine? Jack se întoarse și privi cu îngrijorare în gaura întunecată care se formase dedesubtul stâncii. El și Jeremy începură să dea repede la o parte iarba și pietrele care îi prinseseră picioarele lui Costas.

– Doar mândria-i un pic boțită. Vocea îi era înfundată și fu urmată de o tăcere. Dar mi-am găsit un nou prieten.

Când partea de sus a corpului lui Costas apăru, în fața ochilor avură o priveliște uimitoare. În micuța cavitate din fața sa era un schelet uman ghemuit, cu craniul sub genunchi, iar tălpile erau îngropate în pământ. De oase atârnau rămășițele zdrențuite ale hainelor din piele de animal, iar scalpul încă avea fire de păr lungi și albe.

Jeremy îngenunchie pentru a se uita mai îndeaproape.

– Cunoștințele mele de paleopatologie sunt cam ruginite, dar aș zice că avem de-a face cu un bărbat, posibil la sfârșitul vârstei mijlocii.

– *Scraeling?* întrebă Costas.

Jeremy dădu din cap.

– Fizionomia este europeană, iar tipul ăsta este înalt, are mai mult de un metru optzeci. Ar putea fi unul dintre primii exploratori englezi sau francezi, dar eu zic că oasele astea sunt mai vechi de atât, mult mai vechi. Aș zice că avem un nordic.

Jack închise ochii și se legănă încet. Asta ar putea fi. Se rugă să-l țină norocul.

– Oasele alea au și niște cicatrici foarte impresionante, spuse Costas.

– Am mai văzut așa ceva și înainte, în Anglia la ritualurile funerare ale războinicilor vikingi, spuse Jeremy. Răni de luptă, cauzate de săbii și topoare. Nu genul de răni pe care le-ai avea după o întâlnire cu *scraelingi*-i, care nu aveau arme cu marginile de metal. Tipul ăsta a fost hăcuit bine. Sunt niște cicatrici ciudate care ar putea reprezenta răni ulterioare, în special acele urme de inele din jurul încheieturilor, ca și cum ar fi fost în lanțuri. Dar toate rănile din luptă arată vindecate, cu mult timp înainte să fi murit el.

Jack se uită gânditor la schelet.

– Te gândești și tu la ce mă gândesc eu?

– Nu uita că pe aici erau și alți nordici, îl avertiză Jeremy. Dar este posibil, doar posibil, ca noi să fi dat peste încă unul dintre oamenii lui Harald, încă unul în afară de Halfdan. Ce mă uimește pe mine este vârsta rănilor. Dacă a murit în călătoria lor în josul fiordului, urmele de tăieturi ale rănilor din bătălia de la Stamford Bridge, care a avut loc cu o toamnă înainte, ar fi încă proaspete și s-ar vedea pe oase. Dar astea s-au vindecat cu ani înainte de a muri el, poate chiar decenii.

– Și ăsta nu este un ritual funerar, spuse Jack. Omul ăsta s-a târât aici și s-a baricadat cu pietrele astea. De aceea oasele nu i-au fost mâncate de animale.

– Poate vă ajută asta, spuse Costas cu o voce înfundată de sub stâncă, acolo unde își strecurase corpul chiar în fața scheletului și acuma pipăia încet întunericul din cutia toracică. Cu grijă scoase două obiecte și pe cel mai mare îl ținu în sus. Jack îl luă fără să se gândească, cu mintea încă la enigma scheletului.

– Ce este?

Costas reapăru pentru a le vedea figurile șocate ale celor doi uitându-se la obiectul din mâna lui Jack. Era un pandantiv plat, de mărimea unei farfurioare, și era gravat într-o piatră verde lucioasă, jad, fără nici o îndoială. Suprafața ondulată și curbată părea să aibă un desen abstract, dar pe măsură ce se uitau mai atent, în fața ochilor se contura forma stilizată a unor ochi, cioc și niște aripi.

– Doamne dumnezeule! șopti Jeremy. Este zeul vultur maya.

Costas ieși și se scutură.

– Maya, spuse el flegmatic. Mexic, Yucatan. Temple prin junglă, sacrificii umane. Am dreptate?

– Imposibil, spuse Jack îndepărtând cu grijă praful de pe cele două discuri care formau ochii vulturului. Se uită cu atenție la ei, dădu din cap nevenindu-i să creadă apoi îi dădu pandantivul lui Jeremy. Este imposibil. Spune-mi că nu am halucinații.

– Sunt monede, spuse Jeremy încet. Bine. Hai să le analizăm. Cea din stânga este o monedă vikingă din Anglia, un cent cvadrifoliu al regelui Cnut. Uite, se poate citi CNUT REX ANGLORUM, cu bustul încoronat.

Apoi întoarse moneda pe partea cealaltă.

– Se poate vedea și reversul. ARNCETEL OEO, bătut de un bărbat numit Arncetel din York. Cnut a domnit din 1016 până în 1035, dar monedele sale au fost prețuite pentru puritatea lor și se găsesc în tezaurele de-a lungul Scandinaviei până cel puțin la 1066.

– Și cealaltă? întrebă Costas.

– Asta e romană. E rândul tău Jack.

Jeremy îi dădu înapoi pandantivul și Jack se uită atent la moneda din dreapta.

– Este un denar de argint al împăratului Vespasian. IMP CAESAR VESPASIANUS AUG. Un portret reușit al lui Vespasian, foarte real, cu o coroană de lauri.

– Tocmai m-ai pierdut iar, zise Costas. Ai spus cumva Vespasian? Împăratul roman?

– Monedele vechi romane, de aur sau argint, ajungeau câteodată în tezaurele vikinge, spuse Jeremy. Furate din vechile vistierii și aduse înapoi drept ciudățenii de către varegii de pe Mediterana.

Jack ridică din sprânceană, apoi întoarse pandantivul pe partea cealaltă. Șterse ușor moneda cu degetul apoi icni.

– Isuse! Este o monedă cu Judaea Capta. Una dintre monedele bătute de Vespasian după cucerirea Iudeii de către romani în 70 sau 71 d.Hr.

Înclină pandantivul spre lumină și văzură cu claritate figura unei femei care stătea așezată în fața unui steag roman legionar și chiar sub ea un singur cuvânt: IVDAEA.

– Nu asta căutăm noi? întrebă Costas. Adică, comoara pierdută din Templul de la Ierusalim?

– S-ar putea să mă înșel amarnic, spuse Jack cu fervoare, dar cred că ne aflăm în prezența a două monede din comoara lui Harald Hardrada. Cum au ajuns ele în acest pandantiv este un mister de neelucidat. S-a întâmplat ceva extraordinar, ceva care l-a adus înapoi pe acest om aici peste ani, într-un loc în care a venit prima oară pe o corabie de-a lui Harald. Și da, asta căutăm noi. Este fantastic. Această monedă s-ar putea să fi fost bătută din vasele de argint furate din Templu împreună cu menora. Cine știe, poate chiar a fost atinsă de împăratul Vespasian însuși. Poate să fie doar o simplă coincidență că Harald avea moneda asta în tezaur, dar mă îndoiesc. Harald își cunoștea istoria, fusese la Ierusalim. În percepția lui și a urmașilor lui, orice era asociat cu menora și cu Templul ar fi putut adăuga faimă numelui său. Chiar simt că ne aflăm pe urmele lui Harald. Este cea mai importantă descoperire a noastră de până acum, poate cea mai apropiată de menora.

– Poate nu chiar cea mai importantă descoperire, spuse Costas cu o sclipire în ochi. Ia uită-te la asta.

Se aplecă sub stâncă și ridică un al doilea obiect pe care-l găsise lângă schelet.

– Cred că este o altă piatră runică.

Jeremy luă piatra entuziasmat și începu s-o analizeze. O față fusese netezită grosolan și era acoperită de linii abia vizibile.

– Este asemănătoare cu pietrele runice descoperite de naziști pe corabia vikingă, murmură el. Câteva simboluri *futhark* simple și o perioadă de timp, dar mâini diferite. Runele abia dacă au fost gravate pe suprafața pietrei, poate a fost chiar ultimul lucru pe care omul ăsta l-a făcut.

– Poate că de asta s-a întors aici, pentru a lăsa o dovadă, zise Costas. Poate că încerca să fie credincios promisiunii lui Harald față de groenlandezi.

– Se înțelege ceva? întrebă Jack.

– E mai ușor pentru mine să traduc runele în norvegiana veche, folosind alfabetul standard.

Jeremy scoase un carnețel și-l priviră cum înșira cu repeziciune o linie de simboluri pe toată pagina, întorcându-se din când în când pentru a mai face modificări.

Þar var ørœfi ok strandir langar ok sandar. Rak Þá skip Þeirra um haf innan. Sandar hvitir viða Þar sem Þrier fóru ok ósæbratt.

– Nu pot citi în întregime primul rând, dar are cuvântul *dœgr*, rune, și runa pentru numărul douăzeci. Cred că înseamnă că ei au navigat timp de douăzeci de rune, de-a lungul coastei cu plaje întinse și nisipoase. Apoi corabia lor, *skip*, a fost împinsă înspre oceanul interior, *um haf innan*. Apoi au ajuns la pământ plat, acoperit de păduri, cu întinderi mari de nispuri albe cât vedeai cu ochii. Ultimele două rânduri sunt cam neclare de asemenea, dar primul dintre ele pare a spune despre un pământ al focului și al luminii.

– Este exact cum ai spus tu Jack, exclamă Costas. Douăzeci de rune, douăzeci de zile, și ajung la țărmul estic. Este o coastă cu fâșii întinse de plajă și nisip, mai ales când ajungi în Florida. Apoi oceanul interior. Pare a fi vorba exact despre Caraibe.

– Au fost împinși, Jack vorbea cu o emoție crescândă. Iulie, august, ăsta e începutul sezonului de uragane. Ar fi putut fi împinși chiar de-a curmezișul mării, și-au pierdut orice simț al orientării și al locului în care se aflau.

– Apoi pământul plat, acoperit de păduri, spuse Jeremy. Când eram copil am navigat de-a lungul peninsulei Yucatán în Mexic. Asta este exact ceea ce se vede. Este incredibil de plat, un platou de calcar doar la câțiva metri deasupra nivelului mării, acoperit cu arbuști denși și înconjurat de plaje albe strălucitoare.

– Și vara e cald ca în iad, spuse Costas. Un pământ al focului și al luminii.

– Asta nu e doar o presupunere nefondată. Totul începe să se lege.

Jack ridică pandantivul de jad, apoi îl privi pătrunzător pe Jeremy.

– Și despre ultimul rând ce poți să ne spui?

Lui Jeremy îi scăpă un oftat și se uită la Jack cu fața roșie de emoție.

– Pot se descifrez trei cuvinte. Primul este cuvântul din limba norvegiană standard pentru lumea de dincolo, abisul de ape de la capătul lumii, *Ginnungagap*. Al doilea este *Ragnarok*. Pe al treilea nu l-am mai întâlnit până acum în norvegiana veche. Este un nume propriu, numele unui loc. *Ukilabnal*, sau ceva de genul. Se pare că Harald și oamenii săi au trăit ziua judecății în acest loc, bătălia lor finală de la marginea lumii de dincolo.

– Prietenul nostru nu prea a avut noroc. Costas arătă spre schelet. Pun pariu că și-a dorit să fi plecat și el în Walhalla împreună cu tovarășii săi.

– Numele ăsta înseamnă ceva pentru tine? întrebă Jack.

– Da.

Vocea lui Jeremy era răgușită și abia mai putea articula cuvintele.

– Antropologie 101. Din fericire, consilierul meu m-a obligat să-mi păstrez mai multe alternative. Introducere în Civilizația Mezoamericii.

– Zii mai departe.

– În secolul al XI-lea, Uukil-abnal era numele pentru Chichén Itzá, cel mai important centru de ceremonii al civilizației maya, chiar în mijlocul junglei din Yucatán.

– Să fiu al dracului!

Costas scoase un sunet de satisfacție.

– În sfârșit.

Se ridică, își întinse picioarele amorțite și se uită cu neplăcere la burnița care-i acoperea.

– Voi ăștia care aveți sânge viking poate sunteți atrași de toată mizeria asta, dar pe mine chiar mă lasă rece.

Se întoarse spre Ben și Andy, care hoinăreu pe aproape, și le zâmbi larg.

– Făceți-vă bagajele băieți. Plecăm în Mexic.

16

Prima dată când Maria simțise că era ceva în neregulă fusese chiar înainte de miezul nopții. Era aplecată asupra unui laptop în celula unui călugăr, la trei uși depărtare de biroul părintelui O'Connor, din mănăstirea în stil medieval de pe insula Iona. Hotărâseră să stea până târziu și să termine treaba, timp de două zile lungi, după plecarea lui Jack și a celorlalți cu elicopterul. Se uita la fotografia prinsă pe peretele din fața ei, imaginea extraordinară a pandantivului din jad și a celor două monede, pe care Jack i-o trimisese prin e-mail de la L'Anse aux Meadows cu o zi înainte. Își dorea mult să se întoarcă, să fie iar cu Jack. Pentru a treia și ultima dată, lucra la acel document despre *félag* pe care îl pregătise împreună cu părintele O'Connor, strângând din ochi ca să se poată concentra la datele afișate pe monitor. În câteva minute, avea să copieze fișierul pentru O'Connor și urmau să facă împreună o revizie finală, apoi să trimită documentul persoanei de contact de la Interpol, în Austria. Era obosită, mai epuizată ca niciodată, dar începea să simtă o vagă senzație de ușurare. Încă nu erau cu totul în siguranță, dar cel puțin îl convinsese pe O'Connor să părăsească mănăstirea în dimineața următoare și să o însoțească înapoi pe *Seaquest II*, unde erau feriți de primejdie.

Primul semn fusese o bufnitură înfundată pe coridor. Nu era un motiv serios de alarmare, dar Maria era cu nervii întinși la maximum. Se întoarse spre ușa ușor întredeschisă și păși spre coridorul întunecat din fața ei. Era iar liniște. Se obișnuise cu încremenirea din mănăstire, dar acum era ceva diferit. Simți brusc un fior, o senzație de frică.

Apoi, fără nici o avertizare, ușa se deschise. O mână acoperită cu mănuși se întinse și o prinse înainte de a se lovi de perete. O siluetă întunecată înaintă spre ea cu viteza luminii, ținându-și capul plecat. Maria nu avu timp să reacționeze. O mână o lovi și o trase de o ureche, cealaltă îi acoperi gura. Masa fu împinsă la perete și un picior îi zdrobi laptopul. Era trasă cu violență în spate, afară pe ușă și pe coridor. Mâna care îi acoperea gura era umedă, lipicioasă și caldă. Urechea îi fu iar lovită, iar Maria nu mai putu vedea de durere; ochii i se umpluseră de lacrimi și abia de mai putea respira. Brusc, fu eliberată și împinsă cu fața la perete, cu brațele prinse la spate. Gura și încheieturile îi fură acoperite cu bandă adezivă. Agresorul ei o ținea aproape de el și îi trase capul pe spate. Maria putea simți pielea lui aspră zgâriind-o și mirosul metalic al răsuflării lui.

Preț de un moment înfiorător, nimic nu se clinti. Maria începu să tremure incontrolabil. Respirația ei i se întorcea pe nas sub formă de suspine. Simțea că era pe punctul de a se sufoca. Atacatorul pufni, o împinse în lateral până când Maria aproape căzu, apoi o trase pe ușă și o ținu iar strâns lipită de el. Îi simți din nou răsuflarea în ureche, mirosul grețos.

– Revino-ți!

Cuvintele îi fură mârâite la ureche cu un accent greu de definit. Maria clipi cu greutate pentru a-și limpezi privirea. Se afla în biroul lui O'Connor. Prin ceață, văzu lumânarea deasupra șemineului și copia după *mappa mundi* pe perete în spate. Flacăra lucea pe pata de cerneală ce simboliza Marea Roșie și părea să arunce o aură roșiatică pe întreaga hartă. Maria simți că leșină; era aproape să își piardă cunoștința. Clipi din nou, încercând cu disperare să alunge vălul roșiatic prin care vedea totul. Zări lumânarea pe birou lui, cea pe care ea o aprinsese pentru el cu o oră în urmă. Se uită în jos. Simțea fiecare gură de aer ca pe o lovitură de pumnal. Apoi se opri.

Cineva era pe podea. Își simți genunchii înmuindu-se, dar atacatorul o ținu dreaptă, strângând-o până când îi veni să verse.

Se uită iar în jos.

„Părintele O'Connor."

Inima-i tresări, îngrozită. Lumânarea arunca umbre pe podea, și mai întâi văzu o formă întunecată. Apoi începu să înțeleagă. Gura îi era acoperită cu bandă adezivă, ochii îi erau larg deschiși. Se luptă să facă zgomot, să îi vorbească, dar agresorul îi strânse nasul cu putere, sufocând-o.

Cu siguranță O'Connor o vedea, trebuia să înțeleagă că ea încerca să comunice. El rămânea nemișcat, privind în gol. Zăcea pe burtă, cu capul sub birou, iar mâinile și picioarele îi erau depărtate. Purta sutana maro de călugăr.

Apoi înțelese. Culoarea de pe hartă. Umezeala lipicioasă de pe fața ei. Gustul metalic.

Era sânge.

Se uită iar la O'Connor. Ceva era groaznic de nelalocul lui. Întunericul din spatele lui nu era de fapt sutana. Știu atunci, cu o siguranță înnebunitoare.

„Vulturul de sânge."

Se uită cu disperare dintr-o parte în alta, ochii adaptându-i-se la lumina mohorâtă. Era sânge peste tot. Impregnat în rămășițele sutanei, prelins într-o baltă sub corpul lui, împrăștiat și împroșcat pe birou, pe cărți, pătând cu urme livide tavanul.

Se uită iar. Putea vedea gaura larg deschisă. De la un umăr la celălalt și jos pe spate. Aripile și coada. Pe fiecare parte văzu lucruri prea groaznice pentru a fi notate. Bucăți de carne însângerată. Rânduri de oase rupte, coaste. Grămezi de organe, ca măruntaiele de pe masa măcelarului.

Maria urlă, dar nu se auzi nici un sunet.

Atacatorul ei îi prinse bărbia cu mâna și își apăsă obrazul cu putere peste al ei. Putea să îi identifice chipul, îi putea vedea zâmbetul răutăcios, ochii ucigași, spălăciți, petele de sânge care se uscau. Începu să își frece obrazul de al ei, barba lui zgâriind-o ca un șmirghel, lăsându-se mereu asupra ei cu partea netedă a unei cicatrice care se prelungea de la ochi la maxilar, gâfâind totodată greu și zâmbind obscen la vederea carnagiului de pe podea. Maria îi putea simți excitarea, putea simți mirosul adrenalinei. Mintea-i începu să i se întunece, căutând uitarea în fața ororii.

– Asta a fost pentru bunicul meu, șopti vocea. O'Connor era conștient când i-am scos plămânii. Știa ce se întâmpla. Dușmănia ancestrală s-a încheiat acum. E timpul ca eu să îmi cer răsplata.

Îi lovi picioarele și o trase spre ușă. Ultimul lucru pe care Maria îl mai simți fu o durere care palpita în obraz, propriul sânge amestecându-se cu al lui O'Connor. Apoi se făcu întuneric.

Jack manevra cu pricepere Zodiacul spre țărm, lăsându-l să alunece ușor o vreme, apoi pornind motorul până când barca ajungea pe creasta valului următor. Deasupra lor cerul era acoperit din loc în loc cu nori înalți, ce se mișcau rapid spre sud, împinși de un vânt puternic dinspre mare, care-și adunase puterile toată dimineața și dăduse rapid naștere unei furtuni. Aerul avea aceeași transparență pe care o văzuseră în zona artică, dar nici măcar vântul nu putea ascunde intensitatea arzătoare a soarelui când începu să strălucească, orbindu-le ochii neobișnuiți cu ea. În spatele lor, talazurile de dincolo de bancurile de recife subliniau forma netedă a lui *Seaquest II*, care își menținea poziția deasupra apei adânci, la un kilometru jumătate depărtare de țărm.

Pentru Jack era emoționant să simtă iar stropii mării, după cinci zile de călătorie de la Newfoundland, de-a lungul coastei estice a Statelor Unite și până în Caraibe. Era la fel oriunde s-ar fi dus, în Arctic, la Cornul de Aur, pe malul insulei Iona sau pe Great Sacred Isle - ori de câte ori simțea marea, avea un sentiment de înălțare. Se ridică, ținând cu mâna stângă regulatorul, iar cu dreapta cârma, și manevră astfel încât cei doi coechipieri să treacă în față și să fie pregătiți înainte. Chiar înainte de a se lovi de valuri, opri motorul și balansă barca pe o parte. Costas și Jeremy se scufundară în apă de o parte și de alta, echilibrând Zodiacul, până când acesta fu împins într-un vârtej, lângă un banc de nisip. Îl rotiră până când prova se îndreptă iar spre valuri și așteptară până când Jack aruncă ancora. Odată ce văzură că acesta era stăpân pe situație, avansară spre mal, cu părul ud, și cu apa de mare călduță picurând din costumele lor negre IMU.

Se aflau pe o plajă joasă, îngustă, în spatele căreia se întindea o linie continuă de junglă spinoasă, cu copaci răsuciți și cu fragmente de coral uscat împrăștiate peste tot, rămășițe ale unui uragan puternic ce lovise zona cu un an în urmă.

– Plante xerofitice, rosti Jeremy. Bine ați venit la Yucatán. Nu e o pădure tropicală aici sus, dar cu siguranță e junglă, în adevăratul sens al cuvântului.

– Sălbăticie, vrei să spui. Costas se încumetă să înainteze câțiva pași prin tufișurile încâlcite, apoi se întoarse repede, alungând iritat plasa unui păianjen și musculițele care se abătuseră asupra lui. Prefer Caraibele Groenlandei oricând, dar nu aș putea să spun cum s-a putut dezvolta aici o civilizație.

– Elementul-cheie când vine vorba despre civilizația maya este apa dulce.

Jeremy îl duse pe Costas de-a lungul plajei, până ajunseră la bancul de nisip de lângă un izvor cu o apă extrem de limpede, adâncă de vreo trei metri, ce traversa jungla și se vărsa în mare.

– Locul acesta e plin de aşa ceva. Unele dintre râuri vin de sub pământ, prin sisteme uimitoare de peşteri, şi îşi au originea departe de ţărm. Cred că o să vă pot arăta astăzi, mai târziu.

– Ai stat pe aici?

– Excursii pe teren când eram student. Transpirând în junglă, măsurând ruinele acoperite de plante, riscând să fiu mâncat de viu.

– Ar trebui să înveţi să faci scufundări, spuse Costas sec.

– Asta îmi tot spune şi Jack. Zice că tu eşti un instructor de scufundări profesionist, unul dintre cei mai buni. Poate când se vor sfârşi toate astea.

– Cu plăcere. Dar să nu te gândeşti la scufundările în aisberguri.

– Vă las vouă plăcerea senzaţiilor tari, răspunse Jeremy zâmbind. Eu mă bag în treaba asta numai pentru arheologie.

– Cum se numea locul acela, cu numele maya înscris pe piatra cu inscripţii runice găsită împreună cu prietenul meu aflat sub turnul celtic? Costas îşi şterse transpiraţia care începuse să i se prelingă pe faţă.

– Uukil-abnal, răspunse Jeremy. Numele pe care îl avea Chichén Itzá în secolul al XI-lea, cel mai faimos sit arheologic din Yucatán. Un oraş fantasitc năpădit de plante, la buza junglei. Piramide şi toate celelalte. Cred că asta e următoarea noastră oprire.

Jack veni după ce ancoră Zodiacul, şi începură să îşi desfacă toţi costumele de scafandru până la mijloc.

– Frumoasă plajă, comentă Costas. Dar puţin cam pustie.

– Cortés a venit aici în 1519, zise Jack. Dar conchistadorii au aruncat o privire şi au trecut mai departe. Nu au cucerit interiorul Yucatánului decât câţiva ani mai târziu.

– Îmi dau seama de ce. Costas se luptă să îşi dea jos partea superioară a costumului său, apoi se feri când o pală de vânt aruncă nisip spre el. Deci tu crezi că Harald Hadrada a fost aici?

– Lanowski a făcut cel mai potrivit calcul privind locul în care corabia ar fi ajuns la mal după ce a fost împinsă la nord-vest de Cheile Floridei, spuse Jack. Am ales acest loc deosebit din cauza râului. Probabil vikingii au fost disperați după apă dulce și au reușit să își ducă barca până în golf. De asemenea, malul râului pare a fi un loc potrivit pentru o urmărire a tribului maya spre interior.

– Probabil că aici era un port maya, adăugă Jeremy. Cele mai multe dintre siturile maya importante sunt departe de mare, dar ei erau de fapt navigatori abili. Am văzut picturi ce prezentau canoe mari pentru război, aproape de mărimea unei corăbii norvegiene.

– Nu era chiar ceea ce sperau Harald și oamenii lui, spuse Costas.

– Dacă le era frică de *scraeling*-i, tipii ăștia de aici i-ar fi făcut să tremure de frică, fie ei vikingi neînfricați sau nu, replică Jeremy. Probabil că vikingii au visat un final la Ragnarok, dar, odată ce au văzut cu cine aveau de-a face, și-au schimbat părerea.

– Cred că nu aveau prea multe soluții odată ajunși în punctul acesta, spuse Jack. După călătorie, vasul lor era probabil o epavă, iar ei erau flămânzi. Erau hotărâți să termine totul aici. Presupun că au plecat în junglă.

– Voiam să întreb, zise Costas, personajul acela, Pieter Reksnys. Fiul nazistului, tatăl lui Loki. Nu a ajuns și el în Mexic?

– Se pare că, pe când O'Connor era misionar iezuit în America Centrală, prin anii 1960, știa totul despre afacerile lui Reksnys. Jack își ridică mâna la ochi, ferindu-se de lumina soarelui. Dar O'Connor a rămas în umbră evitând orice întâlnire. Chiar și atunci exista în *félag* un preț pus pe capul lui. Se pare că, atunci când Andrius Reksnys și fiul său au vândut mina de opal din Australia, s-au mutat mai întâi în Costa Rica. Era un adevărat rai pentru naziștii care se ascundeau. Apoi, când vânătoarea de naziști s-a mai domolit, pe la sfârșitul anilor 1960,

Reksnys senior s-a mutat înapoi în Europa, în castelul îndepărtat de la Obersaltsburg, unde a fost împuşcat acum cinci ani.

– Bătrânul mort din fotografia din ziar, cu banderola cu svastică.

– Exact.

– O'Connor a spus ceva mai mult despre asta?

– Nu când am vorbit eu cu el, spuse Jack. Nu va dezvălui persoanele pe care le-au folosit, iar noi nu avem nevoie să ştim. Poate se va răzgândi. Dar a spus că nu are nici un regret. Cred că a simţit că era de datoria lui, ca fost membru al *félag*-ului, să aducă modificări şi să vadă că se face dreptate şi în cazul lui Reksnys.

– Destul de corect.

– Reksnys cel tânăr, Pieter, cel care şi-a ajutat tatăl Andrius cu acele execuţii SS, a avut bani mai mult decât suficienţi pentru a se retrage şi a-şi petrece timpul insuflându-i fiului său aceeaşi viziune denaturată asupra lumii. Dar, la fel ca multe alte personaje, nu s-a putut ţine deoparte de crima organizată, mai ales în aceste păduri, unde teoretic totul este posibil.

– Droguri? Arme? spuse Costas.

– S-a ocupat şi cu astea, dar s-a concentrat din ce în ce mai mult pe piaţa neagră de antichităţi, pentru a ajunge mai apoi să facă numai asta. Antichităţile au devenit obsesia lui, şi îi aduceau profit imediat. Din anii 1960, exista o cerere imensă în America şi în Europa pentru antichităţile din America Centrală, pentru olăria decorată, sculpturi din aur, jad, piatră. După spusele lui O'Connor, Reksnys pusese de multă vreme ochii pe Yucatán, chiar înainte ca zona să atragă atenţia investitorilor străini.

– E aici? întrebă Costas, privind spre junglă. Chiar sub nasul nostru?

– Acest loc a fost ca o mină de aur nesigilată. Chiar şi acum autorităţile mexicane au probleme uriaşe în ceea ce priveşte protecția zonei, mai ales în părțile de junglă aflate în proprietatea străinilor, precum Reksnys. Și, la fel ca mafia care conduce industria turistică, oameni precum Reksnys au mulți prieteni printre polițiști și politicieni. Există multă corupție aici. Fără exagerare, sunt sute de situri maya nemarcate pe hărți, împrăștiate prin junglă, asupra cărora se poate obține ușor dreptul de proprietate dacă acei câțiva polițiști și arheologi cinstiți sunt ținuți la distanță.

– Vreo idee unde operează Reksnys?

– Este foarte alunecos, trăiește baricadat. Dar știm că deține o mare parte din junglă la nord de Yucatán, între coasta pe care ne aflăm noi acum și situl intern de la Chichén Itzá.

Costas fluieră.

– Pare o coincidență incredibilă.

– Nu se poate ca *félag*-ul să fi făcut legătura cu Yucatán, e doar o întâmplare. Singurul indiciu pentru acest loc este pandantivul de jad de la L'Anse aux Meadows, și nu există nici o dovadă că l-ar fi găsit cineva înaintea noastră. Dar, dacă există cu adevărat ceva aici, dacă Harald și oamenii lui au ajuns într-adevăr aici, atunci Reksnys a aflat asta doar din pură întâmplare. Probabil sunt mai mulți oameni care lucrează pentru el decât sunt arheologi în întregul Yucatán. Eu sper ca, în cazul în care chiar descoperim ceva, acest ceva să se afle în zonele arheologice păzite de poliție, nu aici, în sălbăticie.

– Deci... menora ar fi la îndemâna lui, murmură Costas. Nu doar ca un artefact sacru pentru *félag*, ci și ca un lucru care poate fi valorificat din punct de vedere profesional. El ar ști cu exactitate cum să obțină cel mai bun preț.

– Acesta este lucrul care îl sperie cu adevărat pe O'Connor. Și, adu-ți aminte, nu vorbim numai despre colecționari privați. Încă o dată, lumea va trebui să lupte împotriva unui nazist care încearcă să influențeze cursul istoriei evreiești.

– Ce mai face Maria?

Chipul lui Jack se lumină pentru un moment.

– Se pedepsește pentru că a ratat plăcerea de a descoperi L'Anse aux Meadows, dar plănuiește să vină cu noi aici, dacă avem noroc. Mi-ar plăcea mult să o văd plecată de la Iona.

– Și alături de noi.

– Prea mulți bărbați pe aici.

– Știi că este apropiată de părintele O'Connor.

– Știu.

– Adică, foarte apropiată.

– Știu. Jack făcu o pauză. Cred că totul a început după acea conferință de la Oxford, înainte ca ei să ne arate *mappa mundi.*

– Un alt lucru pe care forța malefică de la Vatican îl poate folosi împotriva lui.

– O'Connor a fost pe muchie de cuțit de mai multe ori. Dar Maria a fost mereu foarte discretă. Jack făcu iar o pauză și privi în jos. Oricum, ea se numără printre cei mai vechi prieteni ai mei. O știu chiar dinainte de a avea îndoielnica onoare de a vă întâlni.

– A fost destinul, spuse Costas. Unde ai ajunge fără sprijinul meu în ceea ce privește tehnica? Nu am mai întâlnit niciodată pe cineva care să se descurce mai prost ca un computer. Și apoi, aș fi îngropat în vreo închisoare fără ferestre din Silicon Valley[1], câștigând tone de bani, dar plictisindu-mă de moarte.

Lovi un țânțar aflat pe gâtul lui, înclinându-și capul când vântul ridică un vârtej de nisip care îi lovi ca o rafală venită dinspre un furnal.

– Fără aisberguri, fără vacanțe pe plajă.

– Și fără psihopați ucigași pe urmele noastre, replică Jack. Mă rog la Dumnezeu ca O'Connor să ajungă la Interpol înainte ca Loki să dea de el.

– Care e planul tău de rezervă dacă totul eșuează?

[1] Zonă din apropierea golfului San Francisco (California) unde este concentrată o mare parte din industria componentelor electronice din SUA. (n.red.)

Jack se uită cu deznădejde la Costas, și începură să împingă amândoi Zodiacul iar spre valuri.

– Nu am unul.

Trei ore mai târziu, după o călătorie zdruncinată pe un drum din junglă, ajunseseră la intrarea în Chichén Itzá, la vreo șaizeci de kilometri depărtare de plajă. Ruinele vechiului oraș acopereau o zonă vastă, deși numai incinta centrală fusese eliberată de junglă și restaurată. Structuri cenușii de calcar se ridicau deasupra copacilor, dar Jack știa că în jurul lor se ascundeau ruine îngropate sub tufișurile care năpădiseră orașul în secolele ulterioare părăsirii lui. Unele imagini păreau uimitor de familiare, piramide și temple cu colonade, dar altele, precum platforme pentru sacrificiu, animale hibride îngrozitoare și sculpturi umane, erau cu totul necunoscute și păreau de pe altă planetă. Era înspăimântător, ceva părând în neregulă, de parcă pășeau într-o scenă de film despre Egiptul antic sau despre Mesopotamia, în care se ajustase puțin adevărul istoric și o bună parte din acțiune rămăsese la discreția imaginației regizorului înrădăcinat într-un fel de science-fiction teribil.

Jack stătea pe scaunul din față al mașinii ce le fusese dată de autoritățile mexicane, și, când deschise ușa, fu întâmpinat de un funcționar de stat care îi conduse în sit. Cu câteva zile în urmă, un cutremur îi făcuse să se gândească la stabilitatea structurilor antice, iar situl fusese închis pentru turiști, pentru a se putea efectua o evaluare. Jack îi mulțumi funcționarului și căută un loc umbrit unde să își poată întinde harta. Era împreună cu Costas. Purtau pantaloni scurți, tricouri și ghete speciale pentru junglă, dar căldura de vară era copleșitoare, și Costas deja transpira.

– Te gândești cu drag la aisbergul nostru? întrebă Jack, ușor amuzat.

– În nici un caz. Costas își făcu vânt, dar părea trist și înfierbântat sub pălăria sa panama. Sunt grec, ai uitat? Am căldura în sânge.

– Corect.

După ce vorbi cu funcționarul în spaniolă, Jeremy veni spre ei și arătă un drum pe hartă.

– Am fost obligat când eram student să petrec o vară aici, în cadrul unui program de instruire pe teren, înainte să îmi dau seama de adevărata mea pasiune, spuse cu mâhnire. Voi încerca să vi-l prezint cu obiectivitate, dar, trebuie să vă spun, acest loc îmi dă fiori. Vikingii au fost ca o terapie după asta.

– Ce perioadă istorică evaluăm? întrebă Costas.

– Maya era una dintre cele mai mari civilizații timpurii, după cum știi, spuse Jeremy. S-au dezvoltat între 300 d.Hr. Și 900, adică de la sfârșitul Imperiului Roman până spre epoca vikingilor. Dar, spre mijlocul secolului al XI-lea, acest loc era condus de tolteci, o castă războinică din nord. Maya erau încă aici, dar au devenit clasa inferioară, au fost transformați în sclavi și brutalizați. Toltecii au intrat în Yucatán cam în aceeași perioadă în care Harald își îndeplinea îndatoririle în Garda Varegă. Multe dintre cele pe care le vedeți aici nu aparțin civilizației maya, ci datează din perioada toltecă.

Se târâră cu greu pe drumul de sub bolta junglei, trecând din când în când pe lângă iguane sau maimuțe cu coada ca un cerc, trăncăneala lor concurând cu țipetele tucanilor și ale mierlelor rău prevestitoare. Căldura era amețitoare, mult mai umedă decât experimentase Jack în siturile arheologice din zona Mediteranei, și încercă să își imagineze oameni trăind normal într-un loc atât de îndepărtat de efectele benefice ale mării. După câteva minute, ajunseră într-o incintă plină de iarbă, înconjurată de clădiri imense din piatră. Era o priveliște extraordinară, imaginea specifică civilizației din Antichitate a Mezoamericii[1], dominată de un templu impunător care se ridica în etaje, ca o piramidă.

– Să nu-mi spui că aceşti oameni nu au fost influenţaţi de egipteni, zise Costas, ştergându-şi transpiraţia de pe faţă.

– Asta e piramida Kukulkan, punctul central al Chichén Itzá. În timp ce vorbeau, Jeremy îi conduse dincolo de piramidă. Dar cele mai multe dintre sacrificii au avut loc în acea clădire, spuse el. Templul Războinicilor. Se poate vedea altarul de piatră din vârf, acolo unde victimelor încă în viaţă li se scotea inima din piept.

– Minunat, mormăi Costas. Dar credeam că treburile de genul acesta erau exagerări ale spaniolilor.

– Nu. Jeremy îi duse în partea de nord a incintei, pe lângă o structură în care Jack văzu o hieroglifă marcată în piatră ce îi părea foarte cunoscută. Jeremy observă că ezita şi strigă: Zeul-vultur. Este exact la fel ca pandantivul de jad de la L'Anse aux Meadows. Sunt sigur că provine din această zonă. Se opri lângă următoarea construcţie, o platformă vastă din piatră cam de înălţimea lui, şi îşi aşteptă colegii. Aţi întrebat de sacrificiu. Acesta este preferatul meu. Se numeşte Tzompantli, Platforma Craniilor. Capetele putrezite ale duşmanilor erau expuse aici, şi, în cazul în care mai era nevoie să vă amintesc, le gravau pe margine.

Văzură că marginile platformei erau acoperite cu imaginea a sute de cranii cu priviri răutăcioase, cu maxilarele căscate şi cu ochii larg deschişi de teroare şi de chin.

– Pentru a avea o perspectivă completă, trebuie să vă imaginaţi că toate clădirile de aici, piramida şi Templul Războinicilor, această platformă, toate erau vopsite în roşu.

– Cu sânge de om, presupun. Costas îşi trecu degetul peste unul dintre cranii şi se strâmbă. Ştiu că am avut şi noi momentele noastre mai neplăcute, Colosseumul roman, Inchiziţia spaniolă şi toate astea, dar genocidul şi crima în masă nu au fost niciodată legiferate, nu au ajuns niciodată parte din stilul nostru de viaţă. Pentru aceşti oameni, toate acestea erau normale. Te-ai

[1] Zonă sudică din America de Nord în care s-au dezvoltat un număr de societăţi precolumbiene atingând culmi de civilizaţie şi rafinament (n.red.)

născut aici, ești sacrificat. Baza acestei societăți nu funcționa cum trebuia.

– Populația maya a avut destule lucruri bune, replică Jeremy precaut. Arhitectură și artă uimitoare, organizare economică fenomenală. State care ar fi putut rivaliza cu ușurință cu orașele-state din Orientul Apropiat.

– Cu patru mii de ani înainte de civilizația maya, spuse Jack.

– Și populația maya nu a avut Epoca Bronzului, adăugă Costas.

– Sau a fierului sau roata.

– Așa este. Jeremy zâmbi strâmb. Această societate a fost piramida a ceea ce se întâmpla în Americi înainte de cucerirea spaniolă. Dar totul a fost distrus odată cu apariția toltecilor. Aceștia erau războinicii ororii din Mezoamerica antică, trupele SS din acele vremuri. Tot ce ați auzit despre azteci, acele relatări despre sacrificii umane în masă transmise de conchistadorii spanioli în secolul al XVI-lea, înmulțiți de câteva ori și plasați cinci sute de ani mai devreme în timp. Imaginați-vă inima întunericului, apocalipsa în ziua de azi, acesta este locul potrivit. Populația maya însăși nu se opunea complet sacrificiului uman, dar, când toltecii au venit aici, locul acesta a fost transformat într-o tabără a morții.

– Nu e de mirare că Reksnys s-a stabilit aici, murmură Costas. S-a simțit ca acasă.

– Ideea este că, pentru europenii din perioada Evului Mediu, acest loc ar fi reprezentat cel mai bine viziunea lor despre iad, spuse Jack. Pentru vikingi, locul ar fi întrecut chiar și cele mai negre coșmaruri ale lor privind sfârșitul lumii, Ragnarok. Pentru orice prizonier adus aici, ar fi fost un bilet numai dus spre infernul lui Dante.

– Vreau să vedeți și altceva, spuse Jeremy, îndepărtându-se repede. Veniți după mine!

Trecură de Platforma Craniilor și ieșiră din incinta centrală, apoi îl urmară pe Jeremy pe un drum procesional larg, ce cobora lin prin junglă, spre nord. După vreo două sute de metri, urcară pe un versant din piatră neregulat și ajunseră pe marginea unei platforme erodate. În fața lor se afla o vale imensă, cu vreo cincizeci de metri în diametru și douăzeci adâncime, cu bordura acoperită de vegetație luxuriantă și cu pereți de calcar dispuși într-o înșiruire de lespezi striate. Bazinul de la bază era de un verde respingător, acoperit de un strat dens de alge și de vegetație moartă. Nu exista nici un punct de acces la apă, și era evident că nu exista nici o șansă de scăpare pentru nefericitul care ar fi alunecat de pe platformă.

– Cenota[1] Sacrificiului de la Chichén Itzá, murmură Jack. Întotdeauna am vrut să văd asta.

– Cenota? se miră Costas.

– Un cuvânt spaniol, ce provine din *dzonot*, cuvânt din limba maya, ce înseamnă Puțul Sacru, Puțul Sacrificiului, explică Jeremy. Vă spuneam despre el pe plajă. Întregul Yucatán a fost odată un recif de corali, apoi a devenit un platou de calcar, în era glaciară, când nivelul mării a scăzut. Timp de milioane de ani, apa provenită de la ploi s-a infiltrat în calcar și a creat un imens labirint de peșteri și de tuneluri, pline de stalagmite și de stalactite. Apoi, la sfârșitul erei glaciare, acum opt mii de ani, nivelul mării a crescut iar, totul a fost inundat. Peșterile cu tavanele care au rămas deasupra apei s-au prăbușit într-un final, creând văi ca asta.

– Ce știți despre cutremure?

– Suntem chiar la sud de un sit creat de impactul unui meteorit uriaș, craterul Chicxulub, care se întinde mult la nord de Yucatán.

– Cel care a dus la dispariția dinozaurilor? întrebă Costas, uitându-se alarmat în jur. E ceva rău care să nu se fi întâmplat aici?

Jeremy zâmbi.

---

[1] O lagună formată de apa subterană care a provocat prăbușirea solului calcaros, care comunică de obicei cu marea, aici folosită de tolteci ca loc de sacrificiu uman. (n.red.)

– Dezastrul cu dinozaurii este adevărat. Marginea este marcată de un inel de cenote; multe dintre ele s-au prăbușit în astfel de văi. Nimeni nu știe exact de ce, dar craterul de dedesubt are un fel de efect destabilizator asupra plăcilor de calcar.

– Paradisul oricărui speolog.

– Este incredibil, se entuziasmă Jeremy. Scafandrii au explorat sisteme de cincizeci, o sută de kilometri lungime. În unele dintre ele sunt râuri subterane care se varsă în mare. Sub nămol apa e limpede precum cristalul, e ca și cum ai înota într-un acvariu plin de formațiuni de calcit spectaculare. Dar este, de asemenea, mortal. M-a descurajat să învăț să fac scufundări când am fost aici ca student. Au murit mai mulți scafandri aici decât oriunde altundeva în lume.

– Toltecii ar fi fost de acord cu asta, spuse Jack.

– Lasă-mă să ghicesc, zise Costas. Au sacrificat și ei oameni aici.

– Puțul Sacrificiului a fost mai întâi curățat în căutare de artefacte prin anii 1930, și apoi prin 1950 a fost unul dintre primele situri arheologice explorate cu scafandri, răspunse Jack. Au mai fost și alte expediții. Cousteau a venit aici. Depunerile de la cea mai mare adâncime sunt încă neexplorate, dar au fost scoase de aici artefacte, vase de olărit, aur, jad. Aproape toate au fost aruncate în puț intacte, în urma unui ritual. Și au fost găsite numai schelete umane. Sute de schelete.

– În tot Yucatánul e aceeași poveste, adăugă Jeremy. Cenotele erau sursa de apă dulce a localnicilor maya, dar și intrarea în lumea subterană. Au sacrificat războinici, fecioare, copii. Acea clădire mică de acolo este *temazcal*, un fel de saună în care victimele erau purificate conform ritualului. Straturile de piatră de pe care tocmai am coborât reprezentau locurile pentru spectatori, unde elita toltecă se putea așeza și urmări evenimentele.

– Presupun că varietatea era condimentul vieții, murmură Costas cu dispreț. Odată ce ai văzut câteva mii de inimi scoase din piept acolo jos la templu, s-ar putea să te încânte o scenă diferită.

Apăru un funcționar transpirând și gâfâind în urma lor pe drumul procesional, fluturând un celular și chemându-l pe Jeremy să i-l dea. Jeremy ezită, știind că fusese luat din greșeală drept șef. Se uită spre Jack, care zâmbi și îi făcu semn să se ducă. În timp ce Jeremy se cățăra cu funcționarul mai sus pentru a găsi un loc mai bun pentru semnal, Jack se întoarse și privi peste marginea platformei. Bazinul părea ciudat de inofensiv, dar, pentru un moment, respirația i se tăie, simțind teroarea victimelor de acum o mie de ani atârnate pe marginea lumii de dincolo.

– Spui că încă mai sunt obiecte acolo jos? Costas își șterse transpirația strălucitoare de pe față, apoi se uită întrebător la Jack.

– Cele mai multe dintre artefactele și oasele de la suprafață au fost găsite și luate, dar mai în adâncime zac îngropate obiecte mai grele.

– Te gândești la ce mă gândesc și eu?

– Sonda ta pentru analize subterane, replică Jack cu un zâmbet. Poate, dacă lucrurile se rezolvă la Cornul de Aur, am putea aborda autoritățile mexicane, sugerând un schimb de operațiuni aici.

– Crezi că am avea vreo șansă?

Jack își frecă bărbia și își aruncă pe furiș privirea spre stâncă.

– Din ce ne-a tot spus Jeremy, aici este locul în care trofeele capturate în război ar fi putut fi prezentate zeilor. Să ni-i imaginăm pe Harald și pe membrii echipajului său ajungând pe malul nordic și fiind apoi capturați.

– Doamne, sper să nu, spuse Costas. Asta ar fi o mare dezamăgire după toate prin câte au trecut.

– Pentru vikingii care nu au fost foarte norocoși să moară în luptă, a rămas numai o opțiune. Războinicilor li s-ar scoate inima din piept în spate, acolo la templu. Oricine a scăpat a fost transformat în sclav. Poate prietenul tău care a făcut drumul înapoi la turnul celtic.

– Cicatricele de la încheieturi și de la glezne, spuse Costas. Cătușe.

Jack aprobă din cap.

– Probabil că alții au fost aduși chiar aici, la locul sacrificării. O procesiune spectaculară de la templu la cenote, punctul culminant al ritualului victoriei. Exact la fel ca triumful unui împărat roman. Învingerea vikingilor ar fi fost un lucru important pentru tolteci, o victorie împotriva uriașilor blonzi și bărboși, cu armele lor din fier, înspăimântătoare. Veniseră aici ca zei străini, iar toltecii îi învinseseră. Prada de război ar fi fost oferită zeilor.

– Menora ar fi fost probabil o pradă spectaculoasă.

– Ce greutate crezi că avea? O sută treizeci, poate o sută șaizeci de kilograme?

– O grămadă de aur aruncată.

– E foarte mult. Jack se uită la sclipirea verde din bazinul care se întindea la picioarele lor, apoi iar la Costas. Și toltecilor chiar le plăcea aurul.

Jeremy apăru iar pe creasta de calcar și începu să coboare spre ei. Mergea puțin șovăitor, și se așeză cu greutate pe o stâncă. Văzură că era palid.

– Te-a doborât căldura. Costas se uită la el cu îngrijorare și îi dădu sticla sa cu apă. Bea și hai să stăm la umbră!

– Nu e vorba despre asta. Vorbi cu o voce aspră, care abia se auzea, și lăsă să îi alunece sticla din mână. Tocmai am vorbit cu Ben. Mă tem că am vești proaste. Se uită îndurerat în sus, la Jack. Cele mai proaste.

Jack fu străbătut de un fior de groază. Încercă să se pregătească. Sperase că avea să învingă sorții.

– Este de la Iona. Jeremy păru tulburat, clipind pentru a-și îndepărta transpirația din ochi. Vocea îi devenise o șoaptă. Este vorba despre părintele O'Connor. A fost ucis. Iar Maria a dispărut.

17

Mai târziu, cât de târziu nu putea spune, Maria ieși din teribila genune întunecată, mintea-i chinuindu-se să scape de sentimentul de oroare care o trăgea fără încetare în jos. Părea teribil de obosită, epuizată de lupta cu demonul fără chip din visele ei, dar era totuși copleșită de greutatea pe care o resimțea după un somn adânc. Pentru o perioadă ce păru o eternitate, stătu fără să se miște, lăsându-se în voia gândurilor, așteptând un răspuns din partea corpului său. Își dădea seama că respira, apoi simți suprafața tare de sub ea și un cârcel la gât. Zăcea în poziția fetală, pe partea dreaptă, cu mâinile între picioare. Deschise încet ochii. Era întuneric, dar nu la fel ca în visul ei. Văzu cu colțul ochiului o licărire, o lumânare. Peretele din fața ei era acoperit de forme, de culori. Văzu pete roșii.

Încetă să mai respire. Deveni rigidă. Biroul lui O'Connor. Strânse ochii cu putere, tânjind după acel întuneric, după ceva care să acopere realitatea pe care cu greu o putea crede, oroarea pe care încerca din răsputeri să o împingă înapoi în visul ei.

Simți o durere arzătoare în obrazul stâng. O urmă de lumină părea că se joacă pe chipul ei, o adiere de vânt. Dintr-odată, scoase un strigăt și sări în picioare, inima bătându-i cu putere, iar sângele năvălindu-i în urechi, atingându-și cu frenezie fața în timp ce se dădea înapoi. Se lovi de un zid, respirând neregulat, apoi auzi fâlfâirea aripilor rotindu-se deasupra ei și dispărând în sus.

Ridică mâna și simți ceva umed și lipicios pe obraz, apoi privi în sus. Lumânarea dădu la iveală tavanul, înalt, construit din blocuri mici de piatră acoperite ici și colo cu tencuială. Părea vechi, o ruină. În vârf, reuși să vadă o linie formată din contururi întunecate, atârnând încolonate.

Se hrăniseră cu carnea ei.

Începu să vomite, ținându-se cu mâinile de stomac și aplecându-se într-o parte. Simți iar mirosul respirației metalice. Încercă să vomite, icnind mereu, disperată să găsească rapid ceva care să o ajute să depășească repulsia pe care o simțea, să-și alunge din minte urmele morții și ale siluirii care o copleșeau, fiind tot ce își putea aminti din ceea ce se întâmplase.

Renunță, încercând să se calmeze, respirând adânc. Închise ochii, sprijinindu-se cu obrazul însângerat de peretele umed, căutând cu disperare o sursă de putere. Era transpirată, șiroaiele de sudoare picurându-i pe fața plină de sânge închegat. Se uită în jos. Era îmbrăcată doar în pantalonii ei kaki și o vestă veche și murdară. Cineva îi scosese puloverul, iar ceasul îi lipsea. Frigea foarte tare, de parcă ar fi avut febră. Se simți dintr-odată foarte deshidratată, moartă de sete, și începu să-și lingă sudoarea și sângele de pe buze.

Se ridică iar, înghiți cu putere și se forță să vadă de jur împrejur. Totul părea umed, acoperit cu un noroi verzui. Se afla într-o cameră pătrată, de aproximativ zece metri lungime și cinci lățime. Era un fel de intrare la un capăt, o tăietură adâncă în întuneric.

Se gândi la clădirile pe care le știa în Iona, vechea capelă din partea de nord, cantina. Le scoase repede din calcul. Podeaua pe care stătea acum era din piatră naturală, părea piatră de var, netedă pe alocuri, dar diferită de zăcămintele de granit de la Iona. În mijloc era o bucată de lemn, ca un capac, de parcă asta ar fi fost o casă a puţului. Capacul arăta ca un lemn de esenţă tare din regiuni exotice, chiar mai închis la culoare decât stejarul bătrân. La celălalt capăt al camerei erau bucăţi de zidărie căzută, ocupând tot spaţiul de la tavan la podea. Peticele albe de moloz o ajutară să vadă locul în care unele pietre fuseseră de curând înlăturate, aruncate pe jos. Acolo unde peretele ieşea în afară, fusese acoperit cu plăci de lemn, o protecţie brută care se întindea vreo trei metri mai încolo, spre centrul camerei, în direcţia opusă ei.

Maria se ridică, sprijinindu-se de perete, simţindu-se confuză şi nesigură pe picioare. Se opri un moment, cât o luă un val de ameţeală, apoi păşi ezitând spre locul în care văzu petele de culoare. Căldura era înăbuşitoare, se simţea ca într-o saună. Un lucru era sigur, nu se mai afla în insulele de vest ale Scoţiei. Pereţii păreau la fel de vechi ca ai unei mănăstiri, dar totul în jur îi spunea că era departe de Iona, variantă aproape de neconceput. Era o posibilitate pe care mintea ei refuza pur şi simplu să o analizeze în detaliu.

Traversă şovăitor camera, spre peretele opus. Singura lumânare care licărea era aşezată pe o piatră mică, plată, în faţa ei. O ridică, împrăştiind umbre ce dansau dement în jurul camerei, apoi o ţinu cu ambele mâini ca să nu mai tremure. Se uită cu atenţie la perete.

Rămase mută de uimire.

Clipi cu greutate. Ştia că puterile începeau să o lase, că nu avusese apă şi mâncare ore întregi, poate chiar zile. Era posibil să fie o halucinaţie. Se mai uită o dată.

Petele roşii erau într-adevăr acolo. Poate era sânge. Dar nu era sânge adevărat, ca în biroul lui O'Connor. Era un alt gen de oroare. Văzu sânge ţâşnind din cranii, jeturi de sânge din corpuri spintecate, sânge curgând pe o pantă închisă la culoare, în trepte.

Era o frescă, o pictură murală de o barbarie greu de imaginat, o execuţie în masă. Victima dezbrăcată era condusă pe o parte a templului înalt. În vârf era aşezată pe un altar, iar mânile călăului despicau trupul victimei, ajungând până la măruntaiele acesteia, iar altcineva etala o inimă care încă pulsa. Mariei îi veni din nou să verse. Călăul era un gigant înspăimântător, dezbrăcat până la brâu, cu o frunte plată și un nas acvilin, purtând doar o pânză în jurul mijlocului și o podoabă pentru cap foarte elaborată. Deasupra lui erau simboluri stilizate. Jaguari, păsări, monștri strălucitori. Cel de deasupra călăului îi păru subit familiar. Maria își aminti momentul în care începuse coșmarul, când studia la Iona, scrutând pandantivul cu zeul-vultur pe care Jack i-l trimisese.

Clipi des, încercând să înregistreze ceea ce vedea. Făcu câțiva pași înapoi, lumânarea tremurându-i în mână. În dreapta, vedea victimele adunate, ca prizonierii după bătălie. Desenul de pe perete avea sigur caracter narativ, o succesiune de scene ca într-o poveste, mergând de la dreapta la stânga. Privi iar tavanul. Încercă să-și pună gândurile în ordine, să raționeze ca o persoană a cărei minte fusese îndelung antrenată. Ca într-o altă viață, își aminti anii petrecuți cu Jack, pe când erau studenți, învățând despre istoria arhitecturii. Boltă în consolă. O civilizație majoră și-a construit bolțile în acest fel, și nu a învățat să facă un arc. O civilizație, renumită pentru arhitectura ei, dezgustătoare pentru cruzimea ei.

Se uită iar la perete. Boltă în consolă. Scene narative de la dreapta la stânga. Războinici fără frică cu frunți plate. Simboluri, hieroglife. Sacrificiul uman pe un altar al templului, sacrificiu la scară prodigioasă. Începu să gândească lucruri de negândit.

„Maya."

Se dădu înapoi, clătinându-se, izbită de un val de amețeală, apoi își adună puterile și făcu câțiva pași spre dreapta, până ajunse în spatele capacului de lemn. Ținu lumânarea în fața peretelui. Se afla între două scene, primele din pictură. Scena de la început prezenta o luptă navală, pirogi lungi, pline de războinici, una dintre ele având o pânză pătrată. Următoarea scenă arăta o bătălie groaznică, de data aceasta pe pământ. Războinicii erau îmbrăcați asemenea călăului atunci când se luptau cu alți războinici, cei care urmau să devină în curând prizonieri. Toți aveau frunțile plate, dar învinșii erau chiar mai mari, uriași. Toți erau dezgoliți până la mijloc. În prim-plan erau morții din ambele armate, unii dezmembrați, alții într-un râu ce părea subteran. Învingătorii mânuiau ciomege și buzdugane, învinșii – săbii și securi.

Maria se opri. „Săbii și securi."

Se uită mai de aproape. Începu să tremure, dar se strădui să țină lumânarea nemișcată. Nu frunțile învinșilor erau plate, ci apăratorile de nas ale coifurilor de protecție. Erau dezbrăcați până la mijloc, dar purtau carâmbi, nu kilturi și pânze în jurul șoldurilor, ca învingătorii. Aveau bărbi și erau blonzi. Aveau paloșe și topoare imense făcute dintr-o bucată.

„Securi varege."

Maria ameți. Era ca și cum visa capitolul final al poveștii care o tulburase toată viața, un capitol atât de extraordinar, încât nu putea fi decât pură fantezie. Își dorea să fie și Jack aici, lângă ea, spunându-i cu vocea lui calmă și reconfortantă că toate acestea erau numai ficțiune. Se uită iar la scena cu sacrificiul, la altar și la călău, acolo unde părea că din perete picură sânge. Șovăi, dându-se înapoi, și se lăsă în jos lângă perete, strângând tare din ochi, dorindu-și cu disperare să se trezească iar în chilia din Iona, să simtă din nou căldura și respirația regulată a altcuiva așezat lângă ea.

– Doctore de Montijo, ce bine că v-ați revenit. Efectele medicamentului vor dispărea curând. O voce i se adresa, o voce reală. Sunteți în Mexic.

Maria tresări, de-abia trezită din somn.

– Da, spuse ea. Cuvântul ieși chiar înainte ca ea să înregistreze ce se întâmpla. Știu.

– Cum?

Vocea era ascuţită, iritată. Maria încercă să se ridice, dar alunecă iar de-a lungul zidului unde zăcuse. Nu putea vedea nimic, era orbită de o torţă ce îi lumina direct în ochi. Avea gura uscată, iar glasul îi părea un croncănit.

– Mi-am dat seama.

Torţa fu lăsată jos, şi ea văzu în faţa ei un om scund, slab şi musculos, cu părul negru, lucios, dat pe spate. I se păru că avea vreo şaptezeci de ani, cu părul sigur vopsit, deşi avea trăsăturile unui om cu treizeci de ani mai tânăr. Avea ochii gri, decoloraţi.

Adevărul îi apăru clar Mariei. Îl privi cu o siguranţă amestecată cu scârbă, abia venindu-i să creadă că în sfârşit se afla în prezenţa lui. Totul, starea ei îngrozitoare, până şi moartea lui O'Connor, era acum învăluit în ceaţă. *El era acela.* Se luptă să îşi controleze emoţiile, să îşi păstreze sângele-rece. Dintr-odată, era cât se poate de trează.

– Pieter Reksnys. Văd că tatăl tău te-a învăţat bine. Lituanian, cred? Rasa supremă.

O mână se întinse spre gâtul Mariei, prinzându-l ca într-o menghină, dovedind o agilitate fulgerătoare pentru o persoană de vârsta lui. O smuci spre el şi o ridică. În ciuda durerii sufocante, Maria simţi ceva familiar, un miros pe care îl cunoştea.

– Să nu mai vorbeşti vreodată despre tatăl meu, evreică! şuieră el. Şi să nu crezi că el a fost singurul care a apăsat pe trăgaci atunci. Am avut multe momente de amuzament cu copiii.

Îi dădu drumul Mariei şi stătu lângă ea cât aceasta tuşi.

– Îmi doresc numai ca fiul meu să fi fost atunci născut. Şi-ar fi făcut bunicul mândru.

O lovi pe Maria în spate, ştergându-şi apoi ostentativ încălţămintea de pământ. Maria văzu o altă figură apropiindu-se. Îşi ţinea capul jos, strângând din pumni, mişcându-se într-un mod oribil de familiar. O prinse de păr şi o trase spre capacul de lemn pe care îl lovi cu putere la o parte şi împingând deasupra găurii de dedesubt. Maria nu putea vedea nimic în întuneric – era o prăpastie care aduse cu ea un suflu de aer rece, de parcă dedesubt, departe, ar fi fost o apă.

– Nu-ţi face griji. Fu smulsă de acolo şi ridicată spre el; atunci văzu cicatricea urâtă. Am păstrat vulturul de sânge pentru prietenul tău. Când o să te arunc în lumea de dedesubt, nici măcar nu o să mori. Sau cel puţin asta le spuneau toltecii victimelor lor.

Vocea era răguşită, urâtă, mai puţin rafinată decât a tatălui său. Se făcu a o împinge, apoi o trase înapoi cu brutalitate.

– Genul meu de oameni, zise el râzând ca un nebun, cu hohote ascuţite, apoi o aruncă la pământ. Bucură-te de scurta vacanţă în ascunzătoare cât mai poţi.

– Adevăratul *félag* a dispărut acum şapte sute de ani. Maria ridică uşor capul şi încercă să se uite la Loki. Oamenii lui Harald Hardrada nu ar fi acceptat niciodată scursuri ca tine. Nici nu te-ar fi considerat vreodată demn de o duşmănie ancestrală.

Loki se îndreptă spre Maria, dar Reksnys îl opri.

– Nu încă, murmură el şi se întoarse spre Maria, cerându-şi batjocoritor scuze. Fiul meu are încă aceste idei romantice. Încă mai crede că e în SS.

– Prea slab pentru asta.

Loki se repezi iar spre Maria, şi încă o dată Reksnys îl reţinu vorbind-i apoi cu o voce neînduplecată:

– *Félag*-ul nostru a fost un simplu instrument până la un punct. Nici mai mult, nici mai puţin. Şi se pare că noi vom râde la urmă în ceea ce îl priveşte pe Harald Hardrada.

Loki mârâi şi se întoarse brusc, îndreptându-se repede spre ieşirea din cameră. Maria se târî înapoi, lângă perete. Reksnys îi azvârli o mică sticlă cu apă.

– Aşa... acum am făcut cunoştinţă. Am nevoie de ajutorul unui expert. Tu mă vei ajuta.

Reksnys luă un aparat foto digital şi îl îndreptă spre ea. Maria era pe punctul de a-şi pierde cunoştinţa; alunecă lângă perete, apoi se uită la Reksnys, amintindu-și ce făcuseră el și fiul său. O'Connor se asigurase că se făcuse dreptate împotriva tatălui lui Reksnys, își pusese viața în joc pentru asta și plătise prețul maxim. Maria îi era datoare să facă tot ce îi stătea în putere pentru a vedea treaba terminată. Și și-o datora și ei înseși.

Avea să fie puternică.

Jack stătea gânditor în camera de comandă de pe *Seaquest II*, amestecând într-o cafea și privind ruperea de nori de deasupra mării, undeva, în depărtare. Cerul era acoperit cu totul de nori cenușii, norii pe care îi văzuseră de dimineață, când fuseseră pe plajă, și care erau acum înlocuiți de o masă întunecată ce venea dinspre Caraibe. Acolo unde soarele strălucea printre nori, perdele de lumină atârnau, se răsuceau și se contopeau pe cer, precum luminile nordice pe care le văzuseră în Groenlanda, dar de data asta erau pline de prevestiri despre vremea ce urma să vină.

– Se pare că o să avem parte de ceva ploaie. Căpitanul canadian de pe *Seaquest II* veni lângă Jack, scrutând marea prin binoclu. Suntem aproape de sezonul uraganelor. Închid magazia de jos, doar ca măsură de precauție. Mergem în continuare de-a lungul țărmului, și o să bat în scânduri ușa de la hangarul unde se află elicopterul.

Jack mormăi ceva. Nu era ceea ce voia să audă.

– Mulțumesc. Fă ce trebuie să faci.

Căpitanul plecă spre punte, iar James Macleod se ridică din fața consolei unde evaluase datele primite despre fiordul de gheață. Toată lumea din cameră știa ce i se întâmplase lui Jack, dar păstraseră cu toții distanța. Unii dintre ei fuseseră pe prima *Seaquest* și își puteau aduce aminte, după pierderea lui Peter Howe, în Marea Neagră, modul în care Jack preluase responsabilitatea. Maria fusese foarte populară în rândul membrilor echipajului și al oamenilor de știință, pe durata șederii lor la fiordul de gheață. Chiar și Lanowski era supus, dându-i lui Jack o serie de fișe tipărite ce conțineau date despre corabia aflată în aisberg și pe care le extrăsese și le finalizase din imaginile fotogrametrice.

Macleod se furișă până la fereastra de lângă el.

– Cât timp crezi că o să stăm aici, Jack? întrebă el încetișor.

Jack se întoarse și se uită la el cu o figură schimonosită și distantă, apoi privi înapoi spre mare.

– Nu știu, James. Pur și simplu, nu știu.

Își țuguie buzele și lăsă cafeaua deoparte. Erau la bord de aproape șase ore, și încă nu aveau nici o veste dinspre Iona. Tot ce aveau la mână era un scurt mesaj telefonic către sediul principal al IMU din partea colegului din mănăstire al lui O'Connor, omul despre care Jack își amintea că-l văzuse o clipă în biserică. Se pare că poliția ținea cumva scena complet ascunsă și exista o poveste-camuflaj creată pentru media. Părintele O'Connor decedase, iar Maria dispăruse.

– Trebuie să presupunem că a fost răpită.

Ben se aflase la o distanță la care să îl poată auzi, dar se mută de cealaltă parte a lui Jack.

– Până când nu găsim corpul, asta e.

– Știu. Jack respiră cu putere, apoi se îndepărtă de balustradă, cu mâinile în șolduri, revenind la comportamentul lui obișnuit. Trebuie să ne păstrăm optimismul. Trebuie să presupunem că vom avea curând mai multe vești. Până atunci, nu putem face prea multe. Trebuie să ne comportăm normal. Îl privi pe Macleod, cu o expresie severă, dar hotărâtă. Uite răspunsul tău. Planul meu după vizita făcută la Chichén Itzá era să compar toate dovezile posibile din nordul Yucatánului care datează din a doua jumătate a secolului al XI-lea cu cele din vremea în care Harald a fost probabil aici. Picturi murale, hieroglife, structuri. Orice ar putea oferi un indiciu.

Îi făcu semn lui Jeremy, se întoarse cu spatele la ei, aplecându-se deasupra unui monitor din colț, înconjurat de cărți deschise.

– L-am pus pe Jeremy să se ocupe de asta în momentul în care ne-am întors.

– Îi este foarte greu, murmură Macleod.

– Îl venera pe O'Connor, spuse Jack încet. Și pe Maria, mentorul lui. Pentru cineva ca el, asta înseamnă să îi zdruncini temeliile vieții.

– Acum ne are pe noi, răspunse Macleod.

– E băiat bun, zise Jack.

Costas tasta la calculatorul de lângă Jeremy, apoi se întinse pe spate, pe scaun, în timp ce ei examinau situația.

– Jack. Ceva pe care îl vei aștepta cu nerăbdare. Am sărit peste câteva etape și am păstrat legătura cu un tip de la IMU, pe partea Caraibilor, Jim Hales, din insulele Grand Cayman. Știi, e un vechi tovarăș de-al meu din laboratorul de cercetare a submersibilelor, din cadrul Marinei SUA. S-a dus direct în Mexico City, și ne-au dat aprobarea pentru Chichén Itzá. E uimitor cum tipul ăsta elimină birocrația. Oricând vrei să vorbim despre inițierea unui proiect în acea cenotă, am numerele de contact.

– Sună ca un plan deja făcut.

Jack îi surprinse privirea lui Costas. Știa că amândoi simțeau nevoia să rămână optimiști, să privească mai departe.

– Voi revendica primul sonda subterană de forat, când se termină activitatea la Cornul de Aur. Jeremy, ești interesat?

Jeremy se uită la ei, palid și distras.

– Ce? Dacă mă lasă Maria. Se opri brusc, iar camera se umplu de liniște.

– O să te lase, spuse Jack cu tărie.

Jeremy încercă din greu să păstreze o atitudine optimistă.

– Oricum, nu sunt sigur dacă vreau să fac prima scufundare în apă deschisă chiar în Puțul Sacrificiului.

– Nu-ți face griji. Costas întinse mâna, punând-o pe umărul lui Jeremy. Mai întâi o sa facem scufundări în partea cu corali.

O lumină roșie începu să se agite în cameră. Ben se uită la Jack, cu o privire extrem de serioasă.

– Pe punte!

Cei doi bărbați ieșiră în viteză din camera de comandă, urcară scările, iar Costas îi urmă. Căpitanul era prins într-o discuție cu ofițerul-șef lângă habitaclu, dar imediat gesticulă spre camera cu hărțile.

– Mesaj prioritar pe canalul de securitate.

Ben ajunse primul în cameră și înfășcă receptorul radioului, vorbind repede, apoi punându-l la loc.

– Era de la sediul central al IMU. A sosit un mesaj pe adresa de e-mail. Ne redirecționează spre un site protejat și ne-a dat și o parolă.

Costas stătea deja la calculator, în fața graficului.

– OK. Suntem online. Adresa?

Ben o citi, iar Costas o scrise.

– Parola?

Ben ezită, apoi se uită la Jack.

– *Menora.*

Costas fluieră ușor.

– Ei bine, măcar știm despre ce e vorba.

Articulațiile lui Jack erau albe când apucă scaunul lui Costas, iar vocea îi era răgușită.

– Bănuiam noi cu cine ne luptam. Asta o confirmă.

– E pentru tine, Jack.

Costas se lăsă într-o parte pentru a-i da voie lui Jack să citească scurtul e-mail care apăru pe ecran.

Către: Jack Howard

Tu și Kazantzakis veți veni cu Zodiacul, la ora 23.00, diseară, la punctul de aterizare de pe plajă pe care l-ați vizitat în dimineața aceasta. Aduceți cu voi echipament pentru scufundări în peșteri. Vă veți lega la ochi, așteptând venirea noastră. Orice încercare de a implica securitatea sau de a intra în contact cu cineva din afară va duce la executarea colegei voastre.

– Maria trăiește, spuse Jack, respirând ușurat. Slavă Domnului.

– Punctul de aterizare de pe plajă, murmură Ben. Nu mă surprinde că știau unde eram. Probabil poliția mexicană. Dacă este vorba despre Reksnys, ăsta va cerceta tot ce mișcă de-a lungul coastei.

– Și echipament pentru scufundări în grotă, murmură Costas. Despre ce o fi vorba? Nu fac scufundări în grotă dacă plouă. Toate colțurile cu aer vor fi inundate.

– Probabil că au găsit ceva, spuse Jack.

– Parola aia?

– Sper din suflet că nu este vorba despre asta.

– Maria este pe undeva aproape, spuse Ben. Probabil că au adus-o de la Iona. Reksnys are un avion al lui și propria pistă în junglă. Este unul dintre puținele lucruri care nu pot fi descoperite la supravegherile făcute prin satelit. Și trebuie să fi știut că *Seaquest II* se îndrepta spre acest loc înainte ca ei să ajungă la Iona.

– Presupun că nenorocirea de la Iona este opera unui singur om, spuse Jack pe un ton sumbru.

– Loki.

– Am primit o poză. Mai bine să ne pregătim.

Costas dădu clic pe un document atașat sub mesaj, și o imagine începu să se descarce. Fusese făcută cu un aparat cu bliț încorporat, într-un fel de cameră cu o podea neregulată din piatră și pereți vechi acoperiți cu noroi verzui. Pe măsură ce imaginea se deschidea, putea vedea o figură zăcând la pământ, o femeie. Era teribil, imaginea torturii, genul de imagine care ar fi provenit din Irak sau din locurile infecte din Lumea a Treia. Femeia era murdară, purta o vestă mulată ruptă parțial în jurul sânilor. Părul negru era strâns în jurul gâtului, iar brațele erau acoperite de noroiul verzui. Încercase să se uite la aparat, dar tresărise din cauza blițului. Ochii îi erau umflați și închiși, gura acoperită de pete albe și avea o zgârietură urâtă pe obraz, însângerată și cu puroi.

Jack avu un șoc când o recunoscu.

– Maria.

Simți că i se face rău. Mâinile îi alunecară de pe marginea scaunului, și se așeză cu greu pe banca de lângă el. Se mai uită o dată la imagine. Oroarea se transformă în mânie, apoi în furie clocotindă.

Căpitanul apăru la ușă.

– Mesaj din Iona. E un tip de la poliția judiciară, căruia i s-a permis să discute cu noi.

Văzu ecranul și șovăi.

– Vin. Vocea lui Jack era rece, lipsită de emoții.

Zece minute mai târziu, Jack se întorsese în camera de comandă. Nu mai era decât Jeremy; Macleod și Lanowski părăsiseră camera și se duseseră de câteva minute pe punte. Jeremy stătea nemișcat în fața monitorului, lucrând în liniște, imprimând imagini de pe internet și marcând pagini ce conțineau informații despre arta toltecă. Deasupra lui, fereastra fu inundată de primii stropi de ploaie, iar Jack putu vedea că vremea se strica rapid. Se opri, simțindu-se dintr-odată secătuit din cauza a ceea ce tocmai auzise, se uită iar la Jeremy, apoi se îndreptă spre console. Nu știa cum să înceapă. Luă un scaun, așezându-l în așa fel încât să stea cu spatele la fereastră, apoi se uită concentrat la imaginile descărcate de Jeremy.

– Bună treabă, spuse încet. Nu aș fi putut niciodată interpreta materialele acestea. Nu am studiat arheologia Mezoamericii ca tine.

– Am făcut o descoperire chiar interesantă. Jeremy îi dădu lui Jack o foaie de hârtie. Îți aduci aminte de vechea profeție aztecă despre întoarcerea zeului-rege Quetzalcóatl? Când spaniolii au ajuns în Tenochtitlán, în centrul Mexicului, în 1519, împăratul Montezuma a crezut că de fapt Cortés era Quetzalcóatl. Este unul dintre motivele pentru care cucerirea spaniolă s-a realizat atât de repede.

– Continuă!

– Ei bine, Quetzalcóatl era toltec, un rege semilegendar. Conform legendei aztece din timpul lui Montezuma, acesta a fost exilat din regat cu cinci secole înainte și a promis să se întoarcă din Tărâmul Soarelui Răsare.

– Cu cinci secole înainte, medită Jack. Asta înseamnă secolul al XI-lea, chiar în perioada noastră.

– Exact. Tărâmul Soarelui Răsare, la est de centrul lumii aztece, în valea Mexicului, era aproape cu siguranță peninsula Yucatán. Există unele confirmări istorice pentru această ipoteză, pentru că se întâmplă în perioada în care toltecii au invadat Chichén Itzá.

Jack se uită atent la Jeremy, începu să vorbească, apoi hotărî să îl lase să continue.

– Devine chiar uimitor când te uiți la sursele maya, spuse Jeremy. Ce știm despre ultimii ani ai populației maya provine în principal din cărțile lui Chilam Balam, Profetul-Jaguar, cele mai multe scrise de scribi locali în alfabetul latin, după cucerirea spaniolă. Cărțile au fost ascunse și păstrate cu mare atenție. Fiecare se leagă de câte o comunitate diferită din nordul Yucatánului, un pic similar legendelor norvegiene din Islanda. Una dintre cele mai extraordinare profeții tratează venirea oamenilor cu barbă din est.

– Oameni cu barbă?

– Înțelegi? Mulți învățați au anulat asta pe motiv că era o înfrumusețare ulterioară. Unele cărți nu au fost scrise până în secolul al XVIII-lea sau chiar al XIX-lea. Dar o altă carte tocmai a ieșit la lumină, în Arhivele Vaticanului, la Roma. Pare să fie prima dintre ele, scrisă parțial cu caractere maya, confiscată se pare de primii misionari iezuiți în Yucatán, în secolul al XVI-lea. Conține legendele și profețiile comunității maya din nordul Chichén Itzá. Apare aceeași poveste despre oamenii cu barbă, dar cu o diferență. În aceasta, ei au un rege, și acesta se luptă cu cei care voiau să supună populația maya – toltecii, presupun. Apoi el dispare în lumea de dedesubt, iar oamenii îl așteaptă să se întoarcă. Aceasta poate fi originea profeţiei Quetzalcóatl a aztecilor, cu excepţia faptului că povestea maya se numeşte Wukub Kaqix, monstruoasa zeitate-pasăre, zeul-vultur.

Jack aruncă o privire spre imaginea de jad ce atârna lângă monitor.

– O imagine aproape standard, pe aici.

– De asemenea, numele vasului lui Harald Hardrada, *Vulturul*. În poveştile norvegiene, apar câteva indicii conform cărora, atunci când vikingii îşi ardeau corăbiile, plecau la luptă fără gând de întoarcere şi tăiau stemele corăbiilor şi le purtau cu ei ca steaguri în luptă. Era semnul că aveau să lupte până la moarte, că erau pe un drum fără întoarcere, spre Walhalla. Era un mod de a băga frica în inimile duşmanilor. Poate asta s-a întâmplat şi aici, iar localnicii maya au văzut asta.

– Fantastic. Este fantastic, Jeremy. E exact ceea ce căutam.

Deodată Jack se aplecă şi îşi puse mâna peste ale lui. Nu mai putea să îi ascundă lui Jeremy ce se întâmplase.

– Trebuie să îţi spun ceva. Am primit veşti din Iona.

– Ştiu. Jeremy vorbi încet, apoi puse jos cartea pe care o ţinea în mână.

Jack se uită la el. Părea cu mult mai bătrân decât absolventul debordant pe care îl întâlnise cu o săptămână înainte.

– Am ştiut din momentul în care am auzit că O'Connor a fost ucis. Vorbea despre asta, m-a pregătit pentru asta. Ştiu ce s-a întâmplat la Iona. Jeremy luă o pauză, încercă să vorbească, dar cuvintele ieşeau ca un şuierat aspru. *Vulturul de sânge.*

18

Trecuse mult de miezul nopţii, era probabil în jur de ora unu dimineaţa. Era deja întuneric când Jack şi Costas plecară de pe *Seaquest II* şi duseseră la ţărm Zodiacul, ajungând la punctul de întâlnire de pe plajă cu mult înainte de ora indicată. Tot ce putea auzi Jack acum era zgomotul neîncetat al ploii, sunetul ce creştea şi scădea apoi cu fiecare aversă ce trecea peste ei. Umiditatea era sufocantă. Ştia că se afla într-un vehicul mic, pe patru roţi, după sunet, înghesuit în spate, alături de Costas. Timp de probabil o jumătate de oră, care păru însă o eternitate, fură înghesuiţi şi împinşi pe drumul accidentat, îndepărtându-se de plajă, undeva spre junglă. Rana de la coapsa lui Jack pulsa. Urmaseră instrucţiunile lor cu scrupulozitate şi aşteptaseră legaţi la ochi lângă Zodiac, alături de echipamentul de scufundare. Persoana de legătură veni fără o vorbă, împingându-i într-o maşină, fără să le dea detalii despre locul spre care se îndreptau. Era demoralizant, dar Jack prinse curaj, simţindu-l pe Costas izbindu-se de el, înjurând la fiecare şanţ şi la fiecare groapă.

Chiar de când primise e-mailul cu ultimatumul, Jack ştiuse că erau pe cont propriu, că trebuiau să urmeze fiecare cuvânt al răpitorilor Mariei și să aibă încredere în norocul lor. Părea foarte sigur că, orice i-ar aștepta, scufundările aveau să fie incluse în program. Iar după drumul pe care mergeau, era probabil vorba despre un loc pe insulă. Cenote, râuri subterane. Ploaia începuse să chinuie mintea lui Jack. Pe o astfel de furtună, nivelul apei ar putea urca periculos de mult, umplând grotele subterane cu apă. Și, fiind aproape de mare, curenții de apă dulce care au ros Yucatánul ar putea fi înșelător de puternici, trăgând apa în labirintul de canale calcaroase și apoi afară în mare.

Mașina trebui să se oprească, iar Jack reveni la realitate. Fu tras afară și condus pe un teren neregulat, alunecând pe vegetația umedă. O ploaie torențială îi apăsa simțurile. Apoi ajunse la un fel de adăpost, ferit de ploaie, dar cu aburi fierbinți. Costas se lovi de el și auzi apoi cum este descărcat echipamentul. Fu iar împins înainte. Cineva îi smulse banda cu care fusese legat la ochi, lăsându-l să clipească amețit. Încheieturile mâinilor îi fură strâns legate cu bandă adezivă. Era undeva într-o cameră, luminată sumbru de o lumânare. Îl văzu pe Costas la câțiva metri în stânga lui, apoi îl zări pe omul din fața lor. Jack știu imediat cine era. Pieter Reksnys era imaginea leită a tatălui său, Andrius, omul pe care Jack îl văzuse în fotografia echipei SS Ahnenerbe care acționase în Groenlanda, fotografie pe care Kangia i-o dăduse lui Macleod.

Kangia. Fiordul de gheață. Toate acestea păreau la mii de kilometri depărtare, undeva într-un trecut pe care îl depășiseră pentru a ajunge aici, în acest loc în care iadul și demonii lui păreau deodată mult mai mult decât un simplu coșmar din epoca medievală.

Jack se uită în jur. Erau într-o cameră, o încăpere din piatră, probabil o biserică veche. Era cald ca într-un cazan, iar Jack începuse să transpire. Tavanul era înalt, cu consolă. În podea era o gaură rotundă. Peretele din spatele lui era vopsit; la lumina lumânării apăreau desene viu colorate.

Apoi o văzu pe Maria.

Încercase să se pregătească înainte de a părăsi *Seaquest II*, privind fotografia trimisă pe e-mail, dar realitatea era şocantă. Maria stătea sprijinită de peretele opus celui desenat, clătinându-se ameţită, cu picioarele şi mâinile legate unele de altele. Gura îi era acoperită cu banda adezivă. Faţa îi era murdară şi umflată, iar pe obraz avea o lovitură. Privirile li se întâlniră.

Jack încercă să îşi stăpânească mânia.

– El ţi-a făcut asta?

Maria se uită la el implorator, apoi dădu din cap, arătându-i lui Jack un loc în spatele lui. Jack se întoarse şi văzu singura persoană din cameră, omul care îi luase de pe plajă. Trebuia să fie Loki. Acelaşi păr dat pe spate, aceleaşi trăsături uscate, ochii decoloraţi. Aşa tată, aşa fiu. Loki zâmbi când îl văzu pe Jack privindu-l, se duse la lumină şi urmări cu degetul o linie pe obraz. Jack îşi aminti atunci descrierea făcută de O'Connor. Cicatricea.

În tot acest timp, Costas o privi pe Maria înspăimântat, şi se năpusti brusc asupra lui Loki. Reacţia fu teribil de agilă, de rapidă şi de fluidă, ca a unui animal la vânătoare. Loki îi trase capul în sus şi în lateral, ridicându-l fără efort deasupra podelei, în ciuda greutăţii lui Costas.

– Dă-i drumul.

Jack auzi pentru prima dată vocea lui Reksnys, o voce aspră, stridentă, cu un accent est-european greu de definit.

Loki îşi ascultă tatăl şi îl împinse pe Costas. Jack se uită la Loki. Acesta era ucigaşul neînduplecat descris de O'Connor, un bărbat independent, căruia îi plăcea să lucreze singur, dar care era cu totul supus tatălui său. Furia nu era singura lui slăbiciune.

Costas se ridică, strâmbându-se ostentativ, cu dezgust, ştergându-şi cu mâna umărul în locul în care Loki îl prinsese. Loki rânji şi se puse la pândă în colţul îndepărtat al camerei. Reksnys scoase un pistol pe care Jack îl recunoscu imediat ca fiind un Luger din perioada nazistă şi ţinti spre picioarele Mariei.

– Prima dată, un genunchi, a doua oară, celălalt. Apoi urc spre față. Vorbea pe un ton ascuțit, sfredelitor. Sau încetezi să mai faci prostii.

La început, Costas nu reacționă, apoi dădu din cap posomorât. Maria se albise la față când văzuse pistolul, și îl privea acum uimită.

Reksnys se întoarse spre Jack.

– Vreau să studiezi pictura de pe peretele acela. Cu atenție.

Jack îi aruncă o privire dură. Apoi se uită la Maria, care aprobă fără vlagă, bolborosind prin banda care îi acoperea gura, încurajându-l. Jack se uită la Reksnys cu dispreț și își întoarse privirea spre perete.

Era o imagine bidimensională. Demult, fusese o explozie de culoare uimitoare, maro-închis, nuanțe de roșu sau verde, pe fundal galben sau albastru. Imediat înțelese secvența narativă, victorioșii și învinșii. În dreapta, văzu un amestec de bărci, războinici îmbrăcați cu atenție, cu frunți plate, vâslind în vase cu vâsle simetrice. O navă cu o velă pătrată, alți războinici.

„O velă pătrată."

Următoarea scenă prezenta o bătălie feroce în junglă. O parte din luptă avea loc pe pământ, alta în râul rapid, părând cumva a se prelungi sub pământ. Corpuri mutilate zăceau peste tot. Învingătorii purtau *atlatls,* arbalete și scuturi pătrate cu imagini ale zeului războiului. Erau conduși de un războinic-vultur, un uriaș plin de mușchi, purtând o mască de vultur, cu un ochi prin care privea, aripi pe spate și gheare imense la picioare. Războinicii lui purtau coifuri din piele de jaguar, brățări la glezne și la mâini, lanțuri grele de jad și cercei. Luptau cu ciomege și se aruncau asupra victimelor cu priviri turbate, înspăimântătoare. Dușmanii lor aveau scuturi roșii, rotunde, altfel de coifuri și alte arme.

Jack scrută iar armele. O privi pe Maria cu colțul ochiului. Sigur fusese paralizată de această scenă când o văzuse, înainte ca ei să sosească. Trebuie să fi observat ceea ce vedea el acum.

Maria dădu din cap spre el, aproape imperceptibil. Da, observase. Jack se întoarse.

Acum înțelesese.

Jack nu lăsă să se vadă nimic pe fața sa. Continuă spre stânga. Captivii erau pe pământ, unii zăcând pe spate, alții în genunchi. Unii erau puși în lanțuri, bărbați care nu erau îmbrăcați ca războinicii, servitorii capturați fiind luați ca sclavi personali de fiecare dintre războinicii învingători. Jack se gândi la scheletul viking de la L'Anse aux Meadows, al bărbatului care cumva călătorise mai bine de cinci mii de kilometri spre nord, care aproape reușise să se întoarcă în lumea lui. Acesta era coșmarul de care scăpase.

Următoarea scenă domina pictura. Jack văzu imagini hidoase ale morții, ale mutilării. În vârful unei platforme ca o terasă stătea un preot-rege care purta masca zeului-vultur. Dădea sentințe celor capturați în bătălie. Pe treapta de jos, captivii erau torturați, li se smulgeau unghiile. Câteva trepte mai sus, un prizonier își ridica inutil mâinile cerând îndurare și un altul era întins pe trepte, leșinat, cu degetele însângerate. În vârf, un preot înfigea un cuțit în pieptul unei victime, scoțându-i inima, sufletul acesteia urcându-se la cer de la altar sub forma unei dâre sângerii. Un cap tăiat zăcea pe un pat de frunze, și altele se rostogoleau într-o cascadă de sânge pe scări. De jur împrejur erau aprinse ruguri de tămâie. Ritualul nu era rezervat numai nefericiților prizonieri de război. Războinici tolteci se automutilaseră, oferindu-și sângele unei zeități reprezentate de un craniu. Pe o masă de piatră lângă rege erau trei femei împodobite, rase în cap, cărora un servitor le aplica un ritual specific civilizației maya[1]. O femeie își trăgea printr-o gaură din

[1] În original, *bloodletting*, ritual în cadrul căruia oamenii își treceau prin diverse părți ale corpului (în special limbă, urechi și organe genitale) țepi, ghimpi sau colți; sângele scurs era adunat cu niște bucăți de material care apoi erau arse, astfel încât zeii să se poată bucura de sângele sacrificat în cinstea lor și care ajungea la ei sub formă de fum. (n.red.)

limbă o funie cu țepi, iar un bărbat de lângă ea făcea același lucru prin penis.

Jack se întoarse. Reksnys îl privi cu coada ochiului, bucurându-se de reacția lui.

– Am găsit singur această clădire, cu ani în urmă, când am cumpărat pământul ăsta, spuse el. E un templu din junglă, cu o cameră de sacrificiu deasupra unei cenote sacre. Dădu din cap spre gaura întunecată din mijlocul podelei. Ani de zile am curățat jungla asta, căutând exact gaura asta. Este cu adevărat remarcabil ceea ce am descoperit. În *félag* credeam că există așa ceva, dar nu a existat niciodată nici o dovadă.

– Dovadă a ce? zise Jack

Reksnys îl ignoră.

– Sursele noastre ne-au spus că voi căutați menora.

– Sursele, spuse Jack cu batjocură. Adică ai scos asta de la părintele O'Connor prin tortură.

– O'Connor ne-a fost de ajutor, răspunse Reksnys, și vocea îi deveni brusc ascuțită. Dar nu în felul în care crezi tu. La Vatican devenise cam neatent. Faptul că a intrat în Arcul lui Titus a fost un semn că a mers prea departe. A avut un superior care raporta tot ce făcea. Știam deja despre femeia aceea. Dădu din cap spre Maria, și, când văzu rânjetul de pe fața lui Jack, privirea i se îngustă brusc. Informațiile astea îți sunt inutile acum. Nu mai contează dacă îți spun sau nu, și, oricum, am împărtășit cu tine povestea despre descoperirea mea numai pentru că te-am considerat un coleg arheolog.

Jack privi dintr-o parte în alta.

– Nu văd alți arheologi aici.

Reksnys se prefăcu a nu-l auzi.

– Am aflat că ați ajuns până în Groenlanda. Desigur, știam despre corabia din gheață, descoperită de tatăl meu în timpul expediției Ahnenerbe din 1930. Cu puțin timp înainte să fie omorât, mi-a spus întreaga poveste, cum Künzl i-a smuls piatra runică și a încercat să îl omoare în crevasă cu propriul pumnal

SS. Din fericire, tatăl meu a avut o memorie vizuală foarte bună și a putut reproduce simbolurile în fața unui runolog, în anii de după război.

– Cred că amintirea tuturor femeilor și copiilor pe care i-a ucis pe frontul de est l-au ținut treaz în fiecare noapte, zise Jack pe un ton glacial.

– Îi număra doar, pufni Reknsys, apoi continuă: Ceva m-a făcut să îmi amintesc de acest mic templu, ceva legat de o străfulgerare pe care am avut-o cu ani în urmă, despre acea scenă de luptă, aspectul războinicilor de pe mare. Când l-am găsit, templul era înghițit de junglă și plin de pietriș. Nici un localnic maya nu s-ar apropia de acest loc. Niște prostii despre zeul-vultur, întoarcerea regelui. Îmi aduc aminte de Harald Hardrada, de menoră. Visul iubit al *félag*-ului. Chiar era posibil. Am curățat chiar eu templul, piatră cu piatră. Părea naiv de încântat de el însuși. A fost un hobby cât se poate de plin de satisfacții.

– Nu te juca cu mine, spuse Jack cu răceală, uitându-se iar în sus. Asta e mai mult de cât un hobby. E o obsesie. Și este ilegal.

Reksnys se încruntă la Jack și pocni din degete. Loki sări spre el într-o secundă, cu pieptul lipit de al lui, împingându-l, cicatricea-i lividă de pe față devenind vizibilă când se întoarse spre el.

Loki era evident folosit pentru a intimida pe oricine era mai slab decât el, dar Jack era cu un cap mai înalt, așa că se uită la el, în jos, cu dispreț.

– Destul!

Reksnys lătră comanda, iar Loki mârâi, încleștându-și și relaxându-și mâinile, privind-l pe tatăl său la fel cum își privește un câine stăpânul.

– E timp pentru asta mai târziu.

Loki se dădu la o parte, și Reksnys se întoarse spre pictura murală.

– Şi acum, motivul pentru care eşti aici. Merse şi ridică o placă mare de lemn de pe partea stângă a peretelui, aşezată lângă pietriş. Acolo!

Era scena finală. O procesiune se îndepărta de baza templului. Era singura scenă fără urme de sânge, deşi figurile păreau şi mai bătătoare la ochi, mai extravagant îmbrăcate decât înainte. Unele erau umane, altele supranaturale. Muzicieni cântau din voce şi din instrumente în acelaşi timp, cu trompete şi bătăi în tigve. O carapace se rostogoli pentru a da la iveală un zeu care vărsa lichid dintr-un urcior. Alţi zei apărură din cochilia unui crab, dintre fălcile unui şarpe. Războinici şi femei îşi făceau drum printre rândurile de oameni care purtau torţele. Un jaguar mânca o inimă de om. O trupă de saltimbanci ţinea un spectacol, zvârcolindu-se, încolăcindu-se înainte şi înapoi, unul îmbrăcat ca un crocodil, altul ca un crab, purtând cleşti uriaşi ridicaţi spre cer. O echipă de jucători cu mingea, cu centuri de protecţie şi genunchiere, se îmbrânceau, unul dintre ei fiind împins înapoi spre templu de către un preot care se ocupa cu ritualul de sacrificare. Deasupra procesiunii erau capete de om înfipte în ţăruşi. Unele erau sfâşiate, privind cu ură, ca sculpturile de la Chichén Itzá. Altele aparţineau unor victime mai recente şi încă mai aveau păr şi carne pe ele. *Păr blond. Bărbi.*

În faţa spectacolului era un spaţiu pe care Reksnys îl lăsase acoperit cu un material de protecţie. Dar sus spre el era un şir de femei îmbrăcate în rochii albe, cu frunţi drepte şi păr roşcat legat la spate, ornat cu nişte coifuri înalte conice, iar penele verzi de la pasărea sacră de quetzal ţâşneau în cercuri la spatele lor.

Era o procesiune triumfală. O altă imagine apăru în mintea lui Jack, o imagine care părea necrezut de îndepărtată de lumea din Yucatán. Arca lui Titus din Roma. Procesiunea prin for. Triumful lui Vespasian asupra evreilor.

Făcu un pas spre stânga, privirea lui Loki urmărindu-l cu băgare de seamă. Ultima imagine era încă îngropată sub pietre, dar era destul de clar. Era o formă abstractă, ca un cazan, marginea acestuia simbolizând marginea drumului pe care se desfășura procesiunea. Erau fălcile lumii de dedesubt, gigantice, deschise, înfometate de sacrificiu.

„Chichén Itzá. Cenota Sacrificiului."

Reksnys se duse lângă material și puse mâna pe colțul de jos.

– Cred că aici suntem noi acum. Îi vorbi lui Jack de parcă ar fi fost colegi arheologi. Lumea de dedesubt, sfârșitul procesiunii. Știm cu toții cine sunt cei învinși aici. Cred că procesiunea în cinstea victoriei s-a terminat aici unde stăm noi acum, la intrarea în această cenotă de sub noi.

Vorbi tare, pe un ton crescând, cu convingerea fermă a ignorantului. Jack îi surprinse iar privirea Mariei. De data aceasta, ea clătină din cap. Jack se uită din nou. Își dădu seamă că nu era nimic în pictură care să identifice decorul. Ar fi putut fi una dintre zecile de locații ceremoniale toltece. Singura legătură pe care o aveau cu Chichén Itzá era piatra cu inscripția runică de la L'Anse aux Meadows. Și Reksnys nu știa de ea, din fericire, fiind în siguranță, sub cheie, la bordul navei *Seaquest II*.

– Am descoperit ceea ce urmează să vezi, acum trei zile, chiar înainte ca *félag*-ul să-și regleze conturile cu cel care ne-a trădat. O coincidență fericită pentru colega ta de aici. Reksnys îndreptă brusc pistolul spre Maria. Știam că vasul vostru era în Caraibi, și ne-am dat seama că drumurile noastre aveau să se intersecteze. M-am gândit că am putea profita de pe urma cunoștințelor voastre. Este singurul motiv pentru care fiul meu nu și-a pus arta în practică și pe ea.

Reksnys, care stătea cu spatele la perete, ridică dintr-odată materialul de protecție.

Se făcu o liniște mormântală. Jack rămase cu gura căscată, dar apoi își reveni. Îi apăru în minte ceva ce Maria îi spusese mai demult, ceva legat de doctrina rabinică.

„Atraşi de un deget divin. Atraşi de un deget de foc."

Acolo era menora.

Şapte braţe, şapte tije de un galben scânteietor strălucind ca şi cum erau în flăcări, sclipind ca razele de lumină. În fruntea procesiunii triumfale, ridicată în faţa Puţului Sacrificiului.

Jack se uită la Maria, care privea în transă imaginea, de parcă îşi trăgea puterea din ea.

Reksnys puse brusc pânza la loc, ascunzând imaginea şi râzând grosolan.

– Şocat?

– Am văzut că tu nu te-ai uitat la ea, spuse Jack cu răceală. Sau nu ai putut să te uiţi.

– Mi-e scârbă de ea. Nu doresc să privesc acest obiect. Este doar un mijloc pentru îndeplinirea unui scop.

Reksnys dădu din cap spre Loki, care o trase pe Maria în picioare şi o împinse spre el. Reksnys o ţinu la o distanţă de un braţ, împingând-o cu ţeava Lugerului şi privind-o dispreţuitor. Apoi îi puse arma în spate, dar ţinti în jos.

– Ştiu exact cum să o fac. Un chin lent, până la moarte. Am multă experienţă cu cei de genul ei. Dădu din cap spre echipamentul de scufundare şi spre genţile îngrămădite lângă gaura din podea. Se uită la Jack. Tu eşti faimosul explorator subacvatic, nu? Vocea era batjocoritoare şi plină de sarcasm. Acum tu şi prietenul tău veţi coborî în lumea de dedesubt şi îmi veţi aduce ceea ce eu îmi doresc.

19

Jack lovi apa cu un pleoscăit puternic, ecoul răsunând de-a lungul pereților cavernei. Costas îl precedase, și făcea deja o recunoaștere subacvatică, iar razele de lumină transmise de lanterna sa erau vizibile până pe partea cealaltă. Jack dădu repede drumul dispozitivului de fixare de pe frânghie și trase de ea. Frânghia începu să se ridice, iar Jack privi metalul sclipitor al dispozitivului de fixare care se înălța spre raza subțire de lumină ce venea de la gaura din tavanul de calcar, la aproape douăzeci de metri mai sus. Împreună cu Costas, se pregătise în tăcere în camera străveche, cu câteva minute înainte, punându-și echipamentul pe care Reksnys le ordonase să îl aducă de pe *Seaquest II*. Jack refuzase să divulge vreo impresie despre pictura murală, iar Maria rămăsese cu încăpățânare tăcută în colțul camerei, chiar și după ce banda îi fusese smulsă de la gură.

Jack era convins că scena cu menora arăta Puțul Sacrificiului de la Chichén Itzá, nu acest loc. Totuși, restul indiciilor dădeau impresia ca Reksnys avea dreptate când se gândea că tunelul dinaintea lor păstra unele semne ale ultimei opriri a lui Harald Hardrada. Așezarea templului deasupra cavernei, descrierea bătăliei din junglă cu râul care curgea sub ea, tradiția locală maya.

De când el și Costas părăsiseră Zodiacul, cu două ore înainte, nu avuseseră nici o șansă să intre în legătură cu echipa de securitate, care era în apropiere. Jack știa că Lynxul era undeva în aer, în larg, dar Ben nu ar fi putut face nimic până când Jack și Costas nu ar fi găsit o modalitate de a le transmite coordonatele și de a confirma faptul că situația cu Maria era destul de sigură pentru a permite o intervenție. Jack se uitase plin de curaj spre Maria, chiar înainte de a-și pune casca, fusese calm și cu sânge-rece câtă vreme Loki îl lăsase în jos cu troliul. Dar mintea lui lucra cu frenezie; se gândea la ceea ce îi aștepta în cazul în care se întorceau cu mâinile goale. În prezent, nu aveau prea multe opțiuni, iar cele pe care le aveau nu erau deloc bune.

Vocea lui Costas se auzi în aparatul de emisie-recepție.

– E un râu subteran care curge pe fundul acestei camere, la aproximativ opt metri sub tine. Curentul e destul de nărăvaș. Nu sunt condiții propice pentru scufundări în grote.

– Recepționat, răspunse Jack, plutind la suprafață și urmând dunga de lumină care marca avansul lui Costas.

Își testă vesta compensatoare și verifică sistemele de pe computerul care controla alimentarea cu gaz. Purtau aparate de respirat cu circuit semiînchis, sisteme variabile de amestecuri gazoase care le permiteau să ajungă la adâncimi mai mari decât ar fi reușit cu oxigen pur sau cu aer. Era o precauție, pentru că nu se așteptau ca sistemul peșterii să depășească acei treizeci de metri care caracterizau cenotele din Yucatán.

– Adu-mi aminte de acest carbonat de calciu, spuse Jack.

Costas se ridică la suprafață, lângă el, umflând aripile compensatoare ale rucsacului său și potrivind aparatul de emisie-recepție pe cască.

– Calcar dizolvat, spuse el. În timpul erei glaciare, tot ce este aici se afla deasupra apei. Atunci s-au format stalagmitele și stalactitele pe care le vedem acum sub apă. Apoi, la sfârșitul erei glaciare, nivelul mării a crescut, și grotele au fost inundate. Dacă lași ceva să plutească pe apă în aceste caverne, va fi acoperit de piatră. Dacă îl scufunzi în apă, se va păstra ca nou. Stratul de apă sărată apare sub cel de vreo cincisprezece metri de apă dulce.

Jack se uită la firul de lumină ce venea din tavanul de deasupra, la imaginea urâtă pe care tavanul o prezenta numai când ridicai privirea spre el. Frânghia și cureaua care fuseseră folosite pentru a-i coborî cu troliul erau acum sus, așteptând-i să se întoarcă. Se gândi la Maria și respiră adânc în aparat. Îi făcu semn lui Costas că era totul în regulă.

– Corect. Să-i dăm drumul!

Scoaseră aerul din aripi și săriră în apă, Jack urmându-l îndeaproape pe Costas, chiar deasupra curentului. Era bine că aveau costumele complete, pentru că apa de aici era mai rece decât marea, dar revigorantă după căldura toridă de sus. Amândoi aveau trei lămpi prinse pe căști, și, în timp ce le roteau, lumina dădu la iveală o scenă extraordinară. Stalagmitele se ridicau de la baza peșterii în mănunchiuri, suprapunându-se peste grote și peșteri. Apa era cristalină; Jack nu văzuse vreodată o apă mai pură decât aceasta, sclipind în culori pastelate. Coborâră și înotară în urma curentului, cu brațele întinse și cu labele în spate, pentru a putea rămâne în echilibru. Câteva secunde mai târziu, alunecară pe sub o boltă într-un tunel întunecat, lăsând în urmă lumina mohorâtă de la intrarea camerei.

– Când nu plouă, tunelul ăsta este parțial deasupra apei, spuse Costas. Poți vedea linia de plutire pe pereți lângă noi, cu formațiuni calcaroase apărute recent deasupra ei. Pare a fi loc pentru o canoe mică sau o plută.

Costas scoase un baton reflectorizant de mărimea unui creion, îl rupse pentru a putea amesteca preparatele chimice, apoi îl prinse într-o crăpătură. Jack privi batonul dispărând în urma lui; Costas scoase mai mult de o duzină de astfel de batoane.

– Presupun că o să vrem să ne întoarcem pe același drum, spuse el. Curentul este mai slab aproape de tavan, deci nu ar trebui să avem probleme.

Jack se răsuci și văzu o boltă de stâncă fără nici o ondulație evidentă creată de golurile de aer. Ajunseseră la cel puțin două sute de metri depărtare de intrare, poate chiar mai mult.

– Ai idee cam cât de departe? întrebă el

– Presupun că suntem în căutarea altei camere, accesibilă cumva din camera de la intrare. Dacă acest tunel se afundă sub linia de plutire, suntem pe drumul greșit.

În timp ce Costas vorbea, apăru un coridor care se înălța și se deschidea, iar lanternele lor luminară partea inferioară a unei albii care, din câte putură vedea, se întindea deasupra lor.

– Abracadabra!

Ieșiră la suprafață și se uitară de jur împrejur, cuprinși de un sentiment de venerație. Se aflau înăuntrul unei grote imense, cu un diametru de cel puțin cincizeci de metri, extinzându-se într-o mare cupolă care ajungea până la nivelul pământului din junglă. Era așa cum își imaginase Jack cenota sacră de la Chichén Itzá, înainte ca tavanul de calcar să se prăbușească. Spre deosebire de camera de la intrare, aceasta era foarte întunecată, fără vreo deschidere spre suprafață. Înotară ușor de-a lungul bazinului, luminile lor oprindu-se asupra uimitoarelor forme fantastice care apăreau ca niște sculpturi în gheață. Stalagmitele se iviră din adâncimi ca niște cratere vulcanice submarine, unele dintre ele unindu-se cu stalactitele și formând coloane continue, ca stâlpii catedralelor. Puteau observa forța naturii în proces de creație, apa provenită de la precipitații infiltrându-se prin tavanul din calcar și stropind formațiunile expuse, adăugând alt strat strălucitor de minerale într-un proces început cu mii de ani înainte ca istoria umană să fi ajuns în acest loc.

În mijloc, era o insulă care părea să fi fost creată integral din depuneri de calciu. Suprafața era o rețea ciudată de forme ce semănau cu o citadelă fantastică. Lujeri imenși atârnau sus peste ea – rădăcinile fosilizate ale copacilor de mult dispăruți.

Când panta spre insulă deveni vizibilă, Costas se scufundă vreo opt metri mai jos. Imediat păru că înoată într-o parte, iar

Jack îl văzu agăţându-se de o stalagmită şi trăgându-se în sus pe pantă până când scăpă de curent şi putu să înoate iar în libertate.

– Mă speriasem. Costas se oprise la vreo cinci metri în urma lui Jack şi îşi trăgea sufletul. Nu se poate înota împotriva acestui curent. Uită-te în dreapta, şi vei vedea unde duce.

Jack se uită spre un punct în direcţia opusă tunelului de intrare. Putea vedea ceva pâlpâind în locul în care râul subteran trecea prin cameră, ieşind pe sub o protuberanţă apropiată de baza grotei, la aproximativ douăzeci de metri depărtare. Era o gaură neagră, un loc respingător, fără nici o urmă de lumină naturală. Jack realiză cât de aproape fusese să îl piardă pe Costas. Închise ochii şi înjură în gând. Cum se întâmpla adesea în cazul scufundărilor, condiţiile aparent favorabile, deciziile neatente aveau consecinţe aproape fatale. Jack nu se gândise la decizia lui Costas de a se scufunda; pericolul era foarte mare, ca atunci când fuseseră în aisberg sau în tunelurile din Atlantida. Iar în cazul scufundărilor în peşteri, rar mai exista şi a doua şansă, nu prea mai puteai reveni după o mişcare greşită.

– Jack, am găsit ceva.

Costas era puţin mai sus pe pantă, dar partea superioară a corpului său era înăuntrul unei fisuri. Jack coborî puţin şi veni lângă el, fiind atent la curentul de la câţiva metri depărtare. Costas se ivi plin de aluviuni şi îi dădu un obiect lui Jack.

– Ţine asta!

Era un maxilar uman. Unul mic, al unui copil. Devenise maro din cauza vremii, dar se păstrase perfect. Costas îi dădu şi restul craniului, iar Jack reuşi să vadă orbitele, locurile în care oasele craniului nu se uniseră complet.

– Sunt peste tot, spuse Costas. Sute.

Jack se uită în jur. Zăcând în nămol, adunate la baza stalagmitelor, strâmbându-se de sub protuberanţe. Cranii, membre, oase, coaste. Intră şi el în fisura găsită de Costas şi scoase un mic pandantiv din jad, în forma maxilarelor deschise ale unei bestii mitice, ca în imaginea lumii subterane din pictura murală din templu. Se uită prin apa transparentă la gaura neagră în care dispărea râul, și se simți brusc străbătut de un fior.

– Sacrificiu uman, spuse el. Toltecii trebuie să fi coborât cu victimele lor prin gaura din tavan la fel cum suntem noi aici, apoi au vâslit până în camera asta. Asta era marginea lumii lor subterane, cel mai apropiat punct în care puteau ajunge. Când curentul era puternic, ca după o furtună, își puteau arunca victimele exact în burta lumii subterane, privindu-i cum erau absorbiți în acea gaură neagră, expulzați din existența pământească. Acesta trebuie să fi fost ultimul loc de sacrificiu.

– Nu prea am avea șanse să scăpăm de toate astea, murmură Costas. Începe să-mi fie dor de vikingi.

– Poate chiar ai noroc.

– Ce vrei să spui?

– Sus pe pantă, la vreo trei metri. La marginea insulei.

Era acolo un alt craniu, mai mare decât celelalte, dar dinții acestuia aveau o altă culoare. Arăta de parcă victima suferise o lovitură puternică în față. Dar nu craniul ațâțase interesul lui Jack. Ci îmbrăcămintea.

Un coif metalic aurit, în formă de con, cu o apărătoare de nas lungă.

Inima lui Jack începu să bată cu putere. Le atinse, făcând să se ridice nori de aluviuni. Oale din cultura maya, intacte. Mai multe oase de om. Un disc strălucitor, din aur, acoperit cu hieroglife. Un mâner ieșind dintr-un cotlon, acoperit cu sârmă aurie. Un mâner de sabie. Lângă el, un alt mâner lung de lemn, cu un capăt metalic.

Emoționat, Jack ieși din apă, iar Costas îl urmă. Cei doi bărbați își scoaseră repede aparatele de respirat și labele și le ascunseră pe margine. Cu căștile scoase, puteau auzi acum zgomotul din grotă, apa picurând în bazin, fâlfâitul aripilor liliecilor, sunete sinistre amplificate și distorsionate de ecou. Se cățărară pe o platformă mai sus și supraveghează insula subterană. Avea vreo zece metri în diametru; în mijloc se ridica un con acoperit de depuneri aluvionare. Centrul era format dintr-o singură stalagmită imensă, ieșind din podeaua grotei spre tavan, acolo unde căzuse cel mai mult calciu lipsit de alcalinitate. În jur se formaseră stalagmite, dar de dată mai recentă, pentru că tavanul se modificase, iar unele apăruseră sub rădăcinile calcificate ale copacilor și atârnau peste ele ca un înveliș fantastic.

Jack ținea în mână o lanternă pe care o întinse spre insulă, înainte de a atinge cu cealaltă mână stalagmita cea mai apropiată de ei. Avea o formă deosebită, părând a se arcui deasupra lor, dar suprafața ei era la fel ca a celorlalte pe care le vedeau în jur.

– Dumnezeule! Vocea lui Jack era răsunătoare.

– Ce este?

Jack se dădu înapoi câțiva pași, apoi lumină cu lanterna partea de sus a stalagmitei. Își amintea ce sugerase Jeremy când vorbiseră ultima dată. Vocea îi era încordată și surprinsă.

– Îți aduci aminte de corabia noastră din gheață?

Costas îi urmări privirea, uluit, apoi suspină. Vârful stalagmitei avea o formă bulboasă care se întindea dincolo de curbură. Se uitau la prora unui vas viking; detaliile suprafeței acestuia erau pierdute sub o mulțime de depuneri aluvionare, dar forma de neconfundat se păstrase. Era o imagine uimitoare.

– Probabil că au adus-o cu ei de pe corabie, murmură Jack. Au ridicat-o aici, un ultim steag în luptă. Îndreptă lanterna spre forma bulboasă de sus. *Vulturul.*

– Privește pe partea cealaltă, exclamă Costas. Probabil mă înșel, dar cred că este un zid de scuturi.

Jack văzu o linie de concrețiune, de aproape un metru înălțime, care se întindea ca un arc până spre intrarea în cavernă. Costas avea dreptate. Muchia se ondula cu o regularitate surprinzătoare, fiind formată din semicercuri identice, fiecare având aproximativ mărimea unui om. Trei de o parte a coastei principale a vasului, patru de cealaltă parte. Dădeau impresia că fuseseră înghețate. Sub ele erau forme alungite, pătrate, care probabil fuseseră grinzi sau traverse salvate de pe corabie. Jack își amintea povestirile lui Jeremy despre apărarea vikingilor construită din coaste de corăbii. Se uită dincolo de perete, spre spațiul din spatele apărătorilor. Era cea mai uimitoare priveliște dintre toate. În fața sistemului de apărare era figura spectrală a unui om, sprijinită pe spate și cu membrele rășchirate. Fusese un schelet, dar era acum acoperit cu un strat atât de gros de depuneri aluvionare, încât părea reincarnat, asemenea acelor corpuri învelite în ghips din Pompeiul roman.

Purta un coif. Formă conică, apărătoare de nas, abia vizibilă sub depunerile așternute. Era și un scut, îndoit astfel încât dădea impresia că fusese rău lovit. Omul fusese înalt, cel puțin cât Jack.

Jack se uita transfigurat.

„Ar putea fi el?“

Se rezemă de zidul fosilizat de scuturi, vocea fiindu-i marcată de emoție.

– În pictura de pe perete, acel râu de sub junglă. Cred că acolo suntem acum. Și mai cred că aici s-a jucat ultimul act al dramei. Ultima oprire a lui Harald Hardrada.

– Crezi că dușmanii din pictură erau chiar vikingi?

– Imaginea menorei lămurește situația.

– Deci până aici a ajuns Harald.

– Hai să ne imaginăm o duzină dintre ei, nu mai mult, spuse Jack. Mărimea armatei învinse din pictură a fost probabil o exagerare, o modalitate de a face victoria să pară și mai impresionantă. Se opri, adunându-și gândurile. Vin pe uscat cu tot ce pot aduce cu ei, arme și armuri, comori, tot ce pot salva cu ușurință și pot căra de pe vas, pentru a construi un adăpost. Foarte asemănător cu Cortés și oastea lui de conchistadori cu sute de ani mai târziu, numai că nu mai aveau și intenția de a se întoarce.

– Apoi dau de localnici.

– Localnicii maya sunt uimiți, îi consideră zei, salvatori veniți să îi elibereze de tolteci. Dar zvonurile ajung inevitabil la tolteci, la suzeranul de la Chichén Itzá. Acesta trimite o armată, urmează o luptă disperată în junglă. Puținii supraviețuitori caută un refugiu, fortăreața finală. Alamo

Rorke's Drift[1]. La Yucatán, dacă vrei asta, te duci pe sub pământ. Au descoperit templul din junglă, poate au fost îndrumați aici de populația maya. Ajung jos pe drumul sacrificial. Își luminează drumul cu torțe, poate își ard coastele vaselor de pe insulă. Războinicii vikingi înlănțuiți pentru bătălie, pregătiți să își apere zidul de scuturi, aici, la marginea lumii, se înconjoară în flăcări. Mă tem totuși că toltecii nu au fost intimidați de asta. Odată ce toltecii au auzit de ei și i-au urmărit, era doar o chestiune de timp până să îi nimicească.

– Sper, de dragul lor, ca nici unul să nu fi fost luat prizonier.

– Singurul despre care avem informații este prietenul tău de la L'Anse aux Meadows. Probabil vreo slugă, un servitor. Jeremy mi-a spus că uneori toltecii luau servitorii dușmanilor ca sclavi proprii – era un fel de subliniere a dominației lor asupra învinșilor. Ai văzut în pictura murală. Poate a fost trădător. E posibil ca unii vikingi să-și fi pierdut cumva mințile din cauza înfometării. Poate el le-a spus toltecilor despre acest loc. Poate fuga lui câțiva ani mai târziu și călătoria la L'Anse aux Meadows au fost un fel de răscumpărare. Nu vom ști niciodată. Dar nu a fost singurul care a supraviețuit. Judecând după pictură, câțiva dintre războinicii lui Harald au suferit teroarea ultimă, fiind duși la Chichén Itzá pentru sacrificare.

– Cu menora.

Jack își aminti brusc imaginea șocantă pe care o văzuseră în pictură, strălucirea incandescentă.

– Reksnys se înșală. Sunt convins că menora nu este aici. Probabil că toltecii au lăsat aici armele vikingilor, ca un fel de ofrandă, dar cred că au luat menora cu ei de pe câmpul de bătălie. Știm că toltecii nu le-au oferit zeilor toată comoara lui

[1] Celebre bătălii devenite symbol al luptei disperate a unui grup restrâns împotriva unui inamic mult superior numeric. Alamo - În primăvara anului 1836, mai puțin de 200 de oameni au apărat un mic fort din Texas împotriva a mii de soldați mexicani. Rorke's Drift - În ianuarie 1879 în Africa de Sud, 139 de soldați britanici au rezistat apărându-și cu succes garnizoana împotriva asaltului a 5 000 de războinici zulu. (n.red.)

Harald, pentru că avem cele două monede încorporate în jad de la L'Anse aux Meadows.

– Situație care ne face să avem o mare problemă.

– Reksnys o să fie dezamăgit.

– Nu ne putem întoarce cu mâinile goale, spuse Costas. În cel mai bun caz, câștigăm timp, dar nu foarte mult. Sunt șanse să ne întoarcem în gaura aia din nou, morți înainte de a atinge apa. După cum a spus Reksnys însuși, Maria a fost salvată numai de un capriciu. Dacă află că nu avem menora, se va plictisi. Oamenii ăștia sunt mereu la fel. Se uită la Jack. Își va lăsa fiul să ducă treaba la bun sfârșit.

– Poate încearcă să ne urmeze aici jos.

– Poate Loki o va face. Erau niște echipamente vechi pentru scufundări, pe care Reksnys le adusese înainte să știe că ne poate folosi, iar Loki ar putea cu ușurință să urmeze drumul marcat de batoanele fluorescente din tunel. Dar dacă se vede nevoit să vină după noi în felul acesta, are să fie înfuriat. Asta ar însemna sfârșitul Mariei.

– Te gândești la ce mă gândesc și eu?

– Nu avem altă soluție.

– Sistemele acestui râu subteran ies întotdeauna la suprafață undeva, spuse Costas cu mâhnire. Dar ar putea fi la kilometri distanță.

– Ar putea fi mai aproape.

Cinci minute mai târziu, stăteau echipați complet pe marginea bazinului, cu lanternele de pe căști aprinse iar. Rezonanța camerei făcea ca vocile lor se audă sec și distant în aparatele de emisie-recepție. Costas termină de verificat aparatul de respirat al lui Jack, apoi se uită la el prin geamul căștii.

– Ești gata?

– Toate celelalte variante sunt eliminate. Nu avem altă ieșire din grotă.

– OK. Căutăm lumină naturală, orice indiciu. E puțin după ora cinci dimineața; curând ar trebui să se lumineze. Ne lăsăm duși de curenți. Cel puțin putem fi siguri că vom ieși undeva. Gata de plecare?

– Gata.

Alunecară în apă și se scufundară în întuneric. Odată această decizie luată, Jack nu își mai permise să se gândească la altceva decât strict la ceea ce făceau. Câteva minute mai devreme, asta părea moarte curată, un bilet dus în expresul care aproape îl omorâse pe Costas. Acum ei alegeau să profite de el. Se uită atent la tunelul deschis ca un hău înaintea lor. Mintea refuza posibilitatea unui eșec. Locul acesta avea toate ingredientele celui mai groaznic coșmar, și numai așa se putea lupta împotriva lui. Trebuia să se concentreze în continuare. Se gândi la Maria.

Deodată, fură trași de curent. Jack se învârti și se luptă să se mențină în poziție dreaptă, devenind rapid conștient de viteza imensă, de stalagmitele luminoase care apăreau și dispăreau ca uriașe santinele albe de o parte și de cealaltă. Apoi ajunseră în tunel, răsucindu-se la o cotitură, într-un întuneric complet. Tunelul părea a șerpui și a se încolăci ca o bestie vie, căutându-și drumul printre barierele calcaroase. Erau cu totul la voia curentului, sperând că fluxul avea să-i ferească de o lovitură în vreun perete de calcar. Jack se forță să își împingă capul înainte până când corpul îi ajunse pe aceeași direcție cu tunelul; Costas era în stânga lui, și amândoi își întindeau brațele într-un efort disperat de a se feri. Forme bulboase, ce apăreau de peste tot, erau luminate scurt de razele lanternelor lor, apoi se estompau în urma lor, alunecând la câțiva centimetri de ei. Brusc, Jack își dădu seama de apropierea unei răscruci – un tunel ce se lărgea și care era împărțit de o coloană, un stâlp alb spre care se îndreptau cu o viteză înspăimântătoare.

– Tunelul din dreapta, strigă Costas. Văd lumină.

Jack dădu din mâini spre dreapta, îndreptându-și corpul astfel încât să urmeze direcția principală a curentului. Era inutil. În ultima secundă, feri mâinile pentru a nu se izbi de coloană, și căzură astfel în tunelul din partea stângă, o groapă de întuneric ce se îngusta, cu pereți netezi ca un culoar de gheață. Jack sări peste Costas și simți o durere cumplită în coapsă, de la rana din ghețar. Timp de o secundă, fu iar în interiorul aisbergului.

– Drum greșit, strigă Costas.

Jack îl prinse cu putere și îi putu vedea privirea înnebunită în spatele măștii.

– Este un canal lateral, exclamă Costas. Canalul principal se îndrepta în sus, spre suprafață. Am văzut lumină.

Curentul din canal începu să se rotească, apoi se liniști. Dar chiar și așa, era imposibil să înoți împotriva lui, iar ei erau trași în jos. Se prinseră de pereți, dar era inutil. Deodată, totul se distorsionă și deveni confuz, semănând cu ceva ce Jack văzuse ultima dată în fiordul de gheață unde cursul apei dulci din ghețar formase un strat deasupra apei mării. Era sclipitor, uleios, schimbarea indicilor de refracție de pe ecran amețindu-i simțurile. Începu să se simtă dezorientat.

– La naiba! exclamă Costas. Suntem sub nivelul mării.

Părea că trecuseră în altă dimensiune, într-o lume mai întunecată. Formațiunile de calciu dispăruseră acum, iar priveliștea dinaintea lor era sumbră, respingătoare. Raza de lumină intensă, care îi ghida, părea a se reduce, sporind sentimentul de disconfort al lui Jack. Tunelul era eliptic, de vreo cinci metri în diametru, dar tavanul era mai jos, iar din podea apăru un strat adânc de pietriș. Erau tot în coborâre, iar lanternele lor luminară o gaură în beznă.

– E adânc de patruzeci de metri, spuse Costas. Sistemele de peșteri de la Yucatán ajung până la cincizeci de metri, cel mult. Trebuie să urcăm curând.

Jack se uită la indicatorul de adâncime. Patruzeci și șase. Cincizeci și doi de metri. Tavanul și podeaua aproape se uneau, iar ei erau acum prinși între ele și săpau în pietriș pentru a-și face drum. Apoi ajunseră la un punct mort, într-un nor de nămol. Jack își îndreptă lanterna spre fantă, o crăpătură de câțiva centimetri deasupra stratului de pietriș. Era un punct mort. Erau prinși în capcană.

Costas se ridică în spatele lui Jack, aparatul său de respirat lovind tavanul, iar corpul măturând pietrișul.

– Ceva nu e în regulă, spuse el. Am fost trași de curent, și acesta trebuie să ducă undeva. Iar mormanul ăsta de pietriș se curbează în lateral, e modelat de mișcarea apei. Trebuie să fie o ieșire.

Își făcu vânt în dreapta mormanului de pietriș, spre un tunel strâmt la intrare, și se strecură în el până când se mai văzură numai labele. Jack închise ochii, apoi îi deschise iar, concentrându-se asupra mărunțișurilor: forma unui corp fosilizat în piatra de calcar la numai câțiva centimetri în fața lui. Se uită iar spre locul în care dispăruse Costas. Putea vedea că nu era nămol pe crevasă. Era curățată de curent. Costas avea dreptate.

– Jack. Vino după mine!

Făcu ce i se spusese, săpând cu mâinile în pietriș și urcând în tunel. Simți fluxul apei, apoi văzu lumină drept înainte.

– Se ridică la suprafață, spuse Costas plin de entuziasm.

Jack îl urmă, ușor, înghesuindu-se printre bolovani. Era foarte puțin spațiu de mișcare, și asta îl forța să se răsucească, frecându-și aparatul de respirat de pereții de stâncă. Tunelul de dedesubt era încă și mai îngust, ca o țeavă de scurgere, neted și rotunjit în locurile în care curentul îl rosese, dar numai de vreun metru diametru. Jack nu mai fusese niciodată într-un spațiu atât de îngust. Trecuse dincolo de sentimentul de claustrofobie. Nu aveau nici o șansă să se întoarcă, curentul îi împingea în sus și orice blocaj în tunel le-ar fi pecetluit soarta. Labele lui Costas erau la doar câteva zeci de centimetri de el. Jack își verifică indicatorul de adâncime o perioadă de timp. Se uită la stâncile din fața lui, apoi la indicatorul de adâncime. Patruzeci și unu de metri. Treizeci și șapte de metri. Urcau ușor, dar sigur. Apoi tunelul coti brusc în sus, și ajunseră într-o cameră, un spațiu larg plin de forme tenebroase, coloane mari care se înălțau ca niște uriași în rochii albe, făcându-le semne dintr-o altă lume. Sus, Jack putu vedea o licărire verde, diferită de razele albe produse de lanternele lor. Închise iar ochii, un val de ușurare trecând-i prin tot corpul, inima-i bătându-i nu de frică, ci de euforie. Se ridică lângă Costas în cameră, apa fiind atât de limpede, încât păreau suspendați în aer ca niște siluete într-o scenă apoteotică. Apoi ajunseră în vârful cavernei, la numai zece metri sub nivelul mării, blocați de o stâncă fisurată prin care puteau vedea strălucind lumina dimineții.

Încă nu se terminase. Fisura era îngustă, și cu greu reușiră să se strecoare amândoi. Nu exista altă ieșire din cameră.

– De ce se întâmplă asta numai când fac scufundări cu tine? spuse Costas. Data viitoare, hai să facem scufundări în apă deschisă!

– Dacă mai e o dată viitoare.

Jack se uită în jos la prăpastia neagră ce se căsca în urma lor, apoi iar în sus, spre fisură. Putea vedea frunzișul, formele ondulate ale copacilor crescuți la suprafața apei. Inima îi bătea în continuare, dar nu de bucurie. Era ridicol să mori aici.

– Va trebui să înotăm, spuse Costas. Tu primul.

– În nici un caz. Tu ai putere mai multă în brațe, eu te împing.

Costas își desprinse aparatul de respirat și îl agăță de el. Se împinse cât putu în fisură, aproximativ doi metri deasupra lui Jack, apoi își smulse casca și dădu drumul echipamentului care trecu greoi pe lângă Jack, dispărând în prăpastia de dedesubt. Jack veni în urma lui Costas, apoi îl prinse de picioare, încercând să-l împingă în sus. Nu se întâmplă nimic. Se simțea neajutorat, îngrozit de gândul că și-ar putea vedea prietenul murind la numai câțiva metri de suprafață, ținându-l de picioare. Atunci Costas lovi cu putere și ieși la suprafață. Jack se opri ca să își recapete suflul normal, își desfăcu rapid cataramele echipamentului și îl agață de el, luă cinci guri mari de aer, apoi își scoase casca și dădu drumul echipamentului. Se împinse prin stâncă, cu ochii deschiși spre lumina cețoasă a zilei văzute prin apă, și înotă în continuare. Încă o mișcare a labelor, și ieși la suprafață, într-o pastă de alge verzi, într-un mic bazin sub frunzișul arbuștilor.

Costas gâfâia pe marginea bazinului, arătând ca o creatură din laguna neagră. Își șterse nămolul de pe față, își băgă capul în apă, îl scutură cu forță, apoi ieși din apă și îi întinse o mână lui Jack.

– Poate faci și tu la fel. Doar nu vrei să sperii băștinașii.

După ce ieși și Jack și se scutură, Costas căută cu atenție în costum și scoase un aparat metalic subțire, de mărimea unui calculator de buzunar. Atinse ușor partea din față și scoase o antenă, după care duse aparatul la ureche.

– Uneori ești ca un sac plin de surprize, pufni Jack.

– Emițător GPS cu radio cu emisie-recepție, spuse Costas. Tot ce trebuie să fac acum este să activez butonul SOS, și Ben ne va putea afla poziția cu precizie. Încerc acum să stabilesc o legătură radio, pentru a vorbi cu el când vom ști în ce situație ne aflăm.

Ieșiseră la suprafață pe un drum de junglă dificil. Încă ploua, ceva între burniță și ploaie. Costas activă busola de la aparatul său și se orientă imediat. Zece minute mai târziu, urcau pe domul de calcar care acoperea cenota și se apropiau de templul apărut deasupra. Jeepul care îi adusese aici se afla la capătul drumului. Jack văzu un băiețel, un localnic maya, care se juca pe stradă, dar acesta nu îi zări. Înconjurară clădirea pe furiș, și fiecare din ei se lipi cu spatele de peretele de la intrare, ascultând. Nu auziră nimic. Jack simți sarea din transpirație amestecându-se cu apa de pe față. Se uită la Costas și dădu din cap. Se furișară în cameră, stând în umbră, strângând din ochi din cauza luminii lumânărilor. Nu era nici un semn de Maria sau de Loki. Singurul ocupant era un bărbat care stătea cu spatele la ei pe un rezervor pentru scufundări și curăța un pistol. Jack îi făcu semn lui Costas și se întoarse prudent spre ieșire. Costas alunecă în spatele bărbatului, își puse brațul în jurul gâtului lui și îi prinse gura cu putere. Pistolul căzu cu un zdrăngănit. Costas trase bărbatul mai aproape și vorbi mârâit.

– Acum. Unde rămăsesem?

20

Douăzeci de minute mai târziu, sunetul ploii fu înghițit de zgomotul înfricoșător al Lynxului, care se apropie dând târcoale și măturând pământul în drumul său. Doi oameni fură coborâți în frunzișul des, purtând în spate o cutie mare de prim ajutor. Odată ajunși în siguranță pe pământ, Lynxul înaintă, dispărând iar în nori. Jack fugi de la adăpost pentru a trage cutia de sub tufă și urcă să îl ajute pe Ben.

– Nu știam la ce să ne așteptăm, strigă Ben în ploaia puternică, punând în toc pistolul pe care îl ținuse la îndemână. Când a transmis Costas coordonatele prin radio, eram la vreo cinci kilometri depărtare de tine, pilotând un avion de cercetare de-a lungul coastei. Acoperirea de care ne foloseam era o examinare a rămășițelor arheologice din largul mării. Jeremy a venit ca singur arheolog la bord. Și pentru că a insistat. Nu e de dorit să zbori neinvitat în spațiul aerian mexican gemând de arme, mai ales noaptea, deci voi fi numai eu, împreună cu pistolul meu. Dar acum te-am găsit, Lynxul s-a întors pentru a aduce o întreagă echipă de securitate și am contactat și poliția.

– Loki a plecat, strigă Jack. Tatăl său i-a ordonat să vină după noi în peșteră. A luat-o pe Maria cu el. Nu a avut încredere în noi. Dar Reksnys e al tău.

– Trebuie să examinez zona, în primul rând. Jeremy se va ocupa de prizonieri.

Jeremy își făcu drum prin tufele în care aterizase, cu ochelarii aburiți și dând la o parte niște lujere de viță-de-vie. Jack îi conduse prin toată încâlceala de plante, spre poteca accidentată, apoi direct spre templu. La intrare, se scuturară de apă, iar Jeremy își șterse ochelarii. Înăuntru, Costas stătea cu Lugerul ațintit spre o formă ce zăcea cu fața la pământ, cu căluș în gură; avea încheieturile mâinilor și gura acoperite cu bandă adezivă. Jeremy trecu de ei și se opri la peretele pictat, scrutând cu atenție imaginea menorei, vizibilă acum, și scena bătăliei.

– Vikingi, se entuziasmă el, și ochelarii i se aburiră iar. Aveai dreptate. Fantastic. Și uite. Sunt sigur că aceea este o femeie.

– Să lăsăm asta pe mai târziu.

Jack dădu din cap către Costas, care îi întinse Lugerul, în timp ce Ben îngenunche peste Reksnys și-i legă mâinile cu un cordon din material plastic.

– Costas trebuie ajutat să manevreze troliul, Jeremy. Jack îi dădu pistolul. Te descurci cu ăsta?

– Șase luni la ROTC[1], la Stanford, spuse Jeremy, luându-și iar ochelarii de la ochi. Un sens al datoriei greșit orientat după 11 septembrie. Nu era chiar stilul meu.

Jack dădu din cap.

– Ține minte cine e tipul ăsta. Nu uita ce le-au făcut Mariei și lui O'Connor.

– Bunicul meu a adus unul din astea din război.

Jeremy își puse iar ochelarii și luă Lugerul, trăgând închizătorul pentru a verifica rapid camera cartușului, apoi eliberându-l. Îngenunche și împinse Lugerul în spatele lui Reksnys, trăgându-i capul cu putere pe spate și aplecându-se spre urechea lui.

---

[1] Reserve Officer Training Corps – Program al armatei SUA care produce ofițeri cu dezvoltate calități de comandă, planificare strategică și etică profesională. (n.red.)

– Prietenul meu Costas mi-a spus că ai ameninţat-o pe Maria cu ăsta. Un chin lung, lent, până la moarte.

Îl trase pe Reksnys în picioare şi îl împinse spre ieşire, dispărând cu el în ploaie. Ben se uită la Jack.

– Nu cred că ar trebui să ne facem prea multe griji în privinţa asta.

– OK. Mă duc jos să o aduc pe Maria, spuse Jack.

– Nu te duce singur.

– Nu am altă variantă. Nu mai putem recupera rezervele de oxigen acum. Reksnys avea două tuburi de oxigen de rezervă, dar Loki a luat unul. Se pare că a folosit detentorul tip octopus pentru Maria, permiţându-i să respire din acelaşi rezervor. Tubul care ne-a rămas nu are nici un detentor octopus şi, oricum, nu este destul aer în rezervor pentru ca amândoi să reuşim să respirăm până la cameră şi înapoi.

– Aş putea contacta Lynxul pentru a-l încărca de la navă.

– Nu mai avem timp. Ne-am forţat deja norocul.

Jack îşi puse în spate butelia cu aer şi îşi prinse vesta compensatoare peste piept.

– Loki o să fie deja enervat. Mai bine ar fi rămas aici, o ştie şi el. Tipul e independent. Tatăl său este un tiran, dar totuşi un amator, în comparaţie cu el. Loki este prins între prostiile despre *félag* pe care trebuie să le asculte orbeşte şi instinctele lui mai bune. A fost obligat să meargă într-un loc unde nu deţinea controlul, aşa cum îi place. Este şansa noastră. Dar asta înseamnă, de asemenea, că o să fie schimbător. Trebuie să acţionez acum. Nu vreau să vină înapoi în camera de sub noi şi să îşi dea seama ce s-a întâmplat. Maria nu ar mai avea nici o şansă. Dacă mai este în viaţă.

– Nu ai armă.

– O sa improvizez.

– Lanternă?

– Eu şi Costas am marcat drumul cu batoanele reflectorizante chimice.

– Baftă.

Jack mormăi ceva în timp ce Ben îi prinse frânghia în jurul mijlocului. Costas verifică aerul și centurile de lestare, apoi îl luă pe Jack de umeri, privindu-l direct în ochi.

– Noroc în luptă! spuse.

– Noroc în luptă.

Jack își puse masca, se așeză pe marginea gurii de ieșire, balansându-se apoi spre apa întunecată de dedesubt. Costas și Ben începură imediat să îl coboare. Jack era concentrat, dorindu-și din tot sufletul să ducă treaba la bun sfârșit. Atinse apa cu regulatorul în gură și începu imediat să înoate spre tunel, urmând batoanele reflectorizante lăsate de ei pe fundul grotei cu doar o oră înainte. Tunelul părea mai puțin apăsător acum, și, când privi înainte, observă extraordinara luminozitate a pereților de calcit iluminați de batoane, formațiuni fantastice de stalagmite și stalactite ce se conturau de fiecare parte, ca niște sculpturi abstracte din gheață.

La zece minute după ce intrase în apă, văzu pata de lumină dinainte ce marca sosirea în camera finală. Lumina era diferită, mai intensă decât cea chimică. Ajunse la marginea camerei, bulele produse de detentor lipindu-se de tavanul de deasupra sa, și se ridică cu grijă la suprafață într-o cameră mică alăturată, înaltă cât să își poată ține capul deasupra apei. În mijlocul grotei, la vreo douăzeci de metri în fața sa, putu vedea bizarele formațiuni din calciu ale insuliței. O rază întinsă de lumină venea din cealaltă parte a insuliței, strălucind înspre tavan.

Bulele de la detentor îl puteau da de gol. Timp de un minut, blestemă decizia lor de a îngropa rezervoarele de oxigen în râul subteran. Era nevoit să înoate la suprafață, sperând să nu fie observat.

Își dădu jos masca și o prinse de vestă, apoi căută ceva cu care să își acopere fața, ceva care să absoarbă lumina, în cazul în care o torță ar fi îndreptată spre el. Ușor, se întinse și frecă cu mâna suprafața plată din fața sa. Își mirosi mâna și strâmbă din nas. Nitrat de potasiu. Excremente de liliac. Atinse iar stânca cu mâna și își frecă apoi toată fața, atent să nu facă zgomot.

Umflă vesta compensatoare, suflând aer în muștiuc pentru a evita zgomotul făcut de alimentatorul de joasă presiune de la detentor, apoi intră în apă și începu să înoate ușor spre afloriment.

Ajunse la jumătatea drumului. Își dădea seama de puterea râului subteran, mai mare acum decât atunci când el și Costas se hotărâseră să continue pe acest drum. O rază apăru, luminându-i chipul. Îngheță. Raza de lumină se mișcă, dar el continuă să înoate. Dacă era prins acum, nu mai avea nici o șansă. Își închipuia că Loki era înarmat. Trebuia să-l ia prin surprindere.

Ajunse pe marginea insuliței. Auzi o voce de cealaltă parte, amplificată și distorsionată în cameră, dar cu siguranță masculină. Un ton mârâit, amenințător. Jack își scoase rezervorul și labele și se îndreptă ușor aplecat spre un loc de care își amintea de când se scufundase cu Costas, atunci când văzuseră primul indiciu extraordinar. Se aplecă în valea puțin adâncă. Se desprinse ușor, nestânjenită de depunerea aluvionară, la fel de bine păstrată în apa curată ca aceea pe care o găsise în gheață. Se ridică din apă, șiroind în costumul său negru, și scoase obiectul.

O secure varegă!

Jack merse ușor de-a lungul vârfurilor depunerii aluvionare, grație cizmelor de neopren care nu alunecau pe acea suprafață. Trecu de peretele cu scutul viking fosilizat, de conturul arcuit al axului navei, de forma obsedantă a războinicilor căzuți. De sus privi spre cealaltă parte a insuliței. Loki era acolo, la mai puțin de zece metri depărtare. Stătea cu spatele la Jack, peste Maria, care zăcea întinsă pe spate și îl privea cu sfidare. Loki ținea un pistol în mâna stângă, un Browning High Power. Cu cealaltă mână ținea o sabie în dreptul inimii ei. Era exact sabia varegă pe care Jack și Costas o văzuseră în apă, lângă secure.

Jack simți un fior de groază. Aici, de fapt istoria nu se oprise în loc niciodată. Era martor la ceva întipărit în stânca din Yucatán, imposibil de exorcizat. Un sacrificiu uman.

Într-o străfulgerare, Jack se aruncă asupra lui Loki, făcând securea să oscileze puternic, lovind cu duritate brațul lui Loki dintr-o singură lovitură. Pistolul zbură în apă cu brațulă lui Loki încă încleștată pe el, învârtindu-se și dispărând în adâncuri. Loki se clătină șocat, apoi se întoarse spre Jack cu fața contorsionată de furie și de surpriză. Din ciot țâșnise un jet de sânge. Sabia îi căzu din mână; se clătină ridicându-și brațul care îi mai rămăsese spre cicatricea de pe obraz, apoi se clătină din nou și apucă sabia. Brusc, se năpusti spre Jack cu o viteză năucitoare, fiind gata să-l prindă cu garda jos, dar Jack ridică securea la timp. Oțelul se lovi de oțel, răsunând, scrâșnind – sunete care nu mai fuseseră auzite aici de aproape o mie de ani. Trupul lui Jack tremura pe măsură ce para loviturile, dar nu dădea înapoi. Era doar o problemă de timp până când oponentul său avea să ezite. Loki era deja mult prea slăbit pentru a-și mai putea controla corpul să nu se mai balansese odată cu sabia, clătinându-se, învârtindu-se, încercând să-și recâștige echilibrul. Se dădu înapoi iar, într-un acces de durere, gâfâind și îmboldindu-l pe Jack cu vârful sabiei, împleticindu-se înspre marginea apei.

Furia lui Loki îi cauzase propria prăbușire. Ar fi putut rămâne la suprafață cu tatăl său.

Jack măsură greutatea cozii securii, așa cum făcuse cu ceva timp în urmă, când altă secure le salvase viața dintr-un aisberg.

„Noroc în luptă.“

Înaintă și făcu doi pași. În timp ce balansa securea, văzu runele trecându-i prin fața ochilor, runele cu numele lui Halfdan de pe cealălalt topor, rune care începeau cu aceeași literă norvegiană.

„Securea unui rege măreț. Trăsnetul Nordului.“

Se năpusti asupra lui Loki și îl lovi în partea laterală a capului, apoi toporul îi sări din mâini, rotindu-se până ateriză în apă. Capul lui Loki avu o mișacare ciudată, ca a unei marionete, întâi în față, apoi se lăsă brusc pe spate. Pentru o secundă, păru a nu fi vătămat. Apoi cicatricea de pe faţă se despică în două. Jack văzu maxilare şi dinţi contorsionaţi în grimasele oribile ale craniilor de la Chichén Itzá. Apoi sângele începu să erupă, gros, cu stropi care se împrăştiau peste piatra de dedesubt.

Loki mai făcu un pas, apoi alunecă în balta de sânge, căzând greu, cu capul izbindu-se de o stalagmită. Se mai ridică o dată într-un braţ, clătinându-se pe picioare. Jumătate de faţă nu mai exista, iar globul ocular de pe acea parte îi atârna în afară. Respiraţia îi era greoaie, întretăiată şi gemea îngrozitor. Jack văzu unde securea îi crestase creierul; Loki se mai clătină cu ultimele puteri, apoi se prăbuşi în apă, luând sabia cu el. Pentru câteva momente, rămase suspendat în apă, holbându-se la Jack cu ochiul care îi mai rămăsese nevătămat. Apoi se scufundă mai adânc, şi fu luat de curent, care îl târa în abisul întunecat; fu înghiţit de lumea cealaltă.

Dispăruse.

Jack veni lângă Maria, şi amândoi se aşezară pe marginea apei. Jack tremura din cauza adrenalinei care îi invada corpul după acea înfruntare. Ea se lipi strâns de el. Vâltoarea apei se linişti, singurul sunet care se auzea fiind cel al ploii ce picura, infiltrându-se de deasupra, amplificat în grotă, dar ritmic şi blând în comparaţie cu zăngănitul sonor al oţelului. În timp ce tremuratul lui Jack se atenua, Maria privea cu atenţie în apa cristalină dinaintea ei. Se întinse şi trase ceva afară, un fragment neted de stâncă, fără depuneri. Puteau vedea semnele scrijelite pe suprafaţa sa. Amândoi se ridicară în picioare.

– Este o scriere runică, murmură Maria.

– O poţi citi?

– Nu este prelucrată, e făcută în grabă, şopti Maria. Ca ultima menţiune în jurnalul unei expediţii damnate.

– Încearcă!

Vocea lui Jack părea epuizată, aproape o şoaptă.

Maria făcu o pauză, bolborosi câteva cuvinte pentru sine şi apoi citi cu voce tare:

– „Au rămas numai Ulf, Finn și Halldor. *Scraeling*-ii au ocupat camera exterioară. Thor ne protejează. Hann til Ragnarøks."

Jack se simțea golit de orice sentiment, prea secătuit să mai răspundă. Nu putu decât să se întindă și să atingă piatra picurândă.

– Poate că Harald însuși a scrijelit asta, ca un ultim gest înainte ca toltecii să îl captureze, spuse Maria. Era ca o repetiție a luptei de la Stamford Bridge, numai că de data asta era cu adevărat sfârșitul. Se uită la platforma din spatele ei, apoi spre apa întunecată în care dispăruse Loki. Se cutremură fără să se poată controla. Au ajuns cât de departe se putea omenește ajunge, chiar la intrarea în lumea de dincolo.

– Simt ce au simțit și ei, murmură Jack. Stăm la marginea lumii spiritelor, aici, chiar la graniță. Ceva vrea ca eu să cobor pe acel drum, să îl urmez pe Loki. E ca o forță primejdioasă care mă trage în jos, vrând ca eu să accept provocarea. Niciodată nu m-am simțit atât de aproape de Harald ca aici, cu adevărat aproape.

Jack se uită împrejur la umbrele tremurânde de pe pereții grotei, apoi se scutură și luă rezervorul de aer al lui Loki de unde fusese lăsat pe marginea apei, în spatele Mariei.

– Și știu că ăsta nu e un loc în care am vrea să fim.

– Nu s-a terminat încă, spuse Maria.

– Ai destul aer. E un fir de lumină care conduce spre intrare. O nimica toată. Voi fi chiar în spatele tău.

– Nu asta am vrut să spun.

Jack verifică o ultimă dată centurile pentru umeri ale Mariei. Își spălă fața de pasta negricioasă și se așeză lângă ea. Maria începu să vorbească, mai întâi încet, cu ezitare, apoi fluent, ca și cum ar fi spus un lucru pe care nu îl mai spusese niciodată, dar pe care îl repetase de nenumărate ori în minte. În următoarele minute, Jack ascultă o poveste cu mult mai groaznică decât își putuse el imagina vreodată, o poveste care îi făcea pe monștrii de pe cealaltă lume să pară la fel de puternici cum le păruseră vikingilor și în care răutatea tainică a acestui loc părea că se întruchipează într-o forță prea nefastă pentru a fi lăsată neprovocată.

Douăzeci de minute mai târziu, Jack ieși la suprafața bazinului, în camera pictată. Costas ședea ghemuit în fața lui, obosit după manevrarea troliului. Maria stătea la câțiva metri depărtare, apa picurându-i din haine pe podeaua de piatră. În ciuda căldurii, ea tremura ușor, dar Costas îi dădu un prosop, o geacă IMU și o sticlă de apă. Când văzu că era în siguranță, Jack se întoarse și i se adresă lui Costas:

– Cum stăm?

– Mexicanii sunt aici, gâfâi Costas. Doi tipi într-un jeep, acum vreo zece minute. Sunt *judiciales*[1], tipi îmbrăcați simplu. Cam fără gust, dacă mă întrebi pe mine. Ziceau că vine un elicopter. Se pare că toată suprafața asta e teritoriul lui Reksnys, dar suntem încă la distanță de reședința principală. Nu a avut încredere în nici unul dintre paznicii săi să stea aici afară. Câțiva localnici maya trăiesc în junglă, dar sunt de partea noastră. Imediat cum ajunge poliția, iar Lynxul se întoarce de pe *Seaquest II,* cu întreaga echipă de pază, ne putem liniști. Ben verifică chiar acum un perimetru întins.

Jack își îndreptă capul spre gura de ieșire.

– Probabil ați înțeles că prietenul nostru Loki nu ni se va mai alătura.

Costas ridică din sprâncene.

– Niciodată?

– A plecat să stabilească un record privind rezistența la scufundarea în grotă. Fără aer.

– Lumea subterană toltecă, spuse încet Costas. Nu e locul în care mi-aș petrece eternitatea.

---

[1] Agenți federali

Jack îl trase pe Costas deoparte și îl împinse spre zona întunecată a camerei, vorbind cu seriozitate. Din când în când, Costas se uita la Maria, privirea-i devenindu-i din ce în ce mai dură. După câteva minute, Jack îi făcu semn Mariei să li se alăture. Costas îi dădu ceva împachetat în pânză; ea îl cercetă și îl ascunse repede în geacă.

Jeremy apăru deodată la intrare, gâfâind înnebunit.

– Repede, pentru Dumnezeu! Reksnys a scăpat. A luat un copil cu el. Amenință că o să îl omoare.

– Cum naiba...

– Poliția mexicană i-a dat drumul, apoi au dispărut amândoi, au luat-o la fugă.

– La naiba!

Se auzi gălăgie afară, și Reksnys apăru, împingând un băiețel de vreo cinci ani, în timp ce, în spatele lui, părinții înnebuniți îl implorau în spaniolă să îi dea drumul. Jeremy îi forță pe părinți să iasă, iar Reksnys avansă, ținând o curea de piele în jurul gâtului copilului. Defilă în fața lor, cu capul sus și cu o privire batjocoritoare, apoi îl trase pe băiat în mijlocul camerei, ca pe un animal.

– Îi pot rupe gâtul într-o secundă. Uite așa. Pocni din degetele de la mâna liberă. Păru a uita de cei prezenți acolo și începu să li se adreseze cu o veselie aproape copilăroasă. Privi deodată de jur împrejur. Unde este fiul meu?

– S-a dus să înoate.

Reksnys nu reuși să înțeleagă spusele lui Costas, și trase băiatul spre el.

– *Cómo te llamas?*

Băiatul era prea înfricoșat să răspundă.

Reksnys îl smuci, ridicându-i fața spre el.

– *Como te llamas?*

Băiatul murmură aproape plângând.

– Daniel.

– Daniel. Reksnys îi dădu drumul un moment, dar apoi îl ridică iar spre el, strângându-i cureaua în jurul gâtului. Un nume interesant pentru un maya. Când eram tânăr, știam niște băieți cu numele ăsta. Daniel, Doron, Menachem. Erau și câteva fete cu ei. Dar n-a durat prea mult timp.

Reksnys rânji din nou, apoi se uită cu suspiciune la Maria, care se depărta de ceilalți, îndreptându-se spre perete, spre locul în care își recăpătase cunoștința după călătoria de coșmar de la Iona. Stătea în fața lui Reksnys, cu picioarele ușor depărtate.

– Cred, spuse ea, că mai demult ți se părea ușor să folosești asta.

Încet, pe îndelete, ridică Lugerul și ținti spre capul lui Reksyns, strângând cu ambele mâini patul pistolului, cu arătătorul pe trăgaci.

Jeremy se uită șocat la Maria.

Reksnys rânji din nou.

– Nu știi să îl folosești.

Maria trase piedica de pe partea stângă.

– Oh... ba da, știu.

– Nu e încărcat.

– Jack! strigă Maria fără a-și clinti privirea.

Jack scoase o cutiuță pe care scria: *„Nine-millimetre Parabellum“*, și îi arătă jumătatea goală.

– Am găsit asta în buzunarul tău, spuse. Îți aduci aminte?

Reksnys deveni sfidător.

– Aruncă pistolul sau băiatul moare.

Maria începu să recite vorbe pe care le ținea minte de când era copil:

– „Raport privind situația operațională URSS, nr. 129a, spuse ea încet, *Einsatzgruppe* D. Locație: Nikolaiev, Ucraina. Anexă la Raportul nr. 129 privind activitatea grupurilor de comando în spațiile libere ale evreilor și exterminarea grupărilor partizane. Comandantul SS Andrius Reksnys a executat personal 341 de evrei. Total revizuit pentru ultimele două săptămâni: 32 108."

Se lăsă o liniște copleșitoare. Maria ținea în continuare Lugerul îndreptat spre capul lui Reksnys, care era încă sub efectul șocului, uitându-se la ea cu o ură rece, ținând cureaua lucitoare întinsă în jurul gâtului băiatului.

– 14 mai 1943, continuă Maria. O frumoasă dimineață de primăvară. Flori peste tot, păsări care cântă. Ultimii la rând în fața șanțului erau membrii unei tinere familii – tatăl, mama însărcinată și patru copilași. Îți amintești? Tatăl tău te-a lăsat să termini cu cei mici.

– Imposibil. Reksnys scuipă cuvântul, privind conspirativ la ceilalți. Femeia e nebună. Nu există martori. Nu au existat niciodată.

– A fost primul tău grup, continuă Maria fără emoție. Nu erai prea experimentat cu Lugerul. După trei zile, cel mai mic dintre copii s-a târât afară din șanțul cu cadavre având un glonț oprit în oasele craniului. O fetiță dulce, plângând neajutorată, în soarele primăvăratic. Lacrimile se prelingeau pe obrajii Mariei, dar vocea îi rămăsese fermă. Un soldat din armata germană a găsit-o, i s-a făcut milă de ea. A luat-o cu el, și a stat cu unitatea din care el făcea parte tot drumul înapoi spre Berlin, îngrijită de nemți, oameni dezgustați de ce făcuseră trupele SS. Când au fost cu toții omorâți în luptă, a fost salvată de un soldat britanic. După mai mulți ani, s-a căsătorit cu un diplomat spaniol și a avut o fiică. Primăvara trecută am dus-o la Nikolaiev, să mai vadă o dată pajiștea minunată, să fie cu frații și cu surorile ei, cu mama și cu tata. Spunea că lor le era dor de ea, că fuseseră disperați să o găsească și să o protejeze. Maria înghiți cu greu, înlăturând lacrimile, și privi neclintită țeava pistolului. Acea fetiță era mama mea.

– Prostii! Reksnys ridică băiatul spre el, privind în toate părțile, cu vocea deodată dementă și ascuțită. Să nu crezi un cuvânt din ce spune. E evreică.

Camera era cufundată în tăcere. Reksnys păru deodată demoralizat, începu să tremure, păli, și pe față îi apărură urme de transpirație. Împinse băiatul. Jack îl prinse și îl trase spre ieșire. Reksnys se clătină, apoi se îndreptă, încercând să își regăsească sângele-rece.

– Aveți băiatul.

Își trecu mâinile tremurânde prin păr, dându-l pe spate. Se chinuia să își facă vocea să pară din nou normală, să sune împăciuitoare.

– E timpul să punem capăt acestei prostii. Aveți ce vreți. Poliția nu va găsi niciodată nimic împotriva mea. Putem cu toții să ne vedem de drum. Unde este fiul meu?

– Într-o excursie spre iad... numai dus, spuse Costas.

– Unde este fiul meu? Reksnys era incapabil să mai înțeleagă ceva, avea ochii injectați și privea panicat. Urmă un alt moment de tăcere, iar el se uită înnebunit de la unul la altul, apoi se clătină într-o parte. Nu!

Maria orientă țeava pistolului, încet, tacticos, păstrând-o tot timpul ațintită spre capul lui. Vocea îi era tăioasă, pătrunzătoare.

– În genunchi! Cu fața la perete.

Reksnys pierdu controlul. Căzu în genunchi, cu buzele tremurând și cu privirea transfigurată de teroare. O pată întunecată îi apăru pe pantaloni și se întinse în jos, pe picioare.

– Nu, te implor. Nu asta.

– Sunt evreică.

Vocea Mariei era abia perceptibilă.

Se auzi o detunătură asurzitoare. Capul lui Reksnys sări înapoi, și bărbatul căzu pe podea, în convulsii. Sângele șiroi. Pentru un moment, rămase conștient, cu ochii larg deschiși, cu picioarele tremurându-i oribil. Apoi înțepeni. Pata de sânge de pe perete începu să se prelingă, în șiroaie purpurii care se scurgeau în culori similare celor din scena sacrificială, adunându-se într-o baltă de sânge.

Reksnys se mişcă iarăşi. Ei erau înlemniţi de uimire. Părea în convulsii, smucindu-se ca o păpuşă de cârpe şi avansând spre Maria. Maria scăpă pistolul, aproape paralizată. Jack o apucă şi o trase deoparte. Brusc, podeaua se zdruncină cu putere. Jack abia mai înţelegea ceea ce se întâmpla. Apoi îşi aminti. Chichén Itzá. Cutremurul de acum câteva zile. Reksnys nu se mişca deloc, era cutremur. Pe zid apăru o crăpătură care despică pictura murală. Un zgomot asurzitor se auzi din caverna de dedesubt. Jack deveni conştient de viteza cu care se îndreptau toţi spre ieşire şi o trase pe Maria afară; văzu cum apele creşteau rapid în spatele lor, umplând gaura cavernoasă unde fusese odată templul.

Mai târziu, o observă pe Maria deschizându-şi ochii. Văzu apa picurându-i pe faţă, văzu o rază de soare pătrunzând până la ei şi auzi păsări ciripind. Respiră adânc, savurând aerul rece şi curat de după ploaie. Se gândi la mama Mariei, la O'Connor.

Se terminase.

21

– Sunt douăzeci și trei de metri de la marginea platformei până la nivelul apei, plus sau minus câțiva centimetri. Va trebui să amenajăm o platformă de lansare destul de sofisticată pentru a face mașinăria asta să meargă.

– Dacă au putut să facă asta în anii 1950, atunci putem să facem și noi acum. Mă bazez pe iscusința ta.

– Așa cum se întâmplă adeseori, am proiectat exact ceea ce ne trebuie.

Costas scoase planul de execuție dintr-un tub de carton și îl întinse pe piatra de var fierbinte, prinzându-l într-un colț cu telemetrul pe care îl avea cu el. Jack începu o prezentare detaliată, dar Jeremy și Maria îi întrerupseră expunerea.

– La masă!

Jeremy sări peste stâncă, aducând cu el o geantă frigorifică, și se băgă sub prelata care îi apăra de soare. Trecuseră două zile de la furtună, iar aerul era tot curat și proaspăt, însă în dimineața aceea căldura se reinstalase, și aerul era înăbușitor.

Jack se apropie de Jeremy, care deschise geanta frigorifică și scoase pe masă mâncarea și băutura. Costas, care bombănea de unul singur pe margine, veni imediat strângându-și schița. Se așezară; Maria stătea întinsă pe stânca din spatele lor.

– Ce mi-ați mai pregătit de data aceasta? întrebă Costas. Vreo delicatesă a toltecilor? Vreo inimă de om murată?

Jeremy le vorbi printre înghițituri:

– Nu, doar o bunătate de fasole la cutie. Se uită la Jack și îi zise: Se întorc turiștii în după-amiaza asta. Înghiți, apoi luă o gură de apă și continuă: Abia dacă au simțit cutremurul care ne-a prins pe noi în junglă, ei cred că sunt în siguranță aici. Oricum, e prea cald să muncim aici. Mai rupse o bucată de pâine, după care arătă cu degetul spre prăpastia de la Puțul Sacrificiului, de sub platforma unde stăteau Jack și Costas. Noi chiar facem asta?

– Anul ăsta, mai spre sfârșit, zise Jack. Sunt sigur că sunt niște lucruri fantastice aici.

– Am priceput acum. Costas se lumină la față, iar sudoarea i se ivi de sub pălăria sa de paie. Cu gura plină de mâncare le spuse: Veniți să vă arăt când terminați de mâncat.

– Mi-ar plăcea să văd locul unde Harald s-a luptat pentru ultima oară, spuse Jeremy. În cealaltă cenotă!

– Nu cred, murmură Jack. Intrarea e blocată de tone de piatră, iar dacă încerci să ajungi din cealaltă parte, vei da de un curent imposibil de depășit. Am descoperit ultima bătălie a lui Harald, Ragnarok, și asta ar trebui să ne fie de ajuns. Ceva îmi spune că mi-aș forța norocul dacă m-aș reîntoarce acolo.

– E un loc întunecat, zise Maria. Nu vrei să te duci acolo.

– Oricum, nu sunt decât o grămadă de stalagmite, continuă Costas.

Jeremy examină cu suspiciune suprafața verde a canalului din fața lor.

– Dacă vă gândiți să mă trimiteți aici, ca alternativă, atunci puteți să vă luați gândul. Locul asta mă înfioară numai când mă uit la el.

– Ai putea măcar să vii cu noi în expediție să ne cari mâncarea.

– Maria? Jeremy își lungi gâtul pentru a o zări de după masă. Adică, biblioteca Hereford. Aș putea să lipsesc de la serviciu?

Maria lăsă jos sticla și îi aruncă un zâmbet obosit. Jack o urmărea cu atenție de ceva timp de pe partea cealaltă a mesei. De la moartea lui Reksnys, ea dormise aproape încontinuu ori se odihnise. Echipa medicală de pe *Seaquest II* îi îngrijise rana de la față, care acum îi era acoperită cu tifon alb. Nu îi rămăsese nici o cicatrice – aceasta ar fi reprezentat o amintire groaznică. Din punct de vedere psihic însă, lucrurile nu stăteau așa de bine. Jack știa din propria experiență că moartea lui O'Connor avea să o afecteze cel mai mult când avea să se întoarcă acasă și avea să se gândească îndelung la cele întâmplate. Cu două zile în urmă, Maria îl amenințase cu arma pe cel care ordonase crima, aceeași persoană care îi lăsase sechele înainte de a-l cunoaște pe O'Connor. Jack o văzuse într-o altă lumină de când dezvăluise adevărul îngrozitor despre trecutul familiei sale. Îi cunoscuse mama acum mulți ani, pe când el și Maria erau studenți la aceeași facultate, și presupusese despre ea că era evreică sefardă, la fel ca tatăl Mariei. Asemenea multor supraviețuitori ai Holocaustului, mama ei reușise să dea uitării ororile trăite până pe patul de moarte, când se lăsase copleșită de amintiri. Așa se explica tăria Mariei, dar și neliniștea sa și ezitarea în a-și asuma obligații familiale. Destăinuirea traumei pe care o ascunsese întreaga viață avea să o schimbe. Faptul că își dezvăluise sentimentele față de Reksnys o făcuse să încheie acel capitol, și pusese capăt dușmăniei ancestrale. Această experiență fusese una șocantă, iar urmările nu se lăsaseră așteptate. Din fericire, poliția mexicană se arătase foarte bucuroasă să treacă în tabăra opusă atunci când fusese clar cine avea să câștige, iar Maria fusese ridicată în slăvi pentru salvarea băiatului. Numai Jack, Costas și Jeremy fuseseră martori la scena finală.

Maria se uită la Jeremy.

– Ai făcut o treabă minunată, dar, dacă mai stai mult cu tipii de la IMU, o să te prindă în plasă pentru totdeauna. Îi aruncă încă un zâmbet, și apoi privi spre Jack. Ce se mai aude despre menoră?

– Mă tot gândesc la simetria istoriei, zise Jack.

Costas îl privi îngrijorat și se ridică în capul oaselor.

– O, nu, iar filosofezi. Este timpul să mă întorc la schițele mele.

– Nu, așteaptă. Este important, poate că acesta este răspunsul întregii povești.

Costas se așeză cu greutate, în timp ce Jack își aduna gândurile.

– Acest lucru mi-a trecut prin minte când am văzut tabloul procesiunii toltece către Puțul Sacrificiului, care se aseamănă foarte mult cu procesiunea romană către Arcul lui Titus, petrecută cu o mie de ani în urmă. Gândește-te numai la nenumăratele locuri în care s-a aflat menora, prin câte culturi a trecut. Simbolul suprem al evreilor este considerat al doilea ca importanță după Chivotul Legământului. Apoi intră în posesia împăraților romani și devine un obiect de fală pentru ei. Apoi ajunge la bizantini. După aceea, Harald Hardrada și vikingii pun mâna pe ea. Ar fi putut fi topită cu fiecare ocazie, dar nu s-a întâmplat așa. Pentru romani, era un simbol al cuceririlor lor, al superiorității. Pentru bizantini, era una dintre comorile neprețuite care îi lega de Roma antică, de virtuțile străvechi. Pentru Harald Hardrada, era un simbol al bravurii personale, devenind apoi ceva mistic, un talisman. Până atunci, semnificația sa originală s-a pierdut, dar tot mai poartă o aură supranaturală, puterea de a modela destinul oamenilor.

Costas asculta cu atenție.

– Cea de-a patra cruciadă, jefuirea orașului Constantinopol, spuse el. Asta-i tot. Toate chestiile alea pe care le căutam noi, obiecte de artă vechi. Unele dintre ele aveau o valoare, fală, așa cum ai spus, dar acestea s-au transformat, odată ajunse în altă cultură diferită. Caii Sfântului Marcu din Veneţia, care au fost la origine o sculptură antică, s-au transformat în simbolul unui oraş-stat medieval, lucru la care creatorii săi nici măcar nu visaseră.

– Te-ai prins.

– Şi celelalte lucruri, obiectele de artă ascunse în Cornul de Aur. Nici ele nu au prestigiu.

– Sau un simbolism care nu era dorit de nimeni, care era periculos. Pentru cruciaţi, asemenea celor de la Vatican, putea simbolică a menorei fusese exploatată la maximum, iar acum se reîntorcea la originile sale evreieşti. De aceea am crezut că exista şansa să o găsim în Cornul de Aur.

– Aşa că, după vikingi, trecem mai departe la tolteci, zise Costas. Înţeleg unde baţi.

– Aceştia erau impresionaţi de simbolurile de bravură, supremaţie şi victorie, spuse Jack. Chiar erau mândri de ele. Uită-te la arhitectura acestui loc, la sculptură! Şi preţuiau foarte mult aurul lor. Poate că nu au oferit menora zeilor la sfârşitul procesiunii, poate că au ascuns-o, pentru a fi folosită numai în timpul ceremoniilor alese. Gândeşte-te la împăratul Vespasian, cu o mie de ani în urmă, şi la procesiunea triumfală din forumul roman. Asemenea toltecilor, el a sacrificat prizonierii de război, evreii captivi. Ar fi putut să sacrifice şi comorile lor, să le topească pentru a face o monedă pentru rege. Dar el a ales să le închidă în Templul Păcii.

– Templul Luptătorilor, îngână Jeremy. Acela era locul cel mai sfânt al toltecilor, dar cu siguranţă nu era un templu al păcii. Se asemăna mai mult cu castelul Wewelburg din Bavaria, cartierul general al SS.

– Nu era chiar ce avea Vespasian în minte, spuse Maria.

Costas aprobă entuziast.

– Hai să dăm frâu liber imaginaţiei. Îmi place versiunea aceasta.

–Vezi? rânji Jack. Nu este ceva foarte diferit de inginerie. Ai oamenii tăi pe care îi pui să muncească, dar ai și genii.

– Să înțeleg că te referi la Jeremy.

Maria rămăsese cufundată în gânduri.

– Așa că, atunci când toltecii au dispărut, menora a dispărut și ea din istorie, așa cum credeam că s-a întâmplat când Imperiul Roman a decăzut, zise ea.

– Și aici urmele dispar, încuviință Jack.

– Vreo pistă?

Jack se uită la Jeremy, care avea privirea pierdută, părând distras. Își cufundă mâna într-un săculeț de pe masă și scoase o carte.

– Ceea ce spuneai tu... Tocmai mi-a venit o idee. Este vorba despre altceva ce am găsit în timp ce căutam indicii în textele maya. Nu am descoperit nimic relevant în timp ce citeam, dar apoi mi-a picat fisa. Este doar o posibilitate, atât.

– Nu din nou, zise Costas uitându-se ironic la Jeremy. Sper că nu ai de gând să ne bați la cap cu vreo societate secretă.

– Nu te teme! Jeremy termină de mâncat pâinea și se șterse la gură, apoi lua o înghițitură de apă și zise: Îți amintești că spaniolilor le-au luat ani de zile să cucerească Yucatánul, care nu este foarte departe de centrul Mexicului? Yucatánul a fost primul loc unde Cortés a debarcat, dar nu a zăbovit prea mult pe acolo.

– Nu era aur, oferi Costas un motiv.

– Corect. Dar este posibil să fi trecut cu vederea ceva, poate că a pierdut cea mai mare comoară dintre toate.

– Continuă, spuse Jack.

– Nu o să-ți vină să crezi, dar ultimul rege al populației maya nu a fost înfrânt până în 1697. Anul 1697! sublinie Jeremy. Iar el era descendentul direct al regilor din aceste locuri, adică Chichén Itzá.

Jack era uluit.

– Dar asta înseamnă două secole după Cortés!

– Eu credeam că Chichén Itzá era deja distrus și abandonat înainte ca spaniolii să ajungă, spuse Costas.

– Cu câteva decenii înainte de Cortés, în secolul al XV-lea, Jeremy confirmă. Toltecii erau deja duși, poate că își găsiseră sfârșitul în vreo baie de sânge cu două secole înainte. Ei au fost înlocuiți de o dinastie maya mult mai civilizată numită Itzá, oameni care au și dat numele locului. Ce s-a petrecut aici în ultimele zile este încă un mister, dar, atunci când locuitorii maya au abandonat în cele din urmă templele, au plecat de aici pentru totdeauna, au dispărut în junglă și au cutreierat mulți ani, asemenea triburilor din Israel.

– Poate că au suferit o depresie colectivă, se amuză Costas. Au trăit secole întregi într-un vârtej oribil al violenței; teroarea și sacrificiile la care au fost supuși și-au spus cuvântul. În cele din urmă, au cedat.

Jeremy râse.

– Ei bine, orice s-ar fi întâmplat, ei au ajuns în cele din urmă la lacul Petén, care este la mai bine de patru sute de kilometri spre sud, în Guatemala de astăzi. Jungla era de nepătruns, dar s-au îndepărtat cât de mult au putut de spanioli. Au vâslit către o insulă îndepărtată și au pus bazele unui nou oraș, Tah Itzá. Au trăit acolo timp de multe generații, deranjați doar de câțiva misionari. Tah Itzá ajunsese să se bucure de o reputație mistică. Pentru unii spanioli, acest lucru reprezenta o fortăreață terifiantă din junglă, un bastion format din luptători neînfricați care practicau ritualuri satanice, era iadul pe pământ. Pentru alții, acesta era un loc al bogățiilor ascunse la care nu puteai ajunge decât dacă treceai prin multe dificultăți, un fel de Shangri-La sau Avalon maya.

– Să ne întoarcem din nou la regele Arthur, protestă Costas, cu jumătate de glas. Mă îndoiesc că Tennyson ar fi îndrăznit măcar să viseze la plasarea Avalonului în jungla mexicană.

– Era posibil să fi avut comoara asupra lor, rosti încet Jack. Poate erau un popor înfrânt, poate că erau doar umbra gloriei apuse, dar ar fi salvat ce se mai putea salva din Chichén Itzá. La fel ca israeliții, ei ar fi păstrat asupra lor cele mai valoroase obiecte, cea mai mare bogăție a lor.

– Poate că ei au asociat menora cu zeul-vultur, cu reîntoarcerea regelui, spuse Maria. Referința pe care Jeremy a găsit-o în cartea lui Chilam Balam sugerează că populația maya știa ceva despre Harald și despre vikingi. Amintiți-vă ce a spus Reksnys despre locuitorii maya din ziua de azi și despre ezitarea lor de a coborî în cenota de sub templu. Poate că Harald a fost transformat într-un fel de zeu mitic salvator, care a luptat pentru maya împotriva dușmanilor lor, toltecii. Poate că, la două sute de ani după ce Harald și-a găsit sfârșitul, vreun localnic maya cu inițiativă a luat menora din infernul toltecilor și a transmis-o mai departe altei culturi.

– Dacă nu o sacrificaseră deja, spuse Jack.

– Sau dacă nu au topit-o.

– Ceea ce știm provine dintr-un manuscris găsit recent în Mexic, la sfârșitul anilor 1980, continuă Jeremy. Este o poveste incredibilă, este relatarea unui misionar iezuit, Fray Andrés de Avendaño y Loyola, care a ajuns la Tah Itzá în 1695. Avendaño era un om deosebit de inteligent, cu o vigoare de invidiat, de o moralitate impecabilă și un om care știa ce voia. El a fost fascinat de oamenii pentru care venise, de modul lor de trai. Primii misionari n-au avut succes, dar, dacă nu ar fi existat cărturari ca Avendaño, nu am fi știut nimic despre acești oameni, iar întreaga populație ar fi dispărut. Părintele O'Connor a făcut parte din rândul acestor oameni importanți.

– Mă întreb dacă Patrick știa ceva despre acest subiect, spuse încet Maria.

Jeremy deschise cartea.

– Conform propriilor mărturii, Avendaño a ajuns în acel an pe țărmul lacului Petén, alături de doi franciscani și de zece maya convertiți. De la est, pe partea cealaltă a lacului, au văzut o priveliște minunată. Jeremy citi un pasaj: „Se ivi o flotilă formată din canoe decorate cu multe flori și învăluită în sunete produse de tobe, bețe și fluiere de lemn. În cea mai mare dintre toate stătea regele Itzá, care era cunoscut sub numele de lordul Kanek, care înseamnă steaua cu douăzeci de șerpi."

– Sună minunat, murmură Costas. Se spune ceva despre aur?

– Ceea ce Avendaño a văzut reprezenta fantezia fiecărui spaniol legat de Lumea Nouă, genul de lucru pentru care conchistadorii și-au vândut sufletele, cu două secole înainte, dar pe care abia dacă l-au văzut vreodată. Îți dai seama că Avendaño era copleșit. Instinctele sale de iezuit erau tulburate de dorința care îi îndemnase pe spanioli să cucerească, asemenea unui rechin care simte sânge.

Jack zâmbi.

– Continuă!

– Ultimul rege maya se arătă în fața lor. Ascultați: „El purta o coroană de aur, iar în urechi avea discuri de aur de care atârnau lanțuri de aur lungi până la umăr. Purta nenumărate brățări și inele de aur, iar sandalele sale albastre erau acoperite cu clopoței de aur".

– Era îmbrăcat în aur cu totul, fluieră Costas.

Jeremy închise cartea.

– Avendaño nu a reușit să îi convertească. Doi ani mai târziu, aceștia au fost învinși de spanioli.

– Vrei să spui că au adus cu ei comoara de la Chichén Itzá? întrebă Costas.

– Așa spune povestea.

– Dar este o mulțime de aur pentru un popor înfrânt.

– Dacă populația maya era atât de secretoasă în legătură cu cărțile sale sacre, aceste cărți ale lui Chilam Balam care profețeau venirea dinspre est a oamenilor cu barbă, atunci ar fi putut păstra secrete și alte lucruri legate de comori ascunse. Spaniolii căutau aurul peste tot, iar o fortăreață insulară pe un lac ascuns adânc în inima pădurii ar fi fost un loc potrivit.

– Şi poate că era doar aur, pur şi simplu, zise Costas. Toată acea atracţie pe care menora o exercita asupra toltecilor dispăruse. Odată ce populaţia maya a reuşit să ajungă la ascunzătoarea sa, este posibil să o fi topit.

– Şi ne-am întors de unde am plecat, spuse Maria încet.

– Ce vrei să spui? întrebă Costas.

– Gândeşte-te! Spaniolii au cucerit ultima fortăreaţă a populaţiei Itzá. Au obţinut aurul reprezentanţilor maya. Doar că nu este deloc aurul lor. Şi ce fac ei cu el? Evident că nu stau să doarmă pe el în mijlocul junglei.

– Trimit prada acasă, spuse Jeremy.

– Şi topesc aurul, fac monede din el şi le trimit acasă în Cadiz şi Sevilla, zise Maria. Sute de lire de aur, o răsplată valoroasă care se duce direct în visteria regelui spaniol şi la cealaltă mare putere din spatele conchistadorilor.

– Biserica Catolică, rosti încet Jack. Iar o parte din bogăţia aceea se întoarce la motorul Bisericii, la Vatican, în Roma.

– Stai un pic, spuse Costas. Stai că m-am pierdut din nou.

– Nu înţelegi? ochii Mariei licăreau. Dacă ai dreptate, atunci menora nu a fost niciodată pierdută. Acum trei sute de ani, aurul turnat în forma sa sacră în Israel s-a întors pe pământ legitim, transformat în lingou de aur şi artefacte sfinte pentru o nouă ordine mondială. Poate că acest lucru a fost mereu în faţa ochilor noştri, în splendoarea Sfântului Petru aurit, în raclele comorii Vaticanului, în nenumăratele ornamente şi artefacte din bisericile din întreaga creştinătate cu care Biserica a fost generoasă.

– Şi poate că unele dintre ele chiar s-au reîntors în Ierusalim, spuse Jeremy. Vă amintiţi de legenda lui Harald Hardrada, care oferea comorile sale Mormântului Sfânt al lui Isus, de la Ierusalim? Povestea care a culminat cu cruciadele, atunci când vestul a ajuns pe pământ sfânt, nu a fost doar o poveste a jafului şi a lăcomiei. Poate că o parte din aurul de la Itzá să se fi reîntors în ultimele secole la locul de unde plecase, adică la Templul din Ierusalim, şi să se găsească în continuare acolo.

Costas se întristă imediat și aruncă o privire peste schițele stâncii de lângă cenotă.

– Foreza mea de adâncime. Toate planurile mele. Voi spuneți ce cred eu că spuneți?

– Tot ce spunem este ceea ce bănuim, îngână Maria.

– Și nici măcar nu putem să dovedim că Harald a ajuns aici, spuse Costas. Pictura murală s-a dus, locul unde a fost îngropat Harald a dispărut și el pentru totdeauna. Nimeni nu o să ne creadă.

– Dar avem asta. Maria scoase bucata de piatră din buzunarul pantalonilor scurți, piatra runică pe care o găsise în canal.

– Dar ea nu confirmă prezența lui Harald, spuse Costas. Și piatra nu este de pe aceste meleaguri, pare mai mult un șist pe care probabil l-au luat de la L'Anse aux Meadows.

– Dar noi știm, spuse Maria.

– Eu merg pe teoria populației maya. Jeremy încă se mai gândea la menoră. Este mai bine decât să ne gândim ce am face cu menora dacă am găsi-o.

Jack se ridică, se îndreptă către platforma de sacrificiu și privi verdele impenetrabil al apei. Apoi se întoarse cu spatele la cenotă și scoase un aparat de emisie-recepție de la curea.

– Este posibil ca, la urma urmei, menora să fie în Puțul Sacrificiului. Sau poate că am ajuns la final. Dar, înainte de a mă mai gândi la alt proiect, am o datorie față de un prieten vechi. Ceva ce are legătură cu norocul în luptă. Îi aruncă o privire Mariei. Și trebuie să plecăm de aici.

22

Patru zile mai târziu, Jack stătea ghemuit lângă pupa lui *Seaquest II*, cu mâinile pe urechi pentru a nu auzi freamătul apei în timp ce vorbea la telefon cu Maurice Hiebermeyer în Istanbul. După câteva clipe, timp în care încercase să se facă auzit, se ridică și se duse la Costas, care stătea lângă Maria și Jeremy. Aceștia se aflau pe o bancă din spatele pistei de aterizare.

– Îmi dau seama la ce te gândești, zise Jack apăsând receptorul de ureche. Demarează treaba, și ne vedem la Cornul de Aur mâine-seară. Și mulțumesc pentru excavare, Maurice. Ai făcut treabă bună. Îți rămân dator. Terminat.

Jack închise aparatul și își făcu drum printre funiile întinse pentru asigurarea elicopterului Lynx. *Seaquest II* se îndrepta către Oceanul Arctic pentru a relua un proiect științific la fiordul Ilulissat, și câțiva dintre oamenii de știință care debarcaseră acolo înainte de a se abate din drum urmau să urce din nou la bord. Vasul se afla acum la mai puțin de o sută șaizeci de kilometri de Newfoundland, iar ultimul zbor cu elicopterul era programat mai târziu în acea după-amiază. În afară de o mică turbulență, marea era calmă, și cerul limpede, dar, pe măsură ce înaintau spre nord, aerul se răcea și părea mai aspru decât fusese în jungla urât mirositoare, Yucatán. Maria și Jeremy purtau amândoi hanorace IMU, care îi protejau de vântul puternic.

– Am vorbit cu Maurice Hiebermeyer, spuse Jack. Am vești bune. În sfârșit au găsit artefactele rămase după asediul orașului Constantinopol, din anul 1204.

– Aurul cruciaților? întrebă Costas plin de speranță.

Jack rânji cu subînțeles.

– Este vorba despre o imensă statuie din bronz poleită cu aur, care îl înfățișează pe împăratul Vespasian și care are o inscripție cu dedicație prin care se atestă faptul că a fost pusă pentru prima dată în Templul Păcii din Roma după procesiunea triumfală care sărbătorea victoria împotriva evreilor. Nu este exact ceea ce căutam noi, dar așa este în arheologie.

– Asta voiam să aud, spuse Costas mulțumit. Muncitorii au fost siliți să-și pună la bătaie ultimele resurse. Oricum, din câte îmi amintesc, există o listă cu obiecte furate din Templul Evreiesc, în afară de menoră. O să le găsim. Trebuie să avem încredere în tehnologia IMU.

– Asta o să treacă în plan secundar pentru o vreme, spuse Jack. Maurice abia aștepta, de când ne-am întors din Atlantida, să-mi spună despre o descoperire dintr-un deșert egiptean, și în cele din urmă m-a înduplecat. Este incredibil.

– Să nu-mi zici că este vorba despre alt papirus, spuse Costas. Ultimul ne-a creat mari probleme.

– Acesta este roman, spuse Jack. Este doar un fragment, dar conține un indiciu important.

– Altă comoară?

– Ai auzit vreodată de Alexandru cel Mare?

Costas observă strălucirea atât de cunoscută din ochii lui Jack.

– În regulă. Este domeniul meu preferat din arheologie. Poți să contezi pe mine. Doar să nu mai ne confruntăm cu aisberguri.

– S-a făcut.

Jack zâmbi și se întoarse către Maria și către Jeremy, dar expresia chipului său se schimbă când zări privirea Mariei.

– Chiar voiam să te întreb, Maria, spuse el blând. Proveniența ta ucraineană... știu că populația evreiască era ashkenazi, dar știi ceva legat de ceea ce s-a petrecut înainte de asta? Adică, încerc să înțeleg pasiunea ta pentru vikingi.

Maria se lumină la față și îi zâmbi.

– După ce mi-am îngropat mama anul trecut, am petrecut câteva zile în Kiev și m-am dus la catedrala Sfânta Sofia pentru a studia faimoasele picturi murale. Am văzut regii și reginele care au domnit în Kiev în timpul vikingilor, negustorii și luptătorii care au ajuns acolo din nord în corăbii, pe cursul apei. Blonzi, cu barbă, foarte înalți, imagine care îi descria foarte bine pe Hardrada și pe oamenii săi.

– Varegi, murmură Jack. Rus.

– Înainte ca mama mea să moară, mi-a vorbit pentru prima dată despre familia ei. Este o poveste despre căsătorii între religii diferite care datează de mult timp, legendă de familie care dovedește descendența din nobilimea rusă.

– Așa ziceam și eu, zâmbi Jack.

– Se pare că sunt singurul de aici care nu are strop de viking în el, spuse Costas.

– Nu fi așa de sigur. Inscripția lui Halfdan din Hagia Sofia nu este singura dovadă că vikingii au existat numai acolo. Mai există și altă inscripție runică pe o sculptură străveche din Atena. Se pare că Harald și băieții săi s-au distrat și prin Grecia. Au ajuns cam peste tot.

Costas se uită la harta pe care o trasase pentru aventura lor.

– Oricum, este în emisfera vestică.

Jack deveni din nou serios.

– Tocmai am vorbit cu șeful de securitate de la IMU din Anglia, spuse el, adresându-se celor trei. Ca măsură de precauție, chiar înainte să fie răpită de Loki, Maria a expediat o penultimă ciornă a dosarului la care lucra cu O'Connor pentru a-l trimite la şeful de securitate de la IMU. În momentul acesta, Interpolul demarează câteva arestări ale unor oameni importanţi. Se pare că cei din *félag* erau implicaţi foarte mult în crimele care aveau loc la nivel internaţional, în spălare de bani, droguri, arme şi antichităţi care erau vândute pe piaţa neagră. Unul dintre aceştia era chiar implicat într-un jaf din situl roman Herculaneum din golful Napoli, care a avut loc chiar sub nasul autorităţilor italiene. Se pare că prietenul nostru Reksnys nu era singurul care se folosea de puterea *félag*-ului pentru a-şi umfla propriul buzunar.

– Se pare că aceste lucruri sunt departe de idealurile eroice ale lui Harald Hardrada, şopti Costas.

– *Félag*-ul modern nu avea nimic în comun cu acest lucru, spuse Jeremy cu o voce ascuţită. Era o organizaţie criminală, pur şi simplu. Aveau tot atâta legitimitate cât aveau şi naziştii.

– Se pare că dosarul pe care tu şi O'Connor l-aţi alcătuit era unul crucial, era conexiunea care lipsea şi care ar fi permis Interpolului să lege toate aceste personaje, îi spuse Jack Mariei. Şi acum, că ei sunt implicaţi în crimă, nu cred că vom auzi despre *félag* o bună bucată de timp.

– Dar ce spui despre personajul acela din umbră de la Vatican? întrebă Costas.

Jack clătină din cap, părând îngrijorat.

– Mă tem că aceasta este singura excepţie. Lui Reksnys aproape că i-a scăpat atunci când se lăuda cu informatorii săi, dar până la urmă s-a oprit. O'Conner suspecta pe cineva, dar voia să fie sigur înainte să ne spună şi nouă. Faptul că a fost omorât a schimbat acest lucru. Aceasta a fost singura mică victorie a lui Loki. Dar, oricine ar fi, fiţi siguri că îşi acoperă urmele chiar în clipa aceasta, păstrând aparenţele până când investigaţia ia sfârşit. Între timp, este posibil să găsim mai multe indicii prin jurnalele lui O'Connor, câteva semne care ne-ar putea indica adevărata lui identitate.

– Mă întorc la Iona să termin treaba. Ochii Mariei se întristară; încercă să-şi ascundă lacrimile cu un surâs. Cel puţin părintele O'Connor și-a păstrat onoarea până în ultima clipă. Îți amintești ce spunea despre vikingi? Că soarta este deja stabilită, deci ceea ce contează în viață este comportamentul, să-ți păstrezi coloana vertebrală. Poți ajunge în Walhalla și să stai alături de zei în bătălia finală de la Ragnarok, știind că tu ai fost onest și onoarea ta și a fraților tăi este nepătată.

– El a fost genul de om pe care Hardrada și-ar fi dorit să îl aibă alături, spuse Jeremy.

– Ce pierdere, șopti Maria, privind în jos, cu vocea răgușită de emoție. Toate acele cunoștințe, toată bunătatea lui...

– Învățătura este menită a fi transmisă mai departe, spuse Jack duios, punându-și mâna pe umărul ei. Ea este menită a fi transmisă generației următoare, știind că poate fi folosită pentru a descoperi lucruri noi, revelații la care nici cu gândul nu poți gândi. Se uită în treacăt la Jeremy. Cred că părintele O'Connor a făcut asta.

– Apropo, zise Jeremy privind spre Jack cu mult entuziasm și spre pachetul pe care îl ținea pe genunchi. Asta mi-a fost trimis la Goose Bay în Labrador cu ultimul zbor de elicopter. Vreau să văd chestia asta cu ochii mei înainte să vă spun și vouă.

Jack zâmbi călduros.

– Știam că nu ai spus încă ultimul cuvânt.

– Îți amintești după-amiaza aceea pe care am petrecut-o cu bătrânul eschimos, când vorbeam despre dispariția norvegienilor din Groenlanda în secolul al XIV-lea? Îți amintești ultima relatare îngrozitoare referitoare la modul în care *scraeling*-ii au preluat întreaga așezare vestică?

– Continuă!

– Biblioteca Hereford a dat rezultate. Și unele chiar foarte bune, spuse Jeremy strângând pachetul la piept, emoționat. Oamenii de știință scandinavi au visat la acest lucru timp de mii de ani, la această descoperire care este la fel de fabuloasă ca orice comoară pierdută a lui Harald. A fost găsită cu restul lucrurilor în casa scării care a fost abandonată.

– Să auzim, spuse Jack.

Jeremy desfăcu ambalajul albastru al pachetului și scoase la iveală legătura de piele a unei cărți vechi.

– Este fenomenal. Se întoarse către Maria. Este saga pierdută a coloniei vestice din Groenlanda, *Vestribygð a Saga*. A fost scrisă în secolul al XIV-lea.

Maria își trase răsuflarea cu emoție și privi peste umărul lui Jeremy în timp ce deschidea manuscrisul medieval la ultima pagină.

– Nu se dau detalii referitoare la ceea ce s-a întâmplat? întrebă Costas.

– Cu siguranță că apar, spuse Maria privind rândurile scrise, în timp ce Jeremy vorbea. Până acum ar trebui să fii deja familiarizat cu acestea. Ea indică două cuvinte din centrul paginii, iar Costas se aplecă. *Haraldi konungi,* regele nostru adevărat, spuse Maria. Harald Sigurdsson.

– Harald Hardrada! Cei din Groenlanda și-au adus aminte, aproape la trei secole de la plecarea lui! șopti Costas.

– Uită-te la simbolurile care apar după numele său.

– Nu-mi spune. Menora.

Costas făcu o grimasă în timp ce ceilalți se holbau la simbolul ce părea o rună printre literele latine ale textului.

– Se pare că am ajuns de unde am plecat. Constantinopol, Iona, fiordul și Vinland, Yucatán, și acum ne-am întors la vechea bibliotecă a catedralei de unde a plecat totul.

– Aici se încheie un capitol, dar am ajuns într-un punct fantastic, zise Jeremy. Așteaptă să auzi ce se spune aici!

Maria traduse rar în timp ce urmărea textul cu degetul:

– „*Anno Domini* 1332. Liderii Vestribygð s-au hotărât să-l urmeze pe adevăratul lor rege Harald Sigurdsson la Norðrseta și dincolo de mare, către vest.“ Se uită în sus. Fugeau de persecuția Bisericii, așa cum s-a întâmplat și cu taxa cruciaților din secolul al XII-lea. Norvegienii din Groenlanda erau păgâni. Pentru ei,

Harald Hardrada era adevăratul lor rege, nu vreun pontif de la Roma.

– Și unde s-au dus? întrebă Costas.

Maria continuă urmărind cu degetul în josul paginii:

– „S-au dus la nord către marele fiord, acolo unde Halfdan Neînfricatul a pornit cu vasul său spre Walhalla“.

– Doamne Dumnezeule, murmură Jack. Chiar face referire la Halfdan și la corabia sa, spuse el aruncându-i o privire lui Costas. Se pare că aisbergul nu a fost doar un vis.

– Mai degrabă un coșmar.

– Erau o sută douăzeci de oameni, bărbați, femei și copii, și, după ce și-au pregătit vasele și le-au umplut cu provizii, au pornit spre nord-vest, și nu au mai fost văzuți vreodată. Au fost conduși de Erling Sigvatsson, Bjarno Tordsson și Eindride Oddson.

– Știu numele acestea, spuse Maria cu încântare. Sunt înscrise pe piatra runică Kingigtorssuaq, care a fost găsită în secolul al XIX-lea pe o insulă la nord de fiord. Este singura piatră runică găsită în Groenlanda înainte de descoperirea corabiei.

– Uneori, piesele de puzzle chiar se potrivesc, șopti Jack, dând din cap în semn de uimire.

– Deci tu spui că Bjarni și ceilalți au condus refugiații din Groenlanda către pasajul de nord-vest? întrebă Costas.

– Așa reiese din legendă.

– Este vreo șansă să fi ajuns la destinație?

– Nu văd nici un motiv pentru care să nu fi putut ajunge la destinație, spuse Jack. Ei erau cei mai îndârjiți navigatori din câți au existat. Doar vezi unde au ajuns Harald și camarazii lui după ce au plecat de la Stamford Bridge. Aproape că au înconjurat emisfera vestică. Dacă pasajele de la golful Baffin la Marea Beaufort ar fi fost navigabile în vara anului 1333, atunci groenlandezii ar fi reușit să ajungă.

– Vikingii în Pacific în secolul al XIV-lea, se amuză Jeremy. Cam atât despre anticele călătorii de descoperire ale chinezilor. Vikingii i-au învins.

– Cred că vei dori să-ți chemi colegii de la Antropologie aici pentru a face câteva teste ADN, spuse Costas.

– Ce idee minunată, admise Jack. În tot timpul acesta i-am căutat pe Harald și comoara sa. Dar poate că moștenirea cea mai de preț a sa a fost supraviețuirea acestor oameni, din întreaga lume scandinavă, care se asemănau cel mai mult cu modul său de viață. Scurta trecere prin țara lor s-a dovedit a fi raza de speranță care i-a salvat de la un sfârșit îngrozitor, ani mai târziu.

– Dacă aceasta este moștenirea sa, nu pot să nu mă gândesc că acest lucru l-ar fi satisfăcut la fel de mult ca oricare altă victorie a sa. Aceasta este o modalitate de a se asigura că oamenii cei mai buni ai săi au dus vieți eroice și au trăit în onoare până la sfârșit, zise Maria uitându-se la Jack.

Jeremy închise cartea și o puse în învelișul său protector, iar Maria se postă între Jack și Costas. Pentru o clipă, toți patru se uitară spre pupă către est, acolo unde razele soarelui de după-amiază învolburau Atlanticul. Pentru Jack, orizontul îndepărtat al Lumii Noi părea să-i facă semn, încărcat de istorie, însă țărmurile Lumii Noi și mările de dincolo îl atrăgeau așa cum, cu câteva zile înainte, nu credea că poate fi posibil. Gândul îi fugi la Cornul de Aur din Constantinopol, și fu cuprins de emoție gândindu-se la toate lucrurile pe care le făcuseră.

Costas ținea colierul de jad pe care îl găsiseră cu scheletul de sub mormanul de pietre și se uita atent la cele două monede de argint care erau montate în ochi. După o clipă, ridică privirea spre Jack, cumva uluit.

– Deci doar atât am găsit din comoara lui Harald Hardrada?

– O monedă vikingă, una romană. Chipul lui Jack se lumină. Eu cred că este destul de bine, tu nu? Deși, dacă le luăm separat, nu sunt decât câteva fragmente de istorie, împreună spun totuși o poveste fascinantă, ceva ce nu aș fi crezut că este posibil înainte de toate astea. Da, am găsit comoara lui Harald. Aceste monede valorează tot aurul din lume.

– O ultimă întrebare, spuse Costas. Prințesa bizantină, cealaltă comoară a lui Harald de la Constantinopol. Tiza Mariei. Tu chiar crezi că a stat alături de el până la sfârșit? Îmi imaginez că a supraviețuit și a devenit o regină de temut a toltecilor. Acest lucru chiar că ar da un pic de savoare istoriei.

– Dacă istoria mai are nevoie de savoare după tot ce s-a petrecut, spuse Jeremy.

– Ți s-a părut că ai văzut o femeie pe pictura de pe perete, o vikingă, îi spuse Costas lui Jeremy, care făcu un semn aprobator.

– Pentru mine, aceasta este legenda valkiriilor, spuse Maria. Femei călare din lumea spiritelor care îi iau pe cei mai viteji războinici care au murit în luptă și îi duc în Walhalla. Cred că Maria a rămas alături de Harald până la sfârșit, ca o adevărată prințesă luptătoare, companionul său devotat. Ea i-a fost alături de el și în viața de după. Acesta era modul de viață al vikingilor. Cred că ea este acolo sus, sărbătorind alături de el cu restul nobilimii, adevărații *félag*.

– Maria, regina valkiriilor, spuse Costas inexpresiv. Din ceea ce am văzut, ți se potrivește.

Jack zâmbi.

Vasul oprea motoarele, și era acum aproape nemișcat, ultimele dâre de spumă depărtându-se spre sud. Pașii căpitanului se auzeau pe pasarelă, și acesta li se alătură pe punte.

– Suntem pe poziții, Jack, spuse el. Putem pleca oricând.

Jack îi făcu un semn aprobator, privi apreciativ marea și apoi se întoarse la pachetul din spatele său. Îl desfăcu cu grijă și scoase la iveală un obiect care îți lua vederea. Era grandioasa secure varegă luată din corabia vikingă. Arma cea mai de soi a lui Halfdan, care îi salvase pe Jack și pe Costas de la o moarte sigură. De când scăpaseră de chin, era pentru prima dată când Jack ținea securea în mână, și simți o furnicătură pe șira spinării în timp ce strângea mânerul de stejar; apoi ridică obiectul până la nivelul capului său. Îl mișcă dintr-o parte în cealaltă, putându-se vedea astfel ciocanul lui Thor, Mjøllnir, cu capul de lup în vârf şi vulturul cu două capete – al Romei şi al Constantinopolului – în partea de jos, toate din aur. Pe partea cealaltă, puse mâna pe simbolurile runice vechi de o mie de ani ale lui Halfdan, care erau de pe vremea când acesta era în slujba iubitului său lider şi făcea parte din Garda Varegă din cel mai mare oraş pe care îl văzuse lumea vreodată.

Ceilalţi se îndreptară spre Jack fără a spune vreun cuvânt şi îşi împreunară mâinile pe mâner.

– Noroc în luptă, spuse Costas.

– Noroc în luptă, răspunse încet Jack.

Jack se gândea acum la Cornul de Aur, la extraordinara aventură din urmă cu câteva săptămâni care îi adusese aici. Îşi aduse aminte din nou de părintele O'Connor, de tot ce făcuse el pentru a nu se lăsa prinşi de elementele sinistre ale istoriei şi de îngrozitorul preţ pe care îl plătise.

Ceaţa începea să se lase, despărţind vasul de lumea exterioară, astfel că ei păreau prinşi într-o capsulă a timpului. Chiar deasupra liniei orizontului, la vest, se afla Vinlandul, avanpostul vikingilor. Preţ de o clipă, lui Jack i se păru că vede pupa fantomatică a unei corăbii care se cufunda în ceaţă, cu pupa cioplită în forma aceea ciudată pe care o văzuseră în gheaţă. Era ca şi când s-ar fi aflat în locul unde realitatea devenise mit, unde lumea vikingilor luase sfârşit şi lumea spiritelor începea, era un fel de călătorie în întuneric şi în teroare, mai îngrozitoare decât şi-ar fi imaginat vreodată Harald şi oamenii săi.

Jack cântări securea în mâini şi apoi atinse şi cu buzele lama rece. Undeva în apropiere de acest loc se afla ultima rămăşiţă a aisbergului care avea să-i elibereze pe Halfdan şi corabia sa pentru a ajunge în acelaşi curent de apă care îl luase pe iubitul său rege. Halfdan trebuia să fie bine pregătit pentru a fi vrednic de a sta lângă tovarăşii săi alături de care luptase când varegii nu aveau egal în lumea oamenilor.

Jack făcu un pas înainte şi, cu o mişcare graţioasă, dădu securea pe spate, după care o aruncă în aer, eliberând-o în ultima clipă, atunci când greutatea acesteia îl trăgea înainte. Securea se ridică sus peste pupă, licări în razele soarelui care se strecurară prin ceață și dispăru într-o învolburare de lumină. Se asemăna cu un fulger, o izbucnire de energie izvorâtă din epoca eroilor. Apoi crestă marea și dispăru, lăsând în urmă mici valuri. Jack se simți dintr-odată eliberat, ca și când o mare povară fusese luată de pe umerii săi, și se sprijini de pupă, privind suprafața gri a apei. Ceilalți i se alăturară. Se trezi răcnind în vechea limbă norvegiană, spunând cuvinte care își pierduseră semnificația sinistră și care acum simbolizau o istorie mai extraordinară decât și-ar fi putut cineva imagina.

– *Hann til rangnarøks.*

Nota autorului

Menora. Magnificul suport din aur provenit din Templul Evreiesc din Ierusalim, prădat de romani în anul 70 d.Hr., rămâne una dintre cele mai mari comori pierdute, alături de Sfântul Graal și Chivotul Legământului. Singura descriere a menorei din templu se află pe Arcul lui Titus din Roma, lucru care a stat la baza ilustrației de pe coperta acestei cărți. Procesiunea triumfală care apare pe arc este descrisă în detaliu de Josephus Flavius, un martor ocular evreu, confident al împăratului Vespasian. În tezaurul din templu se afla și un ornament din aur: „Suportul se continua cu un mâner, iar acesta se ramifica în brațe, asemenea unui trident, iar la extremități exista câte o lampă din fier forjat; existau șapte astfel de obiecte, număr sacru pentru evrei“ *(Războaiele iudaice* VII, 149–150). Josephus nu spune foarte multe lucruri despre soarta prizonierilor evrei – el descrie doar execuția liderului lor, Simon –, dar menționează faptul că au existat și artefacte care nu au fost topite: în noul său Templu al Păcii, Vespasian „a așezat vasele de aur din Templul Evreiesc, lucru cu care se lăuda“ (VII, 161–162). Din alte comori au provenit lingouri pentru faimoasele monede „Iudaea Capta“, pe verso fiind gravată o evreică învinsă sub un steag roman și deasupra ei cuvântul: „IVDAEA".

Nu mai există mărturii ale martorilor oculari despre menora din templu. Cu toate acestea, dovezi convingătoare cum că ar fi supraviețuit - probabil mutată într-o cameră secretă, precum cea descoperită în Arcul lui Titus - ne oferă istoricul Procopius (circa 500–562 d.Hr.), în mărturia sa despre prăzile luate de împăratul bizantin Belisarius atunci când i-a învins pe vandali la Cartagina, în 534 d.Hr. Acestea includeau obiecte furate de regale vandal Giseric când jefuise Roma, în 455 d.Hr., „comorile evreilor, pe care Titus, fiul lui Vespasian, împreună cu alte câteva, le adusese la Roma după cucerirea Ierusalimului" *(Istoria războaielor* IV, ix, 4–11). După Procopius, Belisarius a adus comorile la Constantinopol - actualul Istanbul - și le-a etalat pe hipodrom pentru împăratul Iustinian. Procopius afirmă apoi că un evreu l-a convins pe Iustinian să redea comorile „sanctuarelor creștinătății din Ierusalim". Faptul că Procopius descrie sosirea comorilor la Constantinopol sugerează că mărturia este autentică, pentru că mulți dintre cititorii săi au fost martori la procesiunea triumfală, dar povestea înapoierii lor la Ierusalim nu pare plauzibilă, ci doar o înfrumusețare tipică pentru a sublinia virtuțile creștinești ale lui Iustinian. Nu există dovezi veridice cum că menora ar mai fost vreodată în Ierusalim după 70 d.Hr.

Cruciada a patra. Comorile pierdute ale Templului din Ierusalim s-ar putea să fi supraviețuit, așadar, ascunse undeva în Constantinopol de-a lungul perioadei medievale. Supraviețuirea multor altor antichități în Constantinopol este atestată de lista de obiecte distruse sau furate de cruciați în 1204, inclusiv faimoasa cvadrigă, trimisă la Veneția pentru a deveni Caii Sfântului Marcu. Mulți dintre cruciați fuseseră probabil în pelerinaj la Roma, și este posibil ca liderul lor, Baldwin de

Flandra, să fi văzut extraordinara imagine de pe Arcul lui Titus și să-l fi citit pe Procopius. Mărturii contemporane despre jefuirea Constantinopolului sunt acoperite de justificări pioase, dar adevărul pare a fi că tentația jafului s-a dovedit a fi mult prea puternică, și Baldwin avea nevoie cu disperare să găsească un mod prin care să-i plătească pe venețieni pentru că îi transportaseră pe cruciați spre Țara Sfântă.

Harald Hardrada. Dacă tezaurul evreiesc a supraviețuit în Constantinopol mai târziu de anul 1204 este încă o problemă deschisă. Cu un secol și jumătate înainte de cruciada a patra, faimoasa Gardă Varegă a împăratului bizantin fusese condusă de figura semeață a lui Harald Sigurdsson, cunoscut în istorie și sub numele de Hardrada, conducătorul cel dur, nemilosul. Harald era un mercenar viking, fiul exilat al unui rege al Norvegiei care s-a întors să-și reclame tronul și a devenit unul dintre cei mai înspăimântători dintre conducătorii nordici. În timpul perioadei cât a servit în Garda Varegă, el a devenit un Belisarius de mai târziu, luptând pentru împărat în Sicilia și în Africa de Nord și strângând o avere personală imensă. Pentru sarazini, el era Trăsnetul Nordului, și reușit acolo unde cruciada a patra nu a făcut-o: a intrat în Ierusalim, a adus pacea în Țara Sfântă, s-a îmbăiat în Iordan și a adus ofrande la Mormântul lui Hristos. Expediția la Ierusalim a avut probabil loc în 1036 sau 1037, Harald Hardrada devenind astfel primul și cel mai de succes dintre toți cruciații, chiar dacă în numele împăratului bizantin, mai degrabă decât în numele Bisericii din vest.

Ajuns în Constantinopol, lui Harald i s-a permis să ia parte în „jefuirea palatului“, un fel de răsplată pentru actele sale mărețe, și apoi, într-o noapte, în 1042, a răpit-o pe nepoata împărătesei Zoe, Maria – cu care își dorise să se căsătorească, dar fusese refuzat de mătușa ei –, și a fugit cu camarazii săi varegi în două corăbii, trecând peste marele lanț care era la intrarea din

Cornul de Aur, portul din Constantinopol. Din unica mărturie a acestei escapade reiese că Maria s-a întors în oraș odată ce ei au fost în siguranță, dar probabil ea l-a însoțit pe Harald înapoi în Norvegia și i-a stat alături de-a lungul vieții sale extraordinare, chiar dacă acesta era căsătorit cu prințesa din Kiev, Elisabeta, și mai avea o relație cu cel puțin încă o femeie, Thora, care l-a născut pe Olaf, fiul și moștenitorul său. Potrivit biografiei sale, Harald a avut o „fiică", pe care, lucru foarte ciudat, o chema Maria și care l-a însoțit în ultima sa călătorie și despre care se presupune că a murit brusc „în aceeași zi și la aceeași oră în care tatăl său fusese ucis" (Saga regelui Harald, *Heimskringla, p.* 98).

Aproape toate informațiile pe care le avem despre Harald Hardrada provin din *Heimskringla,* o mărturie despre regii norvegieni scrisă la începutul secolului al XIII-lea de poetul și istoricul islandez Snorri Sturluson (1179–1241). Reprezentările cu lupi și vulturi abundă în pasajele cu versuri incluse în text. *Heimskringla* și câteva propoziții din *Cronica anglo-saxonă* furnizează practic tot ce știm despre Bătălia de la Stamford Bridge, lângă York, acolo unde armata norvegiană condusă de Harald a fost înfrântă pe 25 septembrie 1066 de către regele englez Harold Godwinsson, care la rândul său a fost învins câteva săptămâni mai târziu de către normanzi. Stamford Bridge a fost o catastrofă pentru norvegieni, și pentru mulți a însemnat sfârșitul epocii vikinge. Din trei sute de corăbii care au navigat spre Anglia, se spune că doar 24 s-au mai întors. Ultima descriere, în viață, a lui Harald Hardrada este atunci când el se luptă în mijlocul bătăliei, probabil mânuind o mare secure varegă și înconjurat de camarazii săi credincioși.

Doi dintre camarazii varegi ai lui Harald care au fugit împreună cu el din Constantinopol au fost Halldor și Ulf, ambii islandezi. Un al treilea ar fi putut fi Halfdan, ale cărui inscripții runice pot fi văzute pe o balustradă în interiorul bisericii Hagia Sofia din Istanbul. Bucăți din lanțul care traversa

Cornul de Aur încă există. Alte dovezi ale isprăvilor lui Harald sunt nefondate, dar avem destule pentru a da substanță vieții povestite în *Heimskringla*. În Ierusalim, sub Biserica Sfântului Mormânt, am văzut o cruce gravată în piatră care semăna cu forma Mjøllnir, Ciocanul lui Thor, un simbol foarte important pentru norvegienii aflați sub dominația creștină, în Islanda și în Groenlanda, și care a fost menținut viu împreună cu toate legendele despre Loki, Fenrir și Walhalla.

Mappa mundi. Extraordinara hartă din secolul al XIII-lea, descrisă în capitolul 2, poate fi văzută astăzi într-un muzeu, special construit pentru ea, lângă Catedrala Hereford, de-a lungul faimoasei biblioteci cu lanțuri. Când am vizitat catedrala pentru prima oară, copil fiind, biblioteca se afla încă în camera documentelor, deasupra transeptului nordic, unde arhivele și comorile erau depozitate în acele vremuri în care harta fusese concepută. Faptul că în colțul nord-estic al transeptului care duce spre galerie nu a existat o scară în spirală mi s-a părut un lucru foarte bizar, așa că acela este locul unde am plasat descoperirea imaginară din această carte. Richard de Holdingham a fost un personaj real, numele lui fiind înscris în colțul din stânga jos al hărții, deși se cunosc foarte puține despre viața sa. Mi l-am imaginat ca un „discipol“ în *félag*-ul imaginar al lui Iacob de Voragine, arhiepiscopul de Genova, de asemenea un personaj real. Absența lui Richard din dedicația hărții este indicată de denumirea inversată a continentelor Europa și Africa, o eroare flagrantă pe care un erudit de calibrul său nu ar fi tolerat-o niciodată.

Un *félag* sau o frăție era o organizație vikingă și ar putea fi o ceată de războinici care au jurat loialitate unui lord, legați de jurăminte de credință. Dușmanii erau pedepsiți cu înfricoșătorul *blódörn*, vulturul de sânge. Snorri Sturluson, biograful regilor norvegieni din secolul al XIII-lea, a descris cum una dintre victime avea un vultur gravat de spate de către un dușman, care

„i-a înfipt sabia în trup, aproape de șira spinării, a tăiat toate coastele până la pântece și i-a scos plămânii afară“. Ideea unui *félag* secret, în Anglia medievală, este bazată pe antipatia englezilor pentru stăpânii lor normanzi și pe moștenirea nordică, foarte importantă în diferite părți ale Angliei, acolo unde s-au stabilit vikingii. Această influență a fost foarte vizibilă în insulele din vestul Scoției, iar pe insula sfântă Iona de astăzi se pot vedea pietrele de mormânt ale lorzilor vikingi, printre relicvele creștinătății timpurii din mănăstire.

Este bine-cunoscută fascinația naziștilor în legătură cu vikingii. Ultimul *félag* nazist a fost SS, întregit de infamele semne runice dublu-*sig*. Misunea SS a devenit subjugarea Europei de Est, a pământurilor conduse odată de regii vikingi din Rus și Kiev, unde activitățile *Einsatzgruppen* SS – unii dintre membri erau recrutați pe plan local – au inclus asasinarea a peste un milion de evrei ucraineni. *Einsatzgruppen*, „Raport privind situația operațională URSS, nr. 129a“ citat în capitolele 9 și 22 este adăugirea fictivă la un raport real nr. 129, doar cuvintele au fost aranjate diferit pentru a include mențiunea personajului Reksnys și a victimelor lui. Atrocitățile naziste din acest roman sunt bazate pe vizita mea în defileul Babi Yar din Kiev, acolo unde mii de familii evreiești au fost împușcate, și pe imaginile și relatările martorilor oculari din Muzeul Marelui Război Patriotic din Kiev. Astăzi Babi Yar este un parc pentru copii foarte frumos care are în mijloc simbolul menorei sculptat într-o bucată imensă de piatră.

SS Ahnenerbe, Departamentul Moștenirea Ancestrală, a existat așa cum este descris în acest roman. Recent, noi dovezi extraordinare au ieșit la iveală în legătură cu activitățile Ahnenerbe din anii 1930, inclusiv expedițiile în America de Sud și în Tibet, unde oamenii de știință naziști au făcut măsurători craniene. Credeau că populațiile îndepărtate ar putea păstra vreo dovadă a unei rase ariene superioare, rasă pe care ei o asociau cu legenda Atlantidei și cu bizara *Welteislehre* – teoria cosmogonică a gheții. Heinrich Himmler, șeful SS, credea că locul de naștere al rasei ariene era Islanda, și expediții Ahnenerbe au fost trimise acolo în 1936 și 1938. Expediția Ahnenerbe la Ilulissat din acest roman este fictivă și la fel sunt și cei doi membri, dar Groenlanda este doar la un pas de Islanda, și Himmler a fost fără îndoială intrigat de relatările faimosului explorator groenlandez Knud Rasmussen și de studiile lui legate de cultura eschimosă. Fiordul Ilulissat, patrimoniu național UNESCO împreună cu L'Anse aux Meadows și Chichén Itzá, este una dintre cele mai clare indicii ale încălzirii globale din ziua de astăzi și a fost studiat intensiv de glaciologi și de climatologi. Situl străvechi eschimos de la Sermermiut, „locul oamenilor ghețarilor", există așa cum este el descris în acest roman; la fel și Kællingekløften – „defileul morții". Descrierea aisbergului are la bază experiența mea de la fiordul Ilulissat și scufundările sub gheață din apele canadiene. Scafandrii au intrat în fisuri naturale în interiorul aisbergurilor, iar tehnologia pentru acest tip de explorare chiar există, așa cum este descrisă aici.

Lemnul, materialele textile și metalul aurit pot rezista aproape pe timp nelimitat în interiorul gheții. Ideea unui războinic norvegian prins în gheață mi-a venit de la trupurile extraordinar de bine păstrate a doi membri din expediția damnată a lui Sir John Franklin în zona arctică din Canada, în 1845, exhumați din permafrost în Beechey Island, în 1984. Pentru norvegieni, înmormântările pe corăbii erau un rit funerar bine împământenit. Arderea unei corăbii este descrisă de călătorul arab din secolul al X-lea Ibn Fadlan, care a fost martor la o înmormântare pe Volga a unui căpitan din Rus unde o femeie și-a însoțit bărbatul pe rugul funerar. Snorri Sturluson ne oferă altă relatare în care o corabie arzândă plină de arme și de trupuri a fost trimisă pe mare după o bătălie, având la bord pe căpetenia vikingă rănită mortal, care supraveghease construirea propriului rug funerar.

Imaginea corabiei în interiorul gheții își are originile în înmormântările spectaculoase de pe corăbii, în Gokstad și Oseberg, din Norvegia, deși corabia fictivă a lui Harald ar fi fost mult mai practică. Potrivit lui Snorri Sturluson, cele două corăbii cu care Harald a fugit din Costantinopol erau „galere varege", corăbii cu vâsle (Saga Regelui Harald, *Heimskringla, p.* 15). Cea mai bună dovadă pentru tipurile de vase vikinge vine aproape din aceleași vremuri în care are loc călătoria fictivă din acest roman de la un grup de vase scufundate în 1070 aproape de Skuldelev, în Danemarca, pentru a restricționa intrarea în fiordul Roskilde. Unul dintre ele era un vas masiv cu o carenă adâncă, potrivit pentru navigația oceanică. Fezabilitatea călătoriilor norvegiene înspre Americi a fost din plin demonstrată de experimentele moderne, inclusiv de călătoria unei copii a unei nave vikinge spre L'Anse aux Meadows, pentru a sărbători un mileniu de la sosirea lui Leif Eiriksson în Lumea Nouă.

Așezarea vikingă din punctul cel mai nordic al Groenlandei a fost Vestribyg, „așezarea vestică", situată la opt sute de kilometri înspre sud de fiordul Ilulissat. Oricum, regiunea nordică a fiordurilor, Norðrseta, a fost vizitată de norvegieni și era esențială pentru economia lor. Singura piatră runică găsită în Groenlanda provine de pe insula Kingigtorssuaq, la aproape 650 de kilometri înspre nord de fiord și poate fi văzută astăzi în muzeul de lângă Upernavik. A fost plasată într-un turn celtic de trei aventurieri norvegineni – Erling, Bjarne și Eindride –, probabil la începutul secolului al XIV-lea. Explorările mele de-a lungul acestei coaste sugerează că siturile îndepărtate ar putea conține o dovadă în plus a activității norvegienilor. Este un lucru extraordinar faptul că vânătorii norvegieni din acest mediu cu temperaturi extreme - căutând fildeș de morsă, balene, piei de urși polari și colți de narval, „cornul unicornului" vizibil pe hărțile medievale - au contribuit la cruciade prin plata unei taxe impuse după ce regele norvegian Sigurd Jorsalfar - Cruciatul - a fondat o episcopie în Groenlanda, în anul 1124. Biserica și-a exercitat puterea asupra groenlandezilor, și imposibilitatea de a plăti taxele bisericești ar putea fi un factor în dispariția norvegienilor din Groenlanda în secolul al XV-lea.

Nu este nici o îndoială că exploratorii norvegieni au navigat în jurul golfului Baffin și în Lancaster Sound, începutul pasajului nord-vestic spre Marea Beaufort și Oceanul Pacific. Câteva artefacte norvegiene au fost găsite de-a lungul Arcticului canadian, unele dintre ele fără îndoială luate de eschimoși din așezările norvegiene abandonate din Groenlanda, dar altele demonstrând contactele și explorările norvegienilor. În aceste ape încă nu a fost găsită nici o corabie vikingă, dar o descoperire extraordinară aproape de Cercul Polar poate părea o epavă. Pe mica Scraeling Island, o piatră goală, lângă Ellesmere Island - o mie trei sute de kilometri la nord de Ilulissat -, o așezare eschimosă a dezvăluit mai mult de cincizeci de artefacte norvegiene, inclusiv o pânză de lână, fragmente de zale, piroane de corabie, lame de cuțit și sulițe, o rindea de tâmplar, fragmente dintr-un butoi de lemn și o bucată dintr-un joc. Analiza cu radiocarobon sugerează o dată înspre sfârșitul perioadei norvegiene în Groenlanda, asemănătoare pietrei runice Kingigtorssuaq. Poate fi făcută o comparație cu așezarea în care Franklin și-a petrecut iarna la Beechey Island în timpul încercării sale de a descoperi pasajul nord-vestic, în 1845. În ciuda „micii ere glaciare" din perioada medievală, analiza carotelor de gheață sugerează că au existat perioade calde - una la începutul secolului al XIV-lea -, atunci când apele dintre insulele Acticului canadian ar fi putut fi foarte clare. Încă există posibilitatea ca vikingii să fi descoperit pasajul de nord-vest întorcându-se pe ruta folosită de primii vânători eschimoși și ca ultimii norvegieni care au abandonat Groenlanda să fi mers pe acest drum.

Ceea ce este sigur însă este faptul că vikingii au navigat peste o mie șase sute de kilometri sud-vest de Groenlanda pentru a-și stabili prima colonie europeană cunoscută pe țărmul Americii de Nord într-un loc pe care ei l-au numit Vinland – poate Pământul Pajiștilor, mai degrabă decât Pământul Viței-de-Vie, așa cum s-a presupus – cu aproape cinci sute de ani înainte de Cristofor Columb. Interesul lor principal a fost probabil lemnul care lipsea cu desăvârșire din Groenlanda. Situl arheologic L'Anse aux Meadows din Newfoundland, identificat de mulți ca fiind Leifsbúðir din legendele nordice, este una dintre cele mai extraordinare descoperiri arheologice făcute vreodată. Great Sacred Isle ar fi putut fi un semn de navigație – există turnuri celtice pe uscat care ar putea fi norvegiene, și povestea chilei ridicate la capul Kjalarnes provine din *Saga lui Eirik* – deși nu a fost găsită nici o dovadă. Astăzi situl arheologic de la L'Anse aux Meadows este în îngrijirea Parcurilor Naționale Canadiene, și puteți vizita casele comunale reconstituite chiar lângă locul celor trei locuințe excavate în anii 1960. Dovezile indică o așezare locuită pentru o perioadă scurtă de timp, în jurul anului 1000 d.Hr. Povestea lui Freydis și a răzbunării ei ucigașe își are rădăcinile în *Saga lui Eirik* și *Saga groenlandezilor*, cele două surse scrise vikinge despre Vinland, și se poate ca valul nefast aruncat de acest eveniment să-i fi descurajat pe norvegieni de a mai rămâne acolo; asta, dar și amenințarea unor atacuri din partea *scraeling*-ilor – „nenorociții", băștinașii indieni – și descoperirea lemnului de-a lungul coastei Labradorului, înspre nord.

Singurul artefact norvegian autentificat din Americi la sud de L'Anse aux Meadows este o monedă de argint excavată dintr-un sit indian de lângă Penobscot Bay, în Maine. A fost identificată ca fiind moneda norvegiană aparținând regelui Olaf, fiul lui Harald Hardrada și succesorul său, care fusese alături de el în Anglia în 1066 și poate data chiar din anul în care a fost întreprinsă călătoria fictivă din acest roman. La L'Anse aux Meadows sau în Groenlanda nu a fost găsită nici o monedă, și este un mister modul în care această monedă a ajuns la o mie șase sute de kilometri dincolo de cea mai îndepărtată colonie vikingă cunoscută.

Nu există nici o dovadă că navigatorii de dincolo de Atlantic au ajuns pe țărmurile din Yukatán, Mexic, înainte de spanioli, la începutul secolului al XVI-lea. Oricum, se spune că profetul maya Chilam Balam, Profetul Jaguar, a prezis sosirea unor „oameni cu barbă, bărbați din est". Cărțile lui Chilam Balam au fost scrise după cucerirea spaniolă, conducându-i pe unii la speculații cum că profeția a fost doar un accesoriu de mai târziu, dar posibilitatea ca profeția să fie adevărată rămâne în picioare și este bazată pe amintirile străinilor care au ajuns înainte de spanioli. Doar despre un singur grup de „oameni cu barbă, bărbați din est" se știe că au vizitat Lumea Nouă înainte de secolul al XV-lea și aceștia erau norvegienii; dovezile sugerează că explorările norvegiene la vest și la sud de Groenlanda au atins apogeul în secolul al XI-lea. Templul fictiv din junglă cu pictura murală din interior este bazat pe o descoperire remarcabilă din 1946 făcută de doi aventurieri americani în Yukatán într-un loc care a devenit cunoscut ca Bonampak, cuvântul maya pentru „pereți pictați". În interiorul clădirii ei au decoperit o pictură murală narativă de o forță extraordinară descriind o bătălie în junglă, tortură și execuția prizonierilor și sărbătoarea învingătorilor, incluzând femeile maya cu rochiile lor albe bând sânge din propriile limbi. Pictura datează din cea mai dezvoltată perioadă maya, aproximativ 800 d.Hr., dar o altă pictură în Templul Războinicilor din Chichén Itzá datează din perioada în care toltecii au preluat puterea, în secolul al XI-lea. Descrie niște războinici tolteci într-o pirogă dând târcoale coastei maya, o mare bătălie pe uscat și sacrificiile prin smulgerea inimii din piept a șefilor maya.

Dacă vizitați ruinele din Chichén Itzá astăzi, sunt multe șanse să auziți că poveștile despre sacrificiile umane au fost exagerate de către spanioli sau sunt legate doar de tolteci, nu și de băștinașii maya, ai căror descendenți încă locuiesc în Yukatán. Puteți ajunge singuri la o concluzie la Tzompantli, Platforma Craniilor, unde puteți observa șirurile de capete decapitate gravate înspre altarul sacrificial de la Templul Războinicilor și apoi să vă uitați către drumul de ceremonie care duce la cenota sacră, Puțul Sacrificiului. Multe dintre reprezentările torturilor și execuțiilor în arta maya și aztecă datează dinaintea sosirii spaniolilor, și cele mai recente tehnici de medicină legală adaugă, literalmente, viață picturii: arheologii din Mexic au descoperit că podelele din templele aztece sunt îmbibate de fier, albumină și material genetic uman.

În Yukatán, cele mai convingătoare dovezi provin din arheologia submarină. Puțul Sacrificiului de la Chichén Itzá dragat în 1904–1911 și dragat de scafandri în anii 1960 conținea sute de schelete umane - bărbați, femei și copii -, precum și o mulțime de artefacte prețioase: discuri de aur, pandantive gravate de jad, un craniu uman transformat în candelă, un pumnal pentru sacrificii, numeroase figurine de lemn. Povestea este asemănătoare și la celelate cenote din Yukatán, inclusiv la mai multe din inelul canalelor care s-au format deasupra unei imense zone de impact cu un meteorit, aproape de coasta nordică. Multe dintre aceste cenote sunt neexplorate și sunt ușor de jefuit. Cenota fictivă din acest roman se bazează pe experiență proprie în explorarea acestor locuri și în special pe scufundarea în cavernele spectaculoase și în canalele din Dos Ojos, Peștera Liliecilor, aproape de avanpostul maya de la Tulum.

Povestea ultimelor zile ale regilor maya cu două secole după cucerirea spaniolă este bazată pe relatarea părintelui Andrés de Avendaño y Loyola *(Relatarea a două călătorii la Petén pentru convertirea păgânilor Ytzaex și Cehaches)*, care a fost martor ocular al acestei scene extraordinare lângă îndepărtatul lac din jungla din Petén, în 1695 sau 1696. Un alt fragment al acestei relatări a ieșit la iveală în 1988 și este citat în capitolul 21. Adevarata sursă a aurului maya, despre care scrie Avendaño și care a fost descoperit de arheologi în Puțul Sacrificiului la Chichén Itzá, rămâne un mister.

Inscripția în franceza veche citată în capitolul 2 este cea vizibilă în colțul stâng, jos de pe *mappa mundi* de la Hereford. Citatul din Biblie din capitolul 4 este o prescurtare din Exod 25:31-40, versiunea regelui James. În capitolul 5, cele două citate din saga regelui Harald care fac parte din *Heimskringla* de Snorri Sturluson au fost traduse de Magnus Magnusson și Hermann Pálsson (Penguin, 1966). Versurile din capitolul 13 sunt din *Moartea lui Arthur,* de Alfred, Lord Tennyson (1809–1892). În capitolul 15, propoziția în norvegiana veche care descrie călătoria pe mare a lui Harald este fictivă, dar frazele care o constituie sunt luate cuvânt cu cuvânt din *Saga lui Eirik,* din secolul al XIII-lea, care descrie călătoriile norvegienilor către Vinland. Fraza din norvegiana veche *Þar liggr hann til ragnarøks* – „acolo zace până la sfârșitul lumii" – provine din *Edda (Gylfaginning,* p. 34) de asemenea de Snorri Sturluson, scrisă cândva la începutul secolului al XIII-lea. Citatul de la începutul cărții este din Josephus Flavius

Războaiele iudaice VII, 148–162, tradusă din greacă de H. St J. Thackeray (Loeb Edition, Harvard University Press).

Cele două monede de argint descrise în capitolul 15 – una dintre ele în prolog – există cu adevărat. Ele pot fi văzute împreună cu alte imagini din această carte la www.davidgibbins.com.

biblioteca rao

FICŢIUNE

CLASICI

Charles Dickens	DAVID COPPERFIELD (2 VOL.)
Diderot	NEPOTUL LUI RAMEAU
Stendhal	MĂNĂSTIREA DIN PARMA
L.N. Tolstoi	CAZACII ŞI ALTE POVESTIRI

CLASICI CONTEMPORANI

William Blake	CÂNTECE ALE INOCENŢEI
Charles Bukowski	POVEŞTI DESPRE NEBUNIA OBIŞNUITĂ
Claude Simon	DRUMUL FLANDREI
Albert Camus	CARNETE ◆ TEATRU ◆ PRIMUL OM
André Gide	FALSIFICATORII DE BANI. PORUMBELUL ◆ FRUCTELE PĂMÂNTULUI
William Faulkner	CĂTUNUL ◆ ORAŞUL ◆ CASA CU COLOANE ◆ STEAGURI ÎN ŢĂRÂNĂ ◆ NUVELE REGĂSITE
Michel Foucault	CUVINTELE ŞI LUCRURILE
Witold Gombrowicz	FERDYDURKE ◆ TRANS-ATLANTIC ◆ PORNOGRAFIE ◆ COSMOS
Hermann Hesse	JOCUL CU MĂRGELE DE STICLĂ ◆ KNULP. DEMIAN ◆ PE URMELE VISULUI ◆ SIDDHARTHA ◆ CĂLĂTORIE SPRE SOARE-RĂSARE ◆ LUPUL DE STEPĂ ◆ NARCIS ŞI GURĂ-DE-AUR
John Irving	LUMEA VĂZUTĂ DE GARP
Ilf şi Petrov	VIŢELUL DE AUR ◆ DOUĂSPREZECE SCAUNE
Franz Kafka	CORESPONDENŢĂ (VOL. I) ◆ CORESPONDENŢĂ (VOL. II) ◆ CORESPONDENŢĂ (VOL. III)
Mario Vargas Llosa	CONVERSAŢIE LA CATEDRALA
André Malraux	CUCERITORII. CALEA REGALĂ ◆ SPERANŢA ◆ MUZEUL IMAGINAR
Thomas Mann	ALTEŢĂ REGALĂ ◆ MĂRTURISIRILE ESCROCULUI FELIX KRULL ◆ POVESTIRI ◆ LOTTE LA WEIMAR ◆ DOCTOR FAUSTUS
Gabriel García Márquez	AVENTURA LUI MIGUEL LITTÍN, CLANDESTIN ÎN CHILE ◆ DESPRE DRAGOSTE ŞI ALŢI DEMONI ◆ GENERALUL ÎN LABIRINTUL SĂU ◆ UN VEAC DE SINGURĂTATE ◆ TOAMNA PATRIARHULUI ◆ VIJELIA ◆ POVESTEA TÂRFELOR MELE TRISTE ◆ DRAGOSTEA ÎN VREMEA HOLEREI ◆ DOUĂSPREZECE POVESTIRI CĂLĂTOARE ◆ CRONICA UNEI MORŢI ANUNŢATE ◆ CEAS RĂU ◆ A TRĂI PENTRU A-ŢI POVESTI VIAŢA ◆ ŞTIRI DESPRE O RĂPIRE
Marcel Proust	ESEURI
Antoine de Saint-Exupéry	CURIERUL DE SUD. ZBOR DE NOAPTE. ◆ PĂMÂNT AL OAMENILOR ◆ PILOT DE RĂZBOI
Jean-Paul Sartre	CUVINTELE. GREAŢA ◆ TEATRU ◆ ZIDUL
John O'Hara	BUTTERFIELD 8 ◆ ÎNTÂLNIRE ÎN SAMARRA
John Steinbeck	PĂŞUNILE RAIULUI ◆ ŞOARECI ŞI OAMENI ◆ FRUCTELE MÂNIEI ◆ CARTIERUL TORTILLA ◆ NOPŢI FĂRĂ LUNĂ
Stefan Zweig	SUFLETE ZBUCIUMATE

AUTORI ROMÂNI CONTEMPORANI

Eugen Ovidiu Chirovici	A DOUA MOARTE ◆ SUFLETE LA PREŢ REDUS ◆ LA BROASCA LEŞINATĂ
Dinu Săraru	TRILOGIA ŢĂRĂNEASCĂ (3 VOL.)
Adrian Onciu	CERCUL KAGAN
Alex Mihai Stoenescu	PATIMILE SFÂNTULUI TOMMASO D'AQUINO
Cristian Gava	DRUMUL SPRE FERICIRE. MISTERUL TESTAMENTULUI

THRILLER, AVENTURI, ACŢIUNE

David Baldacci	JOCUL ORELOR
Dan Brown	CODUL LUI DA VINCI (EDIŢIE ILUSTRATĂ) ◆ ÎNGERI ŞI DEMONI (EDIŢIE ILUSTRATĂ)
Dean Koontz	ODD THOMAS
John le Carré	PRIETENIE ABSOLUTĂ
Richard Clarke	POARTA SCORPIONULUI
Robin Cook	ŞOCUL

Clive Cussler . . . . WALHALLA ◆ ODISEEA TROIANĂ ◆ VÂNTUL NEGRU
Joseph Finder . . . . PUTERI EXCEPŢIONALE ◆ PARANOIA
Colin Forbes . . . . CONSPIRAŢIA ◆ RINOCERUL ◆ VALUL UCIGAŞ
Karin Fossum . . . . NU PRIVI ÎNAPOI!
Olivia Goldsmith . . . . PREŢUL LIBERTĂŢII ◆ VIAŢA DUPĂ BILLY
Javìer Gonzales . . . . A CINCEA COROANĂ
John Grisham . . . . CAMPIONUL DIN ARKANSAS ◆ MEDIATORUL
Jack Higgins . . . . ATAC LA PREŞEDINTE ◆ RĂZBUNAREA
Dean Koontz . . . . CHIPUL ◆ ÎN PUTEREA NOPŢII ◆ TRĂIEŞTE NOAPTEA ◆ INVAZIA
Nelson DeMille . . . . CĂDEREA NOPŢII
Mario Puzo . . . . OMERTA ◆ NAŞUL ◆ ULTIMUL DON
John Saul . . . . CASA DE LA RĂSCRUCE ◆ CLUBUL MANHATTAN ◆ VOCILE ◆ COŞMARUL

ROMAN ISTORIC
Juan Tafur . . . . PĂTIMIRILE MARIEI MAGDALENA

NONFICŢIUNE

ISTORIE, SOCIOLOGIE, POLITICĂ, RELIGIE
Grigore Arbore . . . . LIBERTATEA FĂRĂ DEMOCRAŢIE ŞI „GLONŢUL DE AUR"
M. Baigent, R. Leigh, H. Lincoln . . . . MOŞTENIREA MESIANICĂ ◆ SÂNGELE SFÂNT ŞI SFÂNTUL GRAAL
Antony Beevor . . . . BERLIN ◆ STALINGRAD
Eugen Ovidiu Chirovici . . . . MISTERELE ISTORIEI: RELIGIE, POLITICĂ, BANI
Cristopher Hale . . . . CRUCIADA LUI HIMMLER
Virgil Măgureanu . . . . DECLINUL SAU APOTEOZA PUTERII? ◆ SOCIOLOGIE POLITICĂ
Marian Nazat . . . . ROMÂNIA ORANJ
Sidney Pike . . . . CNN – NOI AM SCHIMBAT LUMEA
Lynn Picknet & Clive Prince . . . . GIULGIUL DE LA TORINO ◆ MISTERUL TEMPLIERILOR
Alex Mihai Stoenescu . . . . ISTORIA LOVITURILOR DE STAT ÎN ROMÂNIA (VOL. 4, PARTEA I) ◆ ISTORIA LOVITURILOR DE STAT ÎN ROMÂNIA (VOL. 4, PARTEA II) ◆ INTERVIURI DESPRE REVOLUŢIE
Dumitru Zamfir . . . . RESPECTAREA DREPTURILOR OMULUI ÎN ACTIVITATEA SERVICIILOR DE INFORMAŢII
Oswald Wirth . . . . FRANCMASONERIA PE ÎNŢELESUL ADEPŢILOR SĂI

MEDICINĂ
Aurelian Curin . . . . REIKI NONTRADIŢIONAL

MEMORII, JURNALE, BIOGRAFII
Madeleine Albright . . . . DOAMNA SECRETAR DE STAT
Rodney Bolt . . . . LORENZO DA PONTE. AVENTURILE LIBRETISTULUI LUI MOZART
Jorge Borges, Ernesto Sábato . . . . DIALOGURI BORGES–SÁBATO, CONSEMNATE DE ORLANDO BARONE
Gyles Brandreth . . . . PHILIP ŞI ELISABETA – PORTRETUL UNEI CĂSĂTORII
Luigi Castoldi . . . . ROMÂNUL DIN ITALIA
Stanislao Dziwisz . . . . O VIAŢĂ CU KAROL
Josif Constantin Drăgan . . . . PRIN EUROPA (5 VOL.)
Enrik Lauer . . . . MOZART ŞI FEMEILE
Ioan Paul al II-lea . . . . MEMORIE ŞI IDENTITATE
Gerd Langguth . . . . ANGELA MERKEL
Ilie Năstase . . . . MR NĂSTASE (CONŢINE COLIŢĂ FILATELICĂ)
Dinu Săraru ● *Victor Atanasie Stănculescu* . . . . GENERALUL REVOLUŢIEI CU PICIORUL ÎN GHIPS
David Rockefeller . . . . MEMORII
Emil Tocaci . . . . ULTIMUL PROTEST
Kurt Vonnegut . . . . UN OM FĂRĂ DE ŢARĂ

ESEISTICĂ
Mark Crick . . . . SUPA LUI KAFKA
Ernesto Sábato . . . . ESEURI (VOL. 1, 2)
Marius Tucă . . . . ASTENII DE BUZUNAR ◆ PAMFLETE CU ROMÂNI

Tiparul executat de
R.A. „Monitorul Oficial"
Bucureşti, România